全国普通高等院校物流管理与物流工程专业教学指导意见配套规划教材

物流信息管理

主　编　王小丽
副主编　周旭东　金　真

中国物资出版社

图书在版编目（CIP）数据

物流信息管理/王小丽主编．—北京：中国物资出版社，2011.10
（全国普通高等院校物流管理与物流工程专业教学指导意见配套规划教材）
ISBN 978-7-5047-3635-2

Ⅰ.①物… Ⅱ.①王… Ⅲ.①物流—信息管理—高等学校—教材 Ⅳ.①F253.9

中国版本图书馆 CIP 数据核字（2011）第 206630 号

策划编辑	王宏琴	**责任印制**	方朋远
责任编辑	王宏琴	**责任校对**	孙会香　杨小静

出版发行　中国物资出版社
社　　址　北京市丰台区南四环西路 188 号 5 区 20 楼　　**邮政编码**　100070
电　　话　010-52227568（发行部）　　010-52227588 转 307（总编室）
010-68589540（读者服务部）　　010-52227588 转 305（质检部）
网　　址　http://www.clph.cn
经　　销　新华书店
印　　刷　三河市西华印务有限公司
书　　号　ISBN 978-7-5047-3635-2/F·1590
开　　本　787mm×1092mm　1/16
印　　张　21.25　　**版　　次**　2011 年 10 月第 1 版
字　　数　478 千字　　**印　　次**　2011 年 10 月第 1 次印刷
印　　数　0001—3000 册　　**定　　价**　38.00 元

内容简介

本书适用于高等院校物流管理与物流工程及其他相关专业的教学，也可供从事物流管理、物流工程、电子商务、信息等专业工作人员学习与参考，主要包括物流信息的基本概念、基本理论、支撑技术、具体应用及应用管理等内容，同时还配有大量的实例及实训。

全书共分为七章，第一章主要介绍基本概念及相互间的关系；第二章系统地介绍现代物流信息技术及其应用；第三章主要介绍现代物流信息系统体系结构的设计；第四章介绍物流业务信息系统，重点分析了订单处理系统、仓储信息管理系统、运输信息管理系统、配送信息管理系统、成本核算信息系统；第五章结合企业物流的实际，详细地介绍了物流信息系统的开发流程；第六章分别对生产制造企业、流通企业及第三方物流企业的物流信息管理系统的构成、特点及主要功能进行分析；第七章介绍了物流信息系统的安全及发展。

本书突出了基础理论知识够用、应用和实践技能加强的特色，强调应用性分析，结合大量实例、案例及技能训练项目，达到理论与实际的有机结合。

前　言

在经济全球化、区域经济及物流一体化的背景下，新型物流管理模式已被广泛应用，企业物流活动呈现出国际化、全球化和网络化的发展趋势。在《物流业调整和振兴规划》出台后，我国物流业和物流信息化都进入了一个加速发展期。现代物流是一个相当复杂的系统工程，要使这样一个纵深庞杂、涉及面广的物流体系快速、高效和经济地运行，没有信息这一“润滑剂”的作用是不可想象的。在现代物流中，信息起着十分重要的作用，信息系统构建了现代物流的中枢神经。事实证明，通过信息在物流系统中快速、及时、准确的流动，可以使企业对市场作出迅速反应，实现商流、信息流、资金流的良性循环。可以说，物流信息管理工作的好坏，是企业能否获得持续竞争优势的关键，它直接影响着企业物流运作的效率和效果，关系到企业综合实力的提升。

本书由郑州航空工业管理学院多年从事物流教学与科研工作、物流认证培训、企业物流实践等方面的具有丰富经验的教师团队合作编写而成。本书系统地介绍了物流信息管理的基本理论、基本方法、基本技术及管理技巧。在编写过程中注意体现以下特色：

(1) 内容翔实，对物流信息技术、物流信息系统开发及应用等知识进行了系统的分析；

(2) 本书在强调理论和方法重要性的同时，突出可操作性、实践性和前瞻性；

(3) 每章的开头都有学习目标、学习导航图、引导案例及启发性案例思考题，内容讲授过程中也配有相应的案例、阅读链接等内容，每章后面都附有练习题、综合案例分析及技能训练项目，既增加了内容的可读性，又能给学生带来更多的启发和引导；

(4) 注重图、表、文的有机结合，形象直观、易学易记。

本书可作为高等院校物流管理与物流工程及其他相关专业的教材使用，也可供从事物流管理、物流工程、电子商务、信息等专业工作的有关人员参考。

本书由郑州航空工业管理学院王小丽担任主编，周旭东、金真担任副主编。全书的编写分工如下：第一、二章由王小丽编写，第三章由周旭东、王小丽编写，第四章由史秀芊编写，第五章由金真编写，第六章由王永刚编写，第七章由周旭东、王小丽编写。周旭东和金真负责全书的策划和大纲的制订，王小丽负责全书的统稿和审定。

在本书的编写过程中，我们得到了中国物资出版社编辑的大力支持和帮助，谨在此表示诚挚的谢意。同时，本书在编写过程中还参考和引用了国内外许多同行的学术研究成果，引用了国内外一些企业的实例，已尽可能在参考文献中列出，在此也向他们表示衷心的感谢。

由于时间仓促、编者水平有限，书中难免会有不足之处，敬请各位专家和广大读者批评指正！

编　者

2011年9月

目　录

第一章 概 述

学习目标

· 理解信息的概念、特征及信息度量方法。

· 掌握物流信息的内涵、组成及特点，理解物流信息在企业中的作用。

· 掌握物流信息系统的概念及特征，理解物流信息系统的作用，了解物流信息系统的发展过程。

· 掌握物流信息管理的内涵及层次。

· 了解国内外物流信息管理的现状。

学习导航图

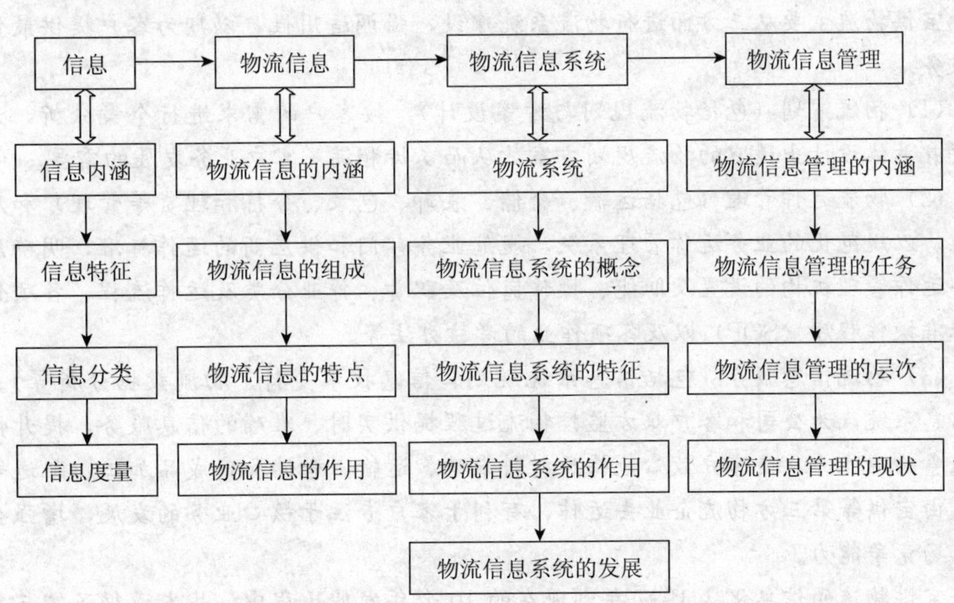

宝供物流的信息化建设

宝供物流企业集团有限公司创建于1994年，是中国最早运用现代物流理念为客户提供物流一体化的专业公司，也是目前我国最具规模、最具影响力、最领先的第三方物流企业之一。宝供拥有现代化物流基地和先进的物流信息平台，为客户提供物流规划、模式设计、信息系统规划、信息技术支持、库存管理、仓储管理、运输管理、加工配送等供应链物流一体化服务。目前已形成了一个覆盖全国的物流运作网络，为全球500强中50多家大型跨国企业及国内一批大型制造企业提供物流服务。服务领域主要为日用产品、家用电器、食品饮料、化工产品、化工原料、电子产品、汽车零配件等。

从2002年开始，宝供连续三年荣获中国物流与采购联合会信息化优秀案例，2004年荣获中国物流与采购联合会科技进步一等奖。到2008年，被中国信息化推进联盟评为“2008年中国信息化应用百强企业”，当年还获得了中国供应链委员会“2008年度中国最佳IT供应链解决方案奖”，同时还被中国电子信息产业发展研究院和中国信息化推进联盟联合推选为“2008中国信息化建设年度优秀企业”。这些事例无一不在说明在物流信息化进程中，宝供不断探索实践，走在行业的前列，而且应用得十分成功。

宝供物流主要从三方面进行物流系统建设，强调适用性，以期为客户提供最优质的服务。

(1) 物流策划（包括物流规划与方案设计）。按客户的需求进行个案分析，为客户度身量体设计出适宜的物流规划方案，从而支持和满足客户业务发展的需要。

(2) 物流运作管理（包括运输、仓储、装卸、包装、分拣和理货等管理）和质量管理。以规范化的业务运作管理系统，规范业务部门和供应商的运作标准，明确规定业务运作管理机构的设置及职能、操作岗位及职责、作业分类及运作流程、各项作业的标准操作程序（SOP）以及各项作业的考核办法等。

(3) 物流信息服务（包括信息系统规划、信息技术支持、物流数据分析等）。依托信息系统，为公司和客户双方监控物流过程提供实时、准确的信息服务，提升快速和应急响应能力，使客户放心地将原材料采购、运输、仓储和产成品加工、配送等业务交由宝供等第三方物流企业去运作，有利于客户专注于核心业务的发展，增强企业的市场竞争能力。

宝供物流的信息化从1997年到现在的10余年发展历程中，基本遵循了“三年上一个台阶”的发展进程，这与宝供企业的整体定位、发展目标和发展战略保持一致。1997—1999年，宝供主要建立了基于互联网的宝供物流信息系统，开发完成了运输、仓储和核算的信息系统，解决了信息的采集、传输、加工和企业内部共享的问题。2000—2002 年，宝供通过 EDI 电子数据交换的多种模式实现了与客户系统对接，并实现了宝供与客户基于订单对接的协同服务。2003—2005 年，宝供建成以 TOM（全面订单管理）为核心的宝供物流信息集成平台，开发与实施了宝供 ERP-TOM 系统，构建第三方物流信息平台。而 2006—2008 年，将建成支持全球供应链双向一体化的现代物流服务平台；支持区域经济发展的综合物流服务平台和支持行业供应链一体化的专业物流服务平台，以实现与客户及供应商全程供应链一体化信息合作（如图 1-1 所示）。

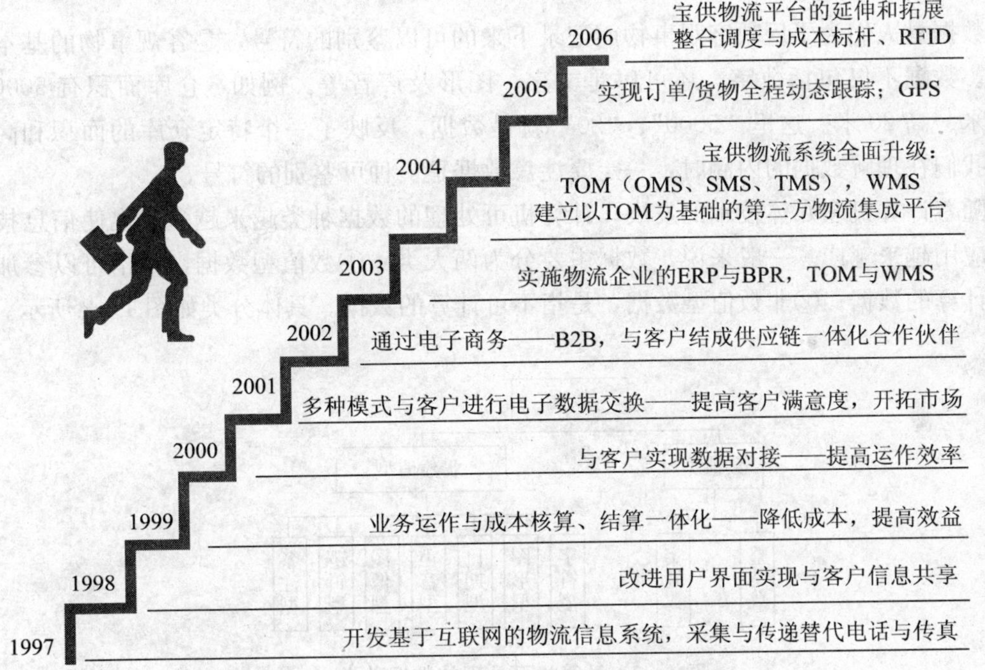

图 1-1 宝供物流的信息化建设过程

目前来讲，对于第三方物流企业，特别是在服务以外企为代表的高端客户时，主要挑战是客户本身一般已经有先进的供应链管理理念，已经建成先进的 ERP 系统，因此对于第三方物流企业的要求是，良好的运作管理和质量管理是基础，还要有能力做到随时为客户快速提供物流解决方案，物流企业信息系统与客户 ERP 系统实现实时对接，运作成本得到有效控制和降低等。

1. 宝供物流的信息化建设有何特点?

2. 结合案例，分析物流信息化建设在企业发展中有何作用?

3. 该案例对你有何启发?

第一节　信息概述

一、信息的相关概念

(一) 信息和数据

1. 数据的概念

数据是人们为了反映客观事物而记录下来的可以鉴别的符号，是客观事物的基本表达。数据不仅包括数字，还可以是文字、图形及声音等。例如，仓库面积有5000平方米、高20米。这里“5000”、“20”就是数据，反映了一个特定仓库的面积和高度。我们在理解数据的内涵时，一定要注意数据是一种可鉴别的符号。

随着计算机多媒体技术的发展，计算机可处理的数据种类越来越多，也使信息技术的应用越来越广。一般来说，数据主要分为两大类：①数值型数据，是指可以参加数值计算的数据。②非数值型数据，是指不可计算的数据。具体分类如图1-2所示。

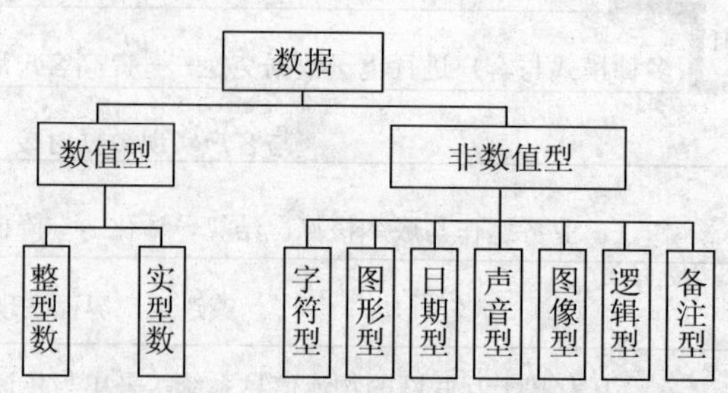

图1-2　计算机可处理的数据种类

计算机可以处理人类所使用的大多数种类的数据，从而使计算机的应用已由早先的科学计算功能拓展为类型数据的处理。计算机多媒体技术发展为流媒体技术，计算机将能处理的数据种类越来越多。

随着GIS、GPS的应用，数据已经拓广到空间。空间数据是指用来表示空间实体的位置、形状、大小及其分布特征等诸多方面的信息的数据，它可以用来描述来自现实世界的目标，它具有定位、定性、时间和空间关系等特性。空间数据是一种用点、线、面以及实体等基本空间数据结构来表示人们赖以生存的自然世界的数据。空间数据是数字地球的基础信息，数字地球功能的绝大部分将以空间数据为基础。现在空间数据已广泛应用于社会各行业、各部门，如城市规划、交通、银行、航空航天等。随着科学和社会的发展，人们已经越来越认识到空间数据对于社会经济的发展、人们生活水平提高的重要性，这也加快了人们获取和应用空间数据的步伐。

2. 信息的概念

“信息”一词有着很悠久的历史，早在两千多年前的西汉，即有“信”字的出现。“信”常可作消息来理解。信息是信息论中的一个术语，常常把消息中有意义的内容称为信息。作为日常用语，“信息”经常是指“音讯、消息”的意思，但至今信息还没有一个公认的定义。

1948 年，美国数学家、信息论的创始人申农（Claude Elwood Shannon）在《贝尔系统技术》杂志上发表了题为“通讯的数学理论”的著名论文，论文中指出：“信息是用来消除随机不定性的东西。”事物的不确定性被消除得越大，信息量就越大，并用概率测度和数理统计的方法系统地研究了通信的基本问题，给出了信息的定量表示。1948，美国著名数学家、控制论的创始人维纳在《控制论》一书中指出：“信息就是信息，既非物质，也非能量。”以申农的《通讯的数学理论》和维纳的《控制论》问世为标志，信息论诞生了，信息论诞生是科学史上一个重要的里程碑。

1959 年，美国宾夕法尼亚大学莫尔电子工程学院又率先提出了“信息科学”的概念，从此信息论逐步发展成为一门新兴的信息科学。半个多世纪以来，信息论及信息科学得到了突飞猛进的发展，信息概念日益深入人心，信息已经成为人们使用频率最高的词语之一；信息技术也得到广泛应用，极大地改变了人类的生产与生活方式，改变了人类社会的面貌。有不少学者认为，人类社会正从“工业社会”转变为“信息社会”，人类正面临着一次新的“信息革命”。

目前对信息的定义大致可以归纳为 3 种类型：第一种是通信技术观。比如认为信息是减少不确定性的东西，信息是一种熵，而且仍然有人认为一般信息的单位是比特，都体现了这种观点。这是因为人们对信息重视和认真研究在很大程度上源于申农提出信息论，归功于现代通信技术的发展。不过 information 一词并不是申农创造的，信息概念的现代应用已经远远超出通信领域的范畴。第二种是本体论或客观论。认为信息是反映客观事物运动状态及其变化的方式，信息是自然界的客观存在。这类信息的运动当然与主体无关。如有人认为信息是一种场的观点，是事物联系的普遍形式，有人将信息和物质、能量一起并列为宇宙的三大基本要素。第三种是主体论或主观论，认为信息是人对事物的认识，或是被反映的物质的属性，如定义信息是经过加工后的数据或编码的知识。控制论奠基人维纳认为信息是人和外界相互作用过程中互相交换的东西。还有人认为，信息应该是对人有用的东西，有人认为信息必须是新的，必须具有某种价值等。特别是在研究经济信息时，对信息的认识在很大程度上有赖于人的主观感觉。

此外，从信息系统的角度看，信息是实体、属性、值所构成的三元组。即信息＝

实体（属性1：值1，…，属性n：值n）。本书中把信息界定为：信息是指数据处理后而形成的对人们有意义的、看得懂的、有用处的某种形式。

3. 数据和信息之间的关系

信息是已被处理成某种形式的数据，这种形式对接受信息具有意义，并在当前或未来的行动和决策中，具有实际的和可觉察到的价值。数据，即信息的原始材料，是许多非随机的符号组，它们代表数量、行动和客体等。数据与信息的关系可以概括为以下几点：

（1）信息是加工后的数据。如果我们把数据看做是原材料，那么信息就可以看成是产品，信息是对数据进行加工后得到的。

（2）数据和信息是相对的。主要表现在一些数据对某些人来说是信息，而对另外一些人则可能只是数据。例如，在运输管理过程中，运输单对司机来说是信息，因为司机从这张运输单上可以知道，什么时候要为什么客户运输什么物品；而对负责经营的管理者来说，运输单只是数据，因为从单张运输单中，他无法知道本月经营情况，他并不能掌握现有可用的司机、运输工具等，所以数据和信息是相对的。

（3）信息是观念上的。数据是对客观事物的基本表达，是一种客观存在，而信息是加工了的数据，信息加工受人对客观事物变化规律的认识制约，由人确定的。因此，信息具有主观性。

由于数据和信息的联系密切，在本书中，除特殊说明外，将不再对数据和信息加以严格区分。

（二）信息和知识

1. 知识的概念

信息是知识的“子集或基石”，知识是信息的应用和生产性使用。人们吸收信息，并对它进行处理、排序、分类、储存，然后用来构建知识。有的信息可能会被人忘记，从而变不成知识。消息是一种重要的信息，它提供了何时、何地、何人以及简单的事件因果联系，但不能提供事实的深层原因和连带关系。知识是经过加工提炼，将很多信息材料的内在联系进行综合分析而得出的系统结论。

通过人的认知能力和经验，在信息分析基础上提供问题的解决方案，知识创造与环境相关。信息和知识的属性对比如表1-1所示。

表1-1　信息和知识的属性对比

信　息	知　识
有形产品	无形产品
独立于行动和决策	与行动和决策密切相关
经过处理改变形态	经过处理改变思维
物质产品	精神产品

续 表

信 息	知 识
独立于环境存在	环境改变含义
容易转让	经过学习才能转让
可复制	无法复制

2. 信息和知识之间的关系

信息和知识之间既有联系，又有区别，主要表现在：

(1) 信息是关于事物运动状态和规律的消息，是事物存在和变化的情况，是客观世界中各种事物状态和特征的反映。而知识则是人类认识世界的成果或结晶，它是人类认识活动的产物。没有人的认识活动，就没有知识。

(2) 知识是经过人加工过的系统化和结构化的信息。人的一生要接受很多信息，那些对人有意义的信息经过加工整理，形成系统化的信息结构，加以记忆记录，就形成了知识。在一定意义上可以这样说，知识是二次信息、人造信息。

(3) 知识是信息，但是信息不一定是知识。作为人类知识，它是人类认识世界的成果或结晶，其作用就是要帮助人们更好地认识世界、理解世界和改造世界，就是要消除或减少人们认识的不确定性。所以，知识是一种信息。然而，信息是无处不在的，有物质运动就有相应的信息。在众多信息中，被人加工整理的信息只是一部分，还有许多信息没有被人加工利用，这些没有被人加工的信息就不是知识。

数据、信息和知识之间的关系如图 1－3 所示。

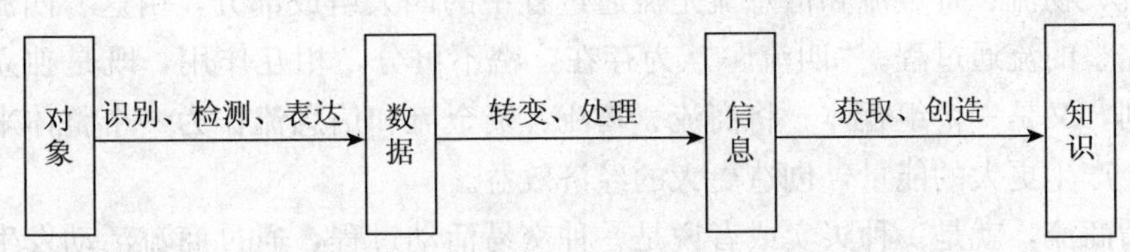

图 1－3 数据、信息与知识间的关系

(三) 信息流的概念

1. 通信的概念

通信是指两个事物（系统）之间的信息传递。信息传递过程也称为通信过程。

1949 年，美国贝尔电话实验室的申农（Shannon）及其合作者韦弗（Weaver）提出了一个通信系统的模型，后来被人们视作信息论的基本模式而得以广泛引用。通信系统模型如图 1－4 所示。

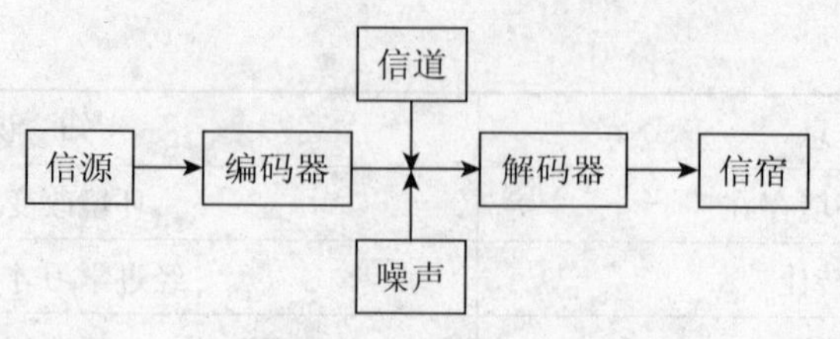

图 1-4　通信系统模型

在该模型中，信源发出信息，经过发射器，把信息变换为信号。信号在信道中传递的过程，会受到噪声的干扰，所以接收到的信号实际上是“信号＋噪声”。经过接收器，把信号还原成信息，传递给信宿。由于可能受到噪声的干扰，信号不是稳定不变的，这可能会导致发出的信号与接受的信号之间产生差别。也就是说，由信源发出的信息与信宿接受的信息两者的含义可能不同。交流失败的一个共同原因，就在于发信者一方不能认识到发出的信息与接受的信息并不总是相同的。

申农和韦弗的这一通信系统模型不仅适用于通信系统，也可以推广到其他信息系统。他们在该模式中提出了一个新因素——“噪声”，表示信息在传递过程中受到干扰的情形。这说明信息系统的基本问题是要解决有效性与可靠性这两个方面的问题，即以最大速率准确无误地传递信息。“噪声”的概念也提醒人们注意研究交流过程中的干扰与障碍的问题。

2. 信息流及其在“四流”中的作用

信息流是指信息从信源经过信道到达信宿的传递过程。简言之，信息流是信息的传递过程。

商流、物流、资金流和信息流是流通过程中的四大组成部分，由这“四流”构成了一个完整的流通过程。“四流”互为存在，密不可分，相互作用，既是独立存在的单一系列，又是一个组合体。将商流、物流、资金流和信息流作为一个整体来考虑和对待，会产生更大的能量，创造更大的经济效益。

所谓商流，就是一种买卖或者说是一种交易活动过程，通过商流活动发生商品所有权的转移。商流是物流、资金流和信息流的起点，也可以说是后“三流”的前提，没有商流一般不可能发生物流、资金流和信息流。反过来，没有物流、资金流和信息流的匹配和支撑，商流也不可能达到目的。“四流”之间有时是互为因果关系。比如，A 企业与 B 企业经过商谈，达成了一笔供货协议，确定了商品价格、品种、数量、供货时间、交货地点、运输方式等，并签订了合同，也可以说商流活动开始了。要认真履行这份合同，自然要进入物流过程，将货物进行包装、装卸、保管和运输，同时伴随着信息传递活动。如果商流和物流都顺利进行了，接下来是付款和结算，即进入资金流的过程。无论是买卖交易，还是物流和资金流，这三大过程中都离不开信息的传递和交换，没有及时的信息流，就没有顺畅的商流、物流和资金流。没有资金支付，商流不会成立，物流也不会发生。

可以说，商流是动机和目的，资金流是条件，信息流是手段，物流是终结和归缩。就是说由于需要或产生购买欲望，才决定购买，购买的原因和理由就是商流的动机和目的；因为想购买或决定购买某种商品，才考虑购买资金的来源或筹措资金问题。不付款商品的所有权就不归你，这就是条件；又因为决定购买，也有了资金，然后才付之行动，这就是买主要向卖主传递一个信息，或去商店向售货员传递购买信息，或电话购物、网上购物，这些都是信息传递的过程，但这种过程只是一种手段；然而，商流、资金流和信息流产生后，必须有一个物流的过程，否则商流、资金流和信息流都没有意义。举个例子，一个单位搬进新办公地点后要购买几台空调，这个单位可能直接去商店选购，也可能打电话或网上采购，就产生了商流活动。由此也伴生出资金流（如现金支付、支票付款或银行支付）和信息流。可是只完成这“三流”，并不是事物的完结，还必须将空调送至买主，最终还是少不了运输、装卸等物流过程。

综上所述，在流通领域中，信息流制约着商流和物流，并为商流和物流提供预测和决策依据。同时，信息流将商流和物流相互沟通，完成商品流通的全过程。

二、信息的特征

信息作为对事件或者事物的一般属性的描述具有很多特征，概述如下。

1. 真实性

真实性是信息的第一特征，不符合事实的信息不仅没有价值，而且有时还会使价值为负，对企业决策造成负面影响。

2. 增值性

增值性是指人们通过信息的使用，可以获取效益。例如，某航空公司新开了一条航线，对物流企业来说，若能及时获得运输路线变化情况，则有可能重新选择运输费用更低的运输路线，从而节省物流费用，获得更高的效益。

3. 不对称性

由于各种原因的限制（如专业知识、市场需求、制作技术等），在市场中交易的双方所掌握的信息是极不相等的，不同的企业掌握信息的程度各有不同，即信息的不对称性。例如，制造企业将物流业务外包给第三方物流企业，双方对实际物流成本的信息掌握程度是不同的。制造企业只能间接从市场上了解到相关物流服务价格的有限信息，对实际物流成本信息掌握不多。而第三方物流企业则直接掌握着物流中各项活动的成本信息，并利用专业化的优势，实现物流资源的优化配置，降低物流服务的实际成本，而这些信息都不是客户所能掌握的。

4. 滞后性

信息有一定的滞后性，因为信息作为客观事实的反映，总是先有事实，然后生成信息，因此，只有加快传输，才能减少信息的滞后时间。

信息的滞后时间包括以下两部分：

(1) 信息的间隔时间。信息的间隔时间是指获取同一信息的必要的间隔时间。例如，要获取仓库“每年的平均库存费用”这个信息，必须在每年结束时才能获取，因此其间隔时间为“一年”。又如企业每月的资产负债表这个信息，其间隔时间是“一个月”。

(2) 信息的加工时间。信息的加工时间是指获取由数据加工成某信息所需要的加工时间。例如，企业在加工“每个月的平均库存”这个信息时，采用手工计算方式，若需要一个人一星期才能完成，那么“每个月的平均库存”的加工时间为一个人一星期。

5. 有效性

有效性是指信息的增值性只表现在一定的时间内，在这个时间内，利用信息能产生效益，过了这个时期，信息就不会产生效益。例如，在物流运输决策中，1 月份的汽油价格对运输工具的选择是有参考价值的，但当 9 月份汽油价格变化后，1 月份的汽油价格对运输决策就不再有效，这就体现了信息的有效性这一特性。

6. 传输性

信息是可以传输的，人们通过各种手段能把信息传输到很远的地方。

7. 共享性

共享性是信息区别于物质的一个重要特征，信息的共享性有利于信息为众人所利用，当你把一个信息告诉别人时，你自已并不会失去它，即信息不具有独占性，在同一时间可以为多人所掌握。信息的共享性有利于信息成为企业的一种资源，严格地说，只有达到企业信息的共享，信息才真正成为企业的资源。例如，物流链上各环节共享库存信息所得到的收益要大于不共享信息时的各环节收益之和。这种共享是一种非零和的共享，即共享的诸方受益、受损是不确定的，各方因同一信息而获得的增值并不等于少数方独占该信息所获得的增值。

8. 可扩散性

由于信息的传输性，信息可以通过各种介质向外扩散。信息的可扩散性具有以下两种效应：

(1) 正效应。正效应是指利用知识的扩散，节省人力、资金等资源的消耗，如同我们从前辈那里获取知识。

(2) 负效应。负效应将造成信息的贬值，不利于信息的保密。对于某个企业或个人来说，当他所掌握的信息失密后，可能意味着这种信息给他带来的增值减少。

信息特征的归纳如表 1-2 所示。

表 1-2　　信息的特征

特　征	含　义
真实性	信息的第一特征，不符合事实的信息是没有价值的
增值性	指人们通过信息的使用，可以获得效益
不对称性	由于各种原因的限制，在市场中交易的各方所掌握信息的程度各有不同

续 表

特 征	含 义
滞后性	总是先有事实，然后生成信息
有效性	信息只在一定的时间内产生效益
传输性	信息可以从一个地方传输到另一个地方
共享性	信息不具有独占性，在同一时间可以为多人所掌握
可扩散性	信息可以通过各种介质向外扩散

三、信息的分类

按不同的分类标准，信息可以划分为不同的类型，下面介绍常用的几种：

（一）按信息产生的先后或加工深度分

1. 一次信息

一次信息是人们直接以自己的生产、科研、社会活动等实践经验为依据生产出来的文献，也常被称为原始信息（或叫一级信息），其所记载的知识、信息比较新颖、具体、详尽。一次信息在整个文献中是数量最大、种类最多、所包括的新鲜内容最多、使用最广、影响最大的文献，如期刊论文、专利文献、科技报告、会议录、学位论文等，这些文献具有创新性、实用性和学术性等明显特征。

2. 二次信息

二次信息是对一次信息进行加工整理后的产物，即对无序的一次信息的外部特征如题名、作者、出处等进行著录，或将其内容压缩成简介、提要或文摘，并按照一定的学科或专业加以有序化而形成的信息形式。

3. 三次信息

三次信息是按给定的课题，利用二次信息选择有关的一次信息加以分析、综合而编写出来的专题报告或专著，如综述报告、述评报告、研究报告、技术预测、数据手册等。它具有系统性、综合性和知识性的特点，概括了某一阶段人类已掌握的某一领域的科学技术知识，有继承和累积前人知识、总结经验教训的作用，便于系统地掌握当前科学技术发展水平与动态，预测科学技术的发展远景，从而为制订科学研究计划或经济发展规划、确定研究课题、提出技术方案或施工方案、引进先进技术、开发新产品等提供决策依据。

（二）按信息的表现形式划分

1. 文献型信息

文字是人们实现信息交流、通信联系而创造的一种形象符号，文献型信息是以文字形式存储于各种不同载体上的信息，是目前内容最丰富、使用频率最高的信息源。

2. 数据型信息

以数值数据形式存储于各种不同载体上的信息，如统计数据、测量数据、理化数据等。

3. 声像型信息

以声音或图像形式出现的信息，它比文字直观，易于理解。如电影、电视、CA光盘、VCD光盘等。

4. 多媒体信息

“多媒体”一词译自英文“Multimedia”，媒体（medium）原有两重含义，一是指存储信息的实体，如磁盘、光盘、磁带、半导体存储器等，中文常译作媒质；二是指传递信息的载体，如数字、文字、声音、图形等，多媒体信息是集声音、文字、图像、数据等多种通信媒介为一体的信息，一般以网络形式或光盘形式出现。

（三）按信息记录内容与使用领域分

（1）经济信息：经济活动过程中形成的信息。

（2）管理信息：各行业各层次管理与决策活动所需要的信息。

（3）科技信息：与科学、技术等有关的信息。

（4）政务信息：政府机关活动产生的信息，如方针政策、法规条例、政府决议等。

（5）文教信息：教育、体育、文学、艺术等有关信息。

（6）军事信息：国防、战争等与军事有关的信息。

表 1－3 是常见的信息分类。

表 1－3 信息分类

分类标准	类型	说明
信息产生的先后或加工深度	一次信息	客观事件的第一记录，即现实中所发生事件的原始记录
	二次信息	对一次信息加工处理后得到的信息
	三次信息	系统地组织、压缩和分析一次和二次信息的结果
信息的表现形式	文献型	主要包括各种研究报告、论文、资料、刊物、书籍等
	档案型	主要反映历史的事实和演变过程
	统计型	数字型信息的集合，反映大量现象的特征和规律性的数字资料
	图像型	照片、电影、遥测遥感图像、电视、录像等图像信息所传递的信息量远远大于文字所传递的信息量
	动态型	主要是行情、商情、战况等瞬息万变情况的反映
信息记录内容与使用领域	经济信息	在经济活动中形成的，如生产经营信息、商业贸易信息等
	管理信息	各行业各个层次管理与决策活动所需要的信息

续表

分类标准	类 型	说 明
信息记录内容与使用领域	科技信息	与科学、技术等有关的信息
	政务信息	政府机关活动产生的信息，如方针政策、法规条例等
	文教信息	指与教育、体育、文学、艺术等有关的信息
	军事信息	国防、战争等与军事活动有关的信息

四、信息的度量方法

（一）基于数据量的信息度量方法

基于数据量的信息度量方法是按照反映信息内容的数据所占用计算机存储空间的大小来度量信息量的，是计算机信息处理中最常用、最简便的方法。

例：某文本格式的电子英文书籍共500页，每页有50行，每行有80个英文字符（含标点符号），请估算其所占用的计算机存储空间。

解：根据英文字符（含标点符号）的ASCII码编码原理，每个字符占用1个字节，因此该书所占用的存储空间为：

$$500\times50\times80=2\times10^6\text{B}\approx2\text{MB}$$

如果是文本格式的汉字电子书籍，在估算其所占用的计算机存储空间时，要注意每个汉字在计算机中所占的存储空间为2个字节。

（二）基于概率的信息度量方法

基于概率的信息度量方法主要源于下述基本理论：

（1）信息量的大小取决于信息内容消除人们认识的不确定程度。

（2）消除的不确定程度大，则发出的信息量就大；消除的不确定程度小，则发出的信息量就小。

（3）如果事先就确切地知道消息的内容，那么消息中所包含的信息量就等于零。

客观事物具有复杂性，即一个事物可能会呈现出多种不同的状态。换言之，某个信息源发出的消息可能反映各种可能出现的结果。

假设某个事物可能出现的几种状态为 S_1，S_2，…，S_n，每种状态出现的概率为 P_1，P_2，…，P_n，当第 i 种状态出现时，消息中所包含的信息量为：

$$I_i=-\log_a P_i \quad (i=1, 2, \cdots, n)$$

考虑到实际上消息中出现的不一定是第 i 种状态，而可能是其他 $n-1$ 种状态之一，因此，该信息源发出的信息量的数学期望是：

$$\bar{I}=-\sum_{i=1}^{n}P_i\log_a P_i$$

式中：

$\overline{I}$——又称为信息源发出的消息的平均量。

当对数的底数 a 取不同的值时，将得到下述不同的信息量的单位。

（1）当 $a=2$ 时，值的单位为 bit（比特）；

（2）当 $a=10$ 时，值的单位为 hart（哈特）；

（3）当 $a=e=2.7182818$ 时，值的单位为 nat（奈特）。

例：分别求掷硬币和掷骰子的信息量。

解：掷硬币和掷骰子分别有 2 种状态和 6 种状态，硬币 2 种状态的概率均为 0.5，骰子 6 种状态的概率均为 1/6，因此掷硬币和掷骰子的信息量分别为：

$$\overline{I_1}=-\sum_{i=1}^{2}0.5\log_2 0.5=1(\text{bit})$$

$$\overline{I_2}=-\sum_{i=1}^{6}\frac{1}{6}\log_2\frac{1}{6}=2.58(\text{bit})$$

第二节　物流信息

物流信息首先是反映物流领域各种活动状态、特征的信息，是对物流活动的运动变化、相互作用、相互联系的真实反映，包含知识、资料、情报、图像、数据、文件、语言、声音等各种形式，它随着从生产到消费的物流活动的产生而产生，与物流的各种活动如运输、保管、装卸、包装、配送等有机地结合在一起，是整个物流活动顺利进行所不可缺少的条件，如运输活动要根据供需数量和运输条件等信息确定合理运输线路、选择合适运输工具、确定经济运送批量等，装卸活动要根据运送货数量、种类、到货方式以及包装情况等信息才能确定合理的组织方式、装卸设备、装卸次序等。同时，物流信息还是物流活动与其他活动联系的有关情况的消息，如商品交易信息、市场信息等，这些信息在整个物流供应链上流动，反映供应链上的生产厂家、批发商、零售商最后到消费者之间的关系，是供应链协调一致、有效控制、快速反应市场的重要条件。

一、物流信息的概念

国家标准《物流术语》（GB/T 18354—2006）中对物流信息的定义为：物流信息（Logistics Information）是反映物流各种活动内容的知识、资料、图像、数据、文件的总称。

一般而言，物流信息有狭义和广义之分，狭义的物流信息是指与物流活动（如运输、保管、包装、装卸、流通加工等）有关的信息。广义的物流信息不仅指与物流活动有关的信息，还包括与其他流通活动有关的信息，如商品交易信息和市场信息等。

二、物流信息的组成

(一) 从发生的范围分析

1. 物流系统内部信息

物流系统内部信息来自物流系统的作业层、战术层，主要包括以下几种：

(1) 物品流转信息：需要物流服务的物品的状态信息。如种类、数量、流向、距离、时间等。

(2) 物流操作信息：货源情况、车辆情况、设施设备情况、人员数目及状态等。

(3) 物流控制信息：货物跟踪信息、车辆跟踪信息、仓储与库存控制信息等。

(4) 物流管理信息：成本信息、物流可用能力、瓶颈资源等。

2. 物流系统外部信息

物流系统外部信息来自物流系统的战略层，主要包括：

(1) 市场信息：货主信息、用户信息、市场供求信息等。

(2) 同行信息：行业主导者、挑战者、跟随者的情况、同业合作伙伴情况等。

(3) 政策信息：产业结构与变化信息等。

(二) 从物流信息的方向来分

1. 正向物流信息

正向物流信息是指物流对象从起源地向消费地的流动过程中产生的相关信息，即正向物流过程中的信息。

2. 逆向物流信息

逆向物流信息是指物流对象从消费地向起点（如回收和适当处置）流动过程中产生的相关信息，即逆向物流过程中的信息。

三、物流信息的特点

物流企业管理的信息特点如图 1-5 所示。

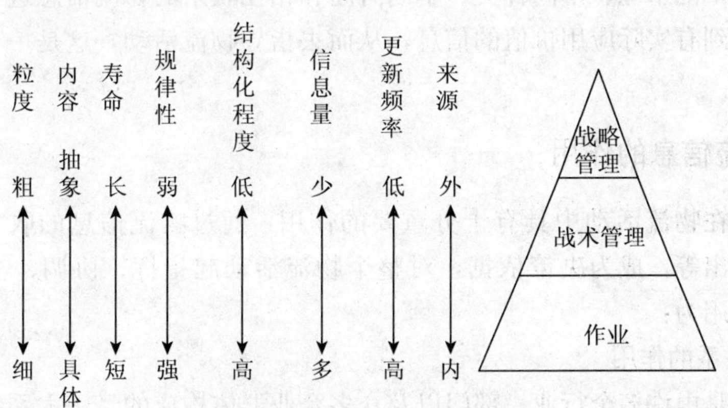

图 1-5 物流企业管理的信息特点

1. 广泛性

由于物流是一个大范围内的活动，物流信息源也分布于一个大范围内，信息源点多、信息量大，涉及从生产到消费、从国民经济到财政信贷等各个方面。物流信息来源的广泛性决定了它的影响也是广泛的，涉及国民经济各个部门、物流活动各环节等。

2. 联系性

物流活动是多环节、多因素、多角色共同参与的活动，目的就是实现产品从产地到消费地的顺利移动，因此在该活动中所产生的各种物流信息必然存在十分密切的联系，如生产信息、运输信息、储存信息、装卸信息间都是相互关联、相互影响的。这种相互联系的特性是保证物流各子系统、供应链各环节以及物流内部系统与物流外部系统相互协调运作的重要因素。

3. 多样性

物流信息种类繁多，从其作用的范围来看，本系统内部各个环节有不同种类的信息，如流转信息、作业信息、控制信息、管理信息等，物流系统外也存在各种不同种类的信息，如市场信息、政策信息、区域信息等；从其稳定程度来看，又有固定信息、流动信息与偶然信息等；从其加工程度看，又有原始信息与加工信息等；从其发生时间来看，又有滞后信息、实时信息和预测信息等。在进行物流系统的研究时，应根据不同种类的信息进行分类收集和整理。

4. 动态性

多品种、小批量、多频度的配送技术与 POS、EOS、EDI 数据收集技术的不断应用使得各种物流作业频繁发生，加快了物流信息的价值衰减速度，要求物流信息不断更新。物流信息的及时收集、快速响应、动态处理已成为主宰现代物流经营活动成败的关键。

5. 复杂性

物流信息广泛性、联系性、多样性和动态性带来了物流信息的复杂性。在物流活动中，必须对不同来源、不同种类、不同时间和相互联系的物流信息进行反复研究和处理，才能得到有实际应用价值的信息，从而去指导物流活动，这是一个非常复杂的过程。

四、物流信息的作用

物流信息在物流活动中具有十分重要的作用，通过物流信息的收集、传递、存储、处理、输出等，成为决策依据，对整个物流活动起指挥、协调、支持和保障作用，其主要作用为：

1. 沟通联系的作用

物流系统是由许多个行业、部门以及众多企业群体构成的经济大系统，系统内部正是通过各种指令、计划、文件、数据、报表、凭证、广告、商情等物流信息，建立起各种纵向和横向的联系，沟通生产厂家、批发商、零售商、物流服务商和消费者，满足各方的需要。因此，物流信息是物流活动各环节之间沟通联系的桥梁。

2. 引导和协调的作用

物流信息随着物资、货币及物流当事人的行为等信息载体进入物流供应链中，同时信息的反馈也随着信息载体反馈给供应链上的各个环节，依靠物流信息及其反馈可以引导供应链结构的变动和物流布局的优化；协调物资结构，使供需之间平衡；协调人、财、物等物流资源的配置，促进物流资源的整合和合理使用等。

3. 管理控制的作用

通过移动通信、计算机信息网、电子数据交换（EDI）、全球定位系统（GPS）等技术实现物流活动的电子化，如货物实时跟踪、车辆实时跟踪、库存自动补货等，用信息化代替传统的手工作业，实现物流运行、服务质量和成本等的管理控制。

4. 缩短物流管道的作用

为了应付需求波动，在物流供应链的不同节点上通常设置有库存，包括中间库存和最终库存，如零部件、在制品、制成品的库存等，这些库存增加了供应链的长度，提高了供应链成本。但是，如果能够实时地掌握供应链上不同节点的信息，如知道在供应管道中，什么时候、什么地方、多少数量的货物可以到达目的地，那么就可以发现供应链上的过多库存并进行缩减，从而缩短物流链，提高物流服务水平。

5. 辅助决策分析的作用

物流信息是制定决策方案的重要基础和关键依据，物流管理决策过程的本身就是对物流信息进行深加工的过程，是对物流活动的发展变化规律性认识的过程。物流信息可以协助物流管理者鉴别、评估经比较物流战略和策略后的可选方案，如车辆调度、库存管理、设施选址、资源选择、流程设计以及有关作业比较和安排的成本—收益分析等均是在物流信息的帮助下才能作出的科学决策。

6. 支持战略计划的作用

作为决策分析的延伸，物流战略计划涉及物流活动的长期发展方向和经营方针的制订，如企业战略联盟的形成、以利润为基础的顾客服务分析以及能力和机会的开发、提炼，作为一种更加抽象、松散的决策，它是对物流信息进一步提炼和开发的结果。

7. 价值增值的作用

物流信息本身是有价值的，而在物流领域中，流通信息在实现其使用价值的同时，其自身的价值又呈现增长的趋势，即物流信息本身具有增值特征。另外，物流信息是影响物流的重要因素，它把物流的各个要素以及有关因素有机地组合并联结起来，以形成现实的生产力和创造出更高的社会生产力。同时，在社会化大生产条件下，生产过程日益复杂，物流诸要素都渗透着知识形态的信息，信息真正起着影响生产力的现实作用。企业只有有效地利用物流信息，投入生产和经营活动后，才能使生产力中的劳动者、劳动手段和劳动对象最佳结合，产生放大效应，使经济效益出现增值。物流系统的优化以及各个物流环节的优化所采取的办法、措施，如选用合适的设备、设计最合理路线、决定最佳库存储备等，都要切合系统实际，即都要依靠准确反映着实际的物流信息。否则，任何行动都不免带有盲目性。所以，物流信息对提高经济效益也起着非常重要的作用。

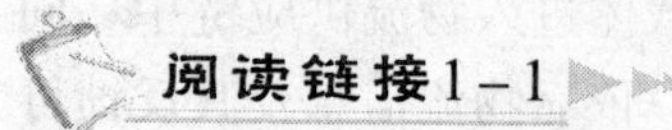

没有IT支撑的物流困境

某日清晨，陈经理接到一位重要客户的投诉："一周前发运到呼市的货物怎么还没有收到?"陈经理脑海中第一反应就是，呼市分公司可能又没能及时送货。于是给客户的解释是："货物肯定已经到达呼市了，我马上和呼市联系一下，把您的货物尽快送过去"，并再三赔礼道歉。

放下客户电话，陈经理马上拨通呼市分公司的电话，询问该货物怎么这么长时间还没送过去，并要求上午一定要送过去。并严厉地训斥了呼市公司操作人员。五分钟后，呼市公司来电告之："北京根本就没有给呼市发过此货物"。陈经理听后，马上拨通库房管理员分机，要求他查询该货物是怎么回事，并立即回复。

二十分钟后，库房管理员满头大汗地跑来回复（满头大汗地，估计这哥们儿是翻库房去了）："该货物还在库房，是由于这几天货物特别多，没有装上车的货物堆放在库房的里角，后进的货物都堆放在外面，装车时是从外往里装，没有注意到"。陈经理听完回复后，意识到问题的严重性，把库房管理员臭骂了一顿，并安排当天晚上无论如何要把该货物发走。一边却在心里盘算着如何向客户解释……

第三节　物流信息系统

随着计算机科学和自动化技术的发展，物流管理系统也从简单的方式迅速向自动化管理演变，其主要标志是自动物流设备，如自动导引车（AGV-Automated guided vehicle）、自动存储/提取系统（AS/RS-Automated storage/retrieve system）、空中单轨自动车（SKY-RAV-Rail automated vehicle）、堆垛机（Stacker crane）等，及物流计算机管理与控制系统的出现。物流系统的主要目标在于追求时间和空间效益。

一、物流系统的概念及组成

（一）物流系统的概念

所谓物流系统，是指在一定的时间和空间里，由所需输送的物料和包括有关设备、输送工具、仓储设备、人员以及通信联系等若干相互制约的动态要素构成的具有特定功能的有机整体。作为物流系统的"输入"，就是采购、运输、储存、流通加工、装卸、搬运、包装、销售、物流信息处理等环节的劳务、设备、材料、资源等由外部环境向系统提供的过程。因此，物流系统是由两个或两个以上的物流功能单元构成的，以完成物流服务为目的的有机集合体。

（二）物流系统的特征

1. 物流系统具有一定的整体目的性

将商品按照用户的要求，以最快的方式、最低的成本送到用户手中。

2. 物流系统是一个大跨度系统

这反映在两个方面：一是地域跨度大；二是时间跨度大。

3. 物流系统具有较强的动态性

随着需求、供应、渠道、价格等的变化而变化，稳定性差。

4. 物流系统是一个中间系统

物流系统属于中间层次系统范围，本身具有可分性，可以分解成若干个子系统。

5. 物流系统具有复杂性

物流系统的复杂性使系统结构要素间有非常强的“背反”现象，常称之为“交替损益”或“效益背反”现象，即在系统中降低一个部分的成本时，同时会引起另外一个部分的成本增加，从而产生相互抵消的作用关系。例如，为保管合理，必然会牺牲运输的合理性；物流服务与物流成本之间也存在这种关系。因此，处理时稍有不慎就会出现系统总体恶化的后果。

物流系统的特征如表 1-4 所示。

表 1-4　　物流系统的特征

特　征	说　明
具有一定的整体目的性	即要将商品按用户的要求，以最快的方式、最低的成本送到用户手中
是一个大跨度系统	不仅包括企业间的物流，还涉及不同地域和国际间的物流
具有较强的动态性	衔接多个供方和需方，系统会随着需求、供应、渠道、价格等的变化而变化
是一个中间系统	物流系统由若干个子系统组成，同时又从属于社会流通系统，受到整个社会经济系统的制约
具有复杂性	物流系统由各个不同要素构成，不同要素之间既相互依赖，又相互排斥，造成了系统的复杂性

（三）物流系统的模式

一般地，物流系统具有输入、处理（转化）、输出、限制（制约）和反馈等功能，其具体内容因物流系统的性质不同而有所区别，如图 1-6 所示。

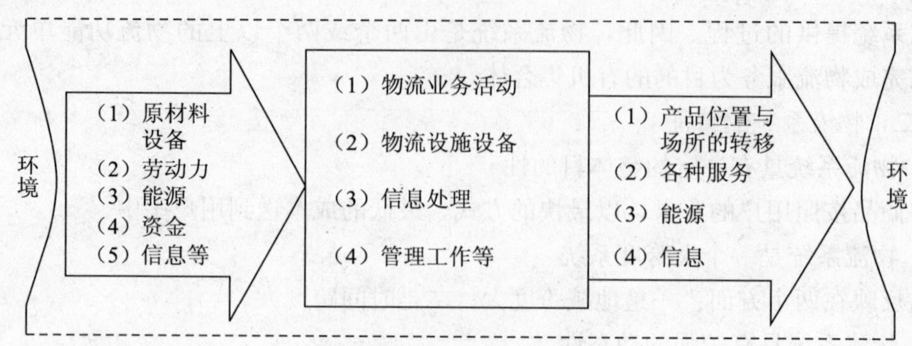

图 1-6　物流系统的模式

1. 输入

输入包括原材料、设备、劳动力、能源等。就是通过提供资源、能源、设备、劳动力等手段对某一系统发生作用，统称为外部环境对物流系统的输入。

2. 处理（转化）

处理（转化）是指物流本身的转化过程。从输入到输出之间所进行的生产、供应、销售、服务等活动中的物流业务活动称为物流系统的处理或转化。具体内容有：物流业务活动，如运输、储存、包装、装卸、搬运等；物流设施设备的建设；信息处理及管理工作。

3. 输出

物流系统的输出则指物流系统与其本身所具有的各种手段和功能，对环境的输入进行各种处理后所提供的物流服务。具体内容有：产品位置与场所的转移；各种劳务，如合同的履行及其他服务等；能源与信息。

4. 限制或制约

外部环境对物流系统施加一定的约束称之为外部环境对物流系统的限制和干扰。具体有：资源条件，能源限制，资金与生产能力的限制；价格影响，需求变化；仓库容量；装卸与运输的能力；政策的变化等。

5. 反馈

物流系统在把输入转化为输出的过程中，由于受系统各种因素的限制，不能按原计划实现，需要把输出结果返回给输入，进行调整，即使按原计划实现，也要把信息返回，以对工作做出评价，这称为信息反馈。信息反馈的活动包括：各种物流活动分析报告；各种统计报告数据；典型调查；国内外市场信息与有关动态等。

(四) 物流系统的组成

物流系统的物理组成可以用图 1-7 来表示，物流系统由“物流作业系统”和支持物流系统的信息流动系统，即“物流信息系统”两个子系统组成。

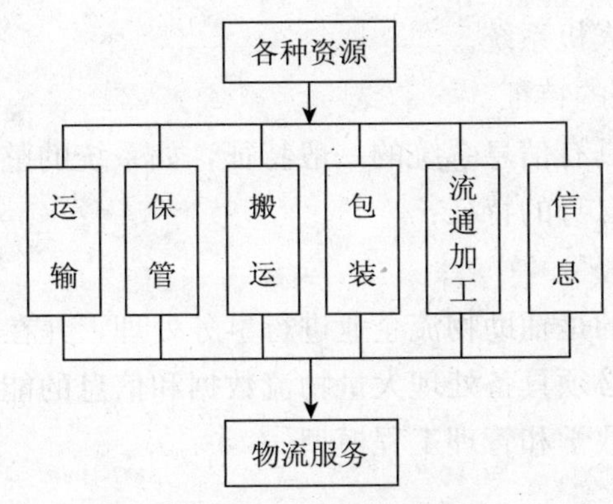

图 1－7 物流系统的组成

1. 物流作业系统

物流作业系统是指在商品的运输、保管、搬运、包装、流通加工等作业中使用各种先进的手段和技术，将商品的生产点、物流点、运输配送路线和运输手段组成一个合理有效的网络系统，并以此来提高物流活动的效率。主要包括运输、保管、包装、装卸、配送、流通加工等子系统。

2. 物流信息系统

物流信息系统是在保证商品的采购订货、进货、库存保管、出货和商品配送过程的信息通畅的基础上，使通信据点、通信线路、通信手段网络化，从而提高物流作业系统的效率。

物流信息系统要解决的问题是：

（1）缩短从接受订货到发货的时间，使接受订货和发出订货更为省力，提高订单处理的精度；

（2）库存适量化；

（3）提高搬运、运输作业效率；

（4）防止发货、配送出现差错；

（5）回答信息咨询。

物流信息系统与物流作业系统之间存在一定的层次关系：物流信息系统向物流作业系统下达指令，物流作业系统完成作业后将信息反馈给物流信息系统，物流信息系统处于上层，起调控管理作用，二者密不可分，相互依赖，互相配合，以实现整个物流系统的目标。

二、物流信息系统的概念及特征

（一）物流信息系统的概念

物流信息系统是指利用计算机技术、网络技术、数据库技术及相应设备进行物流信息的收集、传输、加工、储存、更新和维护，以支持物流管理人员和基层操作人员进行物流管理和运作的人机系统。

（二）物流信息系统的特征

物流信息系统除了具有信息系统的一般特征，如系统的整体性、层次性、目的性之外，还具有以下一些自身的特征：

1. 服务性

物流信息系统的目的是辅助物流企业进行事务处理，并在一定程度上为管理决策提供信息支持，因此它必须具备处理大量物流数据和信息的能力，具备各种物流数据的分析方法，拥有各种数学和管理工程模型。

2. 集成化

集成化是指物流信息系统将相互连接的各个物流环节联结在一起，为物流企业进行集成化的信息处理工作提供平台。

3. 适应性

系统的适应性是指一个好的系统必须能够适应环境的变化，尽可能地做到当环境发生变化时，系统能够不需要经过太大的变化就能适应新的环境。当然物流信息系统也不例外。适应性强，系统的变化就小，用户使用时就会更加方便。

4. 网络化

随着互联网技术的迅速发展，在物流信息系统的设计过程中也广泛地应用了网络化技术。通过 Internet 将分散在不同地理位置的物流分支机构、供应商、客户等联结起来，形成了一个信息传递与共享的信息网络，便于各方实时了解各地业务的运作情况，提高了物流活动的运作效率。

5. 智能化

智能化是物流信息系统的发展方向，通过综合运用数据挖掘、人工智能、决策理论、知识管理及其他相关技术和方法，为物流系统运行、管理、决策提供有效支持。

三、物流信息系统的作用

物流信息系统是整个物流系统的心脏，是现代物流企业的灵魂。对于物流企业来说，拥有物流信息系统在某种意义上比拥有车队、仓库更为重要。物流信息系统在物流运作过程中非常关键，并且自始至终地发挥着不可替代的中枢作用。随着信息经济的发展，物流信息系统在现代物流中占有极其重要的地位。具体表现为：

1. 物流信息系统是物流企业及企业物流的神经中枢

物流企业面向社会服务，为企业提供功能健全的物流服务，面对众多的企业和零售商甚至是客户，如此庞杂的服务，只有在一个完善的信息系统基础上才可能实现。

2. 企业利用物流信息系统可以及时了解相关信息

通过物流信息系统，企业可以及时地了解产品市场销售信息和产品的销售渠道，有利于企业开拓市场和收集信息。同时，企业还可以及时掌握商品的库存流通情况，进而达到企业产销平衡。

3. 通过物流信息系统有效地节约企业的运营成本

可以通过规模化、少品种、业务统一管理节约企业的物流运作成本，也可以通过信息系统完成企业的一系列的活动，如报关、订单处理、库存管理、采购管理、需求计划、销售预测等。

4. 通过建立物流信息系统，加快供应链的物流响应速度

通过建立物流信息系统，达到供应链全局库存、订单和运输状态的共享和可见性，以降低供应链中的需求订单信息畸变现象。

5. 通过建立物流信息系统，提高物流服务效率

通过建立物流信息系统，将企业物流的各个环节综合考虑；通过信息及时传递，优化物流操作，提高物流服务效率。

四、物流信息系统的发展阶段

随着计算机及网络、通信等技术的不断发展，物流信息系统的发展主要经历了以下几个阶段。

1. 单项数据处理阶段（20 世纪 50 年代中期—60 年代中期）

主要是计算机代替人工对局部数据量大、操作简单的业务进行处理，如工资结算、单项汇总等。这一阶段的特点是集中式处理，数据不能共享。因此，计算机的应用和定量化技术主要集中在改善特定的物流功能，如订货处理、预测、存货控制、运输等，此时的物资资源配置技术也仅限于“订货点技术”。

2. 事务处理阶段（20 世纪 60 年代中期—70 年代初期）

人们可以应用计算机制订生产计划，并研究多环节的生产过程中各环节的物资供应计划问题，如企业的物资管理、仓储管理、采购计划等。这一阶段的特点是实时处理、数据能局部共享。相应的物资资源配置技术为 20 世纪 60 年代产生的物料需求计划（MRP）和准时技术（JIT）。

3. 系统处理阶段（20 世纪 70 年代初期—90 年代初）

信息技术应用于整个企业的物流管理，在企业内部运行的管理信息系统可以辅助企业进行计划、生产、经营、销售，企业信息系统以局域网结构和客户（服务器）体系结构为主。生产系统、计划系统、工程设计、工艺设计、工程管理、生产制造等结合成为一个有机整体。

4. 辅助决策阶段（20 世纪 90 年代至今）

企业的计算机辅助管理更注重提供辅助决策所需的信息以及辅助决策的过程，从而提高物流作业效率，降低物流作业成本。

上述内容可概括为表 1－5。

表 1－5　物流信息系统的发展阶段

发展阶段	起止时间	说　明	特　点
单项数据处理阶段	20 世纪 50 年代中期—60 年代中期	主要是计算机代替人工进行简单的业务处理	集中式处理，数据不能共享
事务处理阶段	20 世纪 60 年代中期—70 年代初期	可以应用计算机制订生产计划、供应计划等	实时处理、数据能局部共享
系统处理阶段	20 世纪 70 年代初期—90 年代初	信息技术应用于整个企业的物流管理	企业内各系统成为一个有机整体
辅助决策阶段	20 世纪 90 年代至今	为企业物流决策提供支持功能	辅助物流决策，降低成本，提高效益

阅读链接 1－2

UPS：IT 升级提速奥运物流

58.75 立方米的船艇架、10.9 米的划艇、8.8 立方米的蹦床……这些个头庞大、形状不一的物品，创下 UPS 本届奥运物流快递服务的各项纪录。

目前，本届奥运会“bump—in”（移入期）工作进入尾声。UPS 亚太区北京奥运会赞助与运营副总裁陈学淳说，场馆工作已经进入物品定位布置阶段，UPS 将集中精力，为即将入住奥运村、媒体村以及入境的奥运大家庭人员的行李和生活必需品提供物流服务。

据陈介绍，UPS 奥运物流团队分为 100 多个小组，有核心人员 37 名，如果包括普通员工在内，总人数约为 2000 人。核心团队的工作集中在三个领域：一是奥运物流中心的仓库管理；二是运动员村的管理；三是场馆管理。

奥运物流服务素有准备期长、物资繁多、赛时物流需求量爆发的特点，如何应对纷繁复杂的情况，提高管理效力？陈学淳透露，由 UPS 专为北京 2008 年奥运会赛事物流所设计的车辆配送计划编排系统——物资总体配送计划（MDS）至关重要。

由于每日进出奥运场馆的车辆不计其数，周围交通需要有效保障以防拥堵。如何保证来往车辆既高效运行又不起冲突？奥运物资总体配送计划（MDS）可以把所有场馆每天的交通流量进行有效排班，任何车想要进入场馆，需要提前 48 小时提交申请。申请单的数据输入系统之后，MDS 会予以排班，各个终端都可打印时刻表。这不仅可以解决有效分配时间的问题，也有利于安检部门开展工作。场馆安检人员对来往车辆以及物资检查可以有三项凭证：物资安检封条、车号以及 MDS 凭条。根据递送需求，系统将自动编排出车辆的出发、安检、车检以及最后完成卸货后的离开时间，并将报告自动发送至相关业务点，从而实现配送计划的优化编排以及人力、设备和资源的合理分配。

陈学淳坦陈，MDS是完全按照奥运操作状况来设计的，它的资讯来自四面八方，不像操作单一客户那么简单。其中要花很大精力来搜集资讯，因为此系统服务对象既有国际奥委会，又有北京奥组委，还有各供应商。MDS系统的开发只是UPS奥运服务IT系统构建的一部分，该系统专为奥运物流设计，在奥运结束后，历经2008年年底的物资清算和反向物流，于2009年6月才能从奥组委交还给UPS使用。

从运营网络而言，奥运物流包括物流和快递两个部分。本次UPS的快递服务部分与其原有的全球网络是连接在一起的，本次各国奥委会（NOC）以及奥运大家庭的快递服务大多通过这个全球快递网络完成。而针对运动员村等物流业务，则独立成立了执行团队。

UPS伴随奥运已有三年，什么才是UPS最重要的经验？陈学淳毫不犹豫地说，100多个核心团队集合起来的有经验的员工，是最为重要的奥运财产。至2008年年底，UPS在全国的操作中心将扩展到48个，而这一数字在2005年年底是23个；2008年年初为33个。仅北京一地，UPS的供应链已由4个点增加到8个。UPS内部人员解释说，如今的48个操作中心是纯粹的分拣和业务中心，而以往统计中还包括UPS的行政运营中心，这意味着，实际上UPS的业务增长更快。2008年10月，UPS的上海转运中心即将投入运营，而UPS不久前宣布，将在深圳成立亚洲转运中心。

第四节 物流信息管理及其发展

当前，物流管理人员和决策人员如何利用现代信息技术，充分发挥现代物流管理理论和物流信息系统的作用，已经成为企业所面临的一个重要问题。而这一问题也正是物流信息管理要研究的基本问题。

一、物流信息管理的概念及任务

（一）物流信息管理的概念

物流信息管理就是对物流全过程的相关信息进行收集、整理、传输、存储和利用的信息活动过程。物流信息管理不仅包括物资采购、销售、存储、运输等物流活动的信息管理和信息传送，还包括了对物流过程中的各种决策活动提供决策支持，并充分利用计算机的强大功能，汇总和分析物流数据，充分利用企业资源，增强企业竞争优势。

（二）物流信息管理的任务

物流信息管理的任务就是要根据企业当前物流过程和可预见的发展，根据物流信息采集、处理、存储和流通的要求，选购和构筑由信息设备、通信网络、数据库和支持软件等组成的环境，充分利用物流系统内部、外部的物流数据资源，促进物流信息的数字化、网络化、市场化，改进现存的物流管理，选取、分析和发现新的机会，作出更好的物流决策。

二、物流信息管理的特点

现代物流管理很大程度上是对信息的处理，管理组织中存在的大量岗位只是发挥着信息的收集、挑选、重组和转发的“中转站”作用。如果这些工作由正规信息系统来承担，反而会更快、更准、更全面。目前，物流信息管理呈现出以下特点：

1. 专业性

物流信息管理是专门收集、处理、储存和利用物流全过程的相关信息，为物流管理和物流业务活动提供信息服务的管理活动。

2. 广泛性

物流信息管理涉及的信息对象十分广泛，如货物信息、所使用的设施设备信息、操作技术和方法信息、物流的时间和空间信息、作业人员信息等。

3. 灵活性

物流信息管理的规模、内容、模式和范围等，根据物流管理的需要，可以有不同的侧重和活动内容。

三、物流信息管理的层次

在物流信息管理中，我们通常把物流信息管理分为四个层次：

（一）基础信息管理

基础信息管理是利用信息技术解决企业内部信息采集、传输、共享的标准和成本等问题，使信息成为控制、决策的依据。

基础信息管理的第一步解决业务各流程的信息化问题；第二步用信息系统控制物流活动的操作。

（二）供应链物流信息管理

供应链物流信息管理主要通过上下游企业的信息反馈服务来提高供应链的协调性和整体效益。

供应链物流信息管理主要实现以下功能：

（1）与客户的信息系统对接，实现供应链物流协作和运作；

（2）提供电子商务平台；

（3）开发基于因特网的信息发布和在线查询系统，为客户提供可视化、“一站式”的信息服务。

（三）物流决策信息管理

物流决策信息管理的主要手段是建立辅助决策支持系统，通过以优化、决策为目的的信息加工和数据挖掘，把信息变为知识，提供决策依据。

这一层次的信息系统主要有两个作用：

（1）开发、整合和固化新的流程或新的管理制度；

(2) 在规定的流程中提供优化的操作方案。

(四) 智能物流管理

智能物流（Intelligent Logistics Concepts，ILC）综合运用数据挖掘、人工智能、决策理论、知识管理及其他相关技术和方法，对物流系统的数据进行分析处理，为物流系统运行控制、日常决策和战略决策提供有效支持，使物流系统具有学习、推理判断、自动解决物流经营问题的智能化特征，能高效、安全地处理复杂问题，为客户提供方便、快捷的服务。

物流智能化是知识经济和信息技术发展的必然结果。

四、我国物流信息管理的现状及发展

(一) 物流信息管理的发展历程

物流信息管理经历了由初级向高级的发展历程，主要有以下几个阶段。

1. 后勤工作阶段

20 世纪 50 年代以前，物流被认为是后勤工作而被忽视。在这一阶段，企业物流信息的采集、传输主要依靠手工记录、普通信函、电话等方式，信息技术主要应用在运输、存储过程中，物流信息化的功能主要是记录物流信息。

2. 量化管理阶段

20 世纪 50 年代以后，发达国家的企业开始注重强化对物流活动的科学管理，用定量化技术和计算机来改善特定的物流功能的表现。这一阶段信息交换通过邮政邮件；产品跟踪采用贴标签的方式；信息处理的软硬件平台是纸带穿孔式的计算机及相应的软件。物流信息被分散在不同环节和不同职能部门之中，物流与信息之间的交流与共享十分困难。

3. 部门内信息共享阶段

随着高速存取和容量较大的外存储器的出现，物流信息化进入部门内信息共享阶段，信息技术应用由单项的数据处理拓展到部分物流业务管理的范围或物流管理子系统，人们可应用计算机制订生产计划，并研究多环节生产过程中各个环节的物品供应计划问题，例如，企业的物品管理、仓储管理，制订投产计划和采购计划等。但整个物流过程没有充分的信息交流与共享。

4. 企业内部信息共享阶段

随着条码技术、电子扫描和传输技术的产生和使用，为改善物流功能的表现提供了技术支持，提高了物流信息的及时性和可得性，物流信息化进入企业内信息共享阶段。信息技术应用于整个企业的物流管理，在企业内部运行的管理信息系统，可用以辅助企业进行计划、生产、经营、销售。此时，管理信息系统的发展和广泛应用对企业内部物流一体化的形成起到了极大的促进作用。

5. 企业间信息交换阶段

到 20 世纪 90 年代，信息技术有了更快的发展，其性价比大幅度提高，计算机多媒体技术的发展使物流信息系统处理各种类型的数据成为可能，物流信息化进入企业间信息共享阶段。在信息技术的支持下，系统理论和方法在物流活动中得到了实际应用，物流活动的各环节被看成是相互联系和相互作用的有机整体，管理上寻求物流过程的整体优化。物流信息不再局限于某一个物流环节上，信息的共享开始超越企业内部不同职能部门的边界乃至企业的边界。

6. 供应链信息共享阶段

随着供应链管理的实践以及信息技术的飞速发展，物流信息化进入供应链信息共享阶段，为现代物流带来了巨大的发展机遇。物流的需求信息直接从顾客消费点获取，物流信息交换主要采用数字编码分类技术和无线因特网，产品跟踪向激光制导标志技术以及无线射频识别发展。基于因特网的电子物流正在兴起，数据仓库、数据挖掘、专家系统等现代决策支持技术开始在物流管理中得到应用。

物流信息管理的发展历程如表 1-6 所示。

表 1-6　　物流信息管理的发展历程

发展阶段	信息技术应用情况	应用范围	功　能
后勤工作	企业物流信息的采集、传输主要依靠手工记录、普通信函、电话	运输、存储过程中	记录物流信息
量化管理	信息交换通过邮政邮件；产品跟踪采用贴标签的方式；信息处理的软硬件平台是纸带穿孔式的计算机及相应的软件	工厂内	辅助物料搬运变革和物流规划，寻求物流合理化的途径
部门内信息共享	物流信息在企业部门内实现部分共享，信息技术扩展到部门内部的部分物流业务管理和物流管理系统，整个物流过程没有充分实现信息共享与交流	企业部门内	利用计算机制订生产计划、物品供应计划、投产计划、采购计划等
企业内部信息共享	物流信息在全企业内部自动共享，信息系统以局域网结构和客户机/服务器结构为主	企业内	实现企业内部物流一体化以及物流活动与企业生产、销售活动的协调
企业间信息交换	因特网、卫星通信提高了物流的实时跟踪能力，GPS、GIS 开始在物流中应用	企业间	促进物流系统化，物流活动与生产过程和商品销售过程分离
供应链信息共享	在企业内部构建 Intranet，在企业间构建 Extranet，注重提供物流决策所需的信息以及辅助决策过程	供应链	利用信息网络寻找互补的外部优势，构建供应链组织

从总体发展趋势上看，物流信息管理的发展过程正在加速进行，这与信息技术的加速发展及不断应用是密不可分的。

（二）我国物流信息管理的现状

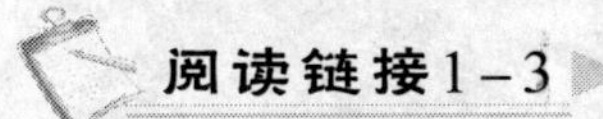

物流信息化发展的五大瓶颈

制约物流信息化发展的五大瓶颈中，中小物流企业的信息化程度低是首要瓶颈。由于大多数系统的成本较高，而中小企业的起点很低，市场上缺少适合中小企业起步的信息系统。

缺乏拥有自主知识产权的物流信息系统是我国物流信息化的第二大瓶颈。目前国内的研发能力无法和国际同行竞争，物流信息系统的标准较为混乱，不成体系，难以互联互通，难以实现信息共享。

第三大瓶颈是开发商难以赢利。物流软件是管理软件，需求的个性化和生产的批量化是难以统一的，因此造成开发成本极高。对开发商来讲，不能批量生产，成本就居高不下。解决这个问题的关键是规范信息技术和开发模式，加强咨询服务，以满足企业个性化需求。

瓶颈之四是提供基础信息和公共服务的平台发展缓慢。GPS（全球卫星定位系统）、GIS（地理信息系统）技术服务在大型企业的应用比例为23%，在大型物流企业的应用仅为12.5%，在中小企业基本是空白。基础技术服务应用比例过少，整个行业的整合就相对困难。

第五个瓶颈是物流信息化发展战略暂属空白。我国的物流信息化发展还需要一个培养人才、培养需求、培养管理技术的过程，但多数系统开发商缺乏战略眼光，未提出我国物流信息化长期发展的战略目标。

信息化是现代物流发展的必由之路，物流信息化也是电子商务的必然要求。近年来，我国物流信息管理取得了很大的进步，但同时也存在一些问题。进入21世纪后，我国物流市场以年均30%的速度递增发展，物流信息化进入了快速发展期，主要表现在：

1. 需求仍以作业控制为主

相当长的一个时期内，物流信息化的需求仍以作业控制为主，即在规范流程中实现信息的采集、传输、存储、共享，建立决策、控制依赖于信息的机制。从总体上来看，我国绝大部分企业，特别是中小企业仍处于较低的需求层面，即要用较少量的投资，解决业务各流程的信息化问题，建立决策要依赖信息的机制，其中特别是将财务核算深入到各业务环节中去。此类需求是市场的主体，占80%以上。少部分基础较好的企业已经进入了较高层面的需求，即优化流程设计和运行操作。这样的企业应有较好的经营管理机制和较好的信息化基础，可以为流程再造提供制度保证和数据基础。此类需求占有的市场份额虽然还不大，但增长比较快。而真正进入供应链管理这种最高需求层面的企业目前还是凤毛麟角。

2. 信息化意识提高，整体规划能力较低

近年来，我国从政府部门到企业对物流信息化重要性的认识都不断提高，“信息是物流的灵魂”已得到我国各行各业的广泛认同，各类企业呈现出开发物流信息平台、应用综合性或专业化物流信息系统的态势。2009 年《物流业调整和振兴规划》的出台将发展物流信息化提到了一个新的高度。目前，我国各级政府也已经把物流信息化作为一项基础建设纳入发展规划之中，并进一步加大了对物流信息化的投资力度。

但是，物流企业信息化整体规划能力较低，对信息化的理解不深。我国在物流信息化长期发展战略上尚未形成体系，标准化工作发展缓慢；同时，物流企业对自身的信息化未来发展也缺乏规划，缺乏覆盖整个企业的全面集成的信息系统，目前真正去搞信息化整体规划的企业寥寥无几。中国仓储协会的调查数据显示，高达 94.3%的物流企业内部使用了管理软件，81.4%的物流企业拥有自己的外部网站，企业大部分已应用相关的“物流管理软件”，但这些软件相对简单，大部分只是整个物流环节的一小部分，如车辆管理软件、库存管理软件、票据管理软件等，很少有企业实现了整个物流过程的信息管理，仅有 14.3%的用户对自己的信息化建设进行了规划。这说明物流企业由于本身不成熟等原因，在进行信息化建设时有一定的盲目性。很多用户对自己的信息化需求并不了解，往往是想到什么就做什么，结果导致“信息孤岛”现象非常严重。

3. 建设步伐加快，整体应用水平较低

伴随着我国经济的持续快速发展，我国物流行业呈现出高速增长的势头，而物流信息化的投入力度也相应提高，建设步伐持续加快。但是不得不承认，与国际先进水平相比，我国的物流信息化整体水平尚处于较低层次，特别是中小物流企业的信息化水平很低。一方面，先进的信息技术应用较少，应用范围有限，如在国外物流企业得到广泛使用的条码技术、射频识别技术、GPS/GIS 和 EDI 技术，在我国物流企业的应用却不够理想。同时，立体仓库、自动导向车系统等物流自动化设施应用不多。另一方面，信息化对企业运营生产环节的渗入层次较低，如在信息化水平较高的大中型物流企业，其网站的功能仍以企业形象宣传等基础应用为主，作为电子商务平台的比例相对较小。

事实上，目前较低的信息化应用水平已经成为制约我国现代物流发展的重要因素，我国物流业迫切需要提高物流信息化水平，以提升国际竞争力。

4. 缺乏高素质的现代物流信息管理人才

现代物流作业过程环节多而复杂，物流信息量大，还具有不确定性、难以捕捉的特点，因而对从业人员的技术要求很高，因此现代物流企业属于人才密集型企业。而目前我国绝大部分物流企业缺乏这种既熟悉现代物流信息化运作规律，又懂得生产管理的专业人才。

(三) 我国物流信息管理的发展趋势

根据国外物流信息管理的发展历程，结合我国物流信息化的发展现状，着眼未来，我国物流信息管理将呈现以下发展趋势。

1. 物流信息系统将不断整合

随着系统整合技术的不断发展，原来地区性、行业性分散的信息系统面临着整合的趋势，这和企业内部信息系统的发展一样，将会走扩展、兼并的道路。同时，公共信息平台的建设，将会加快这种趋势。

2. 信息化和标准化将结合在一起

物流标准化是制约我国物流信息化发展的一大瓶颈，RFID 等新技术推广过程的焦点便是物流标准化。采用国际标准还是国内标准以及如何实现标准和实用之间相互促进将是未来物流信息化建设的重要课题。

3. IT 供应商的商业模式会不断成熟

我国市场对物流的要求在质和量两个方面与发达国家都有很大的差距，而我国又是制造基地，因而我国的物流行业在规模、数量、质量方面都有巨大的发展空间。对物流信息化的需求，也有非常广阔的市场前景，IT 供应商将会通过整合技术的发展和商业模式的转变来适应市场发展的需要。

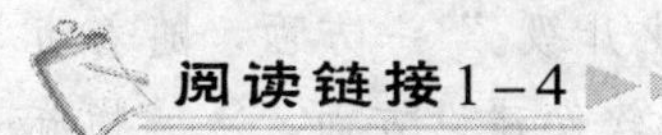

奥运世博亚运：博科资讯助力冷链物流一路领“鲜”

2008 年北京奥运会食品物流体系由三个集合的交集涵盖而成：奥运物流、食品物流和冷链物流，其中奥运物流是对物流时间的限定、食品物流是对物流类别的限定，而冷链物流则是实现奥运食品物流安全的核心保障。

奥运期间，北京制定并严格执行了 15 项奥运食物安全技术规范，涉及出产、包装、储运等领域；全面启动了奥运食物安全的监控和追溯体系，能够对奥运食物从种植、养殖源头及食物原材料的出产、加工、配送一直到奥运餐桌的全过程实现监控和追溯；对食物运输途中实行严格监控，为 218 辆奥运食物运输车辆安装了 GPS 实时监控和温度实时记录装置。

“冷链的投入相对较高，选择第三方物流企业来进行运作是今后发展的趋势，但有一套冷链物流的信息系统更是势在必行的事。配套设施像公路，信息系统像车，两者缺一不可。优秀的系统可以达到事半功倍的效果。”北京奥运冷链物流中标商荣庆集团负责人说。

2010 年，历时 6 个月共计 184 天的上海世博会期间客流量达 7000 万人次参观，这对高标准、高质量的食品需求提出挑战。将有2万多场国内国际活动在上海举行，将对上海的酒店、零售、物流、旅游和餐饮等消费类行业产生巨大的拉动作用，其中，国内外游客、宾客的到来，将增加酒店、宾馆对鲜冷食品及物流配送业务的需求，在奥运会、世博会和即将召开的广州亚运会的拉动下，冷链物流持续保“热”。

和欧美国家相比，中国在冷链物流、食品物流硬件设备上、技术保障和管理水平上存在很大的差距。北京奥运会和上海世博会的食品物流系统实践，对于我国食品冷链物流的发展而言，是一次绝佳的实战锻炼机会。

博科资讯物流供应链研究中心调查显示，目前超过20%的食物由于没有很好地冷藏，在运输过程中被浪费。仅水果、蔬菜等农产品在采摘、运输、储存等物流环节上损失率就达25%～30%，每年有总值约92.5亿美元的农产品在运输中损失，腐烂损耗的果蔬可满足近2亿人口的基本营养需求，损耗量居世界首位，而发达国家的果蔬损失率则控制在5%以下。欧、美、日等国食品冷藏运输率达80%～90%，东欧国家约50%，而我国只有10%左右。由于缺乏完善的冷链物流，也造成了某些食品零售价高居不下，一些易腐食品售价中甚至有高达7成是用来补偿物流过程中损失的货物价值。而按照国际标准，易腐物品物流成本最高不超过其总成本的50%。

博科资讯物流供应链研究中心负责人王颐中介绍说：“我们必须加紧建设和投资开发冷链基础设施建设，不断普及卓有成效的全国性冷藏供应链配送网络系统，同时通过信息化建设，促进冷链物流的软件优化，提升利润水平，减少相应损耗，避免浪费，进而间接推动配送产品产值的提升，促进冷链物流产业升级。”一方面，随着市场成熟和发展，冷链物流开始“热”了起来；另一方面，在软件建设方面，冷链物流却相对显得有点“冷”。冷链物流的建设需要各方面通力合作，更需要软实力。

目前，国内有1万多家超市亟待引入冷冻技术和寻求合作伙伴，农业市场对其有更大的需求，而一些大城市则设想在5年内建立并完善食品冷链系统。有专家指出，中国冷链产业的壮大，不仅需要借鉴欧美等国企业带来的先进经验，更要尽早完善科学合理的政策和法规，还需要食品物流各环节协调机制的建立、食品物流技术的进一步提高等一系列条件的支持，才能撑起食品安全的“蓝天”。

“食物冷链物流体系是一个系统，具有动态的概念及其组成部门的变革与提高，对整体的推进是渐进式的。”北京制冷学会冷藏运输专业委员会主任李援朝说。而这个渐进式的推进，不但需要政府部门的治理，还需要行业协会的协调以及企业间的通力合作等多方面的共同努力。

博科资讯总裁助理，物流信息化高级顾问王颐中老师说：要想解决冷链物流行业的规范化和科学化发展的问题，保证整条冷链不断链，必须借助政府的力量以及广大软件厂商以及各冷链物流厂商的力量建立综合的冷链物流信息公共平台，实现食品、药品等冷链物流的全面信息跟踪。

博科资讯市场总监武兴兵告诉记者，专业的冷链物流软件正是解决企业冷链物流管理的“软”管理工具，而冷链物流软件和其他物流软件的区别就在于其利用了特定功能来分析处理物流过程中的特殊行为，使冷链物流过程更科学。

武兴兵举例说，在冷链物流的仓储中，如何提高空间利用率、如何根据货品属性进行深度摆放，这需要管理软件进行科学决策和建议。而对于冷链物流而言，需要根据货品的生产日期和保质日期，分先后出入库，这对于货品摆放而言就显得尤为重要，如何提高货品取放的效率将直接影响到物流成本。“软件可以根据货品的保质时间设定收货发货提醒，也可以对保质期时间要求不严格的货品进行模糊出库日期设定，凡此种种都是可以通过供应链软件来实现。”

本章小结

本章是按照“信息→物流信息→物流信息系统→物流信息管理”的思路来组织内容的，首先对信息的概念、特征进行介绍，并对信息的分类及度量进行了简要说明；其次对物流信息进行阐述。物流信息作为信息的一种，具有信息所具有的一般特性，同时也有其特殊性，本章主要对物流信息的概念、特点、组成及功能进行了系统地分析；再次，对物流信息系统进行初步阐释。物流信息系统被喻为物流企业的神经中枢，本章主要介绍了物流信息系统的概念、特征、作用及发展历程；最后，对物流信息管理的相关知识及我国物流信息管理的发展现状进行了分析说明。

联想物流信息化建设

信息流与物流紧密结合，是现代物流的发展趋势。在IT业，这一点显得尤为突出。IT业的显著特征就是，技术更新快，产品生命周期短，价格变化频繁，因此，IT企业必须不断提高自己的分析预测和快速响应能力。客户需求的多样性与个性化，迫使IT企业不但要有较强的敏捷生产与柔性生产能力，更要加强对原材料供应商的有效管理、对产品分销配送物流的合理规划。面对复杂多变的物流状况，IT企业必须借助信息技术手段加强物流管理，提高物流效率。

在中国IT业，联想是当之无愧的龙头企业。IT行业特点及联想的快速发展，促使联想加强与完善信息系统建设，以信息流带动物流。高效的物流系统不仅为联想带来实际效益，更成为同类企业学习效仿的典范。

高效率的供应链管理

联想的客户，包括代理商、分销商、专卖店、大客户及散户，通过电子商务网站下订单，联想将订单交由综合计划系统处理。该系统首先把整机拆散成零件，计算出完成此订单所需的零件总数，然后再到ERP系统中去查找数据，看使用库存零件能否生产出客户需要的产品。如果能，综合计划系统就向制造系统下单生产，并把交货日期反馈给客户；如果找不到生产所需要的全部原材料，综合计划系统就会生成采购订单，通过采购协同网站向联想的供应商要货。采购协同网站根据供应商反馈回来的送货时间，算出交货时间（可能会比希望交货时间有所延长），并将该时间通过综合计划系统反馈到电子商务网站。供应商按订单备好货后直接将货送到工厂，此前综合计划系统会向工厂发出通知，哪个供应商将在什么时间送来什么货。工厂接货后，按排单生产出产品，再交由运输供应商完成运输配送任务。运输供应商也有网站与联想的电子商务网站连通，给哪个客户发了什么货、装在哪辆车上、何时出发、何时送达等信息，客户都可以在电子商务网站上查到。客户接到货后，这笔订单业务才算完成。从上述介绍中可以了解到，在原材料采购、生产制造、产品配送的整个物流过程中，信息流贯穿始终，带动物流运作，物流系统构建在信息系统之上，物流的每个环节都在信息系统的掌控之下。信息流与物流紧密结合是联想物流系统的最大特点，也是物流系统高效运作的前提条件。

经过多年努力，联想企业信息化建设不断趋于完善，目前已用信息技术手段实现了全面企业管理。联想率先实现了办公自动化，之后成功实施了ERP系统，使整个公司所有不同地点的产、供、销的财务信息在同一个数据平台上统一和集成。联想把SCM系统与ERP系统进行了集成。从企业信息化系统结构中可以看出，基础网络设施将联想所有的办事处，包括海外的发货仓库、配送中心等，都连接在一起，物流系统就构建在这一网络之上。与物流相关的是ERP与SCM这两部分，而ERP与SCM系统又与后端的研发系统（PLM）和前端的客户关系管理系统（CRM）连通。例如，研发的每种产品都会生成物料需求清单，物料需求清单是SCM与CRM系统运行的前提之一：客户订单来了，ERP系统根据物料需求清单进行拆分备货，SCM系统同时将信息传递给CRM系统，告诉它哪个客户何时订了什么货、数量多少、按什么折扣交货、交货是早了还是晚了等。系统集成运作的核心是：用科学的手段把企业内部各方面资源和流程集中起来，让其发挥出最高效率。这是联想信息化建设的成功之处。

信息流带动下的物流系统

借助联想的ERP系统与高效率的供应链管理系统，利用自动化仓储设备、柔性自动化生产线等设施，联想在采购、生产、成品配送等环节实现了物流与信息流实时互动与无缝对接。

供应商按联想综合计划系统提出的要货计划备好货后，送到联想生产厂自动化立体库，立体库自动收货、入库、上架。

联想集团北京生产厂生产线管理控制室的控制系统对联想电脑生产线的流程进行控制，并根据生产情况及时向供货商或生产厂的自动化立体库发布物料需求计划。

自动化立体库控制系统与联想电脑生产线系统集成并共享信息，当自动化立体库接收到生产计划要货指令后，即发布出货分拣作业指令，立体库按照要求进行分拣出货作业。

电脑零部件按照物料需求计划从立体库或储存区供应给生产线，生产线按排产计划运转。

生产线装配工人组装电脑，并根据组装的情况，监测、控制上方电脑显示屏的“拉动看板”，及时将组装信息及物料需求信息反馈到企业生产控制系统中。上述流程说明，联想集团通过高效率的信息管理系统与自动化的仓储设施，实现了在信息流带动下的高效率的物流作业。

请结合案例分析：

1. 分析联想实施物流信息化的背景及主要过程。

2. 联想物流信息化建设过程中有哪些特点？哪些地方值得其他企业借鉴？

3. 你认为该公司的信息化建设还存在哪些问题？请结合所学知识提出相应的建议或改进措施。

练习题

一、不定项选择题

1. 信息是（ ）。

A. 文字　　B. 数字

C. 对客观事物的认识　　D. 客观事物的记录

2. 在物流信息系统的发展阶段中，（ ）主要是计算机代替人工对局部数据量大、操作简单的业务进行处理。

A. 系统处理阶段　　B. 事务处理阶段

C. 辅助决策阶段　　D. 单项数据处理阶段

3. 物流系统由物流作业系统和（ ）两部分组成。

A. 物流信息系统　　B. 运输信息管理系统

C. 库存信息管理系统　　D. 电子商务物流信息管理系统

4. 信息的特征包括（ ）。

A. 真实性　　B. 增值性　　C. 滞后性

D. 传输性　　E. 独享性

5. 下列属于企业内部信息的有（ ）。

A. 企业基本情况　　B. 企业规模状况　　C. 生产信息

D. 市场信息　　E. 营销信息

6. （ ）是信息的第一特性。

A. 增值性　　B. 真实性

C. 共享性　　D. 传输性

7. 下列（ ）属于物流信息系统的典型内容。

A. 运输信息系统　　B. 客户关系管理系统

C. 公文管理系统　　D. 财务管理系统

8. 物流信息系统的特征包括（　　）。

A. 管理性和服务性　　B. 适应性和易用性

C. 集成化和模块化　　D. 网络化

E. 智能化

9. 信息系统的基本功能包括（　　）。

A. 数据的加工处理功能　　B. 数据的收集和输入功能

C. 数据的存储功能　　D. 数据传输功能

E. 信息输出功能

10. 下列属于物流系统外部信息的有（　　）。

A. 物品流转信息　B. 物流操作信息　C. 同行信息

D. 政策信息　E. 市场信息

二、简述题

1. 举例说明数据和信息的关系。
2. 阐述物流信息的含义及特点。
3. 从发生范围来看，物流信息主要有哪些？物流信息的基本作用是什么？
4. 说明物流作业系统与物流信息系统的关系。
5. 什么是物流信息系统？物流信息系统主要有哪些特征？

三、案例讨论题

目前，全球经济处于复苏阶段，中国的扩大内需型经济产业结构调整政策将会长期贯彻执行。在全球金融危机中，中国零售行业逆势上扬的优异表现被国外零售企业所关注。

目前国内的零售业主要涵盖四类企业：一是以配送中心为基础的大型连锁超市，主要是通过配送中心辐射一批超市形成的区域化经营网络；二是以大型超市为核心，在城乡结合部或高速公路边、连接众多专卖店的规模化购物中心；三是以大型百货商店为主，包括餐饮、娱乐、住宿等为一体的综合性商场，这是大中城市主要的一种零售业态；四是以中小型超市、便民店、折扣店、专卖店等形成的零售经营网络。

从行业特点来看，中国的零售企业整体还处在不成熟的发展阶段，首先是规模化不足，国内排名前100的零售企业所占社会消费品零售总额的比重不到10%；其次是资金效率低，2005年中国企业500强中的零售企业流动资金平均年周转的速度为2.4次，而发达国家同类企业都在20次以上；再次是前两者所综合而来的结果，企业利润率低，如全国超市行业的整体利润率仅为1%。而另外一点是整个行业正处于动荡阶段。对外整体开放的态势，使得国外巨型零售企业在国内的市场拓展，导致整个行业的剧烈竞争，作为零售企业个体来说，面临的兼并整合压力明显大于其他行业。

零售业的IT黏度，在日益激烈的竞争环境中逐步增强，就三个应用层次来看，门店的POS系统、供应链管理中的库存管理以及财务管理三个领域的IT支撑已经形成行业门槛，更体现IT黏度差异的在于ERP应用对精细管理的实施，这在低利润的压力下是唯一的方向。而更体现出差异和企业个性的，是更高层次的商业智能应用，有国外竞争对手，如沃尔玛、家乐福等企业的示范效应，其他追随者也会体现出相应的需求。

在未来两年内，随着行业并购、产业链协同等行业发展的需要，零售行业信息化建设投入仍将保持平稳增长的发展趋势。有预测表明，在 2011 年，中国零售行业信息化投入将超过 100 亿元，达到 112.5 亿元，增长率达到 16.9%。

在 2010 年，中国零售行业信息化需求是 2009 年信息化需求的延续和深化。门店的扩张、供应链的协同以及客户关系管理将成为零售行业信息化建设的主要需求方向。其中，门店扩张将是零售行业信息化建设的重要驱动力，零售行业的扩张步伐带动了信息化建设需求的高速增长。2009 年，仅华润万家就开门店 300 家左右。此外，国内其他连锁企业，在观望了一段时间后，也都开始全面发力进行扩张。外资零售商在金融危机到来后，就将中国市场作为金融危机中的避风港，2009 年不仅没有减缓投资速度，反而加速了扩张的步伐。在中国一向扩张的沃尔玛，截至 2009 年 9 月，其开店数量已经达到 35 家，比往年扩店速度提升 40%以上。从 2009 年外资零售行业扩张趋势来看，外资零售商已经开始向二、三级城市甚至四级城市渗透。随着门店的不断扩张，对财务管理、供应链管理、招商管理、门店管理、促销管理、会员管理、价格与促销管理、门店安全系统和协同办公等信息化系统的需求也将大幅提升。

另外，电子商务也将成为零售行业信息化投入的重要趋势之一，互联网零售业主要的涉足者分为三种，一是生产企业开展产品直营业务的产销一体化尝试，二是传统零售行业的互联网渠道扩展，三是互联网企业电子商务网站的建设，特别是“生产企业互联网直营的尝试”和“传统零售商互联网渠道的拓展”，成为 2009 年零售行业信息化投入的亮点。互联网销售渠道已经获得企业与用户的广泛认同，随着全国物流体系的逐步完善，零售企业开拓互联网渠道将成为信息化建设的又一大热点方向。

结合案例讨论：

1. 零售业的信息化建设目前有何特点？零售业物流信息管理的关键问题是什么？
2. 零售业如何更好地进行信息化建设，你有何建议？
3. 该案例对你有何启发？

技能训练项目

一、项目名称

我国企业物流信息管理现状调查。

二、实训目的

通过实地调研，培养学生对物流信息系统及物流信息技术的理性认识，锻炼学生的表达能力与交际能力，让学生对我国目前物流信息化的现状有一定的了解，对本章所涉及的知识点有更深的理解和把握。

三、实训内容

通过走访，形成相关物流信息资料，并以 PPT 的方式进行展示。

1. 正确选择对象

选择某一地区相关企业（可以是各类制造企业、批发企业、零售连锁超市、第三方物流企业等）。

2. 确定合理的调研内容

根据所选择的对象，了解分析企业的物流运作模式，根据各企业物流运作不同的侧重点围绕物流信息化建设确定调研的目标、主题、方式等具体内容。

3. 完成物流信息管理调查问卷

针对事先拟定好的调查问卷的内容，对该企业相关人员进行访谈，并将调研内容认真记录下来。

4. 分析评价并做出 PPT

小组内部分析本次调研的收获，根据企业不同的特色，针对企业物流信息化建设的背景、过程、问题及对策等做出详细的调研报告，并根据该报告做出 PPT，由各小组抽派人员进行讲解，讲解时间为 10～20 分钟。

5. 总结评估

根据调研报告，得出本次调研的总结心得。

四、实训组织

1. 对学生进行分组，每个小组选一位组长，实行组长责任制，由组长定期向指导教师汇报情况，同时，指导教师不定期抽查；

2. 设计调查问卷，拟定实训提纲，强调重点内容，规定本次调研的完成时间；

3. 灵活运用各种调查方法，通过实地调查收集相关资料；

4. 分组进行展示，评出优劣。

五、实训场所

1. 利用投影室向学生介绍物流信息化调研的相关知识，布置实训内容，提出实训要求；

2. 学生利用课余与周末选择对象进行调研；

3. 分小组设计调研报告方案；

4. 以小组为单位阐述方案。

六、考核要点

1. 资料有无价值，真实与否；

2. 内容翔实与否；

3. 讲解表达流畅与否，条理明晰与否；

教师可参考以上指标，根据实际确定权重，对方案进行评分。

第二章　现代物流信息技术

学习目标

·掌握条码技术的基本理论及其在物流信息采集中的应用。

·掌握射频识别技术的概念、特点、组成及工作原理，理解 RFID 在物流领域的应用。

·掌握 POS 技术的结构及工作流程。

·掌握 EDI 的概念、特点、EDI 系统的工作过程，理解 EDI 在物流信息交换中的应用。

·掌握 GPS 技术的构成、工作原理及其在物流信息管理中的应用。

·掌握 GIS 技术的基本功能及其在物流信息管理中的应用。

学习导航图

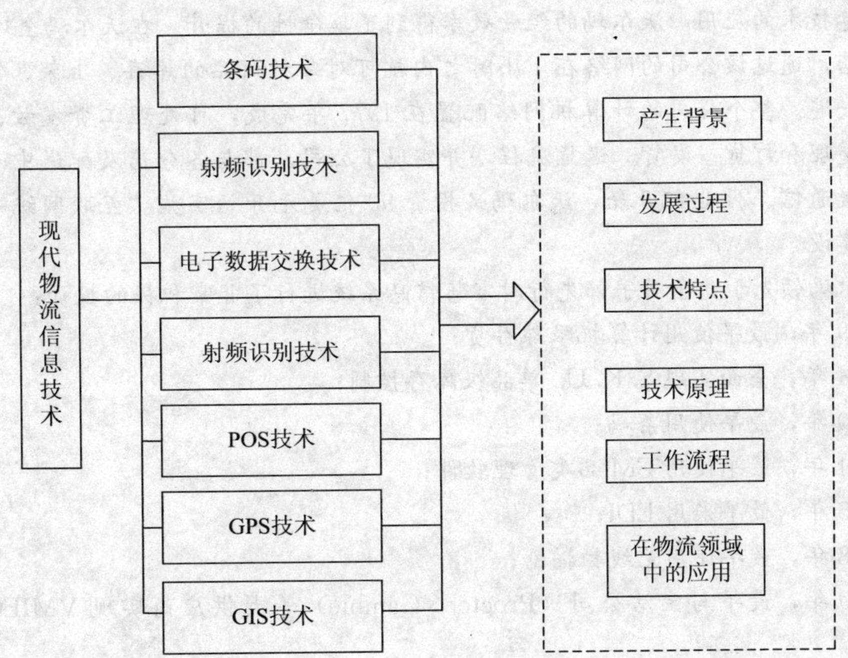

引导案例

沃尔玛的信息技术

2010年《财富》世界500强企业的最新排名中，沃尔玛以年营业收入4082.14亿美元的骄人业绩重夺全球第一的宝座。2002—2005年，沃尔玛连续4年蝉联全球财富500强的首位，与先进信息系统的采用是分不开的。沃尔玛创始人山姆·沃尔顿曾经说过，他主张不惜代价建立先进信息系统的理念其实很简单，“我如果看不到每一件商品进出的财务记录和分析数据，这就不是做零售”。沃尔玛的神话无疑印证了信息化对现代零售企业的重要性。尤其是在信息技术大行其道的环境下，商战企业一旦落后，就会步步出错，直至被淘汰。

经营之初相对于其他大的连锁零售企业，沃尔玛开始发展时只是一个不起眼的竞争者，但这种态势在20世纪末却发生了大的扭转。就在其他连锁零售企业仍旧以传统方式经营时，沃尔玛开始将重金投入各种信息系统建设。沃尔玛在信息系统方面投入的热情在全球的企业当中都可以说是首屈一指。该公司早在1983年就同休斯公司合作，将一颗耗资2400万美元的人造卫星发射升空，成为全球第一个发射物流通信卫星的企业。至20世纪90年代初，沃尔玛在电脑和卫星通信系统上就已经投资了7亿美元，而它自身不过是一家纯利润只有营业额2%～3%的折扣百货零售公司。此外，沃尔玛还制订了“企业核心竞争力，降低总体成本”的新经营策略和理念，把电子商务和企业信息资源管理（ERP）提升到提高企业核心竞争力的战略高度。通过新型的信息技术的应用，沃尔玛的经营效率得到了革命性的提升。在沃尔玛全球的4000多家门店，通过该公司的网络在1小时之内就可对每种商品的库存、上架、销售量全部盘点一遍。整个公司的计算机网络配置在1977年完成，可处理工资发放、顾客信息采集整理和订货—发货—送货流程，并实现了公司总部与各分店及配送中心之间的快速直接通信。21世纪开始，沃尔玛又投资90亿美元开始实施“互联网统一标准平台”的建设。

沃尔玛领先于竞争对手，先行对零售信息系统进行了非常积极的投资：

1969年，最早使用计算机跟踪存货；

1974年，全面实现S.K.U.单品级库存控制；

1980年，最早使用条码；

1984年，最早使用CM品类管理软件；

1985年，最早采用EDI；

1988年，最早使用无线扫描枪；

1989年，最早与宝洁公司（Procter&Gamble）等大供应商实现VMIECR产销合作。

到 20 世纪 90 年代，整个公司销售的 8 万种商品中，85％由这些配送中心供应，而竞争对手只有 50％～65％的商品集中配送。信息化装备先进的沃尔玛还不断开拓新的技术应用，该公司此前对 100 家最大的供货商提出，要求他们在 2005 年 1 月之前向其配送中心发送货盘和包装箱时使用 RFID（无线射频）技术，2006 年 1 月前在单件商品中使用这项技术。

先进的电子通信系统让沃尔玛占尽了先机。曾有一种说法是，沃尔玛的电子信息系统是全美最大的民用系统，甚至超过了电信业巨头 AT&T 公司。在信息技术的支持下，沃尔玛能够以最低的成本、最优质的服务、最快速的管理反应进行全球运作。尽管信息技术并不是沃尔玛取得成功的充分条件，但它却是沃尔玛成功的必要条件。这些投资都使得沃尔玛可以显著降低成本，大幅提高资本生产率和劳动生产率。

沃尔玛的数据中心已与 6000 多家供应商建立了联系，从而实现了快速反应的供应链管理库存 VMI。厂商通过这套系统可以进入沃尔玛的电脑配销系统和数据中心，直接从 POS 得到其供应的商品流通动态状况，如不同店铺及不同商品的销售统计数据、沃尔玛各仓库的存货和调配状况、销售预测、电子邮件与付款通知等，以此作为安排生产、供货和送货的依据。生产厂商和供应商都可通过这个系统查阅沃尔玛产销计划。这套信息系统为生产商和沃尔玛两方面都带来了巨大的利益。沃尔玛总部的通信网络系统使各分店、供应商、配送中心之间的每一进销调存节点都能形成在线作业，使沃尔玛的配送系统高效运转。这套系统的应用，在短短数小时内便可完成“填妥订单—各分店订单—汇总—送出订单”的整个流程，大大提高了营业的高效性和准确性。

1. 沃尔玛为什么会成为世界上最大的零售商？沃尔玛获得成功的主要原因是什么？
2. 请你谈谈信息技术对沃尔玛的作用主要有哪些？
3. 该案例对其他企业有何启发？

第一节 条码技术及其应用

一、条码技术的发展历史

条码技术诞生于 20 世纪 40 年代。在 20 世纪 40 年代后期，美国乔·伍德兰德（Joe Wood Land）和贝尼·西尔佛（Beny Silver）两位工程师就开始研究用条码表示食品项目以及相应的自动识别设备，并于 1949 年获得了美国专利。这种条码图案如图 2-1 所示。该图案很像微型射箭靶，称作“公牛眼”条码。

图 2-1 公牛眼条码

1970 年，美国超级市场 AdHoc 委员会制定了通用商品代码——UPC 代码（Universal Product Code)，此后许多团体也提出了各种条码符号方案。次年，布莱西公司研制出“布莱西码”及相应的自动识别系统，用于库存验算。这是条码技术第一次在仓库管理系统中应用。1972 年，莫那奇·马金（Monarch Marking）等人研制出库德巴码（Code Bar)，至此，美国的条码技术进入了新的发展阶段。

美国统一代码委员会（Uniform Code Council，UCC）于 1973 年建立了 UPC 商品条码应用系统。1974 年，Intermec 公司的戴维·阿利尔（Davide allair）博士推出 39 条码，很快被美国国防部所采纳，作为军用条码码制。39 条码是第一个字母、数字式的条码，后来广泛应用于工业领域。

1976 年，美国和加拿大在超级市场上成功地使用了 UPC 商品条码应用系统。1977 年，欧洲共同体在 12 位的 UPC-A 商品条码的基础上，开发出与 UPC-A 商品条码兼容的欧洲物品编码系统（European Article Numbering System)，简称 EAN 系统，并签署了欧洲物品编码协议备忘录，正式成立了欧洲物品编码协会（European Article Numbering Association)，简称 EAN。直到 1981 年，由于 EAN 组织已发展成为一个国际性组织，改称为“国际物品编码协会”（International Article Numbering Association)，简称 EAN International。

我国国家质量技术监督局于 1988 年 12 月 28 日成立中国物品编码中心。1991 年 4 月，中国物品编码中心代表我国加入国际物品编码协会 EAN，为全面开展我国条码工作创造了先决条件。中国商品条码系统成员数量近年来迅速增加，截止到 2004 年 12 月底，我国申请使用商品条码的企业已逾 12 万家，国内采用条码标识的商品超过 100 万种，应用条码技术进行自动扫描结算与管理的各类商业超市、配送中心已达上万家。条码技术已经在国民经济的各个领域得到了广泛的应用，取得了举世瞩目的成绩。

1. 条码的概念

条码是由宽度不同、反射率不同的条和空，按照一定的编码规则（码制）编制成的，用以表达一组数字或字母符号信息的图形标识符。其中“条”（bar）是指条码中反射率较低的部分，“空”（space）是指条码中反射率较高的部分。

2. 条码的分类

条码按照不同的分类方法，可从不同的角度进行分类。

(1) 按码制分类

条码种类很多，常见的大概有二十多种码制。这里仅介绍常用的一些条码。

①UPC码。UPC码是一种商品条码。1973由美国统一代码委员会（Uniform Code Council，UCC）建立了UPC商品条码应用系统。之后加拿大也在超级市场上使用了UPC码。UPC码是一种长度固定的连续型数字式码制。其字符集为数字0～9。UPC码有两种：UPC-A码和UPC-E码。如图2－2所示。

图2－2 UPC条码

②EAN码。EAN码是一种商品条码。1977年，欧洲共同体在12位的UPC－A商品条码的基础上，开发出与UPC－A商品条码兼容的欧洲物品编码系统（European Article Numbering System），简称EAN系统。EAN码是长度固定的、连续型的数字式码制。其字符集是数字0～9。EAN码有两种：EAN－13码和EAN－8码。EAN－13码和EAN－8码如图2－5和图2－6所示。

③交插二五条码。交插二五条码是一种长度可变的连续型自校验数字式码制。其字符集为数字0～9。交插二五条码在仓储和物流管理中应用较多。见图2－8所示。

④39码。39条码是1974年由Intermec公司推出，是一种条、空均表示信息的非连续型、非定长、具有自校验功能的双向条码。标准的39码是由起始安全空间、起始码、资料码、可忽略不计的检查码、终止安全空间及终止码所构成。其字符集为数字0～9，26个大写字母和7个特殊字符（—、。、Space、/、%、＋、＄），共43个字符。用于工业、图书及票证的自动化管理。如图2－3所示。

图2－3 39码示意图

⑤库德巴码。库德巴码（Code Bar）出现于1972年，是一种条、空均表示信息的非连续型、非定长、具有自校验功能的双向条码。广泛应用于医疗卫生和图书馆行业

以及仓库和航空快递包裹中。它的字符集包括：数字字符：0～9（10个数字）、英文字母：A～D（4个字母）和特殊字符（如：+、-、$等）。如图2-4所示。

图2-4 表示“A12345678B”的库德巴条码

⑥128码。128码出现于1981年，是一种长度可变的连续型自校验数字式码制。其携带信息量大，应用领域广泛。在生产流程控制、仓储管理、车辆调配、货物追踪、医院血液样本管理等都有广泛应用。

目前，国际广泛使用的条码种类有EAN（商品条码）、UPC码（商品条码）、Code39码（可表示数字和字母，在管理领域应用最广）、ITF25码（在物流管理中应用较多）、Code Bar码（多用于医疗、图书领域）、Code93码、Code128码等。其中，EAN码是当今世界上广为使用的商品条码，已成为电子数据交换（EDI）的基础；UPC码主要为美国和加拿大使用；在各类条码应用系统中，Code39码因其可采用数字与字母共同组成的方式而在各行业内部管理上被广泛使用；在血库、图书馆和照像馆的业务中，Code Bar码也被广泛使用。

（2）按维数分类

①一维条码。上述的UPC码、EAN码、交插二五条码、39码、库德巴码、128码等均为一维条码。一维条码的信息容量小，更多的信息要依赖该条码符号对应的数据库，因此其应用范围受到一定的限制。

②二维条码。二维条码能够在横向和纵向两个方位同时表达信息。因此其除具有普通条码的优点外，还具有信息容量大、可靠性高、保密防伪性强等优点。

除上述划分方法外，条码还可从其他角度来划分。例如，按条码的长度来分，可分为定长和非定长条码；按排列方式分，可分为连续型和非连续型条码；从校验方式分，又可分为自校验和非自校验型条码等。

3. 条码结构

一个完整的条码的组成次序依次为：静区（前）、起始符、数据符、（中间分隔符，主要用于EAN码）、（校验符）、终止符、静区（后），如图2-5所示。

（1）静区（空白区），指条码左右两端外侧与空的反射率相同的限定区域，它能使阅读器进入准备阅读的状态，当两个条码相距距离较近时，静区则有助于对它们加以区分，静区的宽度通常应不小于6毫米（或10倍模块宽度）。

（2）起始/终止符，指位于条码开始和结束的若干条与空，标志条码的开始和结束，同时提供了码制识别信息和阅读方向的信息。

（3）数据符，位于条码中间的条、空结构，它包含条码所表达的特定信息。

（4）分隔符，用来间隔左右两侧数据字符。

图 2-5 EAN-13 码的符号结构

构成条码的基本单位是模块，模块是指条码中最窄的条或空，模块的宽度通常以 mm 或 mil（千分之一英寸）为单位。构成条码的一个条或空称为一个单元，一个单元包含的模块数是由编码方式决定的，有些码制中，如 EAN 码，所有单元由一个或多个模块组成；而另一些码制，如 39 码中，所有单元只有两种宽度，即宽单元和窄单元，其中的窄单元即为一个模块。

二、一维条码

一维条码按照应用可分为商品条码和物流条码。商品条码包括 EAN 码和 UPC 码，物流条码包括 128 码、ITF 码、39 码、库德巴（Coda Bar）码等。这里介绍几种常用的一维条码。

（一）商品条码

商品条码（Bar Code for Commodity）是由国际物品编码协会（EAN）和统一代码委员会（UCC）规定的、用于表示商品标识代码的条码，包括 EAN 商品条码（EAN-13 商品条码和 EAN-8 商品条码）和 UPC 商品条码（UPC-A 商品条码和 UPC-E 商品条码）。

由于我国的商品编码采用 EAN 码，因此以 EAN 码为例介绍商品条码。

1. EAN-13 码

由 13 位数字组成。是一种定长、无含义的条码，没有自校验功能。在我国，EAN-13 码分三种结构，每种代码结构由三部分组成，具体如表 2-1 所示。

表 2-1 EAN-13 码的三种结构

结构种类	厂商识别代码（含前缀码）	商品项目代码	校验码
结构一	$X_{13}X_{12}X_{11}X_{10}X_9X_8X_7$	$X_6X_5X_4X_3X_2$	X_1
结构二	$X_{13}X_{12}X_{11}X_{10}X_9X_8X_7X_6$	$X_5X_4X_3X_2$	X_1
结构三	$X_{13}X_{12}X_{11}X_{10}X_9X_8X_7X_6X_5$	$X_4X_3X_2$	X_1

（1）前缀码。EAN 分配给中国物品编码中心的前缀码由 3 位数字（$X_{13}X_{12}X_{11}$）组成。目前，EAN 已将“690”～“695”分配给中国物品编码中心使用。

当 $X_{13}X_{12}X_{11}$ 为 690、691 时，EAN-13 码采用结构一；当 $X_{13}X_{12}X_{11}$ 为 692、693 时，采用结构二。结构三备用。

（2）厂商识别代码。厂商识别代码由 7～9 位数字组成，由中国物品编码中心负责分配和管理。

（3）校验码。校验码为 1 位数字，用来校验 X_{13}～X_2 的编码正确性。校验码是根据 X_{13}～X_2 的数值按一定的数学算法计算而得。厂商在对商品项目编码时，不必计算校验码的值。该值由制作条码原版胶片或直接打印条码符号的设备自动生成。

2. EAN-8 码

EAN-8 码是用于标识小型商品的。它由 8 位数字组成，其结构及图形如表 2-2 及图 2-6 所示。

表 2-2 EAN-8 码的结构

商品项目代码	校验符
$X_8X_7X_6X_5X_4X_3X_2$	C

图 2-6 EAN-8 码

从代码结构上可以看出，EAN-8 代码中用于标识商品项目的编码容量要远远少于 EAN/UCC-13 代码。其用于商品编码的容量很有限，应慎用。

商品项目识别代码由中国物品编码中心负责分配和管理。根据国际物品编码协会的规定，在以下几种情况下，可采用 EAN-8 条码：①只有当标准形式的条码（EAN-13码）所占面积超过总印刷面积的四分之一或全部可印刷面积的八分之一时；②印刷标签的最大面面积小于 40 平方厘米或全部可印刷面积小于 80 平方厘米时；③产品本身是直径小于 3 厘米的圆柱体。在缩短码结构中，为保证代码的唯一性，商品项目代码由中国物品编码中心统一分配。

（二）储运单元条码

1. 定量储运单元的编码

定量储运单元是由定量消费单元组成的储运单元。如成箱的牙膏、服装、药品等。定量储运单元的编码方法有两种选择。

（1）将消费单元的编码规则用于储运单元。给每个储运单元分配一个 EAN－13 码。这种分类方法要注意区分储运单元代码和储运单元内消费单元的代码。例如：某一品牌的牛奶包装箱的条码为 6923644242329（储运单元码），而包装箱内的每一袋牛奶的条码为 6923644242190（消费单元码）。

（2）给每个单元分配一个 ITF－14 码。ITF－14 码的结构如表 2－3 和图 2－7 所示。

表 2－3　　定量储运单元代码结构

定量储运单元包装指示符	定量消费单元代码（不含校验字符）	校验字符
V	$X_1 X_2 X_3 X_4 X_5 X_6 X_7 X_8 X_9 X_{10} X_{11} X_{12}$	C

表中 V 用于表示定量储运单元的包装级别。取值范围为 1～8 时，表示代码的其他 12 位与内含消费单元代码相同；V＝0 时，表示代码的其他 12 位与内含消费单元代码不同。X_1～X_{12}为定量消费单元代码，C 为校验字符。例如，包装箱上的条码为 06904209210175，包装箱内商品的条码为 6904209210113。

图 2－7　ITF－14 码

ITF－14 码是交插二五条码的特例，连续型，定长（14 位），每个字符由 5 个条或 5 个空组成，其中有 2 个宽单元，3 个窄单元（字符自校验功能），可编码字符集：数字 0～9。

定量储运单元代码的条码标识可用 14 位交插二五条码（ITF－14）标识定量储运单元。当定量储运单元同时又是定量消费单元时，应使用 EAN－13 条码表示。也可用 EAN－128 条码标识定量储运单元的 14 位数字代码。

2. 变量储运单元的编码

变量储运单元是指由变量消费单元组成的储运单元。例如，鲜肉、农产品、液体饮料等数量连续变化的储运单元。变量储运单元编码由 14 位数字的主代码和 6 位数字的附加代码组成，代码结构如表 2－4 所示。

表 2－4　　变量储运单元结构

主代码			附加代码	
包装指示符	消费单元代码（不含校验字符）	校验字符		校验字符
L_1	$X_1X_2X_3X_4X_5X_6X_7X_8X_9X_{10}X_{11}X_{12}$	C_1	$Q_1Q_2Q_3Q_4Q_5$	C_2

变量储运单元包装指示字符 L_1 取值为 9，指示在主代码后有附加代码。$X_1 \sim X_{12}$ 为消费单元代码，C_1 为主代码校验字符，附加代码 $Q_1 \sim Q_5$ 是指包含在变量储运单元内，按确定的基本计量单位（如千克，米等）计量取得的商品数量。C_2 为附加代码校验字符，其值根据它前面的 5 位数字计算。

变量储运单元的主代码用 ITF－14 条码标识，附加代码用 ITF－6（6 位交插二五条码）标识。变量储运单元的主代码和附加代码也可以用 EAN－128 条码标识。

3. 交插二五条码

交插二五条码是一种条、空均表示信息的连续型、非定长、具有自校验功能的双向条码。由左侧空白区、起始符、数据符、终止符及右侧空白区构成，如图 2－8 所示。其主要应用于运输、仓储、工业生产线、图书情报等领域的自动识别管理。

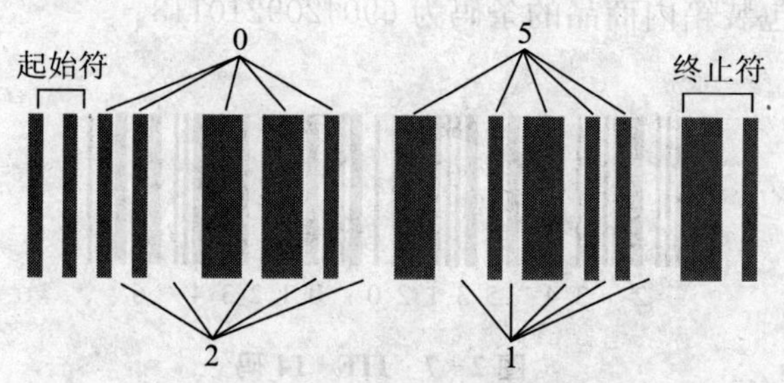

图 2－8　表示“251”的交插二五条码

（三）贸易单元 128 条码（UCC/EAN－128 条码）

贸易单元 128 条码（以下简称 128 条码）是一种可变长度的连续型条码。商品条码与储运单元码都属于不携带信息的标识码，如果需要将生产日期、有效日期、运输包装序号、重量、尺寸、送出地址、送达地址等信息条码化，就可应用 UCC/EAN－128 条码。如图 2－9 所示。

图 2-9　UCC/EAN-128 条码符号

三、二维条码

二维条码是指能够在横向和纵向两个方位同时表达信息的一种条码。它是在一维条码无法满足实际应用需求的前提下产生的，克服了一维条码不得不依赖数据库和不能表示汉字和图像等弱点。

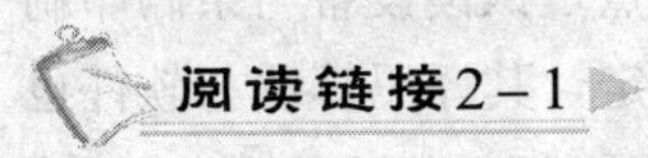

新版火车票二维防伪条码

火车票从 2009 年 12 月 10 日开始陆续升级换代。据介绍，新版火车票改原来一维防伪条码为更先进的二维防伪条码。旧版火车票下方是条码，新版火车票左下方则出现了一块黑白相间的二维防伪条码（如图 2-10 所示），类似三维立体画，但车票显示的乘车时间、地点、价格等信息的位置都没变。二维条码技术是国际上流行的数据防伪、携带、传递的高科技手段。采用二维码防伪客票系统后，售票人员会将车次、价格、售出地等信息利用制码软件加密后制作成二维条码，并将其打在票面上。

图 2-10　新版火车票的二维防伪条码

1. 二维条码的特点

（1）高密度。二维条码由于是在两个方向表达信息，提高了信息密度，真正实现了用条码对物品的“描述”。

(2) 纠错功能强。当二维条码因穿孔、污损引起局部损坏时，只要穿孔、污损的面积不超过50%，照样可以正确得到识读。

(3) 可表示多种语言文字。多数二维条码都具有字节表示模式，可设法将各种语言文字转换成字节流，然后再将字节流用二维条码表示。

(4) 可表示图像数据。二维条码可表示照片、指纹等图像。

(5) 可引入加密机制。在用二维条码表示信息时，可先用一定的加密算法将信息加密，然后再用二维条码表示。在识别二维条码时，再加以一定的解密算法，就可以恢复原信息。这可以防止各种证件、卡片的伪造。

2. 二维条码的种类

二维条码通常分为以下两种类型：

(1) 行排式二维条码。行排式二维条码（又称堆积式二维条码或层排式二维条码），其编码原理是建立在一维条码基础之上，按需要堆积成二行或多行。它在编码设计、校验原理、识读方式等方面继承了一维条码的一些特点，识读设备与条码印刷与一维条码技术兼容。但由于行数的增加，需要对行进行判定，其译码算法与软件也不完全相同于一维条码。有代表性的行排式二维条码有 PDF417、CODE49、CODE 16K 等。

(2) 矩阵式二维条码。矩阵式二维条码（又称棋盘式二维条码），它是在一个矩形空间通过黑、白像素在矩阵中的不同分布进行编码。在矩阵相应元素位置上，用点（方点、圆点或其他形状）的出现表示二进制“1”，点的不出现表示二进制的“0”，点的排列组合确定了矩阵式二维条码所代表的意义。具有代表性的矩阵式二维条码有：QR Code、Data Matrix、Maxi Code、Code One 等。

以下是几种较常见的二维条码，它们的具体结构可参见图 2－11。

图 2－11　几种常见的二维条码

3. 二维条码的应用范围

二维条码具有储存量大、保密性高、追踪性高、抗损性强、备援性大、成本便宜等特性，这些特性特别适用于表单、安全保密、追踪、证照、存货盘点、资料备援等方面。

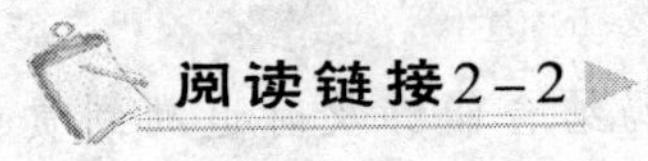

条码技术在海尔物流的全程应用

条码扫描就像一条纽带，把产品生命期中各阶段发生的信息实时获取，并实时追踪产品从生产到配送的全过程，使企业在最快的时间获得最准确的信息，通过正确的决策在激烈的市场竞争中处于有利地位。

物畅其流，在整个庞大的海尔制造系统内，从原材料进厂到产成品出厂这看似简单但又有条不紊的物料流通过程的背后，是条码扫描技术这个尽心尽职的“好管家”在默默地支撑着整个流程的有序运转。海尔物流就是采用了全过程的条码管理，实现了从原材料按单采购、按单配送、按单生产到成品的按单装车、按单配送的全程可视化追踪。

1. 夯实基础

在条码应用之前，海尔物流信息系统采用世界领先的ERP软件供应商SAP公司的产品，管理从采购、制造到配送、销售过程中的每一个环节，同时为完善仓库操作层面的管理，海尔物流信息中心开发了基于ERP系统的WMS系统，这些均为条码的广泛应用打下坚实的基础。同时集团的标准化部门根据前期信息系统使用过程中出现的问题，结合世界上先进的母本，设计出一套完整、科学的编码规则，使人、产品、设备、工位、仓位均有了规范统一的符号，为条码在28个产品事业部、国内8个工业园以及巴基斯坦工业园、42个配送中心的推广做好了准备。海尔信息化的提前推广和网络共享，解决了其基础设施的瓶颈。

2. 条码分类

目前海尔物流应用最为广泛的条码主要分为7种：托盘条码、物料条码、仓位条码、成品条码、工位条码、操作人员条码及设备条码。

托盘条码由6位阿拉伯数字组成，具有唯一性，贴在托盘四面的中央，方便不同位置的扫描。托盘条码可以循环使用。为了使其保留的时间长久，托盘条码采用特殊材料制成，具有防水、不易划破、使用时间长等优点。

物料条码相当于物资标签。每个容器外部都有一张物料条码，包含物料号、物料描述、批号、采购订单批号、供应商及送货数量等信息。

仓位条码相当于一个三维坐标，是用来标识青岛物流中心每个仓位的具体位置，仓位条码用*—*—*表示，如01—09—03，01代表第1巷道，09代表第9列，03

代表第3层。

成品条码主要用来标记出厂成品，运用于整个成品下线、仓储及配送。成品条码共计20位，包括产品大类、版本号、流通特征、生产特征、序列号等信息。

工位条码是集团将所有的生产线统一编码，产品可追溯到生产线的生产工艺与质量。

操作人员条码是海尔集团所有员工的编码，与其他条码结合能够及时追溯到责任，同时也是集团进行工资分配的依据。

设备条码是集团对所有设备进行的编码，为全面设备管理提供依据。

3. 各环节应用

从海尔产品的零部件到产成品，每一个和物流相关的环节都在采用条码扫描进行终端数据采集。条码扫描也成为海尔产品流通环节中不可或缺的信息技术。

(1) 原材料收货扫描

海尔零部件供应商在送货时，产品的外包装上都贴有海尔物流标准的物料标签，标签内容包括物料号、送货数量、订单批号、供应商名称等，每种内容除了用数字或字母标明外，还必须配有准确的条码信息，这样海尔物流员工在收货时，通过对条码信息扫描，就可以将供应商的送货信息实时传递到ERP系统中，完成按照采购订单收货。扫描系统不仅仅具有简单的记录功能，还能够根据后台ERP采购订单信息进行自动判断，对不符合的信息自动闸口，避免人为因素对收货操作的干扰。

(2) 原材料仓储配送扫描

海尔物流采用先进的过站式物流运作模式。在海尔，仓库不再是储存物资的"水库"，而是一条流动的"河"，河中流动的是按单采购来生产必需的物资，也就是按订单来进行采购、制造等活动，这就要求库存信息系统在低库存乃至零库存的要求下，及时准确地满足事业部连续大规模的流水线式生产。

①按订单配送。由于海尔集团是按订单制造的模式（Make to Order），生产线订单的信息通过ERP系统与看板系统连接，物料配送信息会自动传递给物流仓库中的无线条码扫描终端，配送中心按照订单信息拣配，并根据生产线的信息配送至工位。

②按订单交接。物料送到生产线旁，由物流的送料员与制造部的叫料人员扫描交接，交接的过程先扫描物料码及数量码，在确认无误后扫描双方的人码，这样交接及时准确，交接扫描的信息直接传递到ERP系统，成为物流与制造部结算的依据。

(3) 产成品下线扫描

成品生产完毕装箱后，在下线点使用有线扫描终端扫描成品条码，搜集生产完工信息，并自动在ERP系统中对在拉料配送过程中增加的工位库存进行反冲，确保下次拉料配送的准确性。同时，扫描系统根据ERP系统中的订单信息，对下线产品的数量、型号进行闸口，避免造成无订单或超订单生产。

(4) 成品装车扫描

成品生产完毕，进入装车配送环节。在装车时使用无线条码扫描终端扫描成品条码，记录装车车号、产品型号、数量等关键信息，同时扫描系统实时和后台 ERP 系统的订单信息校对，对错装、漏装、多装或不按照订单装货等错误操作进行闸口，有效避免了无效作业。同时通过对成品运单号扫描、装卸产品的扫描，可以实时监控到装车效率，提高装卸效率，实现成品运输装车零等待的目标。

(5) 成品仓储配送扫描

在成品装车、出口装箱时，通过条码技术，使车辆与每个集装箱的货物一目了然，并起到计算机自动校验审核的功能，每天能够准确地发运 10 万台以上的产品。成品在收货时，通过入库扫描，自动记录入库型号、数量、仓位等信息并实时记账，同时和后台 ERP 系统的运单或交货单信息进行核对，对错误信息实时闸口，提高效率。在出库操作时，根据提货单，扫描系统自动提示出库仓位，系统可根据成品库龄按先进先出原则指导出库，并在后台自动过账，使每天、每种产品的库存、库龄一目了然。

产品配送完成后，根据订单，系统能够核算投入与产出，对每天生产中的物耗到单、到人、到天。这样一来，不仅可以满足客户大规模、流动式的生产线需求，还可以为客户实现过站式物流运作模式。通过核算出每个订单的投入产出，为精益制造打下基础。

4. 巨大收益

通过全过程的条码管理，海尔物流不仅实现了对物料周转过程的监控，同时也实现了对各种错误操作和信息的自动闸口。条码扫描技术为海尔物流带来了巨大的经济效益：海尔集团每个月平均接到 10 余万个销售订单，需要采购的物料品种达 30 多万种，在这种复杂的情况下，通过条码扫描的实时取数、自动跳闸，使海尔的库存信息准确率和出入库信息准确率都达到 99%以上；呆滞物资降低 90%，库存资金减少 63%；同时通过全过程的条码扫描管理，不仅实现了可视化的仓库管理、成品运输的透明追踪以及无纸化的作业环境，而且能够使各环节责任到人并对非按单作业自动跳闸，为集团每年节约大量资金，提高了企业的核心竞争力。

第二节 射频识别技术（RFID）及其应用

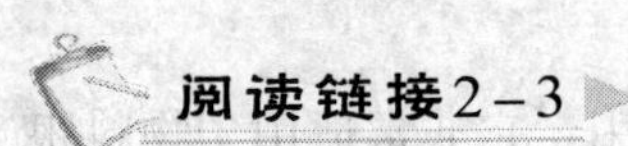

上海世博食品物流 RFID 监控溯源系统

在 2010 年 5 月开幕的上海世博会运用了世博食品物流 RFID 监控溯源系统，上海市商务委员会向创羿科技记者透露，“世博食品物流 RFID 监控溯源系统”包括蔬菜、水产品、畜禽、奶、蛋、面包糕点、餐饮半成品等对温控有要求的食品，并在专供世博食品的物流箱型车上也配备相应的射频识别设备，对装载冷藏冷冻食品的车辆配备射频识别等温度连续监控设备。在食品进入园区时，执法人员通过手持式办公终端移动设备，就能在现场快速追溯食品和原料的来源，确保供应渠道的安全可靠。同时还将选择在蔬菜、水果、水产品、蛋等初级农产品及配送的餐饮半成品等包装袋上要求佩戴射频识别标签，储存种养殖企业或生产单位、品名、产地、生产日期、保质期、储存条件等信息，使产品包装和射频识别标签随货物交易完整进入餐饮、零售或物流终端，以保证食品和原料能够追踪溯源。上海世博会还采用 RFID 门票。上海世博会平均保持着每天约 50 万人的进场人数。能够维持如此多的人员有秩序而快速地入场参观，除了当地的工作人员与志愿者用心工作之外，先进的 RFID 技术同样是功不可没。本次上海世博会采用了先进的 RFID 门票，门票里面集成了 RFID-SIM 的芯片，通过手机终端的用户界面、无线通信技术以及非接触通信技术来实现手机票的购买、选票等功能。内嵌的电子标签在相关仪器上可读出唯一的一组序列号，保证每张合法来源的世博门票都是独一无二的。

RF（Radio Frequency）是无线电射频技术，而 RFID（Radio Frequency Identification）则是射频技术在信息识别中的应用，叫射频识别。射频识别技术是利用无线电波或微波进行非接触的单向或双向通信，达到数据采集和数据交换目的的自动识别技术。与条码相比，它识别距离比光学系统远，不局限于视线的范围，在物流活动和其他活动中被广泛应用。

一、RFID 的发展背景

射频技术 RF 起源于第二次世界大战的军事通信，在军事物流中起到了非常重要的作用。美国和北约组织曾吸取了“沙漠风暴”军事行动中大量物资无法跟踪造成重复运输的教训，在波斯尼亚的“联合作战行动中”，建成了复杂的通信网，完善了识别跟踪军用物资的新型后勤系统。在伊拉克战争中更广泛使用并不断加以完善，无论物资是在采购、运输途中，还是在某个仓库存储，均可由接收装置收到 RF 信息，通过卫星传递给指挥人员，以实时掌握信息。除了跟踪军用物资外，美英联军还将具有微芯片的射频识别标签装入参战士兵的袖口中，跟踪受伤的士兵，以达到及时解救他们的目的。

从 1985 年开始，射频技术 RF 技术进入了商业领域的运用，它非常适用于物料跟踪、运载工具、仓库货架以及其他目标的识别等要求非接触数据采集和交换的场合，以及用于生产装配线上的作业控制。无线射频技术是将无线电信号扩展到一个很宽的频带上，以达到高速数据传输和减少相互干扰的目的。由于 RF 标签具有可读写能力，对于需要频繁改变数据内容的场合尤为适用，它发挥的作用是数据采集和系统指令的传达，广泛用于供应链上的仓库管理、运输管理、生产管理、物料跟踪、运载工具和货架识别、商店特别是超市中商品防盗等场合。

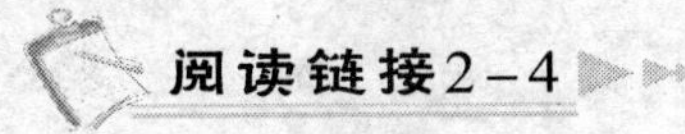

“十二五”期间我国物联网产业迎来更好发展机遇

参加2010年中国—东盟物联网高峰论坛的有关专家表示，“十二五”期间，中国物联网产业将迎来更加良好的发展机遇。

中国软件行业协会副理事长、中国电子商会副会长赵小凡表示，国家对物联网产业的发展高度重视，我国在物联网产业方面也具有较好的发展基础，过去五年，我国有超过1000家企业牵头研究物联网核心技术，通信、工业、电子等领域在信息化建设和应用方面发展迅速，RFID产业、智能卡产业发展十分迅猛，积累了丰富的宝贵经验。

他表示，“十二五”期间，中国物联网产业迎来了更加良好的发展机遇，主要表现在：第一，作为战略性新兴产业的物联网产业得到了国家的高度重视和积极推动；第二，产业界对物联网的发展已不再仅仅停留在概念上，正在推出具有广泛市场应用前途的产品和系统，并得到了业内各方面的积极支持；第三，资本市场对物联网产业的发展给予了积极响应和参与，在近两年经济危机的形势下，物联网概念股都逆势上扬，充分表现了资本市场的认可；第四，国家各相关部委、各地区都在积极地推出物联网发展计划，出台各类政策措施，务实支持物联网产业的健康发展；第五，国家的ICT产业在物联网领域已经具备了较好的基础，完全可以支持物联网快速发展。

赵小凡认为，我国在发展物联网产业方面要坚持协调发展的理念，技术、产业和应用既要并行发展，更要注意其上下游的依存关系，突出追求以应用效果为最终最高目标，避免各自为政和资源浪费；另外，各部门、各地区应当统筹规划，系统推进，因为物联网产业非常巨大，涉及的部门非常之多，既要充分发挥单个部委的力量和积极性，也要重视发挥产业界和市场的力量，以及中介组织的作用。

此外，还要注重研究物联网的发展规律。物联网具有区别于其他网络的明显特殊规律，是“全面提高信息化水平”必不可少的重要领域，非常值得在“十二五”以至更长时期内下大力气深入探索。

二、RFID的特点

作为一种信息识别技术，与传统的条码相对比，RFID具有以下特点：

1. 快速扫描且同时识读多个物体

条码一次只能有一个条码受到扫描；RFID辨识器可同时辨识读取数个RFID标签。

2. 体积小型化、形状多样化

RFID在读取上并不受尺寸大小与形状限制，不需要为了读取精确度而配合纸张的固定尺寸和印刷品质。此外，RFID标签可向小型化与多样形态发展，以应用于不同产品。

3. 抗污染能力和耐久性强

传统条码的载体是纸张，因此容易受到污染，但 RFID 对水、油和化学药品等物质具有很强的抵抗性。

4. 可重复使用

现今的条码印刷上去之后就无法更改，RFID 标签则可以重复地新增、修改、删除 RFID 卷标内储存的数据，方便信息的更新。

5. 穿透性和无屏障阅读

在被覆盖的情况下，RFID 能够穿透纸张、木材和塑料等非金属或非透明的材质，并能够进行穿透性通信。而条码扫描机必须在近距离而且没有物体阻挡的情况下，才可以辨读条码。

6. 数据的记忆容量大

一维条码的容量是 50 字节，二维条码最大的容量可储存 2～3000 字符，RFID 最大的容量则达数兆字节。随着记忆载体的发展，数据容量也有不断扩大的趋势。未来物品所需携带的资料量会越来越大，对卷标所能扩充容量的需求也相应增加。

7. 安全性高

由于 RFID 承载的是电子式信息，其数据内容可经由密码保护，使其内容不易被伪造及变造。

阅读链接2-5

广州亚运会采用 RFID 射频监测保食品安全

广州亚运会期间，所有食品都通过 RFID 射频监测技术拥有一张“身份证”，每款食品的包装封条必须内置一个微型芯片，储存着关于该食品的所有生产信息，通过射频扫描器扫描就可以了解食品的“身份”信息。

这项专门为广州亚运会研发的食品安全追溯系统，可以对所供食品进行“快、准、全”的监测，从原料来源到成品销售的范围都有监测信息，若在服务终端发现安全问题，可以迅速地追查是在哪一个环节出现漏洞，整个操作都可以在网上进行。据介绍，2010 年 9 月前，所有为广州亚运会供给食品的企业以及超过 800 种食品都会被纳入到全天候的生产动态及溯源监控系统的监控中。而在广州亚运会之后，这一食品生产动态监控平台将会陆续覆盖全市 1500 多个食品生产企业。

三、RFID 系统的构成及工作原理

（一）RFID 系统的构成

RFID 系统一般都由信号发射机（射频标签）、信号接收机（阅读器）、发射接收

天线几部分组成。其结构如图 2－12 所示。

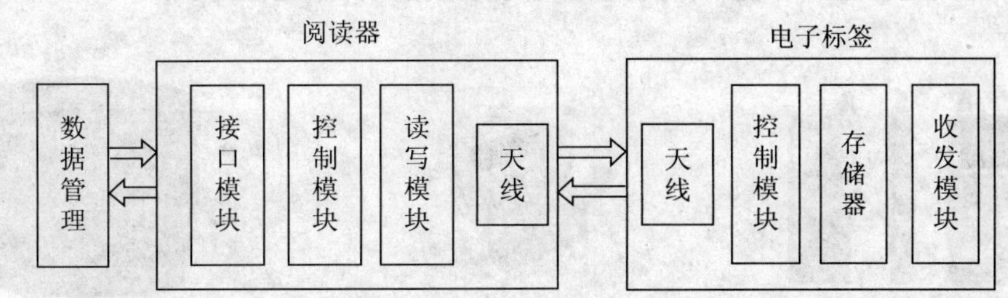

图 2－12 RFID 系统的构成

1. 信号发射机

在 RFID 系统中，信号发射机为了不同的应用目的，会以不同的形式存在，典型的形式是标签（TAG）。标签相当于条码技术中的条码符号，用来存储需要识别传输的信息，每个标签具有唯一的电子编码。另外，与条码不同的是，标签必须能够自动或在外力的作用下，把存储的信息主动发射出去。标签一般是带有线圈、天线、存储器与控制系统的低电集成电路。典型的标签结构如图 2－13 所示。

图 2－13 各种类型的电子标签

2. 信号接收机

在 RFID 系统中，信号接收机一般称做阅读器，可设计为手持式或固定式，见图 2－14。根据支持的标签类型不同与完成的功能不同，阅读器的复杂程度是明显不同的。阅读器基本的功能就是提供与标签进行数据传输的途径。通常阅读器与电脑相连，所读取的标签信息被传送到电脑上进行下一步处理。

3. 天线

天线是标签与阅读器之间传输数据的发射、接收装置。在实际应用中，除了系统功率，天线的形状和相对位置也会影响数据的发射和接收。

除以上基本配置外，RFID 系统还包括计算机及相应的软件。另外，可读可写标签系统还需要编程器。编程器是向标签写入数据的装置。编程器写入数据一般来说是离线（OFF－LINE）完成的，也就是预先在标签中写入数据，等到开始应用时直接把标签黏附在被标识项目上。也有一些RFID应用系统，写数据是在线（ON－LINE）完成的，尤其是在生产环境中作为交互式便携数据文件来处理时。

（a）手持式电子标签读写器

（b）射频卡阅读器

（c）远距离射频读卡器

图2－14　几种典型的信号接收机

（二）RFID系统的工作原理

系统的基本工作流程如下：

（1）阅读器通过发射天线发送一定频率的射频信号，当射频卡进入发射天线工作区域时产生感应电流，射频卡获得能量被激活；

（2）射频卡将自身编码等信息通过卡内置发送天线发送出去；

（3）系统接收天线接收到从射频卡发送来的载波信号，经天线调节器传送到阅读器，阅读器对接收的信号进行解调和解码，然后送到后台主系统进行相关处理；

（4）主系统根据逻辑运算判断该卡的合法性，针对不同的设定做出相应的处理和控制，发出指令信号控制执行机构动作。

四、射频识别技术的分类

射频识别技术主要按以下四种方式分类。

1．按工作频率划分

根据工作频率的不同，可分为低频和高频系统。

2．按读写的次数划分

按读写次数的不同，可分成可读写（RW）卡、一次写入多次读出（WORM）卡和只读（RO）卡三种。

3．按射频卡的有源与无源划分

射频卡可分为有源及无源两种。有源射频卡使用卡内电池的能量、识别距离较长；无源射频卡不含电池，利用读写器发射的电磁波提供能量，但它的发射距离受限制。

4．按调制方式划分

根据调制方式的不同还可分为主动式和被动式。主动式的射频卡用自身的射频能量主动地发送数据给读写器。被动式的射频卡，使用调制散射方式发射数据。它必须利用读写器的载波调制自己的信号，适宜在门禁或交通等中使用。因为读写器可以确保只激活一定范围之内的射频卡。

五、射频识别技术的应用

目前，我国的射频识别技术在下列几种应用中发展前景较好。当然，这里仅仅罗列了射频识别技术应用的一部分。任何一种技术如果得到普及，都将会孕育一个庞大的市场。射频识别将是未来一个新的经济增长点。

1. 安全防护领域

可用于门禁保安、汽车防盗、电子物品监视系统等。

2. 商品生产销售领域

可用于生产线自动化、仓储管理、产品防伪、RFID卡收费等。

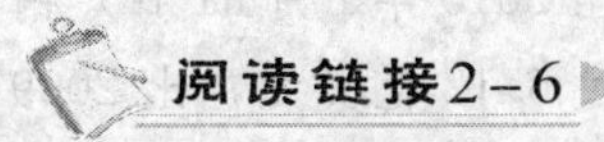

RFID用于汽车装配流水线

德国宝马汽车公司在装配流水线上应用射频卡，以尽可能大量地生产用户订制的汽车。宝马汽车的生产是基于用户提出的要求式样而生产的。用户可以从上万种内部和外部选项中，选定自己所需车的颜色、引擎型号和轮胎式样等。这样一来，汽车装配流水线上就得装配上百种式样的宝马汽车，如果没有一个高度组织的、复杂的控制系统是很难完成这样复杂的任务的。宝马公司在其装配流水线上配有RFID系统，使用可重复使用的射频卡。该射频卡上带有汽车所需的所有详细的要求，在每个工作点处都有读写器，这样可以保证汽车在各个流水线位置，能毫不出错地完成装配任务。

3. 管理与数据统计领域

在畜牧管理、运动计时等方面应用。

4. 交通运输领域

在高速公路自动收费及交通管理、火车和货运集装箱的识别等方面应用。

5. 其他领域

我国目前正在更换的第二代居民身份证即为基于RFID的身份证。另外，广深铁路从2006年10月10日起使用的纸质电子车票也为RFID电子车票。该车票芯片的内部数据是加密的，只有特定的读写器可以读出数据。造假者无法制造出相同的车票。

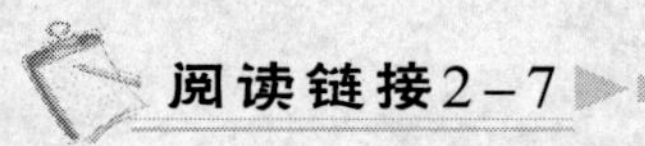
阅读链接 2-7

沃尔玛利用 RFID 技术提升核心竞争力

企业采用某项技术，最主要的目的不外乎两个：获得丰厚的短期利润、巩固或者谋求长期竞争优势。要考察沃尔玛采用 RFID 技术的意图，首先还得从它的竞争优势或者核心能力谈起。沃尔玛自 1962 年创立开始，即以令人瞠目结舌的速度飞速发展着，多次荣登《财富》杂志世界 500 强榜首及当选最具价值品牌。目前，沃尔玛在全球 15 个国家开设了超过 8400 家商场，下设 55 个品牌，员工总数 210 多万人，每周光临沃尔玛的顾客 2 亿人次。2010 财政年度（2009 年 2 月 1 日至 2010 年 1 月 31 日）销售额达 4050 亿美元，2010 财年慈善捐赠资金及物资累计超过 5.12 亿美元，比 2009 财年增长超过 20%。2010 年，沃尔玛公司再次荣登《财富》世界 500 强榜首，并在《财富》杂志“2010 年最受赞赏企业”调查的零售企业中排名第一。

然而，条码必须“看到”才能读取的特性以及信息存储量有限的不足，大大限制了商品处理的效率和准确性。例如，在配送过程中，必须有人工的介入才能保证所有商品的条码朝向激光扫描仪；在商品运送过程中或者送抵门店后，必须经由人工一一扫描后，才能得知商品的准确数量，或判定是否发生了遗失。而在此过程中，又可能发生重复扫描或者遗漏现象。另外，条码通常只能够反映商品的生产厂商与种类（或型号），关于保质期等信息就不得不依靠手工输入。手工扫描与数据录入工作，很容易导致统计数据发生差错，从而导致商品短缺或者积压。虽然近年出现的二维条码解决了信息存储量不足的问题，但仍然改变不了必须借助光源才可以读取信息以及必须逐件扫描的难题。

另外，据 NCR 等机构的统计，2001 年美国零售商由于库存损失招致 330 亿美元的损失，其中“职员盗窃”和“顾客盗窃”分别占 46%和 31%——面对家贼、外盗，条码显然无能为力。基于这种情况，沃尔玛在 1 个小时内所统计的恐怕也仅仅是账面的“数据”，而不是仓库和门店内实际的商品数量。只有到全面盘点库存的时候，才会发现商品遗失或被窃的漏洞到底有多大——即使是这样，在手工盘点过程中还是可能会出现差错！

所以，沃尔玛哪怕在更短的时间内完成全球存货的统计，其结果也只是“账面值”，而统计差错、商品损耗等因素则成了管理的“死角”，潜伏下来伺机作乱。但是，如果用 RFID 标签取代条码，情况就会大不一样，不仅上述问题几乎都可以迎刃而解，而且可以更加精确地管理物流过程。我们可以设想这样一个场景：

沃尔玛的供应商按照配送中心发来的订单分拣好产品，随即交付运送；在沃尔玛配送中心的接货口，商品通过门口时即由 RFID 阅读器自动完成盘点并输入沃尔玛的数据库；商品被直接送上传送带后，配送中心按照各个门店所需要的商品种类与数量进行配货——无须人工调整商品摆放朝向；商品装车发往各门店的途中，借助GPS定位系统或者沿途设置的RFID监测点，就可以准确地了解商品的位置与完备性，从而准确预知运抵时间；运抵门店后，卡车直接开过接货口安装的RFID阅读器，商品即清点完毕，直接上架出售或暂时保存在门店仓库中，门店数据库中的库存信息也随之更新；随着商品减少，装有RFID阅读器的货架即自动提醒店员进行补货；由于顾客改变了购买决策而随意放置的商品，亦可以通过覆盖了整个门店的RFID阅读器非常容易地找到并由店员归位。顾客选购结束后，只需要推车从安装有RFID阅读器的过道中通过，商品的统计即自动完成；一般顾客可以选择现金、信用卡等传统结算方式，使用带有RFID标签结算卡的顾客则可以选择RFID结账，即由系统自动扣除款项，排队付款的烦恼就会大幅减少甚至全部消除。而商品一旦进入到RFID阅读器覆盖的各个场所，RFID系统就自动承担起EAS（电子商品监控）的功能，从而有效地防止商品失窃现象。

这样，从商品的生产完成到零售商再到最终用户，即商品在整个供应链上的分布情况以及商品本身的信息，都完全可以实时、准确地反映在零售商的信息系统中，从此整个供应链和物流管理过程都将变成一个完全透明的体系。

通过推进RFID技术的应用，沃尔玛得到巨大的经济收益。

(1) 减少统计差错、即时获得准确的信息流，进一步降低在供应链各个环节上的安全存货量和运营资本，巩固和扩大在该领域的竞争优势。

(2) 提高物流（配送）的自动化程度与处理效率，减少雇佣员工、降低劳动力成本，巩固和扩大在物流成本上的优势。

(3) 加大财产与商品监控与管理力度，有效防止盗窃现象和因遗忘等原因造成的商品损耗；强化设备管理，优化配置设备与提高设备的使用率。

(4) 更加透明和快速地了解各种商品在门店的销售情况，并进一步减少因为货架上缺货而造成的营业额损失，从而对顾客的需求变化作出更加敏捷的反应。

(5) 加速购物的统计与结算过程，减少排队付款的时间，改善顾客的购物体验，进而获得更高的顾客满意度和忠诚度。

(6) 获取更大的渠道权力，从而成为整个供应链上无可争议的领导者。

(7) 树立和巩固技术先锋、行业领头羊的角色，继续打造“光环效应”等。

同时，RFID将为沃尔玛提供一个向产业链上游进行整合的强大工具。目前，沃尔玛供应链上商品从供应商到配送中心的环节大多是借助第三方物流公司来完成，如马士基等。但凭借目前的能力和经验，沃尔玛完全可以在物流领域大显身手。借助RFID技术，沃尔玛甚至可以实现供应商到门店的直接补货方式——门店发出补货订单，供应商（尤其是宝洁、卡夫等大供应商）按照商品在门店中陈列，将位置相邻的各种商品打入同一个包装，然后直接发送到门店上架出售。

第三节　电子数据交换（EDI）技术及其应用

一、EDI 的发展背景

当代世界，科学技术突飞猛进，社会经济日新月异。特别是自 20 世纪 80 年代以来，在新技术革命浪潮的猛烈冲击下，一场高新技术竞争席卷世界，使人类社会的一切领域正在飞速地改变着面貌。国际贸易也空前活跃，市场竞争愈演愈烈。

在国际贸易中，由于买卖双方地处不同的国家和地区，因此在大多数情况下，不是简单地直接面对面地买卖，而必须以银行进行担保，以各种纸面单证为凭证，方能达到商品与货币交换的目的。这时，纸面单证就代表了货物所有权的转移，因此从某种意义上讲“纸面单证就是外汇”。

全球贸易额的上升带来了各种贸易单证、文件数量的激增。虽然计算机及其他办公自动化设备的出现可以在一定范围内减轻人工处理纸面单证的劳动强度，但由于各种型号的计算机不能完全兼容，实际上又增加了对纸张的需求，美国森林及纸张协会曾经做过统计，得出了用纸量超速增长的规律：即年国民生产总值每增加 10 亿美元，用纸量就会增加 8 万吨。此处，在各类商业贸易单证中有相当大的一部分数据是重复出现的，需要反复地键入。有人对此也做过统计，计算机的输入平均 70%来自另一台计算机的输出，且重复输入也使出差错的概率增高，据美国一家大型分销中心统计，有 5%的单证中存在着错误。同时重复录入浪费人力、浪费时间、降低效率。因此，纸面贸易文件成了阻碍贸易发展的一个比较突出的因素。

另外，市场竞争也出现了新的特征。价格因素在竞争中所占的比重逐渐减小，而服务性因素所占比重增大。销售商为了减少风险，要求小批量、多品种、供货快，以适应瞬息万变的市场行情。而在整个贸易链中，绝大多数的企业既是供货商又是销售商，因此提高商业文件传递速度和处理速度成了所有贸易链中成员的共同需求。同样，现代计算机的大量普及和应用以及功能的不断提高，已使计算机应用从单机应用走向系统应用；同时通信条件和技术的完善以及网络的普及又为 EDI 的应用提供了坚实的基础。

正是在这样的背景下，以计算机应用、通信网络和数据标准化为基础的 EDI 应运而生。EDI 一经出现便显示出了强大的生命力，迅速地在世界各主要工业发达国家和地区得到广泛的应用。正如香港 TRADELINK 公司的宣传资料所指出的那样：“当 EDI 于 20 世纪 60 年代末期在美国首次被采用时，只属于当时经商的途径之一；时至今日，不但美国和欧洲大部分国家，以至越来越多的亚太地区国家，均已认定 EDI 是经商的唯一途径。”

由于 EDI 具有高速、精确、远程和巨量的技术性能，因此 EDI 的兴起标志着一场全新的、全球性的商业革命的开始。国外专家深刻地指出：“能否开发和推动 EDI 计划，将决定对外贸易方面的兴衰和存亡。如果跟随世界贸易潮流，积极推行 EDI 就会成为巨龙而腾飞，否则就会成为恐龙而绝种。”

20 世纪 60 年代末，欧洲和美国几乎同时提出了 EDI 的概念。早期的 EDI 只是在两个商业伙伴之间，依靠计算机与计算机直接通信完成。20 世纪 70 年代，数字通信技术的发展大大加快了 EDI 技术的成熟和应用范围的扩大，也带动了跨行业 EDI 系统的出现。20 世纪 80 年代 EDI 标准的国际化又使 EDI 的应用跃入了一个新的里程。时至今日，EDI 历经萌芽期、发展期已步入成熟期。英国的 EDI 专家明确指出：“以现有的信息技术水平，实现 EDI 已不是技术问题，而仅仅是一个商业问题。”

二、EDI 的概念及特点

（一）EDI 的概念

EDI（Electronic Data Interchange）即电子数据互换，国际标准化组织（ISO）将 EDI 描述成“将贸易（商业）或行政事务处理按照一个公认的标准变成结构化的事务处理或信息数据格式，从计算机到计算机的电子传输”。也可以定义为：电子数据交换（EDI）是按照协议的标准结构格式，将标准的经济信息，通过电子数据通信网络，在商业伙伴的电子计算机系统之间进行交换和自动处理。由于使用 EDI 可以减少甚至消除贸易过程中的纸面文件，EDI 又被人们通俗地称为“无纸贸易”。

从上述定义可知，EDI 是一套报文通信工具，它利用计算机的数据处理与通信功能，将交易双方彼此往来的文档（询价单、订货单等）转换成标准格式，并通过通信网络传输给对方。

从上述 EDI 定义不难看出，EDI 包含了三个方面的内容，即计算机应用、通信网络和数据标准化。其中计算机应用是 EDI 的条件，通信环境是 EDI 应用的基础，标准化是 EDI 的特征。这三方面相互衔接、相互依存，构成 EDI 的基础框架。EDI 系统模型如图 2－15 所示。

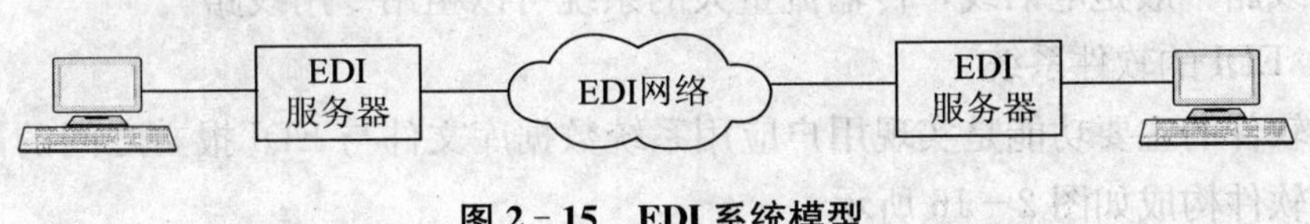

图 2－15　EDI 系统模型

（二）EDI 的特点

1. 单证格式化

EDI 传输的企业间的数据如订货单、货运单、报关单等，都具有固定的格式与行业通用性。

2. 报文标准化

EDI 传输的报文符合国际标准或行业标准，这是计算机能自动处理的前提条件。

3. 处理自动化

EDI 应用的是标准格式的数据，因此能通过 EDI 系统在交易双方自动处理相关信息，不需要人工干预。

4. 软件结构化

EDI 软件系统由五部分构成：用户界面模块、内部接口模块、报文生成与处理模块、格式转换模块和通信模块。这些模块结构清晰、功能分明。

5. 运作规范化

EDI 报文是目前商业化应用中最成熟、最规范的电子凭证之一，其所具有的法律效力已被普遍接受。EDI 系统的运行，有相应的规范化环境作基础。国际、国内出台了相关的法律法规，保证其按照相关的标准去运行。例如，联合国贸法会制定了《电子贸易示范法草案》，国际海事委员会制定了《电子提单规则》，上海市制定了《上海市国际经贸电子数据交换管理规定》等。

三、EDI 系统的构成

EDI 系统由四大部分构成：EDI 的硬件环境、EDI 的软件系统、EDI 通信网络和 EDI 数据标准。

（一）EDI 的硬件环境

EDI 在用户端应用系统所需的硬件环境是：单机方式、主机方式、局域网方式或 C/S（客户机/服务器）方式。

EDI 是应用系统之间的数据交换。因此应在装有应用系统的计算机中安装 EDI 的通信软件、翻译软件和转换软件。且计算机必须装有调制解调器，以便接入 EDI 交换平台。另外，对于存在多个应用系统的企业，最好先进行内部联网，然后再接入 EDI 交换平台。

EDI 应用系统在用户端所需配置的硬件设备包括：计算机、调制解调器和通信线路。通信线路一般是电话线，传输流量大的系统可以租用专用线路。

（二）EDI 的软件系统

EDI 软件的主要功能是实现用户应用系统数据库文件与 EDI 报文之间的翻译与转换。EDI 软件构成如图 2-16 所示：

1. 转换软件

转换软件的功能是将应用系统的源文件转换为平面（Flat）文件，反之也可以将从翻译软件发来的平面文件转换为应用系统的源文件。平面文件是指符合 EDI 翻译软件输入要求的一种中间文件。

2. 翻译软件

翻译软件的功能是将平面文件翻译为 EDI 的标准文件，以便能通过 EDI 通信网络进行传输。反之也可以将从 EDI 通信软件发送来的 EDI 标准文件翻译为平面文件。

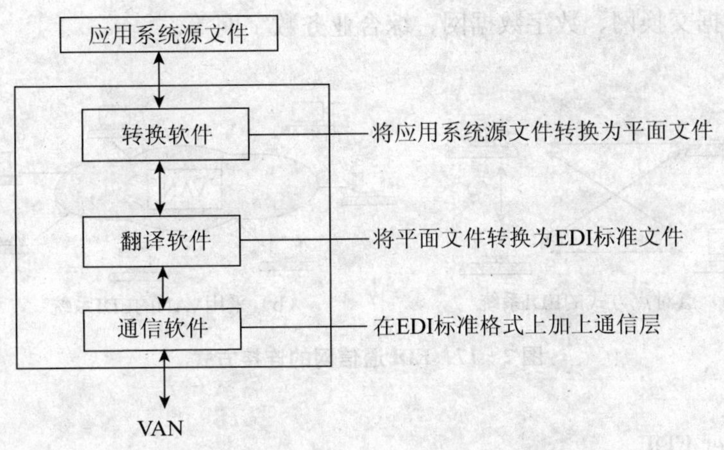

图 2-16 EDI 软件构成

3. 通信软件

通信软件的功能是将 EDI 的标准文件添加信息头（相当于信件的信封），再发送至 EDI 系统交换中心的邮箱中，反之也可以从 EDI 系统交换中心的邮箱中取回接收到的文件。

4. 数据库维护软件

在 EDI 系统中转换软件、翻译软件和通信软件所使用的信息分别存放在标准库、代码库、用户信息库、用户地址库和翻译算法库中。数据库维护软件的相应程序负责对这些数据库进行维护。

（三）EDI 通信网络

通信网络是实现 EDI 的手段。EDI 的通信网的连接方式分为直接和间接两种。

1. 直接方式

直接方式是 EDI 的双方直接通过电话线路或数据专线连接。这种方式又称点对点（PTP）方式。如图 2-17（a）所示。

2. 基于增值网的间接方式

基于增值网的间接方式是 EDI 的双方通过增值网络（Value Added Network，VAN）的电子信箱、电子公告板或远程登录系统等来建立的连接，其中最常用的方式是通过电子信箱。使用电子信箱方式时，发送方将 EDI 报文发送到各个接收方的电子信箱中存储，直到对方打开电子信箱将其取走。这种方式要求企业要建立带有电子信箱的 EDI 服务。使用增值网络 VAN 的 EDI 系统的工作过程如图 2-17（b）所示。

由于 EDI 涉及多个部门，如企业、银行、金融、保险、海关、交通运输等。而各个部门计算机的硬件环境和软件环境不可能完全相同，如果采用点对点（PTP）方式，则存在数据的异构转换问题。因此，通常采用专用的增值网络 VAN，即在现有的通信网络中，增加 EDI 服务功能而构成的计算机网络。VAN 是一种通信中介，它是在原有的通信网络上提供具有附加价值的信息服务。在 EDI 中可使用的增值网有电话网、分组数据交换网、数字数据网、综合业务数字网等。

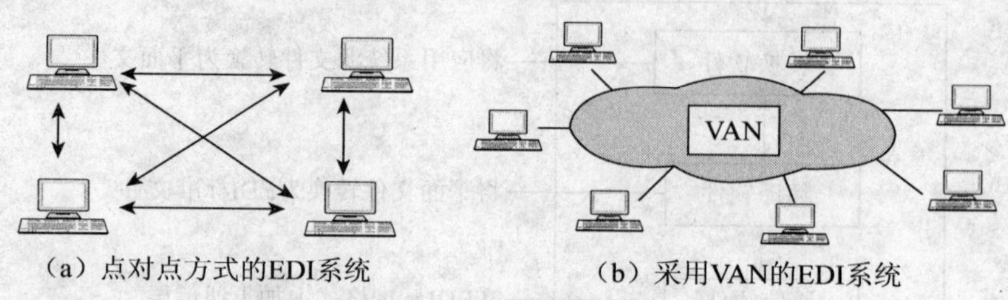

(a) 点对点方式的EDI系统　　(b) 采用VAN的EDI系统

图 2-17　EDI 通信网的连接方式

3. Internet EDI

应用传统的 EDI 成本较高，一是因为通过 VAN 进行通信的成本高，二是制定和满足 EDI 标准较为困难，因此过去仅仅大企业因得益于规模经济，能从利用 EDI 中得到利益。近年来，互联网的迅速普及，为物流信息活动提供了快速、简便、廉价的通信方式，随着 Internet 的广泛普及和安全性的提高，EDI 通信网络已经从使用增值网向使用因特网方面发展。在物流企业中，基于因特网的 EDI 系统的比例将越来越高。

基于 Internet 的 EDI 主要有三种基本形式：

(1) 基于 E-mail 的 Internet EDI。在使用 E-mail 进行 EDI 时，用户通过应用程序接口从其电子数据处理系统（EDP）或管理信息系统（MIS）中获取所要的数据，并经 Internet EDI 用户前端程序处理后形成标准 EDI 格式的报文后，再通过加密处理后交由 E-mail 客户端程序，发往提供 Internet E-mail EDI 服务的 EDI 服务商，Internet EDI 服务提供商接收到用户发送的报文后，将它转发给接收方的 E-mail 信箱。接收报文时，用户从自己的 E-mail 信箱中收取报文，经解密后还原成标准 EDI 报文，再通过翻译程序将标准 EDI 报文翻译成用户平面文件，并根据用户需求与用户数据库相连接。

(2) 基于 Web 的 Internet EDI。Web EDI 方式被认为是目前 Internet EDI 中最好的方式。Web EDI 的目标是允许中小企业只需通过浏览器和 Internet 连接去执行 EDI 交换。Web 是 EDI 消息的接口，典型情况下，其中一个参与者一般是较大的公司，针对每个 EDI 信息开发或购买相应的 Web 表单，改造成适合自己的数据格式要求，然后把它们放在 Web 站点上，此时，表单就成为 EDI 系统的接口。另一个参与者一般为较小的公司，登录到 Web 站点上，选择他们所感兴趣的表单，然后填写它，结果提交给 Web 服务器后，通过服务器端程序进行合法性检查，把它变成通常的 EDI 消息，此后消息处理就与传统的 EDI 消息处理一样了。很明显，这种解决方案对中小企业来说是负担得起的，只需一个浏览器和 Internet 连接就可完成，EDI 软件和映射的费用则花在服务器端。Web EDI 方式对现有企业应用只需做很小改动，就可以方便快速地扩展成为 EDI 系统应用。Web 方式的 EDI 适用于中小型缺乏专业人员的企业。

(3) XML/EDI 方式。XML (Extensible Markup Language，可扩展标识语言) 支持结构化的数据，可以更详细地定义某个数据对象的数据结构，如描述产品，详细定义该产品的生产厂、产品名、产品号、产地等信息，不仅为标记该产品提供方便，而且这种 XML 数据很容易按生产厂、产品名等排序，查询更方便。

当前发展因特网的 EDI 系统还存在一些有待解决的问题，如安全性问题、标准化问题及法律问题等。

(四) EDI 数据标准

EDI 报文能被不同贸易伙伴的计算机系统识别和处理，其关键就在于数据格式的标准化 EDI 标准。EDI 标准主要提供语法规则、数据结构定义、编辑规则和协定、已出版的公开文件。

标准化是实现 EDI 互通和互联的前提和基础。EDI 的标准包括以下四个方面：

EDI 网络通信标准；EDI 处理标准；EDI 联系标准；EDI 语义语法标准。

目前，在 EDI 标准上，国际上最有名的是联合国欧洲经济委员会 (UN/ECE) 于 1986 年制定的《用于行政管理、商业和运输的电子数据互换》标准。UN/EDIFACT 已被国际标准化组织 ISO 接收为国际标准，编号为 ISO 9735。同时还有广泛应用于北美地区的、由美国国家标准化协会 (ANSI) X. 12 鉴定委员会 (AXCS. 12) 于 1985 年制定的 ANSI X. 12 标准。从内容上看，这两个标准都包括了 EDI 标准的三要素：数据元、数据段和标准报文格式。我国 EDI 采用 UN/EDIFACT 标准。EDIFACT 标准包括一系列涉及电子数据交换的标准、指南和规划，共 10 部分，具体内容可查阅联合国欧洲经济委员会 (UN/ECE) 制定的《用于行政管理、商业和运输的电子数据互换》标准。

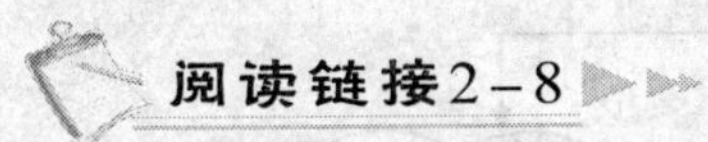

EDI 系统的安全性

1. 存储控制

在一个计算机化的系统中，口令代替了签名。因为在任何给定系统中，总有一些不许你看或者你可以看但不能改变的数据。有些是允许你增加或者可以修改的数据。这是任何计算机都具有的一种基础安全措施，在 EDI 或其他需签名的实用领域你可以使用辨别码，就像发出口令一样，它能提供多个要求的授权。如果一个授权的执行者在电子传送中加入适当的密码，那样，就与执行者在纸张文件上的签名一样完好。

2. 保持信息追踪

保障 EDI 安全最重要的组成部分之一，是一旦发出系统就跟踪数据以确保被收到。实际上，EDI 几乎比任何其他通信方式都能提供更多种传递数据，这个系统不仅能查证信息是否收到，而且也能与发出的信息进行比较。

几乎每一种形式的数据通信都包括一些错误检查协议，其典型的方式是：

(1) 发送者通信软件集合一堆数据并通过电话线将其传输过去；

(2) 接收者的软件确认收到，并与原始数据对比；

(3) 接收者的系统发出收到确认（ACK）或未收到信号（NAK）；

(4) 如果发送者系统不能检测到 ACK，它将再次发出数据；

(5) 如果系统检测了太多的 NAK，它将结束传递；

(6) 如果接收系统不能发回接收确认，它应送回一个报警号给发送者。而接收方应该将错误信号从系统中删除，并等待重新发送；一旦系统接收了全部的没有错误的传输信息，接收方应检查内容的完整性、精确性和正确性。

3. 密封信封

那些能发 ACKs、NAKs 和类似信息的密码是建立在基本通信协议中的，电子信封还有另外的保护措施。接收者可以通过以下两种方法检查：①相同的口令应该出现在头部和尾部之间，接收者的软件应当检查这些口令是否正确；②应检查尾部的项目数同群组内的实际项目是否一致。任何一方不符都表明没有接收到完整的传输文件，则应当重复进行这一过程。

四、EDI 的工作过程

现有的 EDI 通信网络，是建立在 MHS 数据通信平台上的信箱系统，其通信机制是信箱间信息的存储和转发。EDI 系统的工作过程如图 2-18 所示。

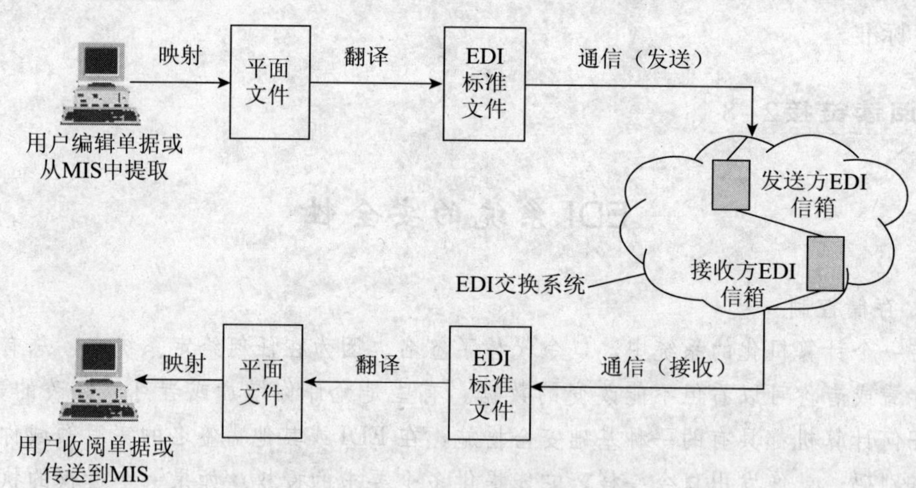

图 2-18　EDI 系统工作流程

1. 映射（Mapping）——生成 EDI 平面文件

EDI 平面文件（Flat File）是通过应用系统将用户的应用文件（如单证、票据）或数据库中的数据，映射成的一种标准的中间文件。这一过程称为映射（Mapping）。

平面文件是用户通过应用系统直接编辑、修改和操作的单证和票据文件，它可直接阅读、显示和打印输出。

2. 翻译（Translation）——生成 EDI 标准格式文件

其功能是将平面文件通过翻译软件（Translation Software）生成 EDI 标准格式文件。EDI 标准格式文件，就是所谓的 EDI 电子单证，或称电子票据。它是 EDI 用户之间进行贸易和业务往来的依据。EDI 标准格式文件是一种只有计算机才能阅读的 ASCII 文件。

3. 通信

由计算机通信软件完成。用户通过通信网络接入 EDI 信箱系统，将 EDI 电子单证投递到对方的信箱中。

EDI 信箱系统则自动完成投递和转接，并按照 X. 400（或 X. 435）通信协议的要求，为电子单证加上信封、信头、信尾、投送地址、安全要求及其他辅助信息。

4. EDI 文件的接收和处理

接收和处理过程是发送过程的逆过程。首先需要接收用户通过通信网络接入 EDI 信箱系统，打开自己的信箱，将来函接收到自己的计算机中，经格式校验、翻译、映射还原成应用文件。最后对应用文件进行编辑、处理和回复。

在实际操作过程中，EDI 系统为用户提供的 EDI 应用软件包，包括了应用系统、映射、翻译、格式校验和通信连接等全部功能。

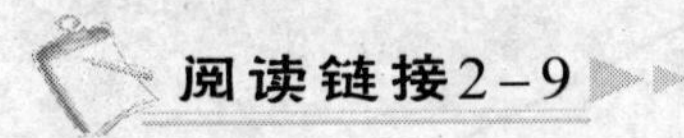

EDI 的应用效益

EDI 的使用能降低企业经营成本，增强市场竞争力。据有关方面研究分析，应用 EDI 后，可使商业文件传递速度提高 81%，文件成本降低 40%，由于错误造成的商业损失减少 40%，文件处理成本下降 38%，竞争力增加 34%。由此可见，EDI 所带来的效益是明显的。美国通用汽车公司采用 EDI 之后，每生产一辆汽车的成本可减少 250 美元。东芝公司在使用 EDI 之前，每一笔交易的文件处理费用是 1500 日元，实施 EDI 后则降低到 375 日元，每张订单的处理费用由 125 美元降到 32 美元。间接效益是通过使各 EDI 伙伴间的业务环节更加密切、协调和一致，从而促进了资金流动、库存、成本和客户服务等方面情况的改善。这些间接效益主要来自于将原来分散的业务综合统一而取得的规模经济效益。

EDI 可以使其他公司的电脑处理结果通过网络直接传送至自己的电脑中。产生的效益有以下几点：①缩短信息传达的时间；②免纸张式的传票处理作业，削减转记作业等流程；③减少转记所造成的失误；④使资料输入更简便、更迅速并提高资料的精确度；⑤能降低企业经营成本，增强市场竞争力。

五、EDI在物流中的应用

EDI最初由美国企业应用在企业间的订货业务活动中，其后EDI的应用范围从订货业务向其他业务扩展，如POS销售信息传送业务、库存管理业务、发货送货信息和支付信息的传送业务等。

近年来，EDI在物流中广泛应用，被称为物流EDI。所谓物流EDI是指货主、承运业主以及其他相关的单位之间，通过EDI系统进行物流数据交换，并以此为基础实施物流作业活动的方法。物流EDI参与单位有货主（如生产厂家、贸易商、批发商、零售商等）、承运业主（如独立的物流承运企业等）、实际运送货物的交通运输企业（铁路企业、水运企业、航空企业、公路运输企业等）、协助单位（政府有关部门、金融企业等）和其他的物流相关单位（如仓库业者、专业报关业者等）。物流EDI的框架结构如图2-19所示。

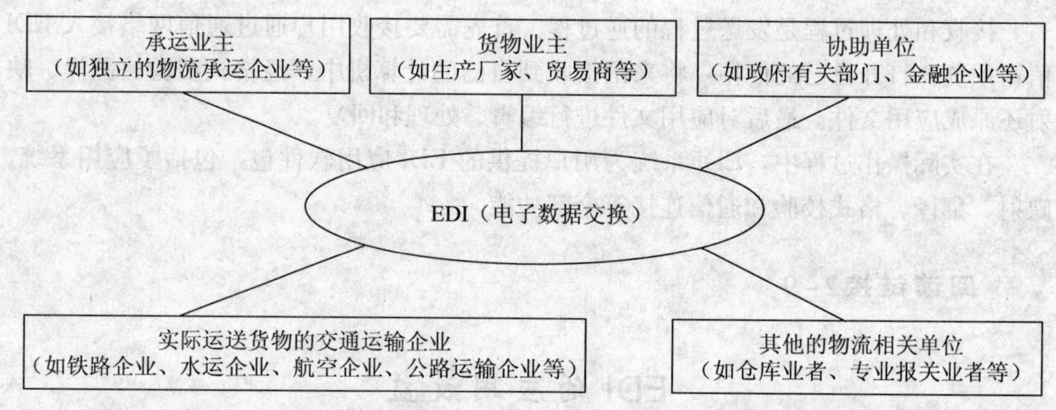

图2-19　物流EDI的框架结构

下面是一个由发送货物业主、物流运输业主和接收货物业主组成的物流模型。这个物流模型的步骤如下：

（1）发送货物业主（如生产厂家）在接到订货后制订货物运送计划，并把运送货物的清单及运送时间安排等信息，通过EDI发送给物流运输业主和接收货物业主（如零售商），以便物流运输业主预先制订车辆调配计划和接收货物业主制订货物接收计划。

（2）发送货物业主依据顾客订货的要求和货物运送计划下达发货指令、分拣配货、打印出物流条码的货物标签（Shipping Carton Marking，SCM标签）并贴在货物包装箱上，同时把运送货物品种、数量、包装等信息，通过EDI发送给物流运输业主和接收货物业主，其依据请示下达车辆调配指令。

（3）物流运输业主在向发货货物业主取运货物时，利用车载扫描读数仪读取货物标签的物流条码，并与先前收到的货物运输数据进行核对，确认运送货物。

（4）物流运输业主在物流中心对货物进行整理、集装、作成送货清单，并通过EDI向收货业主发送发货信息。在货物运送的同时进行货物跟踪管理，并在货物交纳给收货业主之后，通过EDI向发货业主发送完成运送业务信息和运费请示信息。

（5）在货物到达时，收货业主利用扫描读数仪读取货物标签的物流条码，并与先前收到的货物运输数据进行核对确认，开出收货发票，货物入库。同时通过EDI向物流运输业主和发送货物业主发送收货确认信息。

物流EDI的优点在于：供应链组成各方基于标准化的信息格式和处理方法通过EDI共同分享信息、提高流通效率、降低物流成本。例如，对零售商来说，应用EDI系统可以大大降低进货作业的出错率，节省进货商品检验的时间和成本，能迅速核对订货与到货的数据，易于发现差错。

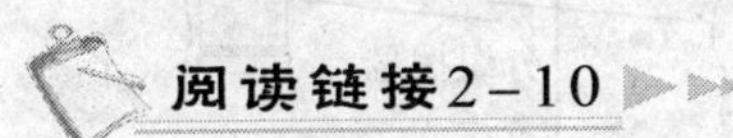

国际知名的某日用品供应商EDI系统的应用

国际知名的某日用品供应商目前正采用广州电信EDI中心提供的EDI服务。该公司和运输商之间的货运订单处理以及和全国各地的分销商之间的订单处理，均采用EDI电子方式。通过采用EDI技术来进行货运订单的自动处理，实现了订单数据标准化及计算机自动识别和处理，消除了纸面作业和重复劳动，提高了文件处理效率，加速其公司把货物运输到销售地，大大降低了成本。该日用品供应商和运输商之间的EDI电子货运订单自动处理系统如图2-20所示。

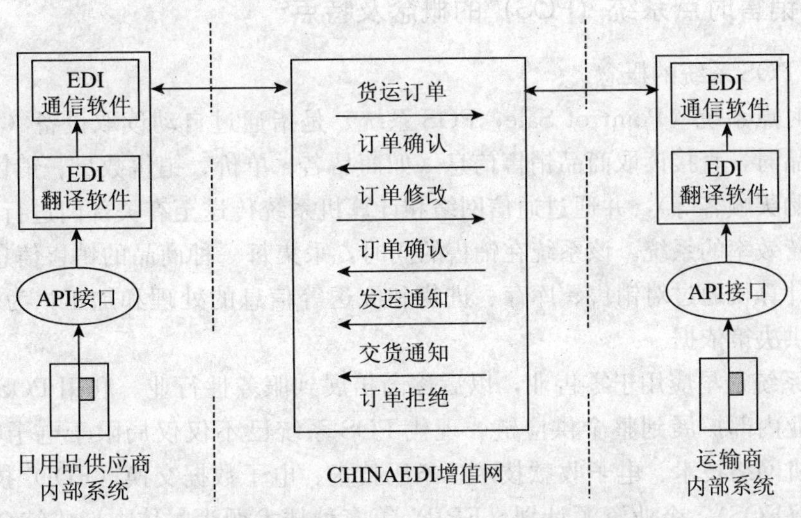

图2-20　EDI货运订单电子产品自动处理系统

该公司和遍布全国各地的分销商之间通过拨号入当地的分组网络再接入 EDI 系统的方式实现了订货分销信息的交换处理（如图 2－21 所示），减少了人为差错，节省了大量的长途通信费用，大大提高了工作效率和对客户的服务，取得了显著的经济效益。

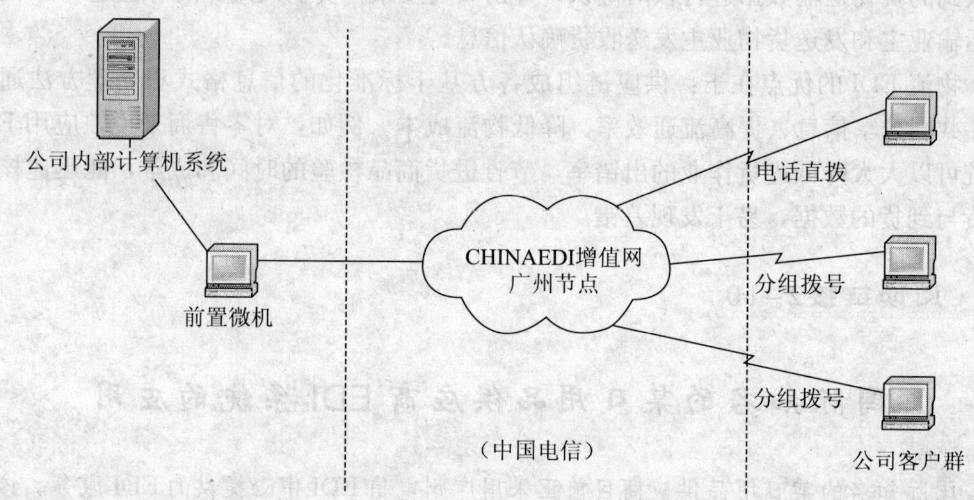

图 2－21　客户和分销商之间的 EDI 应用

第四节　销售时点系统及其应用

一、销售时点系统（POS）的概念及特点

（一）POS 系统的概念

销售时点系统（Point of Sale，POS 系统）是指通过自动读取设备（如收银机）在销售商品时，直接读取商品销售信息（如商品名、单价、销售数量、销售时间、销售店铺、购买顾客等），并通过通信网络和计算机系统传送至有关部门进行分析加工，以提高经营效率的系统。该系统在销售的同时，采集每一种商品的销售信息并传送给计算机，计算机通过对销售、库存、进货和配送等信息的处理和加工，为企业的进、销、存提供决策依据。

POS 系统最早应用于零售业，以后逐渐扩展到服务性行业。利用 POS 系统的范围也从企业内部扩展到整个供应链。现代 POS 系统已不仅仅局限于电子收款技术，它将计算机网络技术、电子收款技术、条码技术、电子数据交换（EDI）技术、电子订货技术（EOS）、企业资源计划（ERP）等多种技术融为一体，形成综合性的信息资源管理系统。它为企业制定各种销售策略、实现商品的单品管理和库存的优化管理提供了便捷。

(二) POS系统的特点

1. 分门别类管理

POS系统的分门别类管理不仅针对商品，而且还可针对员工及顾客。

(1) 单品管理。零售业的单品管理是指以店铺陈列展示销售的商品，以单个商品为单位进行销售跟踪和管理的方法。由于POS信息即时准确地记录单个商品的销售信息，因此POS系统的应用，使高效率的单品管理成为可能。

(2) 员工管理。员工管理指通过POS终端机上的记时器的记录，依据每个员工的出勤状况、销售状况（以月、周、日甚至时间段为单位）进行考核管理。

(3) 顾客管理。顾客管理是指在顾客购买商品结账时，通过收银机自动读取零售商发行的顾客ID卡或顾客信用卡，来把握每个顾客的购买品种和购买额，从而对顾客进行分类管理。

2. 自动读取销售时点信息

在顾客购买商品结账时，POS系统通过扫描读数仪自动读取商品条码标签或OCR标签上的信息，在销售商品的同时获得实时的销售信息。

3. 集中管理信息

在各个POS终端获得的销售时点信息，以在线联结方式汇总到企业总部，与其他部门发送的有关信息一起，由总部的信息系统加以集中，并进行分析加工，如把握畅销商品和滞销商品以及新商品的销售倾向，对商品销售量和销售价格、销售量和销售时间之间的相关关系进行分析，对商品上架陈列方式、促销方法、促销期间、竞争商品的影响进行相关分析，集中管理等。

4. 连接供应链的有力工具

POS系统可以认为是供应链信息管理的起点。供应链上的参与各方要做到信息共享，销售时点信息必不可少。在具有POS系统、EOS系统并能使用VAN网络的现代化企业中，通过POS→EOS→VAN→MIS（供应商的管理信息系统），将商品销售信息转化为订货信息，并通过VAN网络自动传递至上游供应商的管理信息系统。供应商可以利用该信息并结合其他的信息，来制订企业的经营计划和市场营销计划。目前，领先的零售商正在与制造商共同开发一个完全的物流系统——联合预测和库存补充系统（Collaboration Forecasting and Replenishment，CFAR），该系统不仅分离POS信息，而且一起联合进行市场预测，分享预测信息。

二、POS系统的结构

(一) POS系统硬件的结构

POS系统的硬件结构主要依赖于计算机处理信息的体系结构。结合商业企业的特点，POS硬件系统的基本结构可分为：单个收款机，收款机与微机相连构成POS系统，收款机、微机与网络构成POS系统。目前大多采用第三种类型的POS结构，它的硬件结构如下：

1. 前台收款机

前台收款机即 POS 机。主要包括显示器、专用 POS 打印机、电控钱箱、顾客显示屏、键盘等。前台收款机保证了对销售商品信息的实时处理，便于后台随时查询销售情况，进行商品的销售分析和管理。另外，还需要配备条码扫描仪，条码扫描仪可根据商品的特点选用手持式或台式。收款机的样式如图 2－22 所示。

图 2－22　收款机示意图

2. 网络

计算机网络系统可采用高速局域网为主、电信系统提供的广域网为辅的整体网络系统。考虑到系统的开放性及标准化的要求，选择 TCP/IP 协议较合适。操作系统选用开放式标准操作系统。

3. 硬件平台

大型商业企业的商品进、存、调、销的管理复杂，账目数据量大，且须频繁地进行管理和检索，选择较先进的客户机/服务器（C/S）结构，可大大提高工作效率，保证数据的安全性、实时性及准确性。

（二）POS 系统软件

POS 系统的软件主要由前台 POS 销售系统和后台管理信息系统两部分组成。如图2－23所示。

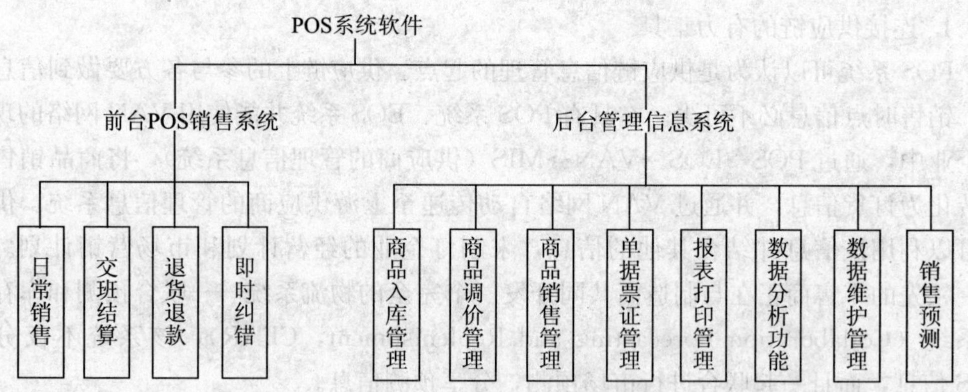

图 2－23　POS 系统的软件结构

1. 前台 POS 销售系统的功能

（1）日常销售。完成日常的售货收款工作，记录每笔交易的时间、数量、金额，进行销售输入操作。如果遇到条码不识读等现象，系统应允许采用价格或手工输入条码号进行查询。

（2）交班结算。进行收款员交班时的收款小结、大结等管理工作，计算并显示出本班交班时的现金及销售情况，统计并打印收款机全天的销售金额及各售货员的销售额。

(3) 退货。退货功能是日常销售的逆操作。为了提高商场的商业信誉，更好地为顾客服务，在顾客发现商品出现问题时，允许顾客退货。此功能记录退货时的商品种类、数量、金额等，便于结算管理。

支持各种付款方式。可支持现金、支票、信用卡等不同的付款方式，以方便不同顾客的要求。

即时纠错。在销售过程中出现的错误能够立即修改更正，保证销售数据和记录的准确性。

2. 后台管理信息系统的功能

(1) 商品入库管理。对入库的商品进行输入登记，建立商品数据库，以实现对库存的查询、修改、报表及商品入库验收单的打印等功能。

(2) 商品调价管理。由于有些商品的价格随季节和市场等情况而变动，本系统应能提供对这些商品所进行的调价管理功能。

(3) 商品销售管理。根据商品的销售记录，实现商品的销售、查询、统计、报表等管理，并能对各收款机、收款员、售货员等进行分类统计管理。

(4) 单据票证管理。实现商品的内部调拨、残损报告、变价调动、仓库验收盘点报表等各类单据票证的管理。

(5) 报表打印管理。打印内容包括时段销售信息表、营业员销售信息报表、部门销售统计表、退货信息表、进货单信息报表、商品结存信息报表等。实现商品销售过程中各类报表的分类管理功能。

(6) 完善的分析功能。POS系统的后台管理软件应能提供完善的分析功能，分析内容涵盖进、销、调、存过程中的所有主要指标，同时以图形和表格方式提供给管理者。

(7) 数据维护管理。完成对商品资料、营业员资料等数据的编辑工作，如对商品资料的编号、名称、进价、进货数量、核定售价等内容的增加、删除、修改，对营业员资料的编号、姓名、部门、班组等内容的编辑。还有商品进货处理、商品批发处理、商品退货处理。实现收款机、收款员的编码、口令管理，支持各类权限控制。具有对本系统所涉及的各类数据进行备份，交易断点的恢复功能。

(8) 销售预测。包括畅销商品分析、滞销商品分析、某种商品销售预测及分析、某类商品销售预测及分析等。

三、POS系统的运行步骤

(1) 商品都要贴有表示该商品信息的条码或OCR标签。

(2) 在顾客购买商品结账时，收银员使用扫描阅读器自动识别商品条码或OCR标签上的信息，通过计算机系统确认商品的单价，计算顾客购买总金额等，同时返回给收银机，打印出顾客购买清单和付款总金额。

(3) 各个店铺的销售时点信息，通过 VAN 以在线联结方式即时传送到总部或物流中心。

(4) 在总部，物流中心和店铺利用销售时点信息来进行库存调整、配送管理、商品订货作业。通过对销售时点信息进行加工分析来掌握消费者购买动向，找出畅销商品和滞销商品，以此为基础，进行商品品种配置、商品陈列、价格设置等方面的作业。

(5) 在零售商与供应链的上游企业结成协作伙伴关系的条件下，零售商利用 VAN 以在线联结的方式，将销售时点信息即时传送给上游企业，这样上游企业可以利用销售现场的最及时准确的销售信息，制订经营计划、进行决策。

(6) 企业可以利用销售时点信息进行销售预测，把 POS 信息和 EOS 信息进行比较分析来把握零售商的库存水平，以此为基础，制订生产计划和零售商库存连续补充计划（CRP）。

阅读链接 2-11

南昌智通连锁超市 POS 系统的应用

1. 概述

该系统适用于多任务、多部门、多业态、多经营形式的各类跨区域连锁经营的商业零售企业，包括大型百货、超市、连锁、便利店及其他各种业态。该产品使用网络结构如图 2-24 所示，由总公司（配送中心）、分公司（连锁店）和零售前台（POS）三部分组成。

2. 功能简介

(1) 总公司（配送中心）系统

对企业进货业务、库房业务进行管理，并处理分公司销售数据和后台批发业务，利用商业流通企业的商品管理和往来客户管理，为经营管理者提供分析与决策必需的数据和信息。所有货品由总公司统一配送，各分公司（连锁店）将业务数据传送到总公司，统一管理。

(2) 分公司（连锁店）系统

接收总公司（配送中心）发送过来的数据，并将本地发生的业务数据上传到总部。同时作为零售前台（POS）系统的后台管理系统，负责完成零售资料设置和业务处理。

(3) 零售前台（POS）系统

前台仅包括销售商品时必须且仅需的功能，尽可能地做到简化操作程序，利于收银员快捷、准确地进行收款。多个前台 POS 可连接到同一个后台系统。

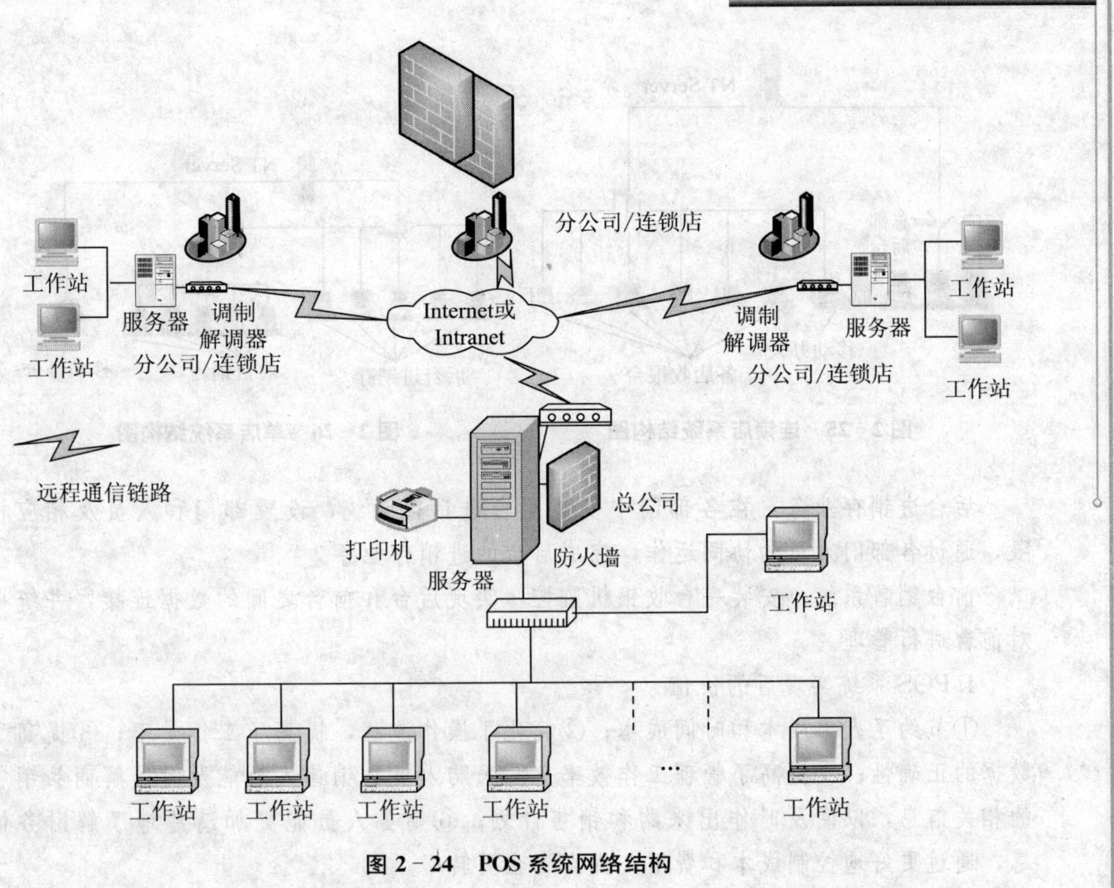

图 2-24 POS 系统网络结构

3. 适合模式

(1) 连锁经营：其结构如图 2-25 所示。

总部（配送中心）：可在总部局域网中安装一个或多个后台进销存系统，通过各部门操作人员的数据录入和维护，将整个企业的商品进销存流程纳入良性的运转状态，在后台完成商品、客商、客户等信息维护，进货、存货和销货等业务管理，以提供给各分店准确的系统数据。

分店（销售分支）：在每一个分店中安装一台收银机监控系统，下设多个 POS 机，由收银机监控程序通过远程拨号网络与总部服务器连接，负责接收总部系统数据，并收集下属 POS 机的销售数据汇总成销售单后发送回总部服务器。若规模较小则可将收银机监控和前台系统安装在同一台计算机上。

总经理或移动办公：在出差时使用笔记本电脑与总部服务器连接，实现信息查询和远程操作。

说明：公司总部和各分支机构的管理系统可以在单机或者网络上运行；各种分支机构在本地使用软件，定期将数据通过电话线或因特网传到总部，总部可以对数据进行合并和汇总，从而得到整个企业的业务数据以便于决策分析。

(2) 单店经营：其结构如图 2-26 所示。

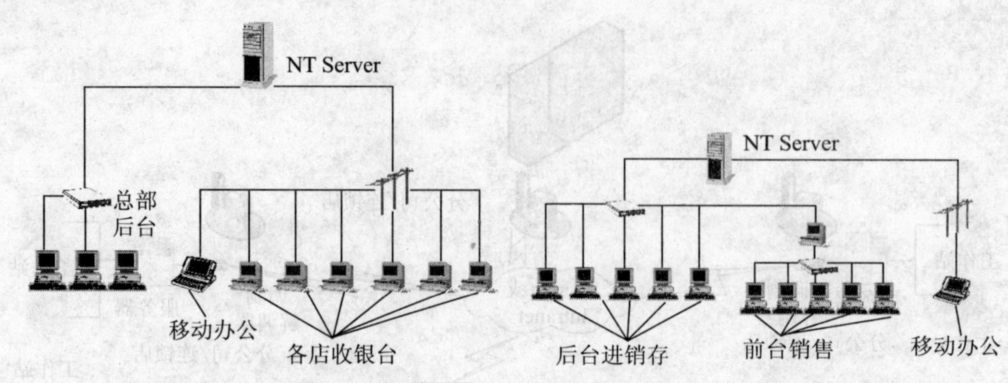

图 2－25 连锁店系统结构图　　**图 2－26 单店系统结构图**

后台进销存业务：在各部门中安装后台进销存系统，设置部门和人员及相应权限，通过各部门人员的协同运作，完成后台的进销存业务。

前台销售系统：安装一台收银机监控，实现后台和前台之间的数据连接，并统一对前台进行管理。

4. POS 系统实现后的价值

①节约了人工成本和时间成本；②简化了操作流程，提高了工作效率；③提高了数据的正确性；④提高了管理工作效率；⑤采购人员和销售人员能及时了解商品销售的相关信息，以便及时作出采购和销售计划；⑥财务人员能更加清楚地了解财务信息，通过更好地控制成本和费用，提高资金周转率。

第五节　全球定位系统（GPS）及其应用

一、GPS 的概念及特点

（一）GPS 的概念

GPS（Global Positioning System，GPS）是利用卫星星座、地面控制部分和信号接收机对监控对象进行动态定位和跟踪的系统。

以美国 GPS 为例，全球定位系统是利用导航卫星进行测时和测距，使地球上的任何用户都能确定自己所处的方位，它由一系列卫星组成，它们 24 小时提供高精度的世界范围的定位和导航信息。准确地说，它是由 24 颗沿距地球 12000 千米高度的轨道运行的 NAVSTAR GPS 卫星组成，不停地发送回精确的时间和它们的位置。这些卫星需要地面监控系统随时监控。GPS 接收器同时收听 3～12 颗卫星的信号，从而判断地面上或接近地面的物体的位置，以及它们的移动速度和方向等。

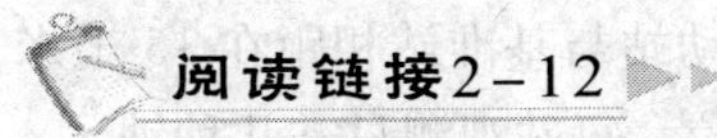

四大定位系统介绍

(1) 美国的全球定位系统（GPS）包括绕地球运行的24颗卫星，它们均匀地分布在6个轨道上。每颗卫星距离地面约1.7万千米，能连续发射一定频率的无线电信号。只要持有便携式信号接收仪，无论身处陆地、海上还是空中，都能收到卫星发出的特定信号。接收仪中的电脑只要选取4颗或4颗以上卫星发出的信号进行分析，就能确定接收仪持有者的位置。GPS除了导航外，还有其他多种用途，如科学家可以用它来监测地壳的微小移动从而帮助预报地震；汽车司机在迷途时通过它能找到方向；军队依靠它来保证正确的前进方向。

(2) 欧洲“伽利略”系统与GPS相比，有较大的不同。例如，伽利略系统的卫星数量多达30颗，美国目前还只有24颗；“伽利略”更多用于民用，最高精度比美国GPS高10倍，不少专家形象地比喻说，如果说GPS只能找到街道，“伽利略”则可找到车库门。

(3) 俄罗斯在2006年年底发射了3颗“格洛纳斯M”卫星。美制GPS从卫星反馈到地面的GPS信号很弱，如果对方采取多种干扰，都会使地面GPS接收机无法正常工作。而“格洛纳斯M”系统的卫星具有更强的抗干扰能力。

(4) 中国的北斗卫星导航系统由空间端、地面端和用户端三部分组成，空间端包括5颗静止轨道卫星和30颗非静止轨道卫星，地面端包括主控站、注入站和监测站等若干个地面站，用户端由北斗用户终端以及与美国GPS、俄罗斯GLONASS、欧洲GALILEO等其他卫星导航系统兼容的终端组成。2008年5月12日，四川汶川地震发生后，当地通信完全中断。当晚10时，首批武警救援官兵到达地震重灾区，通过北斗导航定位卫星系统用户终端机为地震重灾区发出了第一束生命急救电波。这是中国“北斗”系统首次在具体抗灾救援的实战中亮相，此前，在西方媒体的视野里，中国“北斗”一直披着神秘的外衣。据悉，中国自主研制的北斗二号系列卫星2011年起进入组网高峰期，预计在2015年形成覆盖全球的卫星导航定位系统。

（二）GPS的特点

1. 定位精度高

应用实践已经证明，用GPS卫星发来的导航定位信号，能够进行厘米级甚至毫米级精度的静态相对定位、米级至亚米级精度的动态定位、亚米级至厘米级精度的速度测量和毫微秒级精度的时间测量。

2. 观测时间短

随着GPS系统的不断完善，软件的不断更新，目前，20千米以内相对静态定位，仅需15～20分钟；快速静态相对定位测量时，当每个流动站与基准站相距在15千米以内时，流动站观测时间只需1～2分钟，然后可随时定位，每站观测只需几秒钟。

3. 测站间无须通视

GPS测量不要求测站之间互相通视，只需测站上空开阔即可，因此可节省大量的造标费用。由于无需点间通视，点位位置可根据需要，可稀可密，使选点工作甚为灵活，也可省去经典大地网中的传算点、过渡点的测量工作。

4. 可提供三维坐标

GPS可同时精确测定测站点的三维坐标。目前GPS水准可满足四等水准测量的精度。

5. 操作简便

随着GPS接收机不断改进，自动化程度越来越高，有的已达“傻瓜化”的程度；接收机的体积越来越小，重量越来越轻，极大地减轻测量工作者的工作紧张程度和劳动强度。

6. 全天候作业

目前GPS观测可在一天24小时内的任何时间进行，不受阴天黑夜、起雾刮风、下雨下雪等气候的影响。

二、GPS系统的构成及工作原理

（一）GPS系统的构成

GPS系统利用无线电传输来定位，由卫星来发射定时信号、卫星位置等信息。一般由空间部分（GPS卫星）、地面监控部分和用户部分（GPS接收机）三部分组成。

1. GPS空间部分——GPS卫星星座

GPS空间部分是由24颗卫星组成的星座。这些卫星均匀分布在6个轨道平面内，轨道倾角为55度，各个轨道平面之间相距60度。地球上的任何地方至少可看到4颗卫星。当接收机收到4颗及以上卫星发来的信号时，可计算出本地的三维坐标。卫星由地面站监测和控制，它监测卫星健康状况和定位精度，定时向卫星发送控制指令、轨道参数和时间改正参数。

2. GPS地面监控部分

地面监控部分由分布在全球的若干个跟踪站所组成的监控系统构成。包括一个主控站、三个注入站和五个监测站。主控站的作用是根据各监测站对GPS的监测数据，计算出卫星的星历和卫星钟的改正参数等，并将这些数据通过注入站注入到卫星中。注入站的作用是将主控站计算出的卫星星历和卫星钟的改正参数等注入到卫星中。监测站的作用是接收卫星信号，监测卫星的工作状态，并向主控站提供观测数据。

3. GPS用户部分——GPS接收机

GPS接收机用来接收卫星发来的信号，其内部装有芯片，用来根据卫星信号计算出定位数据。它能够捕获到按一定卫星高度截止角所选择的待测卫星的信号，并跟踪这些卫星的运行，对所接收到的 GPS 信号进行变换、放大和处理，以便测量出 GPS 信号从卫星到接收机天线的传播时间，解译出 GPS 卫星所发送的导航电文，实时地计算出测站的三维位置，甚至三维速度和时间。

信号接收机的外观如图 2－27 所示。

（a）车载卫星定位接收机

（b）智能车载GPS导航仪

（c）手持GPS接收机

图 2－27 常见的信号接收机

（二）GPS 定位原理

GPS 定位分为静态定位和动态定位。在静态定位中，GPS 接收机在捕获和跟踪 GPS 卫星的过程中固定不变，接收机高精度地测量 GPS 信号的传播时间，利用 GPS 卫星在轨的已知位置，解算出接收天线所在位置的三维坐标。而动态定位则是用 GPS 接收机测定一个运动物体的运行轨迹。GPS 接收机所依附的运动物体叫载体（如行走的车辆、航行中的轮船等），载体上的 GPS 接收机天线在跟踪 GPS 的过程中相对地球而运动，接收机可测得运动物体的状态参数（瞬间三维位置和速度）。

GPS 采用的是全球性地心坐标系统，坐标原点为地球质量中心，利用高空轨道上运行的人造卫星所发射出来的信号，以三角测量原理计算出收信者在地球上的位置。卫星不间断地发送自身的星历参数和时间参数，用户接收到这些信息后，经过计算求出接收机的三维位置、三维方向及运动速度和时间信息。如图 2－28 所示。

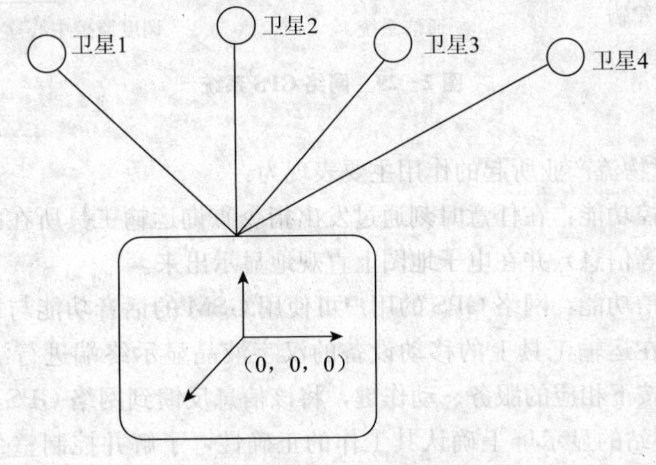

图 2－28 GPS 定位原理

三、网络 GPS 在物流中的应用

网络 GPS 就是指在互联网上建立起来的一个公共 GPS 监控平台，它同时融合了卫星定位技术、GSM 数字移动通信技术以及国际互联网技术等多种目前世界上先进的科技成果。网络 GPS 综合了 Internet 与 GPS 的优势与特色，取长补短，它解决了原来使用 GPS 所无法克服的障碍：首先，其可降低投资费用。网络 GPS 免除了物流运输公司自身设置监控中心的大量费用，其不仅包括各种硬件配置，还包括各种管理软件。其次，网络 GPS 一方面利用互联网实现无地域限制的跟踪信息显示，另一方面，又可通过设置不同权限做到信息的保密。

GPS 系统不仅可用于测量、导航，还可用于测速、测时。测速的精度可达 0.1 米/秒，测时的精度可达几十毫微秒。其应用领域不断扩大，不仅用于导航、收集情报等军事目的，而且在民用方面也有较广阔的应用前景，如大地测量和工程测量、海、空和陆地的导航以及物流运输中的车辆调度、货物跟踪等。

在物流领域、全球卫星定位系统将会越来越普遍地应用于各个环节。网络 GPS 由网络服务平台（通信系统）、车载终端设备和用户端三部分构成，如图 2－29 所示。

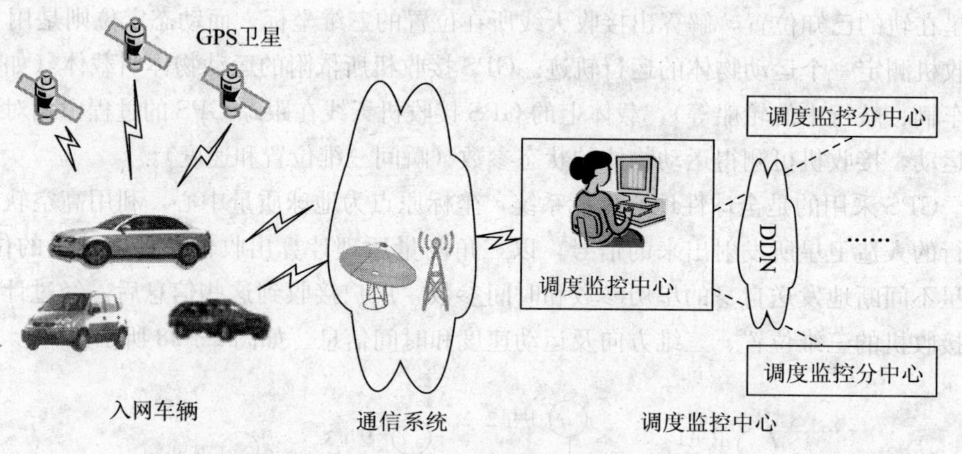

图 2－29　网络 GPS 系统

网络 GPS 对物流产业所起的作用主要表现为：

(1) 实时监控功能：在任意时刻通过发出指令查询运输工具所在的地理位置（经度、纬度、速度等信息）并在电子地图上直观地显示出来。

(2) 双向通信功能：网络 GPS 的用户可使用 GSM 的话音功能与司机进行通话或使用本系统安装在运输工具上的移动设备的汉字液晶显示终端进行汉字消息收发对话。驾驶员通过按下相应的服务、动作键，将该信息反馈到网络 GPS，质量监督员可在网络 GPS 工作站的显示屏上确认其工作的正确性，了解并控制整个运输作业的准确性（发车时间、到货时间、卸货时间、返回时间等）。

(3) 动态调度功能：调度人员能在任意时刻通过调度中心发出文字调度指令，并得到确认信息。还可进行运输工具待命计划管理，即操作人员通过在途信息的反馈，运输工具未返回车队前即做好待命计划，可提前下达运输任务，减少等待时间，加快运输工具周转速度。

(4) 运能管理：将运输工具的运能信息、维修记录信息、车辆运行状况、司机人员信息、运输工具的在途信息等多种信息提供给调度部门决策，以提高重车率，尽量减少空车时间和空车距离，充分利用运输工具的运能。

(5) 数据存储、分析功能。

阅读链接2-13

卫通 GSM/GPRS/GPS 千里眼车辆定位监控系统

1. 监控系统的组成

卫通 GSM/GPRS/GPS 千里眼车辆定位监控系统（以下简称“千里眼”）将 GSM/GPRS 网络（全球通）的无线接入（短信息）、有线接入（数据专线）和数据传送功能与 GPS/GPRS 全球卫星定位系统以及 GIS 地理信息系统相结合。系统利用美国 GPS 全球卫星定位系统测定车辆的地理位置，通过覆盖全国的“全球通”GSM 网络传送车辆和监控中心之间的定位数据和控制命令，从而实现了在全国范围对车辆进行远程监控的各项功能。系统由监控中心和用户设备两部分所组成。系统的组成如图 2-30所示。

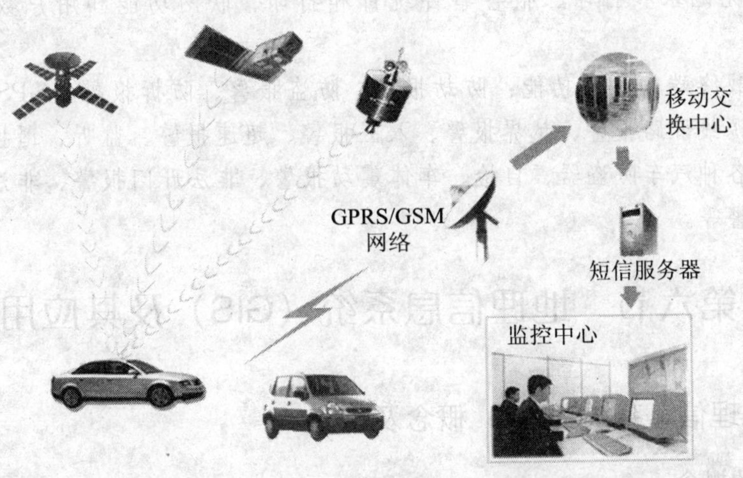

图 2-30 GSM/GPRS/GPS 车辆定位监控系统

(1) 监控中心主机通过 GSM 控制器/GPRS 网络（或连接到当地 GSM 网络短信

息服务中心的DDN数据专线）发送控制命令和接收来自车辆的各种数据。系统采用了高精度矢量化的电子地图、具有无级放缩、分层显示、地理信息查询（如道路名称、编号、两地之间的行驶距离或直线距离等）、显示位置准确等特点。

（2）安装在车辆上的车载终端由GSM电路、GPS/GPRS卫星定位电路、卫星天线以及汽车防盗器接口、数据接口、防破坏自动报警和遥控熄火电路所组成。车载终端具有汽车防盗器接口，可以和现有的各种不同品牌的防盗器兼容，将汽车防盗器的报警连同车辆方位一起传到监控中心。车载终端的组成如图2-31所示。

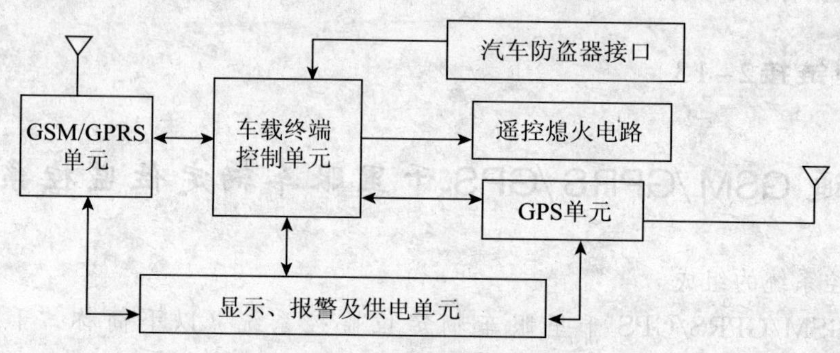

图2-31　车载终端组成

2. 监控系统的功能

（1）监控中心的主要功能：方位查询、车辆跟踪、遥控熄火和恢复行驶、遥控监听、监听录音、设定越界报警区域、设定入区报警区域、设定超速报警限值、关闭用户报警功能、打开用户报警功能、道路信息查询、行驶距离查询、快速查询车辆信息、运行情况记录和打印、报警事件统计和打印、联网功能和用户数据库管理等功能。

（2）车载终端的主要功能：防劫报警、防盗报警、防拆报警、GPS天线开路报警、12V电源线开路报警、越界报警、入区报警、超速报警、监听、遥控锁车和恢复行驶、兼容各种汽车防盗器、自检、车体震动报警、非法开门报警、非法启动报警和遥控求助报警等。

第六节　地理信息系统（GIS）及其应用

一、地理信息系统（GIS）概念及特点

1. GIS的概念

若从其功能和作用的角度，地理信息系统（geographical information system, GIS），可以进行如下定义：地理信息系统是多种学科交叉的产物，它以地理空间数据为基础，采用地理模型分析方法，及时提供多种空间的和动态的地理信息，是一种为

地理研究和地理决策服务的计算机技术系统。

2. GIS 的特点

(1) 具有采集、管理、分析和输出多种地理实体信息的能力，具有空间性和动态性；

(2) 以地理研究和地理决策为目的，以地理模型方法为手段，具有区域空间分析、多要素综合分析和动态预测能力，产生高层次的地理信息；

(3) 由计算机系统支持进行空间地理数据管理，并由计算机程序模拟常规的或专门的地理分析方法，作用于空间数据，产生有用信息，完成人类难以完成的任务。

二、我国地理信息系统（GIS）应用发展状况

我国对 GIS 的研究起步较晚，但是近二十年来，在各级政府和有关人士的大力呼吁和促动下，我国的地理信息系统事业突飞猛进，成绩巨大。我国 GIS 的发展可以划分为四个阶段。

1. 起步阶段（1978—1980 年）

主要行动在于概念引入和知识传播，以及关于遥感分析、制图和数字地面模型的试验研究。

2. 准备阶段（1980—1985 年）

主要在理论体系的建立，软、硬件的引进，相应规范的研究，局部系统或试验系统的开发上取得进步，为 GIS 的全面发展奠定基础。

3. 加速发展阶段（1986—1995 年）

GIS 作为一个全国性的研究与应用领域，对其进行了有计划、有目标、有组织的科学试验与工程建设，取得一定的社会经济效益。主要表现在：GIS 教育与知识传播的热浪此起彼伏，GIS 成为空间相关领域的热门话题；GIS 建设引起各级政府高度重视，其发展机制由学术推动演变为政府推动；部分城市和沿海地区 GIS 建设率先进入实施阶段，并取得阶段性成果；出现商品化的国产 GIS 软件、硬件品牌；出现专门的 GIS 的管理中心、研究机构与公司；出现专门的 GIS 协会，涌现一批 GIS 专门人才；出现专门的刊物与展示会；初步形成全国性的 GIS 市场；在应用模式、行业模式和管理方面作了有益的探索。

4. 地理信息产业化阶段（1995—）

目前，我国 GIS 的发展正处于向产业化阶段过渡的转折点。能否借助国际大气候的东风，倚重国内经济高速发展的大好形势，搭乘全球信息高速公路的快车，实现地理信息产业化和国民经济信息化，这是国内地理信息界人士面临的严重挑战和千载难逢的机遇。而在这一过程中，一方面需要探索建立一套政府宏观调控与市场机制相结合的地理信息产业模式，另一方面，则要充分总结和借鉴国内外地理信息系统项目建设的经验和教训，建立起行之有效的地理信息系统工程学的理论、方法与管理模式，推动地理信息系统在社会主义各项事业中更加深入和广泛的应用。

三、GIS 的构成及功能

1. GIS 的构成

GIS 一般由五个主要部分构成：

（1）系统硬件。主要包括计算机、数据输入设备、数据输出设备、GIS 的网络设备、数据存储与传送设备等各种硬件设备，用以存储、处理、传输和显示地理信息或空间数据，是系统功能实现的物质基础。

（2）系统软件。支持数据采集、存储、加工、回答用户问题的计算机程序系统。

GIS 软件是系统的核心，用于执行存储、分析和显示地理信息等 GIS 功能的各种操作。主要的软件部件有：输入和处理地理信息的工具；数据库管理系统（DBMS）；支持地理查询、分析和视觉化的工具；容易使用这些工具的图形化界面（GUI）。

（3）空间数据：系统分析与处理的对象，构成系统的应用基础。

（4）应用人员：GIS 服务的对象。其应用人员包括系统开发人员和 GIS 技术的最终用户。

（5）应用模型：解决某一专门应用的应用模型，是 GIS 技术产生社会经济效益的关键所在。

各组成部分之间的关系如图 2－32 所示。

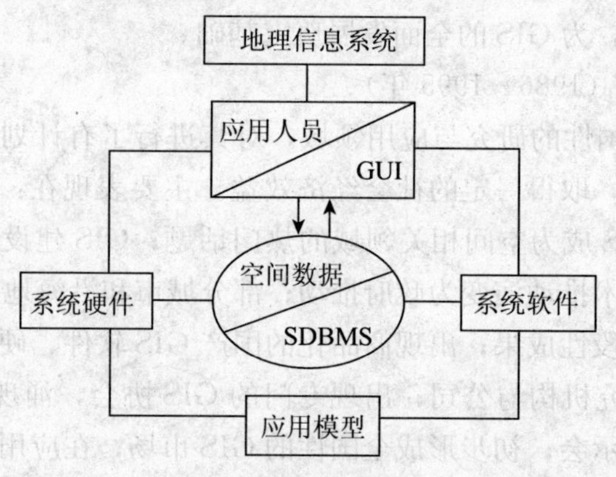

图 2－32　GIS 的构成

2. GIS 的功能

GIS 的基本功能是将表格型数据（无论它来自数据库、电子表格文件或直接在程序中输入）转换为地理图形显示，然后对显示结果进行浏览、操作和分析。其显示范围可以从洲际地图到非常详细的街区地图，显示对象包括人口、销售情况、运输线路以及其他内容。具体包括以下几个方面：

（1）输入。在地理数据用于 GIS 之前，数据必须转换成适当的数字格式。从图纸数据转换成计算机文件的过程叫做数字化。对于大型的项目，现代 GIS 技术可以通过扫描技术来使这个过程全部自动化。

（2）处理。对于一个特定的GIS项目来说，有可能需要将数据转换或处理成某种形式以适应所使用的系统。GIS技术提供了许多工具来处理空间数据和去除不必要的数据。

（3）管理。对于小的GIS项目，把地理信息存储成简单的文件就足够了。但是，当数据量很大而且数据用户数很多时，最好使用一个数据库管理系统（DBMS），来帮助存储、组织和管理数据。一个数据库管理系统就是用来管理一个数据库的计算机软件。

（4）查询和分析。GIS提供简单的鼠标单击查询功能和复杂的分析工具，为管理者和类似的分析家提供及时的信息。当分析地理数据用于建筑模式和趋势，或提出某种假设性设想时，GIS技术实际上正在被使用。现代的GIS具有许多有力的分析工具，如接近程度分析和覆盖范围分析。

（5）显示。对于许多类型的地理操作，最终结果最好是以地图或图形显示，图形对于存储和传递地理信息非常有效，地图显示可以集成在报告、三维观察、照片图像和多媒体的其他输出中。

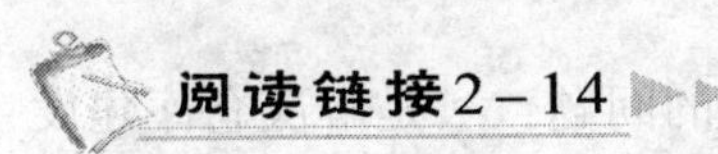

WebGIS 的应用

WebGIS是Internet技术应用于GIS开发的产物，是一个交互式的、分布式的、动态的地理信息系统，由多个主机、多个数据库的无线终端，并由客户机与服务器（HTTP服务器及应用服务器）相连所组成。GIS通过WWW功能得以扩展，真正成为一种大众使用的工具。从WWW的任意一个节点，Internet用户可以浏览WebGIS站点中的空间数据、制作专题图，以及进行各种空间检索和空间分析，从而使GIS进入千家万户。

WebGIS具有以下特点：

（1）全球化的客户/服务器应用

全球范围内任意一个WWW节点的Internet用户都可以访问WebGIS服务器提供的各种GIS服务，甚至还可以进行全球范围内的GIS数据更新。

（2）真正大众化的GIS

由于Internet的爆炸性发展，Web服务正在进入千家万户，WebGIS给更多用户提供了使用GIS的机会。WebGIS可以使用通用浏览器进行浏览、查询，额外的插件（plug-in）、ActiveX控件和Java Applet通常都是免费的，降低了终端用户的经济和技术负担，很大程度上扩大了GIS的潜在用户范围。而以往的GIS由于成本高和技术难度大，往往成为少数专家拥有的专业工具，很难推广。

(3) 良好的可扩展性

WebGIS很容易跟Web中的其他信息服务进行无缝集成，可以建立灵活多变的GIS应用。

(4) 跨平台特性

在WebGIS以前，尽管一些厂商为不同的操作系统（如Windows、UNIX、Macintosh）分别提供了相应的GIS软件版本，但是没有一个GIS软件真正具有跨平台的特性。而基于Java的WebGIS可以做到“一次编成，到处运行（write once，run anywhere)”，把跨平台的特点发挥得淋漓尽致。

四、GIS技术在物流中的应用

GIS用途十分广泛，如交通、能源、农林、水利、测绘、地矿、环境、航空、国土资源综合利用等。

1. GIS在仓库规划中的应用

仓库GIS作为仓库MIS中的一个子系统，它用地理坐标、图标的方式更直观地反映仓库的基本情况，如仓库建筑情况、仓库附近公路和铁路情况、仓库物资储备情况等；它是仓库MIS的一个重要分支和补充。

作为仓库规划的GIS应用系统，它主要解决两个方面的问题：一是解决仓库建设的规划审批；二是必须能为规划师和上级有关部门提供辅助决策功能。从仓库整个的宏观规划来说，它还可以解决仓库的宏观布局问题。

2. GIS在铁路运输中的应用

铁路运输地理信息系统具有环境分析及动态预测、区域规划、客户服务等功能。

3. GIS在物流分析方面的应用

完整的GIS物流分析软件集成了车辆路线模型、最短路径模型、网络物流模型、分配集合模型和设施定位模型等。

阅读链接2-15

客车运行安全监控系统的应用

近年来，我国铁路大范围提速和铁路局直管站段生产力布局的调整，对我国客车安全运行的要求也越来越高。客车运行安全监控系统（Train Coach Running Diagnosis System，TCDS）就是为适应这种新变化、新要求而开发的一种新型客车安全监控系统。它通过车载安全监控设备，对客车运行关键部件进行实时监测和诊断，并通过GPRS、WLAN等通信技术，将监控信息向地面传输、汇总，形成实时的客车运行安全监控网络，使各级车辆管理部门及时掌控客车运行及安全情况。

TCDS作为5T系统（THDS、TADS、TPDS、TFDS、TCDS）的重要组成部

分，通过对客车运行中的供电、车下电源、空调、轴温报警器、防滑器、制动系统、转向架动力学性能等影响新车安全的因素进行实时监控，通过地面监控设施的建立，实时掌握客车的运行安全状况，并在车辆进库后指导故障检修，动态控制客车应用质量状态，切实保障客车运行安全。

TCDS主要包括四个子系统：车载信息无线传输装置（主要包括GPRS通信设备、GPS装置、CPU板块）、客列检WLAN联网设备、数据转发工控机和地面服务器。

对列车运行中危及行车安全的主要设备（供电系统、空调系统、车下电源、车门、烟火报警、轴温报警器、防滑器、制动系统、车体、转向架动力学性能、轮对状态等）的工作状态，通过车载无线传输装置中的GPRS通信设备实现远程监控；通过车上GPS装置实时向地面报告列车运行位置信息。车站到站后通过WLAN与地面联网，自动下载数据，并通过地面专家系统进行故障诊断和分析，定位故障，指导检修，消除安全隐患；通过Web终端查询系统行车车辆段、路局、铁道部三级监控中心，实现车辆的安全运用、维修、管理和监督。

TCDS严格按照5T系统的组网要求，充分体现“分散检测、集中报警、联网监测、信息共享”原则，建立三级联网、三级应用管理模式。其中三级联网模式为：客车与车辆段监控中心联网、车辆段与路局监控中心联网、路局与铁道部查询中心联网；三级应用管理模式为：车辆段级应用、路局级应用、铁道部级应用。

TCDS系统的数据传输流程为：车载实时监控系统将运行中的监测诊断结果传输到列车级主机集中显示报警，并将实时故障报告及列车状态信息通过车载信息无线传输装置，以GPRS（通用分组无线业务）方式传输至车辆段；列车到站时，在客列检以WLAN（无线局域网）方式下载列车运行过程所记录的数据，再传输到客车整备所及车辆段，车辆段/客车整备所对数据进行存储、分析、处理。同时通过办公网，按故障共享级别传输到铁路局和铁道部。

TCDS联网方案为：车辆段、客车整备所、客列检之间采用2Mbps以上专用通道实现联网；车辆段与基层数据会聚中心之间的通道速率要求在128kbps。其网络拓扑结构如图2-33所示。

TCDS系统的主要功能是对运行中的客车进行实时监控，并对客车运用状态的动态检修进行指导与管理，提高客车运用维护质量，保障客车的安全运行。为保证TCDS系统功能的充分发挥，还需要建立严格的规章制度和专人负责制度，对运行中的车辆进行实时监控，如果TCDS监控车在运行途中出现故障报警，就及时通知车辆乘务人员进行检查，排除故障。入库后，根据TCDS软件记录，进行故障数据的对比、分析，对故障进行确认和消除工作。同时，充分利用TCDS电子地图监测功能，了解车辆运行动态，掌握车辆运行情况。在2008年春节冰雪自然灾害中，TCDS系统对于及时掌握车辆位置和运行状态，进行车辆调度，发挥了重要作用。

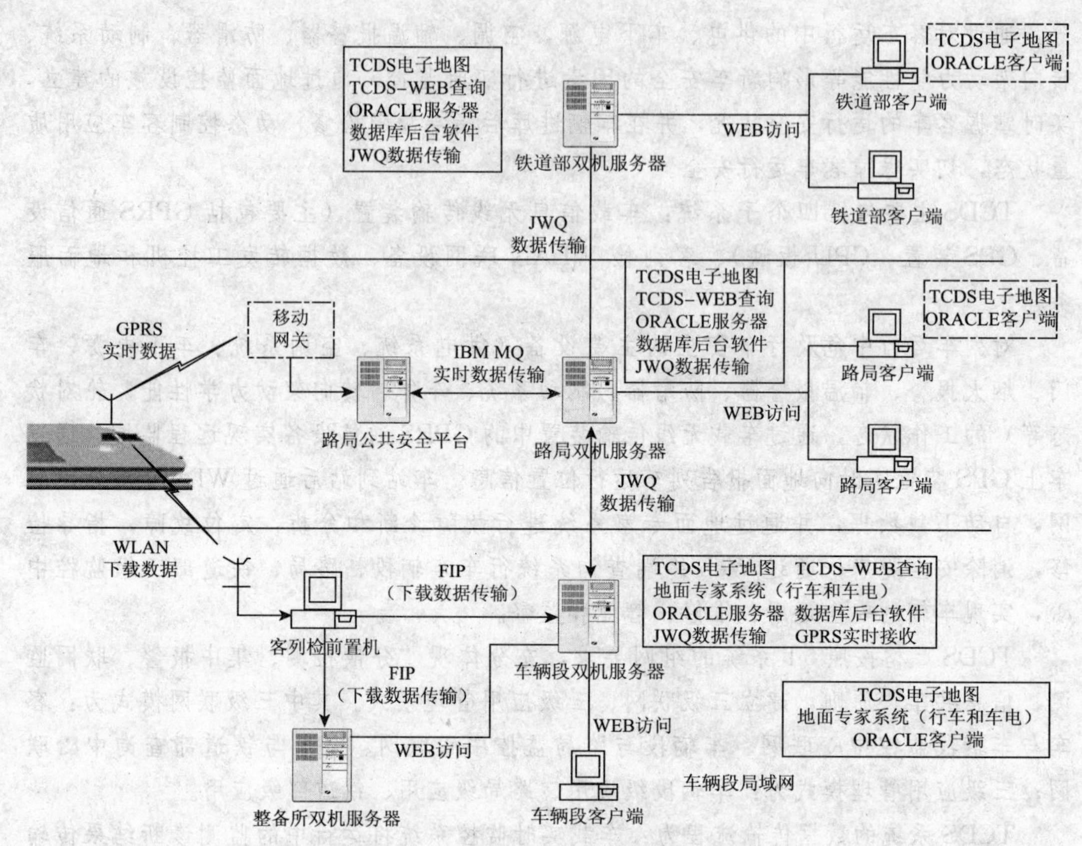

图 2-33　TCDS 系统的网络拓扑结构

本章小结

本章对条码技术、射频识别技术、销售时点信息系统、电子数据交换技术、全球定位系统及地理信息系统等物流信息技术的特点、基本原理、工作流程及在物流领域中的应用进行了系统地分析和说明，通过本章的学习，学生应该对掌握这几种常用的物流信息技术的基本知识，并对这些技术在不同企业、不同部门的应用有一个较全面的理解和把握。

案例分析

上海联华超市 EDI 系统建设

上海联华超市（简称“联华”）是我国较早启动 EDI 系统建设的零售企业，负责具体建设联华 EDI 系统的是上海同振信息技术有限公司，它们为联华各门店与采购中心之间、各门店与供应商之间建立全面的大规模网络系统，各门店订货采用了两条线的方式，而且两条线是完全建立在电子平台的基础之上，各门店可以通过 EDI 系统向采购中心或供应商发送订货单，采购中心和供应商也可以在系统中查询自己商品在联华各门店的销售状况，合理安排生产和库存，EDI 应用结构如图 2－34 所示。

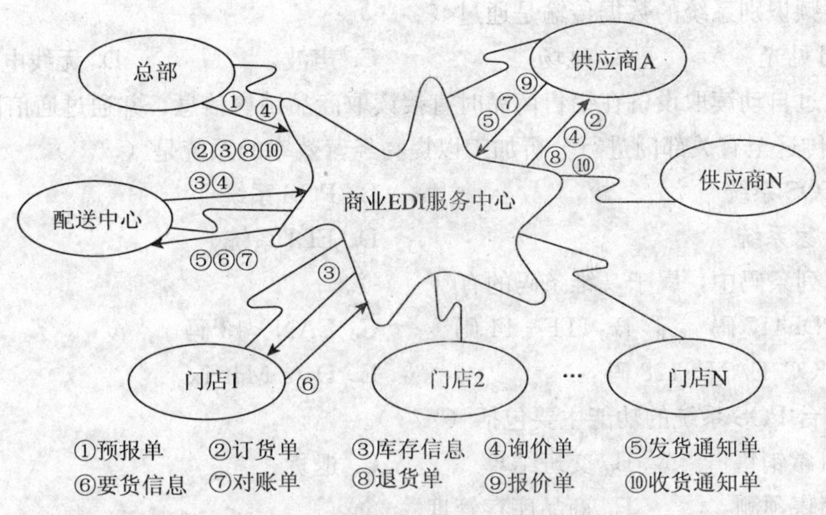

图 2－34 上海联华超市 EDI 应用结构图

内部供应链完善的最大受益者还是生鲜产品。如联华超市与光明乳业之间建立了自动要货系统，联华各门店在每天晚上 12 点之前汇总当天光明乳业的牛奶销售和库存信息，并在次日 9 点前将该数据传送至联华总部 EDI 系统，这些数据处理后在当天 12 点加载到光明乳业有效客户反应系统（ECR）。光明乳业收到数据后，根据天气、销售、促销指标等因素进行订单预测。经预测的订单产生后，该公司开始做发货准备，并将订单数据发送到联华总部 EDI 系统，联华门店当日晚上 9 点前将收到收货信息，光明乳业在第三天上午 6 点半以前将所订的牛奶送到联华各门店。

由于联华超市的分店不可能都在一个地区，“同振”在网络上借助了中国电信（上海市电信有限公司）提供的 EDI 增值业务，中国电信的网络遍部全国，完全可以满足联华在地理上的分布式需求。中国电信为其连通了自己的增值网，即俗称的 VAN（Value-Add Network），在这条 VAN 中实现联华的 EDI 业务。在使用上，联华的各个分店都感觉在使用自己的内部网，除业务外，其余的技术细节都由中国电信实现，安全性也由中国电信负责。上海联华通过这种方式实现了 EDI，既提升了自身的运作效率，又能专注于自身的核心业务，虽然付出一定的费用，但综合竞争力大大提高。

请结合案例分析：

1. 上海联华超市 EDI 系统有何特点？分析其实施的流程。
2. 结合案例分析企业在实施 EDI 时应注意哪些关键问题？
3. 上海联华超市 EDI 的建设对其他企业有何借鉴意义？

练习题

一、不定项选择题

1. 射频识别系统的数据传输是通过（　　）。

A. 可见光　　B. 磁场　　C. 声波　　D. 无线电波

2. 通过自动读取设备在销售商品时直接读取商品销售信息，并通过通信网络和计算机系统传送至有关部门进行分析加工以提高经营效率的系统是（　　）。

A. EOS 系统　　B. POS 系统

C. 专家系统　　D. EDI 系统

3. 下列条码中，属于一维条码的有（　　）。

A. PDF417 码　　B. ITF-14 码　　C. EAN-13 码

D. UCC/EAN-128 码　　E. Data Matrix

4. 前台 POS 系统的功能主要包括（　　）。

A. 日常销售　　B. 交班结算　　C. 退货

D. 销售预测　　E. 商品库存管理

5.（　　）最适合于印刷在瓦楞纸箱上。

A. EAN-13 码　　B. UCC/EAN-128 码

C. ITF-14 码　　D. UPC 码

6. 一维条码的结构包括（　　）。

A. 静区　　B. 起始符　　C. 终止符

D. 数据符　　E. 模块

7. 在商业 POS 系统中，后台 MIS 系统的功能主要包括（　　）。

A. 日常销售　　B. 交班结算　　C. 商品调价管理

D. 销售预测　　E. 商品入库管理

8. EAN-13 码的编码必须遵循（　　）原则。

A. 标准性、唯一性、简明性　　B. 通用性、可扩展性、永久性

C. 唯一性、永久性、无含义　　D. 唯一性、不变性、标准性

9. EDI 网络传输的数据是（　　）。

A. 自由文件　　B. 平面文件　　C. 用户端格式　　D. EDI 标准报文

10. 国家一系列“金字工程”中的“金关工程”指的是将（　　）技术用于海关业务处理。

A. OA　　B. MIS　　C. EDI　　D. DSS

11. 目前 EDI 应用主要是通过（　　）来建立用户之间的数据交换关系。

A. Internet　　B. Intranet

C. Extranet　　D. 专门网络服务商提供的增值网

12. EDI 软件构成主要有（　　）。

A. 转换软件　　B. 翻译软件

C. 通信软件　　D. 平面软件

13. EDI 系统由以下哪些部分构成？（　　）

A. EDI 硬件　　B. EDI 软件

C. EDI 通信网络　　D. EDI 数据标准

14. EDI 系统面临的安全威胁包括（　　）。

A. 冒充　　B. 文电丢失　　C. 篡改数据

D. 偷看、窃取数据　　E. 拒绝服务

15.（　　）是 EDI 的特征。

A. 计算机应用　　B. 通信网络

C. 标准化　　D. 单证格式化

16. GPS 系统中卫星的广播星历是由（　　）来计算的。

A. 卫星上的处理器　　B. 主控站

C. 监测站　　D. 注入站

17. 下面属于 GPS 监测站功能有（　　）。

A. 计算卫星星历　　B. 接收卫星信号

C. 监测卫星工作状态　　D. 提供观测数据

18. 与传统测量方法相比，GPS 的特点有（　　）。

A. 定位精度高　　B. 观测时间长　　C. 抗干扰性能好

D. 功能多，应用广　　E. 可全天候观测

19. 地理信息系统的应用系统构成中包括（　　）。

A. 硬件　　B. 软件　　C. 数据

D. 人员　　E. 方法

20. 一个 GIS 软件系统应具备以下基本功能，即（　　）。

A. 数据输入　　B. 数据编辑

C. 数据存储与管理　　D. 空间查询与空间分析

E. 可视化表达与输出

二、简述题

1. 中国物品编码中心的职责主要有哪些？
2. 与一维条码相比，二维条码有何特点？其应用主要体现在哪些方面？
3. 与条码技术相比，RFID 有什么特点？
4. 简述 RFID 系统的构成及工作原理。
5. 简述 POS 系统的构成及特点。
6. 说明 EDI 的操作过程及企业实施 EDI 的步骤。
7. GPS 由哪些组成部分？各部分的主要功能是什么？

8. 什么是 GIS？GIS 在物流中的应用主要有哪些？

三、案例讨论题

材料 1：

2008 北京奥运会举办时间正值炎热夏季，为更有效和准确监测奥运期间的食品，保障物流过程中的食品安全，RFID 技术被大量应用在奥运食品物流当中。据了解，奥运会期间监控食品多达 65 类 3900 种。大米、面粉、油、肉、奶制品等重点食品均贴有 RFID 电子标签，并建立了奥运食品安全数据库。奥运期间提供了约 1700 万份食品。按照奥运食品安全标准对出厂产品实行逐批检验；建立奥运食品物流配送中心，实行专车专用、封闭运输、全程监控。RFID 电子标签从食品种养殖及生产加工环节开始加贴，实现了“从农田到餐桌”全过程的跟踪和追溯，包括运输、包装、分装、销售等流转过程中的全部信息，如生产基地、加工企业、配送企业等都能通过电子标签在数据库中查到。

材料 2：

沃尔玛采用 RFID 标签管理衣服。服装上可移动的 RFID 智能标签将使员工快速获取库存盘点——知道有多少件衣服，哪个尺寸的服装缺货了，也可知道哪些尺寸还有存货。沃尔玛要求供应商将这些电子标签附加到可移动的纸质标签或包装上，而不是嵌在衣服里，以尽量减少标签追踪人们行踪的恐惧感，防止隐私泄露。也有标志提示顾客有关标签的事。

请结合案例讨论：

1. 阅读上述材料，分析 RFID 目前主要使用的领域有哪些？

2. 讨论使用 RFID 技术能给企业带来哪些好处？

3. 目前 RFID 系统在使用过程中面临的主要问题有哪些？针对这些问题提出你的解决思路及解决方案。

技能训练项目

一、项目名称

我国企业物流信息技术使用情况调查。

二、实训目的

通过实训使学生了解各种物流信息技术在各类企业中的应用情况，认识到在不同类型的企业中物流信息技术应用的重点会有所不同，并能够根据实际情况，分析在应用过程中存在的问题或需要改进的地方，并针对上述问题提供相应的技术上的解决方案。

三、实训内容

通过实地调研，形成相关物流信息资料，并以 PPT 的方式进行展示。

1. 正确选择对象

选择某一地区相关企业（可以是各类制造企业、批发企业、零售连锁超市、第三方物流企业等）。

2. 确定合理的调研内容

（1）调查目前市场上商品条码、货运包装箱条码及贸易单元条码的使用情况，并分别指出其属于哪种码制。

（2）了解你所在地的商场是否使用电子标签（RFID），观察了解射频识别系统的硬件、软件构成及其应用过程。

（3）调查大型商场 POS 系统的使用情况，了解 POS 系统的硬件系统及软件系统的构成情况。说出 POS 系统的应用对商场有何好处。

（4）某大型商场通过 POS 系统获取商品的销售和存货信息，并能自动计算存货是否充足，及时通过 EOS 系统自动向供应商订货，供应商的网络与该商场的后台管理系统可进行商品采购信息及发货信息等相关信息的交换和传递。绘出商品的相关信息从 POS 系统开始在供应链上的流转过程（包括商品采购过程）。

（5）调查物流企业 GPS 技术和 GIS 技术的使用情况，并分析要能够使用 GPS 技术和 GIS 技术，企业内部应具备什么条件？企业外部的相关部门应具备什么样的条件？

以上调研内容可根据学生的实际情况进行选取，如只选取其中的一部分进行，或分小组进行，每个小组重点完成一项调研内容等，教师可根据情况灵活安排。

3. 完成物流信息管理调查问卷

针对事先拟定好的调查问卷的内容，对该企业相关人员进行访谈，并将调研内容认真记录下来。

4. 分析评价并做出 PPT

小组内部分析本次调研的收获，根据企业不同的特色，针对企业物流信息技术使用的背景、过程、问题及对策等做出详细的调研报告，并根据该报告做出 PPT，由各小组抽派人员进行讲解，讲解时间为 10～20 分钟。

5. 总结评估

根据调研报告，得出本次调研的总结心得。

四、实训组织

1. 对学生进行分组，每个小组选一位组长，实行组长责任制，由组长定期向指导教师汇报情况，同时，指导教师不定期抽查；

2. 设计调查问卷，拟定实训提纲，强调重点内容，规定本次调研的完成时间；

3. 灵活运用各种调查方法，通过实地调查收集相关资料；

4. 分组进行展示，评出优劣。

五、实训场所

1. 利用投影向学生介绍物流信息技术调研的相关知识、布置实训内容，提出实训要求；

2. 学生利用课余与周末时间选择对象进行调研；

3. 分小组设计调研报告方案；

4. 以小组为单位阐述方案。

六、考核要点

1. 资料有无价值，真实与否；

2. 内容翔实与否；

3. 讲解表达流畅与否，条理明晰与否。

教师可参考以上指标，根据实际确定权重，对方案进行评分。

第三章　现代物流信息系统体系结构设计

学习目标

·理解信息系统的层次及功能，掌握信息系统的体系结构。

·理解物流信息系统的体系结构，掌握社会物流信息系统的功能结构。

·掌握物流公共信息平台的概念、结构及功能定位，理解物流公共信息平台的服务模式。

·掌握企业物流信息系统的基本功能及层次结构。

学习导航图

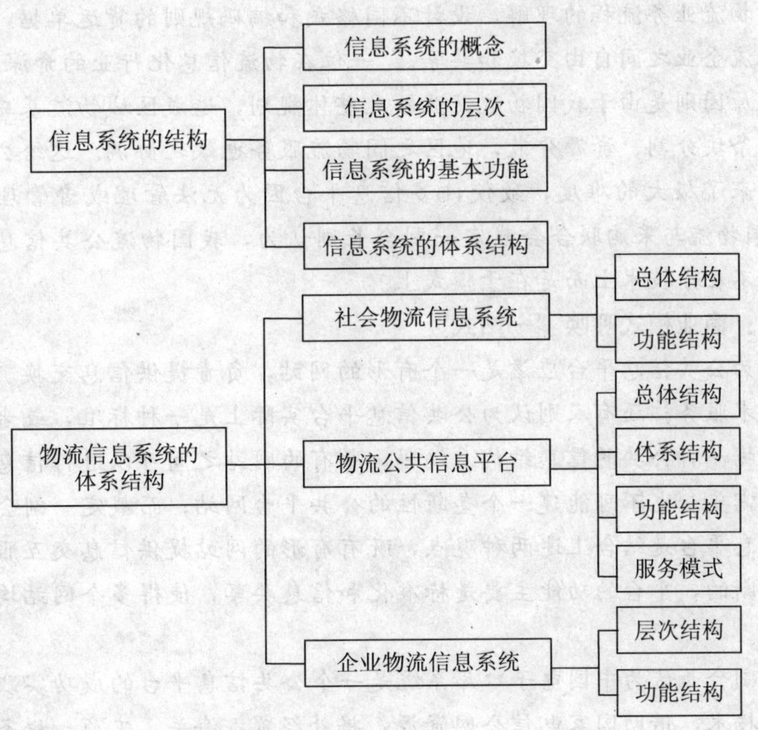

物流公共信息平台的发展瓶颈

物流公共信息平台一直是物流信息化领域的一个热点话题。之所以一直“热度”不减，原因除了构建公共信息平台不仅能够解决行业、企业以及企业与用户之间的信息交换问题，而且还可以整合各方资源，避免重复建设，提高资源利用率，真正实现供应链管理，提高我国物流信息化水平。虽然一段时期以来，我国物流公共信息平台数量急剧增长，但由于各种现实的原因，大多数物流公共信息平台发展一直步履缓慢，有的甚至难以为继。

分析我国的物流公共信息平台之所以发展缓慢的原因，很重要的一方面在于标准不统一。“一个有效集成的物流公共信息平台，应该能够为物流服务提供商、货主/制造商、交通、银行及海关、税务等政府相关部门提供一个统一高效的沟通界面，为客户提供完整、综合的供应链解决方案，需要一个包括运输管理系统、仓库管理系统、配送管理系统、车辆管理系统、运输调度管理系统、客户管理系统、货代管理系统、财务结算管理系统、统计分析以及客户交互平台等多个应用子系统的物流共用信息平台，通过它来整合已有的各类物流资源，实现信息共享，发挥行业整体优势。而目前，由于国内尚未形成一套统一的数据标准或者规范，各家物流企业和软件开发商都按照各自对物流业务流程的理解，设计不同格式和编码规则的货运单据，致使物流信息无法在物流企业之间自由交换和共享。”一位在物流信息化行业的资深人士如是说。另一方面的原因则是由于我国物流产业缺乏整体规划，造成区域物流基础配套设施缺乏统一性，条块分割、资源分散，地区之间物流服务也缺乏协调。这给公共信息平台的管理也带来了极大的难度，致使许多信息平台因为无法管理或者管理不善而“流产”。而中国物流与采购联合会戴定一副会长则认为，我国物流公共信息平台最大的发展瓶颈，不在于技术上而是在于模式上。

瓶颈一：商业模式呼唤“一站式”

有人认为公共信息平台应该是一个有形的网站，负责提供信息交换、基础信息服务、基础技术服务；还有人则认为公共信息平台实际上是一种标准，或者是信息交换的协议，根据一种公共的信息结构、编码，所有的网站之间可以进行信息的无缝链接和交换，不需要、也不可能建一个垄断性的公共平台网站；而戴定一副会长则认为真正的物流信息平台是结合上述两种观点，既有有形的网站提供信息交互服务，又不是唯一的、垄断的，平台的功能主要是标准化和信息共享，使得多个网站均能提供“一站式”服务。

戴定一副会长认为中国电子口岸系统是一个公共信息平台的成功实践，它充分运用现代信息技术，借助国家电信公网资源，将外经贸、海关、工商、税务、外汇、运输等涉及口岸行政管理和执法的进出口业务信息流、资金流、货物流的电子底账数据，集中存放在一个公共数据中心，在统一、完全、高效的计算机平台上实现数据共享和数据交换，使口岸行政管理和执法部门可以进行跨部门、跨行业的数据交换与联网数据核查，企业可以在网上办理报关、报仓、结付汇核销、出口退税等各种进出口业务。由于其通过一个公共数据中心，完全基于公网系统，开放性好，提供全天候、全方位服务，入网成本低，而且多重严密的安全防护措施使系统安全可靠，因此具有无可比拟的优越性。

瓶颈二：服务模式驱动力单一

传统的公共信息平台有两种典型的服务模型：单一技术驱动模式和单一信息中介模式，这两种模型都有着自身内在的缺陷。技术驱动模式的平台建设和运营是由单一的技术型公司主导，缺乏用户的深度参与，从而使平台不符合用户商业战略的需求。单一技术驱动模式很难成功，反映了技术驱动战略在平台开发方面固有的局限性，技术驱动则是寻求利用新技术来发现业务创新机会，该驱动力主要来源于IT部门，但如果在开发过程中并没有吸引用户的深度参与，就不能准确把握特定的应用环境和用户需求，这是单纯技术驱动模式的致命缺陷。

我国国内建设较早的物流信息平台大部分采用的是单一信息中介模式。在单一信息中介模式下，物流公共信息平台在交易过程中充当的角色是非常简单的，仅能实现货运信息供需双方的信息交流，包括车辆、货物等相关信息的发布以及查询，进行竞标、请求配载等交易的初级行为，它仅仅为交易双方提供信息，而在协商阶段和履行阶段基本未发挥任何作用，而且搜索阶段所提供的信息服务也是非常原始的，这种仅仅充当信息中介的业务模式在实践和理论研究中被证明也是很难成功的。这种中介型的平台，存在诸多难以克服的问题。例如，虚假信息多、不能即时成交、信息无的放矢、不易形成价格发现机制等。由于发布信息量少，导致成交量寥寥无几，尽管发展潜力很大，但目前仍处在市场开发和投入阶段。

瓶颈三：运营模式难以发挥积极性

各级物流公共信息平台的运营方式基本上可以分成两种模式：第一种是以政府为主的业务模式。在这种业务模式下，公共信息平台的规划、建设和运营维护都由国家直接负责，政府主导的力量很强，但也存在很多弊端，如容易造成与市场结合的紧密度不够、需要国家长期投入等。第二种是以企业为主的业务模式。在这种模式下，运营完全由企业自己负责。在这种模式下，企业可以自主经营，不会给国家带来太大压力，而且企业由于赢利压力的原因，也会积极探索平台营销的方案，与市场需求的结合度也会比较好，企业也会对平台的具体功能持续改进；但企业行为有一定的局限性，整体规划性不强，投资压力大。

对比两种运营模式的优劣，专家建议考虑采用企业为主的业务模式；但是由于企业资金压力大，投资回收缓慢，因此需要政府投入部分初始启动资金并加以引导，并在政策和技术标准等方面予以支持。一方面，物流信息平台要采取第三方实施的原则，确保平台具有独立性，从而实现其在公平、公开、公正的基础上，提供有序竞争的环境，满足广大客户对物流信息平台服务功能的需求；另一方面，物流信息平台的经营要实行市场化的运作，使经营业绩和经营者的利益挂钩，增加实体运行活力。

为什么物流公共信息平台要由政府投资建设呢？戴定一给出了三条理由：首先，公共信息平台是一个全盘掌控着物流信息流向的“大脑”，这个“大脑”掌握着很多企业重要的运营信息，必须保持中立性，而由政府提供信誉担保，能让很多企业放心；其次，公共信息系统具有建设周期长、投资需求大等特点，初期的赢利模式不明显，企业一般由于生存的压力，不愿意进行大量的初期投入，因此，系统的初期投入要依靠政府；再次，信息平台与电子口岸、金融、诚信审核等系统对接，这些公共信息平台的基本属性决定必须由政府投资建设。

1. 什么是物流公共信息平台，它与企业物流信息系统有何关系？
2. 物流公共信息平台的体系结构是什么？
3. 物流公共信息平台如何建设和运营？

第一节　信息系统的体系结构

一、信息系统的概念及层次

（一）信息系统的概念

信息系统是由计算机硬件、网络和通信设备、计算机软件、信息资源、信息用户和规章制度组成的以处理信息流为目的的人机一体化系统。

（二）信息系统的层次

不同的信息系统具有不同的业务应用功能，也具有不同的层次结构，但是这些信息系统的结构仍然存在着一定的共性。根据系统的组成特点和逻辑功能划分，信息系统一般具有一个如下的层次结构：

1. 信息系统安全系统

安全系统充分采用各类安全技术和防护手段综合构成，包括信息加密、公钥基础设施（PKI）、访问控制、身份验证、入侵监测、病毒防护、物理隔离等多种技术手段，为信息系统提供安全保障，并最终为信息系统提供各种安全性的应用服务。

2. 系统管理

系统管理涉及网络基础设施、应用支撑系统、业务应用系统各个层面的技术和运行管理。系统管理主要包括三个方面的内容：配置管理、变更管理、资源管理。

3. 业务应用层

业务应用层是在应用支撑层上加载和运行的一系列业务应用系统。

4. 应用支撑层

应用支撑层是面向各个具体的业务应用，构建在网络基础层以及安全系统基础之上，提供承载最终业务应用的支撑。应用支撑层至少可以包含数据库管理系统、操作系统和中间件等。

5. 网络基础层

网络基础层主要为信息的传递、资源共享提供高速、方便的信息通道。它不仅包括传输系统和硬件资源系统，而且也包括硬件资源的管理系统。

6. 基础环境层

基础环境层为信息系统的运行提供一个可靠的物理环境，具体包括综合布线系统、机房系统和部分智能建筑系统等。

二、信息系统的基本功能

（一）信息的采集

信息的采集即信息收集。信息系统必须首先把分布在各部门、各处、各点的有关信息收集起来，记录其数据，并转化成信息系统所需形式。信息采集有许多方式和手段，如人工录入数据、网络获取数据、传感器自动采集等。对于不同时间、地点、类型的数据需要按照信息系统需要的格式进行转换，形成信息系统中可以互相交换和处理的形式。如传感器得到的传感信号需要转换成数字形式才能被计算机接受和识别。

信息采集是信息系统的一个重要环节。它关系到信息系统中流动和处理的信息的质量好坏，对信息系统的功能、作用和作用效果有着直接的影响。

（二）信息的处理

对进入信息系统的数据进行加工处理，如对财务数据的统计、结算、预测分析等都需对大批采集录入到的数据作数学运算，从而得到管理所需的各种综合指标。信息处理的数学含义是：排序、分类、归并、查询、统计、预测、模拟以及进行各种数学运算。现代化的信息系统都是依靠规模大小不同的计算机来处理数据，并且处理能力越来越强。

（三）信息的存储

数据被采集进入系统之后，经过加工处理，形成对管理有用的信息，然后，由信息系统负责对这些信息进行存储保管。当组织相当庞大时，需存储的信息是很大的，就必须依靠先进的存储技术。这时，有物理存储和数据的逻辑组织两个问题。物理存储是指将信息存储在适当的介质上；逻辑组织是指按信息的内在逻辑联系和使用方式，把大批的信息组织成合理的结构，它常依靠数据存储技术。

（四）信息的管理

一个系统中要处理和存储的数据量很大，如果不管重要与否，有无用处，盲目地采集和存储，系统将成为数据垃圾箱。因此，对信息要加强管理。信息管理的主要内容是：规定应采集数据的种类、名称、代码等，规定应存储数据的存储介质、逻辑组织方式，规定数据传输方式、保存时间等。

（五）信息的检索

存储在各种介质上的庞大数据要让使用者便于查询。这是指查询方法简便，易于掌握，响应速度满足需求。信息检索一般要用到数据库技术和方法，数据库的组织方式和检索方法决定了检索速度的快慢。

（六）信息的传输

从采集点采集到的数据要传送到处理中心，经加工处理后的信息要送到使用者手中，各部门要使用存储在中心的信息等，这时都涉及信息的传输问题，系统规模越大，传输问题越复杂。

三、信息系统的体系结构

随着信息系统规模不断扩大、复杂程度日益提高，体系结构模式对信息系统性能的影响越来越大，不同功能的信息系统对体系结构模式有不同的要求，各种体系结构模式的信息系统在开发和应用过程中也有很大的区别。选择和设计合理的体系结构模式甚至比算法设计和数据结构设计更重要。

下面介绍几种主要的信息系统体系结构模式：

（一）主机/终端体系结构

主机/终端（Mainframe）体系结构是在20世纪80年代以前所采用的一种方式。在这种方式下，全部的应用系统、数据库均在一台计算机（主机）上运行，因此，对主机的性能要求比较高。如要求主机有较高的CPU运算速率、较大的内部存储器容量和外部的磁盘存储空间、较高的I/O吞吐能力等。

后来，出现了在一台主机系统上连接多台文字处理终端的工作方式，即主机/终端方式，其结构如图3-1所示。

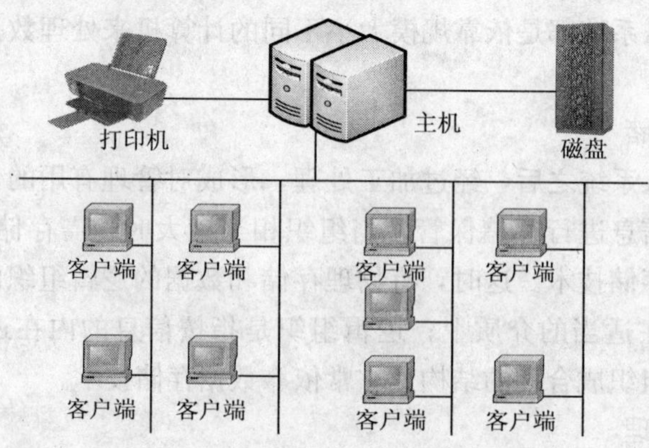

图3-1 主机/终端方式结构

主机/终端方式的优点是终端连接可靠，数据传输稳定；缺点是用户数有限，数据传输距离短，使用维护复杂等。

(二) 客户机/服务器体系结构

客户机/服务器（Client/Server，C/S）模式又称C/S结构，是20世纪80年代末逐步成长起来的一种模式，是软件系统体系结构的一种。C/S结构的关键在于功能的分布，一些功能放在前端机（即客户机）上执行，另一些功能放在后端机（即服务器）上执行。服务器通常采用高性能的PC、工作站或小型机，并采用大型数据库系统，如ORACLE、SYBASE、InfORMix或SQL Server。客户端需要安装专用的客户端软件。功能的分布在于减少计算机系统的各种瓶颈问题。C/S模式简单地讲就是基于企业内部网络的应用系统。

客户机/服务器体系结构中，常用的有两层架构（如图3-2所示）和三层架构两种（如图3-3所示）。

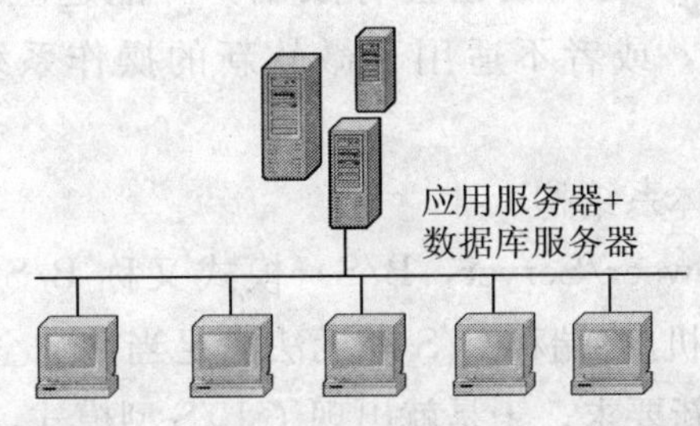

图3-2 客户机/服务器模式（两层架构）

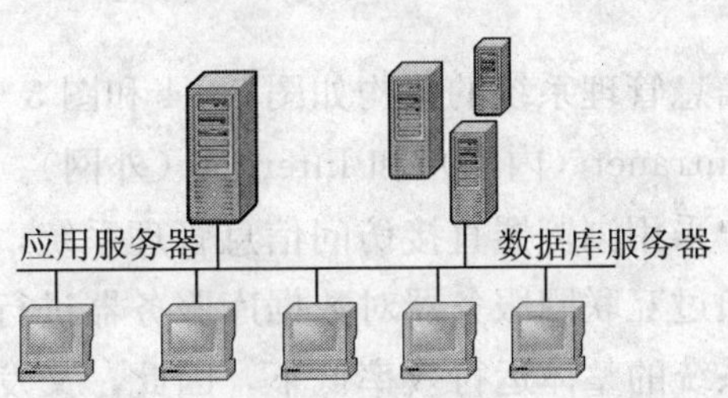

图3-3 客户机/服务器模式（三层架构）

在两层架构下，信息系统的数据库部分与应用系统部分运行在同一台服务器上，在数据量激增、并发用户增多时，信息系统的整体效能会发生明显下降。为解决由于并发用户增加、数据量增加而导致信息系统性能下降的问题，将数据库与应用系统分离，各自使用专门的服务器，应用服务器根据客户机的服务请求，访问数据库服务器，获取必要的数据，进行相应的数据处理，然后将数据处理的结果返回客户机，这就形成了客户机、应用服务器、数据库服务器形式的三层架构。

1. C/S结构的优点

C/S结构的优点是能充分发挥客户端PC的处理能力，很多工作可以在客户端处理后再提交给服务器，因此，客户端响应速度快。与B/S（Browser/Server，浏览器/服务器）模式相比，C/S模式的应用系统最大的好处是不依赖企业外网环境，即无论企业是否能够上网，都不影响应用。

2. C/S结构的缺点

缺点主要表现在：

（1）只适用于局域网。而随着互联网的飞速发展，移动办公和分布式办公越来越普及，这需要我们的系统具有扩展性。这种方式远程访问需要专门的技术，同时要对系统进行专门的设计来处理分布式的数据。

（2）客户端需要安装专用的客户端软件。首先涉及安装的工作量。其次任何一台电脑出问题，如病毒、硬件损坏，都需要进行安装或维护。特别是有很多分部或专卖店的情况，不是工作量的问题，而是路程的问题。再次，系统软件升级时，每一台客户机需要重新安装，其维护和升级成本非常高。

（3）对客户端的操作系统一般也会有限制。可能适应于Win98，但不能用于Win2000或Windows XP，或者不适用于微软新的操作系统等，更不用说Linux、Unix等。

（三）浏览器/服务器体系结构

浏览器/服务器（Browser/Server，B/S）模式又称B/S结构。随着Internet和WWW的流行，以往的主机/终端和C/S都无法满足当前的全球网络开放、互连、信息随处可见和信息共享的新要求，于是就出现了B/S型模式，即浏览器/服务器结构，它是对C/S模式应用的扩展。在这种结构下，用户工作界面是通过IE浏览器来实现的。

基于互联网技术的信息管理系统的架构如图3-4和图3-5所示。基于互联网技术建设的网络系统分为Intranet（内网）和Internet（外网）。在此技术上开发、建设的信息管理系统允许用户采用浏览器直接访问信息管理系统，无须编制专用的客户机软件。鉴于众多的用户通过互联网服务器对数据库服务器进行访问，造成互联网服务器响应速度下降，导致系统的整体运行效率低下，因此，又发展出采用中间件服务器对数据库进行访问的三层架构方式。

图3-4　信息管理系统的架构方式（内网）

图 3-5　信息管理系统的架构方式（外网）

B/S 模式最大特点是：用户可以通过 WWW 浏览器去访问 Internet 上的文本、数据、图像、动画、视频点播和声音信息，这些信息都是由许许多多的 Web 服务器产生的，而每一个 Web 服务器又可以通过各种方式与数据库服务器连接，大量的数据实际存放在数据库服务器中。客户端除了 WWW 浏览器，一般无须任何用户程序，只需从 Web 服务器上下载程序到本地来执行，在下载过程中若遇到与数据库有关的指令，由 Web 服务器交给数据库服务器来解释执行，并返回给 Web 服务器，Web 服务器又返回给用户。在这种结构中，将许许多多的网连接到一块，形成一个巨大的网，即全球网。而各个企业可以在此结构的基础上建立自己的 Internet。

1. B/S 结构的优点

B/S 模式最大的好处是运行维护比较简便，能实现不同的人员，从不同的地点，以不同的接入方式（比如 LAN，WAN，Internet/Intranet 等）访问和操作共同的数据，具体体现为：

（1）具有分布性特点，可以随时随地进行查询、浏览等业务处理。

（2）业务扩展简单方便，通过增加网页即可增加服务器功能。

（3）维护简单方便，只需要改变网页，即可实现所有用户的同步更新。

（4）开发简单，共享性强。

2. B/S 模式的缺点

B/S 模式最大的缺点是对企业外网环境依赖性太强，由于各种原因引起企业外网中断都会造成系统瘫痪。主要体现在：

（1）个性化特点明显降低，无法实现具有个性化的功能要求。

（2）操作是以鼠标为最基本的操作方式，无法满足快速操作的要求。

（3）页面动态刷新，响应速度明显降低。

（4）无法实现分页显示，给数据库访问造成较大的压力。

（5）功能弱化，难以实现传统模式下的特殊功能要求。

（四）P2P 体系结构

P2P（P to P）体系结构，即对等网络结构。P2P 体系结构取消了服务器的中心地位，各个系统内计算机可以通过交换直接共享计算机资源和服务。在这种体系结构中，计算机可对其他计算机的要求进行响应，请求响应范围和方式都根据具体应用程序不同而有不同的选择。目前对等网络模式有纯 P2P 模式、集中模式及混合模式，是迅速发展的一种新型网络结构模式。

（五）信息系统体系结构的比较

由于主机/终端模式功能较简单，目前使用也较少，所以本节主要分析和比较 C/S 体系结构、B/S 体系结构和 P2P 体系结构。

1. 硬件要求

C/S 体系结构根据系统规模需要相应的硬件配置，一般建立在小范围网络环境上，局域网之间再通过专门服务器提供连接和数据交换服务。C/S 程序可以更加注重流程，可以对权限多层次校验，对系统运行速度可以较少考虑。B/S 体系结构由于用户界面主要事务逻辑完全在服务器端通过浏览器实现，客户端一般的硬件配置均能满足要求，网络也不必是专门的网络硬件环境，但应用服务器运行数据负荷较重，需要更加优化的系统结构和相应硬件配置。P2P 体系结构要求用户使用专门的客户端软件，不同的信息系统和客户端软件对硬件配置的要求有很大的区别。

2. 系统开发的投入

P2P 体系结构不需要建立成本高昂的服务器平台，特别是立足现有网络建立起的 P2P 体系结构信息系统几乎没有成本。B/S 体系结构系统开发的投入与用户的多少无关，部署代价比较小，尤其适合开发客户较多，使用频繁的信息系统。C/S 体系结构系统部署代价与信息点的多少成正比，可用于开发小型信息系统。

3. 维护与功能扩展

B/S 体系结构只需维护服务器，所有的客户端只是浏览器，不需要任何维护和管理，而且只需将服务器连接专网，即可实现远程维护、升级和共享。C/S 体系结构维护复杂，处理出现的问题以及系统升级困难，系统扩展性不好。P2P 体系结构系统内计算机配置和使用各不相同，维护和扩展工作较为复杂。

4. 安全与稳定

C/S 一般面向相对固定的用户群，对信息安全的控制能力很强，一般高度机密的信息系统采用 C/S 结构适宜。B/S 建立在广域网之上，面向不可知的用户群，对安全的控制能力相对弱。P2P 体系结构网络内大多数计算机由不同用户控制，网络相对混乱，系统整体效果存在问题不可预见，系统安全与稳定方面存在很大的风险，但由于信息分布在不同的计算机上，不会因为一台计算机的故障导致整个系统的瘫痪。

四、管理信息系统的结构

（一）管理信息系统的概念

管理信息系统（Management Information System，MIS），是一个由人、计算机等组成的能进行信息的收集、传送、储存、维护和使用的系统，能够实测企业的各种运行情况，并利用过去的历史数据预测未来，从全局的角度出发辅助企业进行决策，利用信息控制企业的行为，帮助企业实现其规划目标。这里给出的定义强调了管理信息系统的功能和性质，也强调了管理信息系统中的计算机对企业管理而言只是一种工具。管理信息系统是信息系统的重要分支之一，经过30多年的发展，已经成为一个具有自身概念、理论、结构、体系和开发方法的覆盖多学科的新学科。

（二）管理信息系统的层次结构

管理信息系统一般被看做一个金字塔形的结构（如图3-6所示）。

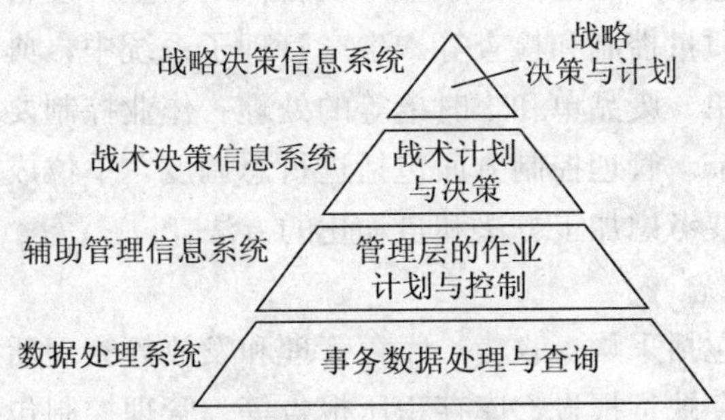

图3-6 管理信息系统的金字塔结构

从图3-6中，可以看出，管理信息系统分为从底层的数据处理系统到辅助管理信息系统、战术决策信息系统、最高层的战略决策信息系统四个层次。最基层由任务巨大处理繁杂的事务信息和状态信息构成。层次越往上，事务处理的范围越小，针对的也是比较特殊和非结构化的问题。

（三）管理信息系统的功能结构

MIS应该有支持整个组织在不同层次的各种功能，这些具有不同功能的部分（子系统）是一个有机的整体，构成了系统的功能结构（如图3-7所示）。

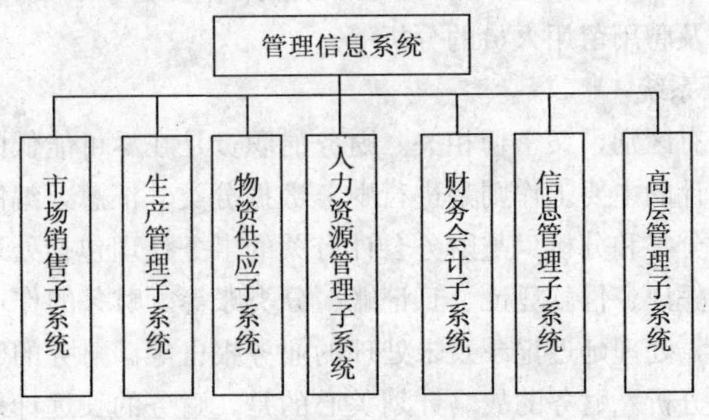

图3-7 管理信息系统的功能结构

1. 市场销售子系统

市场销售子系统包含销售和推销以及售后服务的全部活动，事务处理主要是销售订单、广告推销等的处理。在运行控制方面，包括雇用和培训销售人员，销售或推销的日常调度，以及按区域、产品、顾客的销售量定期分析等。在管理控制方面，涉及总的成果与市场计划的比较，它所用的信息有顾客、竞争者、竞争产品和销售力量要求等。在战略计划方面包含新市场的开拓和新市场的战略，它使用的信息要用到客户分析、竞争者分析、客户调查等信息，以及收入预测、产品预测、技术预测等信息。

2. 生产管理子系统

生产管理子系统包括产品的设计、生产设备计划、生产设备的调度和运行、生产人员的雇用与训练、质量控制和检查等。生产管理子系统中，典型的事务处理是生产指令、装配单、成品单、废品单和工时单等的处理。作业控制要求，将实际进度和计划比较，找出薄弱环节。管理控制方面包括进行总调度，单位成本和单位工时消耗的计划比较。战略计划要考虑加工方法和自动化的方法。

3. 物资供应子系统

物资供应子系统包括采购、收货、库存管理和发放等管理活动。事务处理主要包括库存水平报告、库存缺货报告、库存积压报告等。管理控制包括计划库存与实际库存水平的比较、采购成本、库存缺货分析、库存周转率分析等。战略计划包括新的物资供应战略，对供应商的新政策以及“自制与外购”的比较分析，新技术信息、分配方案等。

4. 人力资源管理子系统

人力资源管理子系统包括人员的雇用、培训、考核、工资和解聘等。事务处理主要产生有关雇用需求，工作岗位责任，培训计划，职员基本情况，工资变化，工作小时和终止聘用的文件及说明。作业控制要完成聘用、培训、终止聘用、工资调整和发放津贴等。管理控制主要包括进行实际情况与计划比较，产生各种报告和分析结果，说明雇工职员数量、招聘费用、技术构成、培训费用、支付工资和工资率的分配和计划要求符合的情况。战略计划包括雇用战略和方案评价、职工培训方式、就业制度、地区工资率的变化及聘用留用人员的分析等。

5. 财务会计子系统

财务和会计既有区别，又密切相关。财务的职责是在尽可能低的成本下，保证企业的资金运转。会计的主要工作则是进行财务数据分类、汇总，编制财务报表，制定预算和成本数据的分类和分析。与财务会计有关的事务处理包括处理赊账申请、销售单据、支票、收款凭证、付款凭证、日记账、分类账等。财务的作业控制需要每日差错报告和例外报告，处理延迟记录及未处理的业务报告等。财务的管理控制包括预算和成本数据的比较分析。财务的战略计划关心的是，财务的长远计划，减少税收影响的长期税务会计政策以及成本会计和预算系统的计划等。

6. 信息管理子系统

信息管理子系统的作用是保证其他功能必要的信息资源和信息服务。事务处理有工作请求、收集数据、校正或变更数据和程序的请求、软硬件情况的报告以及规划和设计建议等。作业控制包括日常任务调度，统计差错率和设备故障信息等。管理控制包括计划和实际的比较，如设备费用、程序员情况、项目的进度和计划的比较等。战略计划包括整个信息系统计划、硬件和软件的总体结构、功能组织是分散还是集中等。

7. 高层管理子系统

高层管理子系统为组织高层领导服务。该系统的事务处理活动主要是信息查询、决策咨询、处理文件、向组织其他部门发送指令等。作业控制内容包括会议安排计划、控制文件、联系记录等。管理控制要求各功能子系统执行计划的当前综合报告情况。战略计划要求广泛的综合的外部信息和内部信息。这里可能包括特别数据检索和分析，以及决策支持系统，它所需要的外部信息可能包括竞争者信息、区域经济指数、顾客喜好、提供的服务质量等。

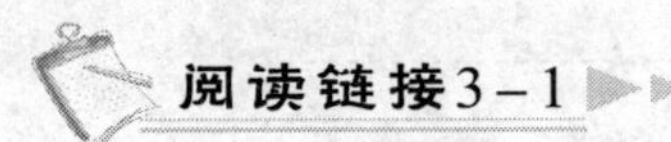

第三方物流战略联盟信息系统结构设计

1. 总体结构设计

目前，构建信息系统的框架主要采用的是客户机/服务器（C/S）结构和浏览器/服务器（B/S）结构。考虑到要适应电子商务环境和两种体系结构的优缺点，第三方物流战略联盟信息系统通常采用B/S结构来构建总体框架，通过Internet来实现战略联盟成员之间的物流信息共享。系统的总体框架如图3-8所示。

在B/S结构下，用户界面完全通过浏览器实现，极少部分事务逻辑在前端（Browser）实现，但主要的事务逻辑还是在服务器端（Server）实现，形成所谓的三层结构。从图3-8可以看出：

本系统的体系结构是基于B/S的三层结构。第一层为用户界面层，也就是客户浏览器层，在客户端就是一个浏览器，以网页的形式呈现给系统的用户，它所有的数据都来源于Web服务器IIS。联盟用户通过对Internet Explorer等浏览器的操作，实现信息输入、查询分析、报表数据分析等作业，实现企业内部及企业之间的信息共享、无纸化管理和办公自动化，给企业的高层管理者提供决策依据。第二层为业务逻辑层，通过Web服务器实现，它和用户界面层主要通过HTTP和TCP/IP协议进行通信，所有用户的请求首先都递交给IIS服务器，之后再经过ASP. NET代码的解析和ADO. NET代码的处理来访问数据库，业务逻辑层是系统设计的难点和重点，它必须处理好数据、业务逻辑的组织方式和实现方式。第三层为数据服务层，借助于数据库服务器创建一个具体的SQL Server数据库，通过ADO. NET和业务逻辑层实现基于XML的数据交换。

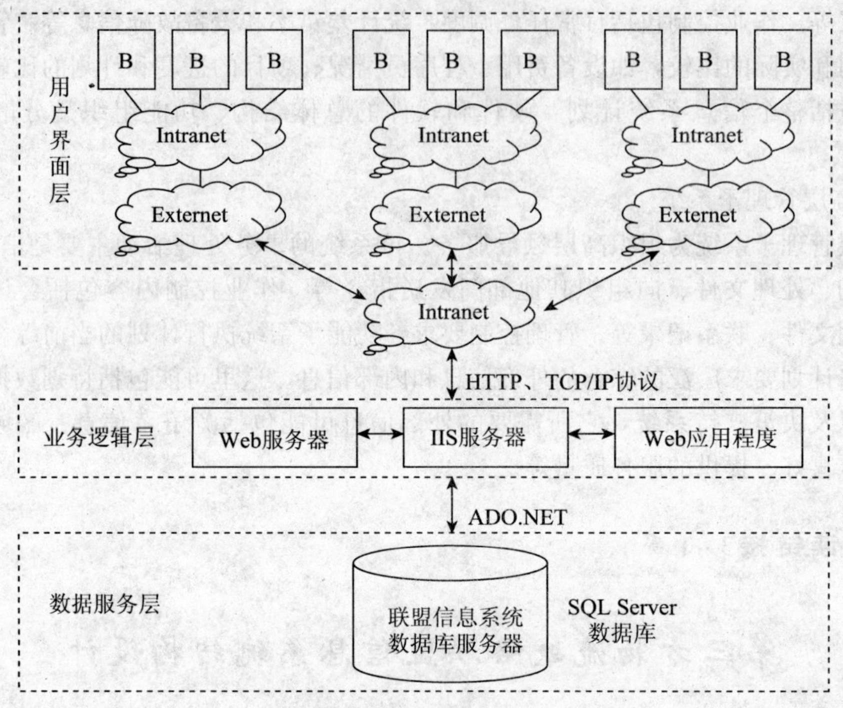

图 3-8 联盟信息系统体系结构

2. 功能模块设计

第三方物流战略联盟信息系统功能模块主要围绕联盟成员企业、外部客户和系统后台管理进行设计，本系统的功能模块结构如图 3-9 所示。

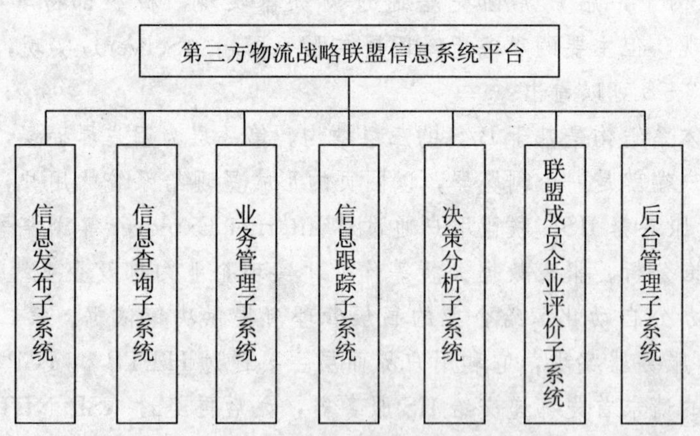

图 3-9 联盟信息系统功能模块

本系统包括七个子系统，不同身份的用户，被授予不同的权限，不同的权限决定了登录者只能访问被授予权限的子系统模块。这样就大大加强了系统的安全性，减少了系统的运行风险。

(1) 信息发布子系统

信息发布子系统是各类用户包括联盟成员企业和外部客户等发布信息的平台。用户登录本系统平台后，会根据用户的类型出现不同的发布信息页面，用户可以通过页面发布信息，其信息的真实性主要靠发布者自己来保证。当然，管理员会对发布的信息进行抽样检查，一旦发现虚假信息，则该信息的发布者会受到相应的处罚，以保证平台上信息的真实性。

(2) 信息查询子系统

信息查询子系统允许用户查询相关的物流信息及其他信息。如联盟成员企业可以查询外部客户发布的物流需求信息、其他成员企业发布的资料等信息；外部客户可以查询物流企业发布的物流信息和物流企业的相关资料、对物流企业的评价信息等。

(3) 业务管理子系统

业务管理子系统是本系统平台中的核心功能模块。该子系统包括业务分割管理、业务进度管理、装运调度管理等子模块。

(4) 信息跟踪子系统

通过调查得知，95%以上客户希望能够通过平台实时掌握货物的在途状况，这必须要有货物信息跟踪功能来实现。货物跟踪功能要求实时追踪运输车辆动态状况，确保货物高效按时到达目的地，以全球定位系统（GPS）作为信息采集手段，以全球数字移动系统（GSM）作为通信手段，以地理信息系统（GIS）作为信息表达手段。信息跟踪子系统的主要功能包括车辆基础数据管理、车辆跟踪、货物信息查询、车辆状态控制、车辆资源统计等。

(5) 决策分析子系统

决策分析子系统通过建立物流业务的数学模型和对已有数据的分析，帮助管理人员鉴别、评估和比较物流战略和策略上的可选方案，进而作出正确决策。典型决策分析包括车辆调度优化、设施选址、智能配送和库存控制等。

(6) 联盟成员企业评价子系统

联盟成员企业评价子系统主要针对外部客户设计，外部客户在联盟成员企业完成对其的业务后对该物流企业的任务完成情况作出评价。该评价结果将计入物流企业的信用等级中，供以后外部客户在选择物流企业时参考。当然，物流企业对该评价只有查询权限，没有修改权限。

(7) 后台管理子系统

后台管理子系统担负着管理整个系统各项功能的任务，充当着总调度员的角色。后台管理子系统又可以分为用户权限管理、联盟成员信息管理、资源调度管理、外部客户信息管理等子模块。

第二节　社会物流信息系统的体系结构

一、物流信息系统体系结构的含义及设计原则

（一）物流信息系统体系结构的含义

由于物流系统是一个复杂的大系统，涉及政府不同层次的多个管理部门、多个环节的物流枢纽、相关各种物流企业及货物的供需双方。在物流信息系统规划过程中，一方面，必须处理好物流信息系统所涉及各行业现有的信息系统规划及各类不同层次标准；另一方面，必须为物流信息系统整体的递进开发提供一个规范化的框架及标准，使整个系统具有标准性、开放性及相当的柔性，确保各类参与者在物流信息平台的构筑中保持规范性前提下具有某种灵活性。因此，我们需要对物流信息系统的体系结构进行设计。

体系结构是从系统工程的角度体现系统中各子系统中各要素的相互作用和层次结构，描述了系统中各要素之间的信息传递、实现的相互依赖关系等。一般而言，物流信息系统体系结构是指在参与者功能与需求分析基础上，定义了物流信息系统的一个总体建设框架，本章主要从顶层的社会物流信息系统、中层的物流公共信息平台和底层的企业物流信息系统三个方面进行阐述。

（二）物流信息系统体系结构设计的原则

物流信息系统体系结构设计一般应遵循以下原则：

(1) 具有开放性、模块化及适应性等特点；

(2) 满足各系统间的数据交换，数据交换的方法必须确保数据的完整性及安全性；

(3) 数据交换只需通过通用的数据定义、信息格式及通信协议，这样可以确保不同部门开发各自独立的系统具有互操作性；

(4) 具有与现有系统及近期通信技术兼容的特点；

(5) 尽可能兼容已有的技术及已开发的系统；

(6) 在物流信息技术上，让政府与企业在竞争的市场中具有广泛的选择。

二、社会物流信息系统的总体结构

物流信息系统涉及营运货运车辆管理、内外贸流通领域管理的交叉学科。从体系结构上看，由智能运输系统/营运货车管理系统与现代贸易/流通管理（电子商务及传统商务）两大体系结构组成，如图 3－10 所示。

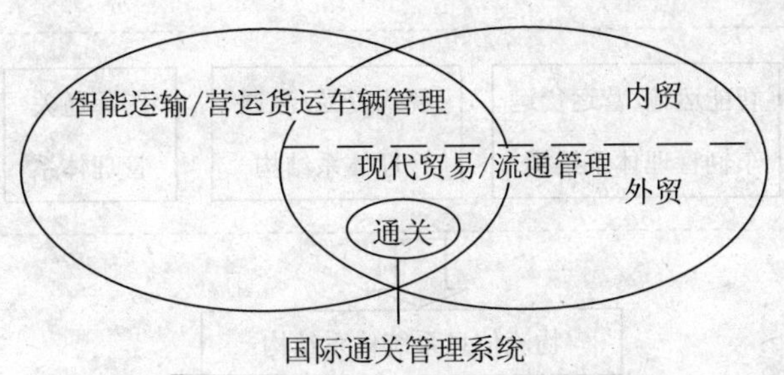

图3-10 社会物流信息系统的总体结构

1. 智能运输系统/营运货车管理系统体系结构

智能运输系统体系结构是描述组成运输系统的各个子系统及相互间的信息关系、相互依赖关系等。智能运输系统/营运货车管理系统是智能运输系统（ITS）的一部分，其体系结构中主要对ITS用户服务概念及其相应的子系统进行细化；定义了在营运货运车辆管理系统中某些方面更加详细的概念，如营运业务操作与电子数据交换（EDI）信息需求。

2. 现代贸易/流通管理系统体系结构

现代贸易系统的体系结构是描述在信息化、网络化条件下的电子商务总体框架结构，涉及商流、资金流、物流及信息流在各个子系统中的功能与接口标准。现代贸易/流通管理系统体系结构是对现代贸易系统体系结构在流通领域的进一步细化，并定义了相关子系统的更加细化的标准及业务内容。目前，电子商务正处于发展的阶段，法律与制度有相对滞后的一面，没有统一的一个体系结构，但在各个应用领域，都在制定各种标准及相应的体系结构。

3. 国际通关系统体系结构

国际通关系统是包括运载工具及货物出入不同国境时的报关管理，从运载工具的角度，其体系结构是智能运输系统（ITS）的一个子系统；从贸易的角度，是现代贸易的一个子系统，因而其体系结构可以是ITS与现代贸易系统体系结构的“无缝整合平台”。

从以上分析，可得物流信息系统体系结构设计的技术路线如图3-11所示。

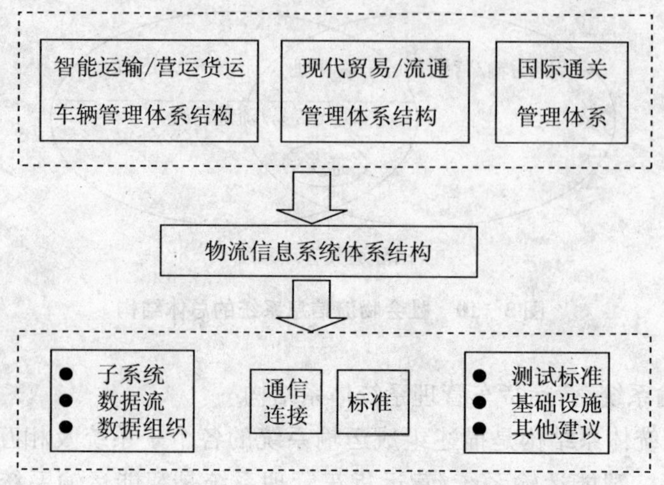

图 3-11　物流信息系统体系结构分析技术路线

三、社会物流信息系统体系的功能结构

根据体系结构技术路线，结合物流信息系统的功能与需求，得到物流信息系统体系的功能结构如图 3-12 所示。

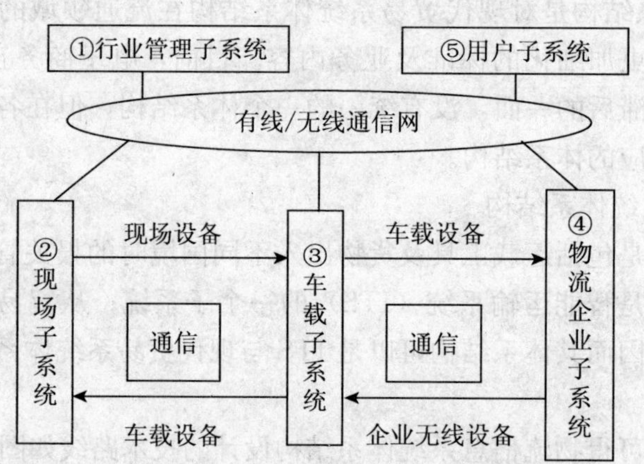

图 3-12　物流信息系统体系的功能结构

社会物流信息系统体系结构的组成由如下五大子系统构成，各子系统主要是从完成特定的功能划分的。下面对这五大子系统作一简要介绍：

1. 行业管理子系统

行业管理子系统主要是从政府相关部门及物流枢纽行业管理的角度来定义的，该系统主要是作为各种物流模式下为物流企业提供信息支撑，主要包括：

(1) 交通管理与控制系统。交通管理与控制系统是对运行车辆的安全与许可进行管理与控制，并提供交通管理与交通状况信息。

（2）交通事故紧急救援管理系统。交通事故紧急救援管理系统是对交通事故提供紧急报警、救援服务并进行管理。

（3）车辆收费管理系统。车辆收费管理系统是在车辆通关或经过收费道路时，进行电子收费管理。

（4）车队与货运运政管理系统。车队与货运运政管理系统是对货运企业、货运车辆等进行运政管理及相应货代、船代，仓储（货运场站等）等进行管理。

（5）营运货运车辆管理系统。营运货运车辆管理系统主要提供货运车辆跟踪、监控管理。

（6）船舶交通管理系统。船舶交通管理系统提供船舶海上引航及出入港引航等海上交通安全管理。

（7）机场货运综合管理系统。机场货运综合管理系统提供机场货运管理、货物跟踪等服务。

（8）火车车辆跟踪与识别系统。火车车辆跟踪与识别系统是对火车及车辆提供到站跟踪、调度、识别等服务。

（9）铁路货运综合管理系统。铁路货运综合管理系统提供铁路货运管理、跟踪等服务。

（10）港口综合管理系统。港口综合管理系统提供港口货运、仓储、船舶等管理功能。

（11）规划国土信息管理系统。规划国土信息管理系统是对物流业发展用地进行规划，提供通用GIS地图等相关商务机构、机关、企事业单位位置等信息。

（12）商品综合信息系统。商品综合信息系统提供商品、企业（制造业、批发业、零售业）等信息，并支撑电子商务发展。

（13）银行结算系统。银行结算系统提供政府与企业、企业间金融结算、信用等服务，支撑电子商务发展。

（14）税务综合管理系统。税务综合管理系统提供税务征收等相关业务功能，支撑电子商务发展。

（15）保险综合管理系统。保险综合管理系统提供物流活动中参与各方货物、运载工具等的安全保险业务，支撑电子商务发展。

（16）出入境检验检疫系统。出入境检验检疫系统对出入境商品、动植物、食品等提供检验检疫。

（17）海关报关清关系统。海关报关清关系统对出入境货物、运载工具进行报关管理、关税征收。

2. 现场子系统

现场子系统是分布于道路、仓库及站场，用于信息采集、车辆及货物管理，并提供与行业管理子系统与物流企业子系统间的信息交流的物理设施、管理系统等。

3. 车载子系统

车载子系统是由安装于运输工具（如货车、轮船、飞机等）之上的信息接收、发送及采集设备所组成的，通过与现场子系统、行业管理子系统、物流企业子系统的通信，实现对车辆等运输工具及货物的监测、跟踪等功能。主要用于：

（1）与现场系统的通信。如通过专用短程通信系统（the Dedicated Short-Range Communication，DSRC）与路边的信标（Beacon）完成车辆收费，通过传感器（Sensor）检测车辆潜在的安全问题。

（2）与行业管理子系统的通信。如通过车载 GPS 接收机实现与车辆管理中心的实时联系。

（3）与物流企业子系统的通信。如车载扫描系统用于扫描条码信息，通过车载电脑用无线数据通信网络传至物流企业子系统的主机、车辆调度中心。

4. 物流企业子系统

物流企业子系统以运输和仓储为主线，管理取货、集货、包装、仓库、装卸、分货、配货、加工、信息服务、送货等物流服务的各环节，控制物流服务的全过程，以提高物流企业战略竞争优势、提高物流效益和效率为目的，支持物流企业的高层决策、中层控制和基层运作。

5. 用户子系统

用户子系统是为用户提供查询功能的子系统，包括为一般远程用户提供物流服务委托、信息查询及货物跟踪等服务，与大的、稳定的需方客户进行信息系统的整合，为制造商提供各类、各层次的信息共享服务等。

第三节　物流公共信息平台

一、物流公共信息平台的概念

国务院在 2009 年出台的《物流业调整和振兴规划》中将物流公共信息平台（以下简称平台）工程列为九大重点工程之一，提出要“加快建设有利于信息资源共享的行业和区域物流公共信息平台项目，重点建设电子口岸、综合运输信息平台、物流资源交易平台和大宗商品交易平台。鼓励企业开展信息发布和信息系统外包等服务业务，建设面向中小企业的物流信息服务平台”。

《物流术语》国家标准（GB/T 18354—2006）中认为：物流公共信息平台（Logistics Information Platforms）是指基于计算机通信网络技术，提供物流设备、技术、信息等资源共享服务的信息平台。物流公共信息平台通过对共用信息进行收集、分析及处理，对物流企业信息系统完成种类功能提供支撑功能；为政府相关部门的信息沟通提供信息枢纽作用，为政府提供宏观决策支持系统。它具有整合供应链各环节物流信息、物流监管、物流技术和设备等资源，面向社会用户提供信息服务、管理服务、技术服务和交易服务的基本特征。物流公共信息平台的信息服务需要大量权威的政务信息，管理服务是物流相关管理部门的政府职责，这两项功能应由相关政府管理部门负责建设提供；物流公共信息平台的技术服务和交易服务则完全可以采用市场化的机制建设和运行。

二、物流公共信息平台的功能定位

一个有效集成的物流公共信息平台，应可以为物流服务提供商、货主/制造商及政府相关部门提供一个统一高效的沟通界面，为客户提供供应链综合解决方案。因此，物流公共信息平台的功能定位应该为综合信息服务、异构数据交换、物流业务交易支持、货物跟踪、行业应用托管服务。

1. 综合信息服务平台

物流信息的畅通流动，对提高区域物流运作效率至关重要。目前我国区域物流信息沟通普遍不畅通，造成车找不到货、货找不到车的局面，物流活动效率低且资源浪费严重；政府部门得到的物流信息零碎、分散，没有聚合性、针对性，难以有效地辅助决策。综合信息服务平台连接了区域物流企业、物流运作设施以及政府管理部门与相关职能部门的信息系统，是区域物流信息资源的汇集中心，也是国内外了解区域物流资源的窗口。综合信息服务平台应具有信息发布和查询功能，要满足不同物流信息需求主体的信息需求和功能需求。例如，对于物流企业和工商企业，要发布和查询物流供求、物流运作成本和物流服务质量等实时信息；对于政府部门，发布政策法规等行业信息，查询一定时期、一定区域范围内，甚至是一定物流功能范围内的反映物流活动的历史统计数据，了解、分析其发展趋势，辅助政府宏观决策。

2. 数据交换平台

物流公共信息平台汇集了各大物流运作设施信息系统，以及各相关行业、各类物流企业和政府相关部门等各类信息系统的信息。由于汇集到物流公共信息平台的信息系统往往是由各主管部门和单位不同时期各自承建的，因此很难要求系统构建的软硬件平台在结构上完全一致和统一。但物流公共信息平台必须解决这些异构系统和异构格式之间的数据交换和信息共享问题，解决物流系统运作不畅的局面。所以数据交互平台应担负起物流信息系统中公共信息的标准化和规范化定义、采集、处理、组织和存储，以及解决异构系统和异构数据格式之间的数据交换和格式转换功能，实现区域不同物流信息系统之间的跨平台连接和交互，促进区域物流系统的通畅运行，为物流企业提供“一站式”接入服务，有利于我国物流企业的发展壮大和参与国际竞争的能力。

3. 物流业务交易支持平台

电子商务时代要求电子化物流与之相适应。电子化物流业务交易应该对交易双方进行身份确认以及资质的审核，确保交易者信息的唯一性和不可抵赖性，以保护交易各方的利益，实现安全交易。另外，制约我国电子商务发展的一个主要的问题是网上支付的安全问题，同样电子物流交易同样要解决这个问题，通过建立这样一个交易支持平台可以大大加速网上交易的安全保障，促使物流企业由传统交易向电子交易转变。因此，这个平台的主要功能包括物流综合信用认证、安全认证、网上采购招标、电子订舱、电子支付与结算、网上保险、网上报关、网上交税、网上出入境商品检验检疫等。

4. 货物跟踪平台

随着通信、互联网技术的发展和GPS/GIS技术的广泛应用，物流企业和客户可以利用GPS/GIS技术，通过局域网或互联网实时跟踪货物及运输车辆的状况，从而为物流企业的高效率管理及高质量的服务提供技术支持。GPS/GIS综合服务系统包括了通信平台、传输方式、网络、中心数据库、车载单元等部分。该系统由三部分组成：GPS/GIS监控中心、GIS电子地图、GPS/GIS智能车载单元。然而，我国目前很多企业所用GPS/GIS系统由不同公司提供，没有统一的技术标准，系统的接口困难。另外，GPS/GIS监控中心和GIS电子地图投资比较大，而且电子地图更新比较快，这对我国本来就缺乏资金的物流企业更是雪上加霜。因此，为了提高我国区域物流企业的国际竞争力，通过物流公共信息平台为物流企业提供货物跟踪支持功能，各物流企业只需购买GPS/GSM智能车载单元即可为客户提供高质量的物流状态跟踪服务。

5. 行业应用托管服务平台

虽然我国企业物流信息化水平不断提高，但总体水平仍然较低，只有少量的大型物流企业拥有自己的信息系统。大量的中小物流企业由于缺乏资金、人才等无法自建和维护企业内部的物流管理信息系统，而只能依靠传统方式进行物流业务管理，这严重制约着中小物流企业的发展壮大。因此，物流公共信息平台不仅为大型物流企业实现物流一体化搭建桥梁，还应承担为中小物流企业提供物流信息化服务的职责。应用服务提供商（ASP）为中小企业提供物流应用软硬件设施租赁服务，与ASP合作搭建物流行业应用服务平台是解决中小企业物流信息化的有效途径。通过应用服务平台，中小物流企业能方便地应用所需的物流管理系统，实现仓储、运输、调度、客户、财务等作业管理与日常管理的信息化。

三、物流公共信息平台的结构

（一）物流公共信息平台的总体结构

物流公共信息平台的总体结构如图3－13所示。

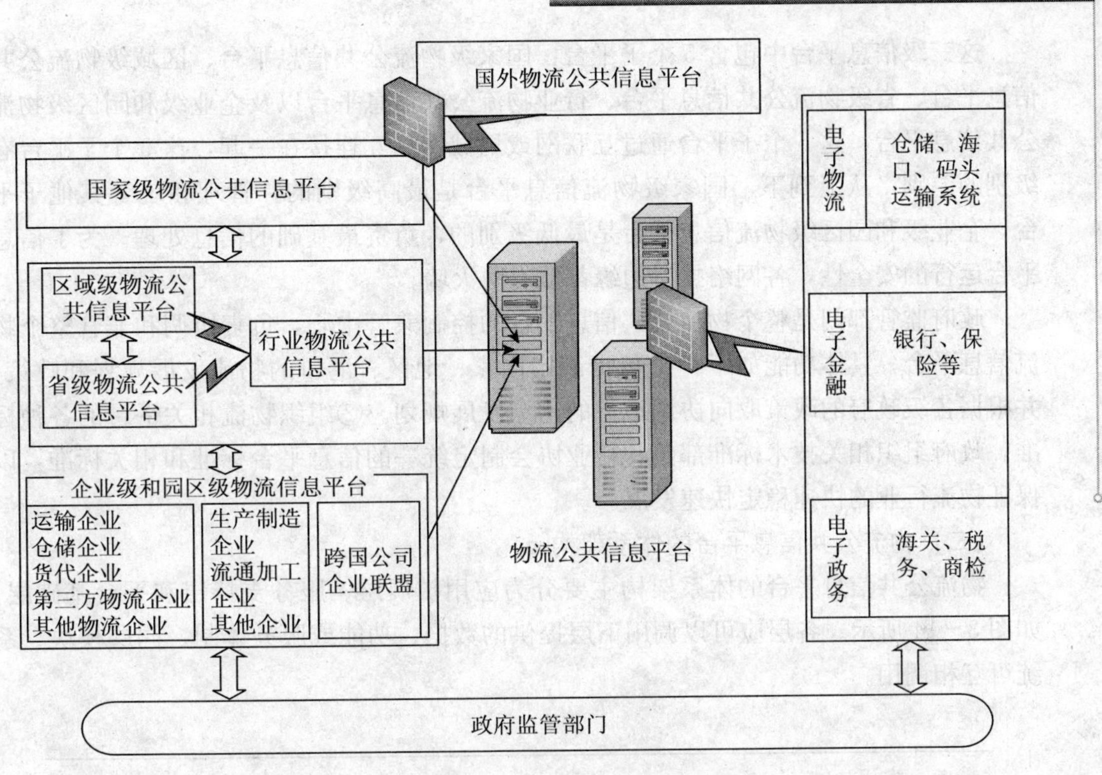

图 3-13 物流公共信息平台的总体结构

整个平台分为三级：

1. 国家级物流信息平台

国家级物流信息平台是统计全国物流相关数据和发布的国家政策信息以及国际物流需求的平台。在这个信息平台中，建立有通往美国、欧洲以及国外其他地区的频道，并统计信息流、物流量，及时发布相关信息。使国内物流资源有效地流动，便于企业作出物流相关的决策。

2. 区域级物流信息平台

区域级物流信息平台是国家级物流信息平台下的为每个区域提高服务和信息支持的平台，其作用与国家级物流信息平台相似，只是管理和服务的范围要小，这个平台可以由信息产业部的一个下属部门专门管理。这个平台的功能有：①区域内物流统计数据和物流供需信息。②区域内物流发展规划和主管部门监管信息。③可以对不同的区域建立不同的物流频道，在各区域内统计协调物流资源。

3. 企业级和园区级物流信息平台

企业级和园区级物流信息平台是所有物流信息子平台中级别最低的，它是物流信息平台的终端。主要为物流园区和本地区企业之间提供物流交易、信息交流和发布的服务。这个子平台是一个小而服务种类多的平台，也是更新信息最快的平台，它同以上各级物流信息平台相连，交换信息。

这三级信息平台中包含5个子平台：国家级物流公共信息平台、区域级物流公共信息平台、省级物流公共信息平台、行业物流公共信息平台以及企业级和园区级物流公共信息平台，这5个子平台通过互联网或局域网相互连接在一起，这5个子平台有级别的差别，从上到下，国家级物流信息平台是最高级别的，管理和统筹其他子平台，企业级和园区级物流信息平台是最低级别的，负责最基础的信息处理。为了信息平台运行的安全性，各网络接口边缘都装有防火墙。

政府监管部门是整个物流公共信息平台的控制兼管中心，负责协调和兼管整个物流信息平台，具体功能如下：①负责制定国家、地区、港口的物流发展规划和政策，并根据各级政府的政策取向协调地方的物流发展规划。②组织物流相关平台的各种标准。政府组织相关技术标准部门和行业协会制定统一的信息平台标准和相关标准，以保证物流行业的快速稳定快速发展。

（二）物流公共信息平台的体系架构

物流公共信息平台的体系架构主要分为应用扩展层、服务支持层和平台基础层，如图3－14所示。各层应可以调用下层提供的数据、功能或服务体制，同层模块、系统可互相调用。

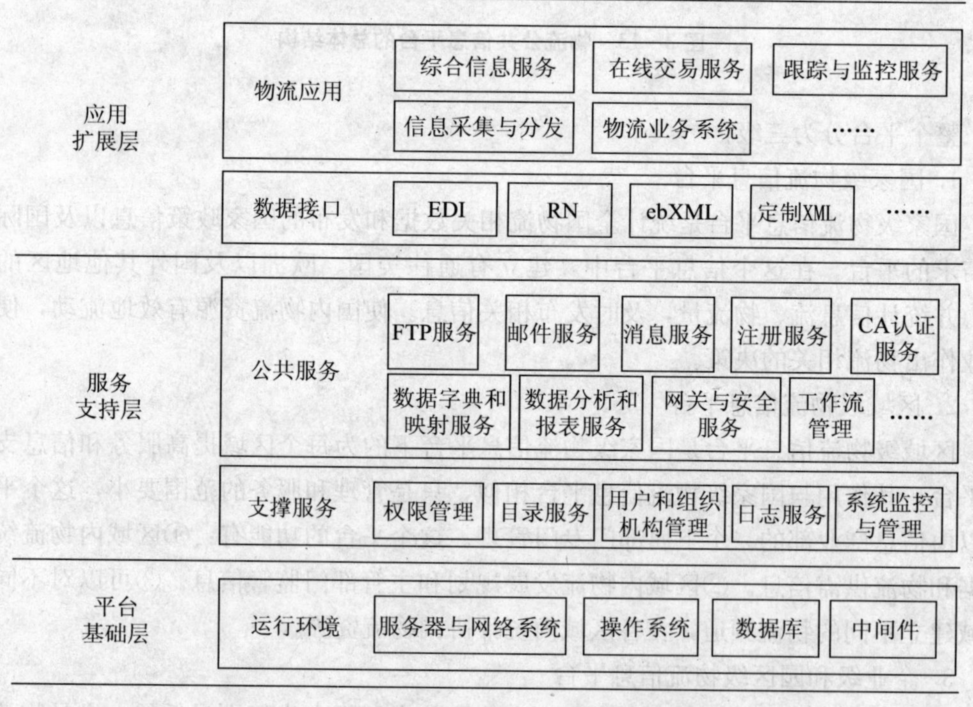

图3－14　物流公共信息平台的体系架构图

1. 平台基础层

平台基础层是体现物流公共信息平台技术及其公共服务作用的重要支撑，所有底层系统应构成一个服务集群运行的基础设施。本层各系统应具备稳定性和可靠性，对各类软件有较好的兼容性和高性能支持，并在升级操作时不影响上层软件的正常运行。

平台基础层主要包括服务器与网络系统、操作系统、数据库、中间件等基本运行环境类软硬件。

2. 服务支持层

服务支持层主要是为应用扩展层提供所需的部署、集成支持系统，以及提供平台管理所需的公共服务软件，一般与具体业务流程或应用模式无关。

服务支持层包括以下内容：

(1) 支撑服务类

包括权限管理、目录服务、用户和组织机构管理、日志服务、系统监控与管理等。

(2) 公共服务类

包括 FTP 服务、邮件服务、消息服务、注册服务、CA 认证服务、数据字典和映射服务、数据分析和报表服务、网关与安全服务、工作流管理等。

3. 应用扩展层

应用扩展层提供物流业务相关的共性功能的软件系统，以及系统交互的数据接口软件。应用扩展层可以不断地扩充应用和接口以满足需要。

构建于平台上的物流业务应用系统应是某一领域内或行业内通用的应用系统，并具有与平台交互的开放性和基本业务功能脱离于平台运行的独立性。数据接口作为平台应用的重要扩展，应支持国内外成熟、通用的电子商务标准接口规范和报文协议，接口模块与应用系统之间应为松散耦合。各应用系统和接口在技术上须遵循平台实施框架的原则，不影响平台整体架构。

应用扩展层可包括以下内容：

(1) 数据接口类

包括 EDI 标准接口、RN 标准接口、ebXML 标准接口、定制 XML 接口和其他数据接口。

(2) 物流应用类

包括综合信息服务、在线交易服务、跟踪与监控服务、信息采集与分发、物流业务系统等。

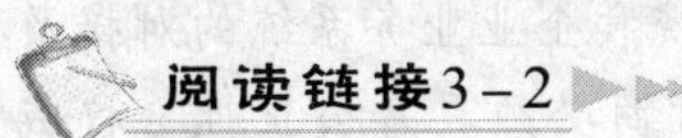

公共物流信息平台

1. 公共物流信息平台的规划内容

公共物流信息平台的规划内容包括两个部分：功能规划和技术规划。

(1) 公共物流信息平台的功能规划

公共物流信息平台的功能划分为公共信息服务系统、数据交换处理系统和决策支持系统。公共信息服务系统包括如下功能：门户网站功能、公共信息发布与查询功能、交易服务功能、在供应链管理框架下提供高级物流信息服务、相关职能部门服务功能；数据交换处理系统担负着物流信息系统中公用信息的采集、加工、中转、发送，以及不同用户之间信息交换的数据规范、格式转换等功能；决策支持系统为用户提供数据统计功能并生成报表，并在业务数据汇总分析的基础之上，运用相应的数据分析模型对业务数据进行更深层次的利用，以求得出对企业经营战略具有指导性价值的信息。

(2) 公共物流信息平台技术规划

采用基础层—支撑层—平台层—应用层的结构模型来构建，协调区域性物流公共信息平台、政府各行业管理部门的信息系统、节点城市物流公共信息平台、物流企业信息系统等之间的跨部门、跨行业、跨地域的协同关系。

基础层包括信息化基础设施，通信网络、计算机设备及物流设施，物流信息标准、规范等。

支撑层包括认证中心、公共数据库、安全管理机制及软件发展标准等。

平台层包括多对多数据交换中心、实时监控主动响应系统、数据及系统冗灾复原机制、数据传输加密等安全解决方案。

应用层对不同的各个节点信息系统，采用统一的接口规范，实现企业对企业、企业对政府跨组织流程的物流信息整合。

2. 公共物流信息平台的运营角色定位

公共物流信息平台在整个电子物流的战略定位中，必须建立政府+信息服务商+物流服务商三位一体、协调统一的工作机制。

(1) 政府

在宏观上做好现代物流的战略规划，提出明确的总体目标和建设思路，在横向上负责跨行业、跨部门的组织与协调，在纵向上推进各物流企业的信息化建设向物流一体化发展，在统一的框架下，整合相关信息系统和物流资源以及信息资源，利用资金和政策杠杆，搞好协调服务，推动标准化建设。

(2) 信息服务商

公共物流信息平台的搭建，要涉及与政府部门业务系统和企业业务系统的对接及信息交换。从系统安全和商业保密等方面考虑，信息运营商必须具备公正性、权威性、中立性。信息运营商不能介入物流实体业务的运营，可以在信息维护、网络接入、ASP 服务等 IT 服务领域挖掘经济效益。

(3) 业务运营商

平台的业务运营商可以是多家物流服务商和电子商务服务商。物流服务商依托此平台，把采购商、供应商、物流服务商、承运人、海关、商检、金融服务等机构的信息资源进行整合，实现物流服务商和客户之间供应链一体化，由提供运输、仓储等功能性服务向提供咨询、信息和管理服务延伸，为客户提供一体化解决方案。

（三）物流公共信息平台的功能结构

物流公共信息平台的规范化分为三个层次，即物流公共信息平台对外信息服务接口层、物流公共信息平台内部结构层、物流公共信息平台获取数据接口层。其中物流公共信息平台对外服务接口层是一种标准化的接口规范，需要充分考虑未来交通运输信息系统发展的扩充要求。物流公共信息平台内部数据组织的规范化，是对外提供规范化服务的保障，在采取一定的框架将相关数据组织在一起的同时，应具有根据信息复杂程度进行层次化组织数据的特点。物流公共信息平台获取数据接口层主要负责从各子系统提取数据，系统接口传递的数据内容是统一的，但传递数据具体格式根据各子系统的具体情况确定。

物流公共信息平台的功能结构如图 3－15 所示。

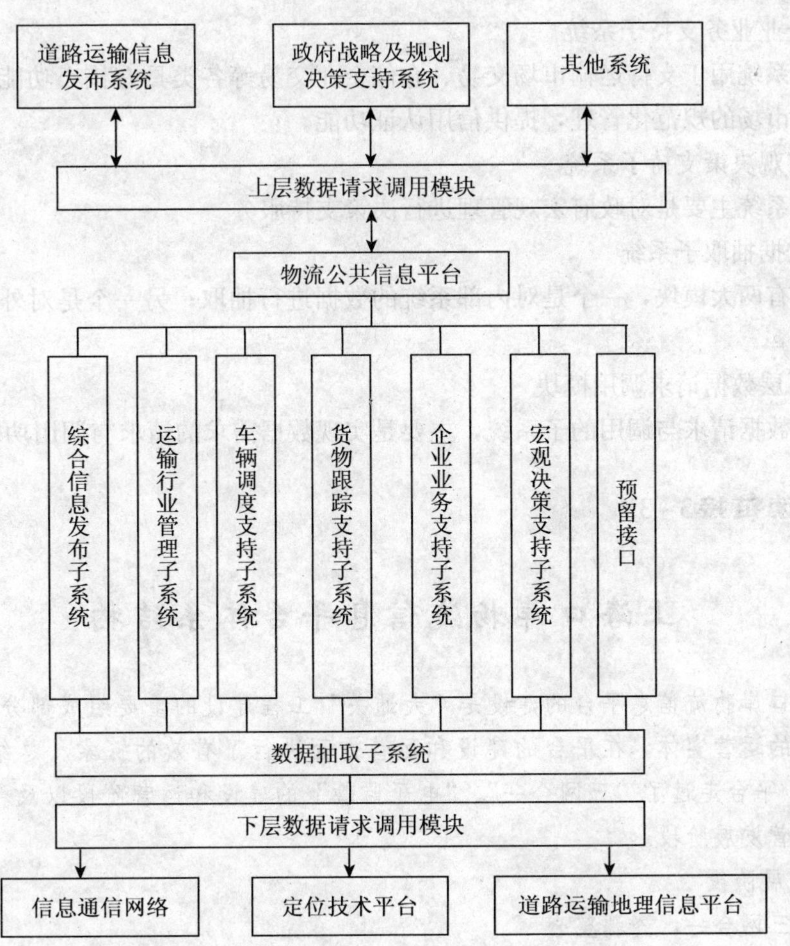

图 3－15　物流公共信息平台的功能结构

根据物流公共信息平台的功能及不同数据的组织模式，物流公共信息平台应由以下子系统组成：

1. 综合信息发布子系统

该子系统主要是用于发布一些共享信息，对公众提供物流信息服务（如各国贸易法规、国际贸易信息网站链接等）。

2. 运输行业管理子系统

道路运输管理部门对物流工作中涉及的许多审查和审核工作或一些重要社会活动的发布等。

3. 车辆调度支持子系统

该系统主要通过 GIS -T 参照模型进行数据组织，用以支持车辆运行的计划调度与跟踪，主要数据为交通流背景数据。

4. 货物跟踪支持子系统

该系统主要通过线性参照模型进行数据组织，用以支持货物的跟踪查询服务，主要数据为货物跟踪信息。

5. 企业业务支持子系统

该子系统用于支持运输市场交易、仓储企业交易等各类具有核心功能的企业进行联盟交易市场的规范化管理，提供信用认证功能。

6. 宏观决策支持子系统

该子系统主要是对政府宏观管理进行决策支持服务。

7. 数据抽取子系统

主要有两大模块，一个是对内部系统的数据进行抽取；另一个是对外部相关数据进行抽取。

8. 下层数据请求调用模块

用于数据请求与调用的子系统，主要是实现数据需求的请求与调用功能。

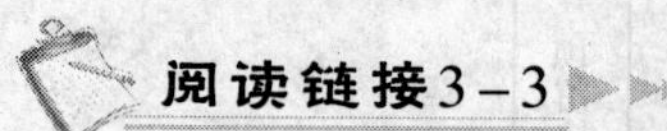

上海口岸物流信息平台体系结构

上海口岸物流信息平台的建设是“大通关”工程建设的重要组成部分，亿通国际作为平台的运营实体，在平台的建设和运营方面进行了有效的探索。总结建设历程，“大通关”平台走过了“三网合一”、“电子监管”的建设和运营阶段以及“电子商务”的新的运营发展阶段。

1. 发展阶段

(1) 三网合一，资源整合

自上海市政府第 78 次常务会议将“大通关”列为市政府的一项重要工作和上海

市提高口岸工作效率工程领导小组成立以来，上海市政府就始终全力支持“大通关”工程，作为“大通关”工程的重要组成部分，“大通关”平台的建设就是大协作的典型。原来独立运行的上海经贸网、港航信息网和航运商务网进行整合，“三网合一”组建亿通网，形成了集国际经贸信息、港口物流信息和政府监管信息于一体的口岸通关物流信息统一发布窗口，打破了过去三家公司只经营外贸流程一段而不能形成完整的外贸业务链的格局，“三网合一”完成了“大通关”平台实施的第一阶段。

(2) 核心平台，电子监管

从2001年11月—2002年4月，上海口岸实行了一系列重要举措，其中包括对进口货物实行提前报检、提前报关、实货放行的通关新模式，上海海关在全国率先试行EDI无纸报关，后来上海海关又试行了出口一次报关通关模式。2002年12月12日，建成了上海口岸数据中心，中心覆盖海港、空港口岸和相关单位的数据传输网络，上海“大通关”目标基本实现。在这个过程中，“大通关”平台起到了重要作用，亿通国际进一步尝试，继“三网合一”后，对平台开发了电子单证传输和处理功能，为EDI无纸化报关奠定了基础，后又增添了物流信息服务，如报关现场放行、查验反馈等功能，推动了海关提前报检报关和实货放行的通关新模式的推行。平台功能的进一步开发，实现了海关的电子监管，大大提高了通关效率，也走完了“大通关”平台的第二阶段。

(3) 公共物流，电子商务

随着平台实现了海关电子监管服务和一段时间的数据传输经验的累积，平台开发人员发现不仅可以利用这个平台进行单纯的数据传输和交换，平台还具有重要的电子商务开发价值。2003年10月开通了电子支付平台，实现了进出口关税及检验检疫、理货、码头、船公司各类口岸通关费用的电子支付。2003年11月初完成了松江、漕河泾、金桥、青浦、奉贤五个出口加工区的信息联网，使上海出口加工区实现了网络上的统一管理。此外，平台也开发了加工贸易企业电子联网监管和出口加工区物流联网监管功能。2004年公司又着手进一步推进“5+1”重点区域联网及公共物流信息平台建设。

2. 上海口岸物流信息平台体系结构

在国际经贸领域，口岸物流信息系统连接与外经贸和进出口业务有关的政府管理部门（如外经贸委、交通、海关、检验检疫等）、社会服务机构（如银行、保险、船运代理、货运代理、码头、机场等）和各类外贸企业，涉及相关的口岸监管单位，港口、机场管理部门，税务、金融机构，生产企业，海、陆、空运输企业，货主，代理等各自的作业流程，开展电子数据交换和电子商务服务，其总体架构如图3-16所示。

上海口岸物流信息平台由亿通国际担任统一的运营实体，协调上述这些实体建立统一的跨国采购、口岸通关、公共物流、电子支付平台，提供交易、监管、物流及支付服务，如图3-17所示。

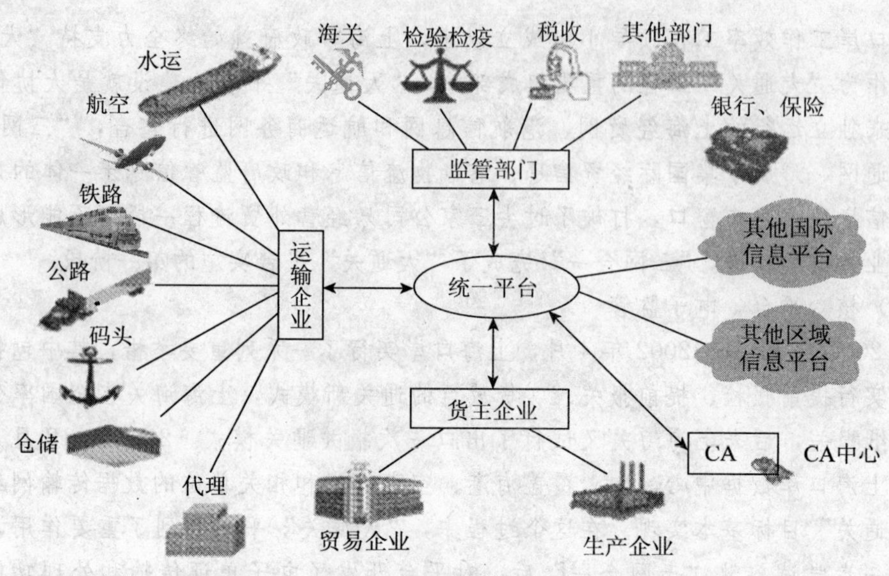

图 3-16　上海口岸物流信息一体化平台总体架构

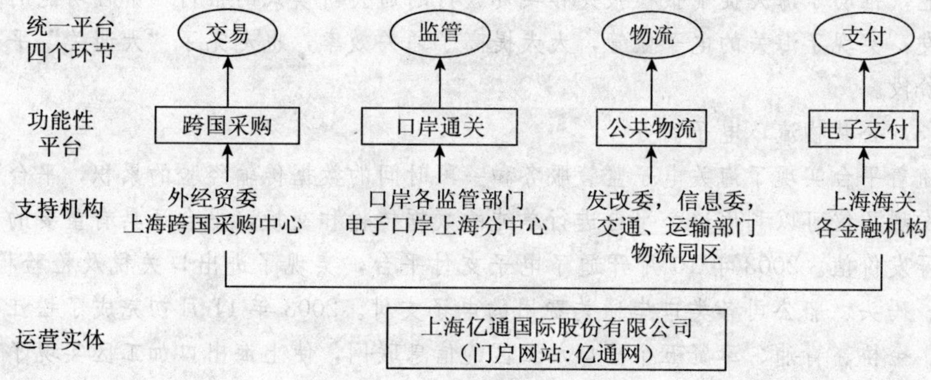

图 3-17　亿通国际服务功能

上海口岸物流信息平台贯穿交易、监管、物流、支付四大作业环节，覆盖电子政务、电子商务及电子物流三大应用领域，实现与口岸（海港、空港）所有政府监管部门和业务运作单位的联网，企业与企业、企业与政府间的数据和信息可以通过信息网络传输和共享。

四、物流公共信息平台的运行及服务模式

（一）当前物流公共信息平台建设与运营存在的问题

近年来，我国物流公共信息平台建设的步伐正在加快，河南、安徽、浙江、福建等省的物流公共信息平台已经运行。但整个行业对物流公共信息平台的认识还处于初级阶段，需要解决的问题还很多。主要表现在：

1. 物流业总体信息化水平低，与物流公共信息平台建设不匹配

当前，我国物流企业普遍规模较小、设备落后，据调查，我国物流服务企业中仅有39%的企业拥有物流信息系统。大多数物流服务企业尚不具备运用现代信息技术处理物流信息的能力，即便是拥有信息系统的企业，其信息化需求也多数属于底层需求。如果物流信息化的总体水平上不来，即使建好了公共信息平台，也会面临修好了高速公路却没有车来跑的问题，使平台建设和运营成为空壳。

2. 物流公共信息平台的建设与管理难统一

我国信息化建设存在的最大问题就是没有统一的规划，各地各部门各建各的网，各唱各的调，导致重复建设，标准不统一，资源不能共享。物流信息平台建设同样面临这一问题。物流信息公共平台的建设不是一项简单的技术开发工作，它涉及物流产业流程等许多方面，需要政府、电信、电子、银行、海关、国检、船代、货代、港务等多个相关部门的统一规范服务。特别是在平台建设中，需要对有些职能部门的传统业务流程进行规范化改造，这就不可避免地影响到相关业务主体部门或单位的原有利益。目前国家没有设置专门的物流公共信息平台管理职能部门，这种行政管理上的多方冲突直接导致了物流公共信息平台无法达到信息高度共享，降低了物流公共信息平台的运行效率。从目前各省物流公共信息平台建设的情况看，最多只能整合交通、交警、银行等少数几个部门的职能，使平台的功效大打折扣。

3. 物流公共信息平台建设的主体是政府还是企业，平台运营收费还是免费

目前，物流公共信息平台的建设和运营基本上可以分成三种模式。第一种是以政府为主的模式。平台的规划、建设、运营和维护都由政府负责，免费为车主、货主提供货运物流信息，比如河南的“八挂来网”。由于是免费提供信息，其信息资源丰富，如“八挂来网”日发布物流信息平均达50多万条，最高日信息量达160万条，日点击3万多次，试点一个月，通过使用“八挂来网”成交的货物降低车辆行驶里程达174万千米，节约汽油、柴油4000多吨，社会效益非常明显。这种模式的弊端是容易造成与市场结合的紧密度不够，需要政府长期投入。第二种是以企业为主的模式。平台的建设、运营完全由企业自己负责。比如一些规模较大的物流企业建立的信息平台。这种模式的优点是企业自主经营，不会给政府带来压力，缺点是由于企业资金有限，造成平台功能不全，信息资源的整合有限。第三种是政府建设、企业运营的模式。比如安徽省交通物流网，其运作模式是“行业管理部门统一推进，平台市场化运作”。政府投入部分初始启动资金，由安徽迅捷物流有限公司负责开发平台和市场运作。由于全国没有统一的平台，导致各地平台建设的模式各异，影响了平台之间的联网共享。

4. 物流公共信息平台的上下左右兼容和技术标准的统一问题

物流信息平台的最大优势就是要把上下左右的信息资源都整合起来，实现信息共享，避免出现信息孤岛。比如省级物流信息平台建设，就要把各个地级市平台信息整合起来，并能够与兄弟省的平台联通。物流信息平台涉及各行各业各方面的内容，如

果要把各种异构系统间不同格式的数据整合到一个统一的平台之中，就需要建立一个统一的标准体系，制定物流用语、计量标准、技术标准、数据传输标准、数据交换标准、物流作业和服务标准等基础标准，并逐步对标准体系进行修订、扩充和完善，在技术上能够做到相互兼容。而目前各省的信息平台只是相互之间在门户网站上做了简单链接，远没有达到高度集成的效果，各平台的数据库也不能共享。

5. 物流公共信息平台技术的可扩展性问题

物流信息化的技术和需求都在不断变化，因此信息平台建设需要具有适当的前瞻性，要充分考虑到未来的技术发展方向和需求变化方向。在实际应用过程中，如果出现了新的技术和功能需求，可以逐步加以补充和完善。比如河南的“八挂来网”，把GPS定位系统和移动3G技术整合进来。今后，随着第三方物流甚至是第四方物流的发展，信息平台的系统设计和建设要充分考虑到这些情况，为将来的发展预留好接口，使系统在一定阶段内都能够适应物流的发展需要。目前各地的平台功能暂时还比较完善，但对将来的升级和扩展考虑得还不是很充分。

（二）物流公共信息平台的运行机制

1. 物流公共信息平台的建设机制

物流公共信息平台建设属于物流基础设施建设的范畴，它投资大、回收期长，但社会效益显著，没有哪个单位有能力或愿意单独完成这样具有公益性质的复杂的系统。因此，政府应筹集适当的引导资金作为股份投到公共信息平台的建设中，制定相关政策拉动物流市场需求，引导企业积极参与平台建设。物流公共信息平台建设的开拓性及其本身的复杂性，决定了它需要在政府的宏观指导和统一协调下，充分调动各方面的积极性，集中社会有效资源来共同完成。因此，平台建设的参与者应包括政府、企业、物流相关政府职能部门、相关行业协会、高等院校和科研院所。

物流公共信息平台的建设是一项跨地域、跨部门、跨行业的建设工程，目的是要整合现有物流相关信息资源，改善整个物流系统的运作环境，提高物流系统的运作效率，这必将牵涉到众多物流相关信息资源的资产重组和数据接口的开放等问题。因此必须要有一个权威的领导小组来协调和沟通建设中遇到的困难。

另外，物流公共信息平台的建设需要吸收大量资金，需要众多企业的参与。所以，应当在政府的统一规划和协调下，组建企业法人集团来参与区域公共物流信息平台的建设。对参与物流公共信息平台建设企业的资质进行严格的考察至关重要。信息平台建设的专项工程建设项目不要选择具备该领域资质最好的一家企业，相反要选择在该领域引领市场潮流的几家企业共同建设，这有利于推进物流信息标准化建设和降低实施成本。同时，物流公共信息平台应紧紧围绕对平台的需求进行建设，避免投资浪费。我国的“银联卡”工程和上海亿通国家股份有限公司负责上海国家航运中心信息网络和上海大口岸物流信息系统的建设和运营的经验值得借鉴。

2. 物流公共信息平台的运营机制

物流公共信息平台原则上应坚持谁建设谁运营的策略，采用企业化运作模式，并建立相应的运营机制和信息共享机制。物流公共信息平台在建设招标或组建企业法人集团时就应该考虑到运营的问题。它的运营机制可采用机场和高速公路类似的模式——收取机场建设费和高速公路过路费。如果物流市场需求拉动了，企业就有积极性参与平台的建设，正如现在有私营企业投资机场、公路建设一样。由于物流公共信息平台具体运营采用企业化运作模式，而且具有垄断运营的特点，这必然牵涉到信息的共享机制和定价问题。

因此，物流公共信息平台应采取政府引导、行业约束、企业自主的市场化运营模式。公共物流信息平台应面向企业，通过政府相关政策和行业协会制度的制约，引入行业准入机制和会员制管理方式。对于加入平台的企业会员，平台可通过收取会费、用户服务费、租赁费、广告费等方式进行市场运作的自主经营，提供有偿服务。政府主要行使宏观调控职能，负责指导物流公共信息平台共享信息服务价格的制定和市场引导政策的出台等。

(三) 物流公共信息平台的服务模式

按照物流服务的复杂程度和技术实现的难度，物流公共信息平台的服务模式可以分为三种类型：信息资源共享、物流服务交易、价值链集成。

1. 信息资源共享

信息资源共享是物流公共信息平台最基本的服务模式，信息资源共享并不仅仅是简单的信息发布（单一信息中介模式）。信息资源共享包括两个方面的含义：一是运营协调，供应链成员（物流服务需求方）与物流服务提供商之间面向运营层物流活动的协调。二是竞合联盟，物流服务价值链中执行相同活动（物流服务提供商）的角色间通过资源集聚来发展面向柔性的协作。其目的是为了通过共享资源、分散风险或分担成本，结成一个联盟和大公司竞争或者开拓市场。

(1) 运营协调

在供应链物流外包的背景下，供应链物流活动在供应链成员与各种物流服务商之间进行了重新分配，要保持物流运作的一体化，必须有效实现不同角色之间和不同活动之间的协调。供应链物流的柔性一方面要求物流活动从依附于采购、生产或制造的状态中解脱出来，基于其自身的规律进行演化；另一方面也要求在供应链范围内实现对物流活动的集中控制，以满足物流活动的多层级协调的需要。在供应链的运作中，物流活动的深度和宽度都超越了传统的界限，多层级、层级内多个参与者在物流活动和管理方面都产生了相互依赖性，从而推动物流结构、物流管理、物流协调的集中化。

(2) 竞合联盟

竞合联盟既包括物流服务商战略层面的长期合作，也包括短期的基于终端运输层面的动态联盟。协作运输和虚拟仓库是竞合动态联盟的两种主要形态。在物流运作过程中，由于运输和仓储企业规模有限，物理结构的网络布局和运作不能达到规模经济和范围经济的要求，使得资产利用率低、运营成本高，且服务水平无法保障。通过信息资源共享，发展网络组织或增值伙伴关系，推动传统物流企业之间的合作，有利于较快完善健全的网络设施布局，实现物流管理、物流操作和物流服务交易方面的规模效应，增强中小型企业的竞争力，扩大市场份额，提高客户服务水平。

2. 物流服务交易

物流服务交易是物流公共信息平台的主要服务模式。随着电子商务的发展，越来越多的非标准化产品和服务开始基于网络进行交易。在物流服务市场领域，货物运输服务、仓储服务等事务性服务的电子化交易开展最早。物流服务交易成功的因素主要包括市场定位、系统集成和管理制度。

(1) 合适的市场定位是首先需要考虑的问题

货运服务可细分为许多类型，如普通货物运输和特种货物运输、低值物品运输和贵重物品运输、原材料运输和商品运输、干线运输和支线运输、长期稳定型运输和零散随机型运输等。市场定位是决定电子货运市场能否成功的关键因素。

货运服务本身具有无形化、多维属性的特点，这是物流公共信息平台发展的较大障碍。从交易成本理论来说，有着较小不确定性和较低特定性的产品交易应通过市场来进行。标准货运服务使用通用的运输工具，有相对标准的流程，因而有最低水平的交易特定性和不确定性，交易的关系成分最少。而特殊货运服务如保鲜运输等由于使用了特定的运输工具，有特殊的操作要求，运输过程面临着更大的风险（如延误造成腐烂），因而相对标准货运服务来说，有更高的特定性和不确定性。多式联运服务涉及多种运输模式之间的衔接，运输距离更远，使其特定性和不确定性也表现出更高的水平。因而，在物流公共信息平台刚刚开始发展的今天，进行标准化货物运输的交易将面临最低的风险，而在其他市场中成功的可能性较小。

从另一个角度说，由于运输已成为现代供应链的一个重要控制变量，因而在货运服务的电子市场交易秩序还不健全、电子货运市场与供应链管理系统的信息交换渠道还不发达的情况下，通过物流公共信息平台来采购运输服务必然面临着较大的交易风险，供应链倾向于将这种高风险内部化——基于年度或更长期合同运输的方式来获得有保障的服务。因而，物流公共信息平台要在短期内在集中市场（Concentrated Market）中取得大的突破是不现实的，它最初的发展仍要依赖于一些零散型运输需求或随机性运输需求等一些分段市场（Fragmented Market）。

(2) 动态和标准的集成模式是物流公共信息平台发展的技术基础

物流公共信息平台的长期发展仍依赖于来自供应链的稳定的长期的运输需求。除了逐步完善市场交易秩序，减小潜在的交易风险外；在物流公共信息平台和供应链管理系统之间建立动态的、标准化的集成模式，改进信息不发达状况，并从一些“点”需求的服务提供开始，逐步发展更高层次的运输服务。

在现有的供应链中，运输成为供应链设计、计划、运作的一个重要变量。运输需求的规划和执行都依赖于运输管理系统。因而，物流公共信息平台必须建立标准的、动态的集成模式，以方便建立电子货运市场和运输管理系统的集成，保证供应链流程的集成化和全程可视性。这是供应链采购电子货运市场服务的一个关键技术条件。

(3) 良好的市场交易秩序是物流公共信息平台发展的制度保证

良好的市场交易秩序能防范整个交易过程各个阶段的潜在风险，从而为物流公共信息平台的发展提供制度化的保证。随着供应链管理的广泛应用，运输成为供应链管理的重要控制变量，全程可视性理念使托运人越来越多地要求能掌握货物位置和状态的实时信息，以保证流程的集成性，因而履行阶段托运人最为关心的流程是履行过程监控。很多货运市场由于不愿意卷入有关纷争，因而对履行阶段提供了很少的支持。但这恰恰可能是物流公共信息平台发展的一个关键机会，通过建立仲裁程序和一定的处罚制度，来提高机会主义的行为成本，增强信任机制，是物流公共信息平台不可避免要承担的责任。

3. 价值链集成

价值链集成是物流公共信息平台高层次的增值服务模式。物流服务价值链上下游企业之间开展基于能力互补、面向柔性的协作，称之为价值链集成。物流公共信息平台把第四方物流、第三方物流，货运、仓储、配送和流通加工企业通过统一的平台整合到一起，以构建完整的物流服务价值链，参与更高层次供应链物流外包服务。

除了传统的企业并购和战略伙伴关系外，基于网络构建核心能力互补的虚拟企业，也是摆脱企业资源限制，快速扩展企业核心能力的一种解决方案。这种应用能允许这些公司超越其本身所拥有资源的限制扩展商业能力，从而扩充了它的虚拟资源，其目的在于通过优势互补占领市场。

除此之外，物流公共信息平台还是物流服务价值链成员与客户之间进行协调活动的信息沟通渠道。平台能为物流服务价值链的运作提供一个基于行业最佳实践的总体流程模型的模板，各成员可基于一定的模板建立物流服务价值链的特定的流程实例，各成员按照其在流程实例中的角色，基于相匹配的工作流模板来调整或开发其内部工作流，并与整体流程实现对接。

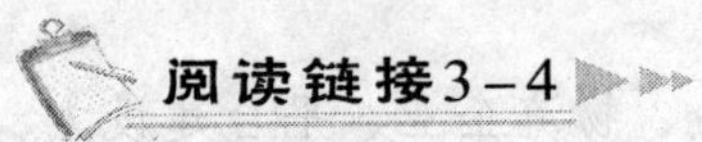

浙江省物流公共信息平台建设

公共信息平台的建设，一直是物流信息化领域的热点，但同时也是一个难点。之所以一直“热度”不减，一个重要的原因就是构建公共信息平台不仅能够解决行业、企业以及企业与用户之间的信息交换问题，而且还可以整合各方资源，避免重复建设，提高资源利用率，真正实现供应链管理，提高我国物流信息化水平。然而，由于各种现实的原因，我国的物流公共信息平台发展举步维艰。关键是要解决好政府在建设公共信息平台中应当起到什么样的作用，扮演什么样的角色的问题，浙江省交通物流公共信息系统就充分把握了政府在平台建设中的定位。浙江省物流公共信息平台系统的总体指导思想是“行业扶持、协会推动、企业自主”。“行业扶持”就是系统建设前期各物流通用软件、数据交换中心、公共应用中心建设等，由行业管理部门出资并牵头建设，初期的运维费用由行业投入；“协会推动”即协会或行业联盟在系统相关项目建成后，逐步承担运行、维护和升级的职责；“企业自主”指在系统推进过程中，物流企业或物流软件开发商可以按照系统既定的相关标准，自主开发业务软件，或自行升级通用软件。这样就明确了政府在平台中担当的角色，真正为社会提供良好的信息化服务，让企业和用户在市场中获益。

浙江省物流公共信息平台建设的经验是：选择有经验、有实力的运营商参与建设，负责平台运维，平台在各市建设和推广由市县负责；选择主流软件开发商进行改造、推广，吸引其参与标准制定，并对其软件接口进行改造，使其能与公共平台互联；扶持骨干物流企业的信息化改造，使其能与公共平台互联，起到示范作用，并带动相关和下游的物流企业加入公共平台。浙江道路运输管理局还发起签订《省际物流公共信息平台共建协议》，涉及山东、浙江、上海、江苏、黑龙江、安徽、福建、青海、四川、内蒙古、宁夏 11 省（区、市），共建跨区域物流公共信息平台。

浙江省在全国范围内率先启动的物流信息化公共平台标准化建设，是包含信息交换、业务查询、决策支持等功能的大物流公共信息平台。通过政府埋单开发企业标准版软件，浙江省为全省 26 万家物流企业提供统一的信息化平台，建立信息互联和共享的“物联网”。该平台由博科资讯和浙江运管联合开发搭建，提供了一个安全、开放、中立且低成本的物流信息化系统，统一了仓储通用软件、货代通用软件和物流基地、集装箱软件，有利于物流操作的标准化和规范化，同时为政府相关部门的统筹决策提供数据信息支持。

浙江省交通物流公共信息平台，在破解信息标准难题上进行了有益的尝试。该系统的目的就是为物流链上相关信息系统之间提供信息交换和共享服务，并提供进一步的增值服务和应用，而这些服务均以标准体系为基础。浙江省将推出一整套的参考架构和标准规范，

而这套标准体系的制定将由行业主管部门、行业协会、物流企业、平台建设方、物流企业信息系统开发商共同参与，并征求其他相关单位，如电子口岸、海关、宁波港、质量监督局的意见。目前，该系统的标准体系中已经完成了标准代码、交换传输接口规范、交换业务接口规范。

为了提高系统的实用性，该系统还包含了覆盖浙江全省的主要类型物流企业的 5 款通用软件，包括通用网站、小件快运普通运输、物流站场、集装箱等通用软件，且免费提供给物流企业使用。

思考：

你认为浙江省物流公共信息平台的建设有何特点？对其他省份有何借鉴作用？

第四节 企业物流信息系统的体系结构

一、企业物流信息系统的基本构成

企业物流信息系统的基本构成要素有硬件、软件、数据库和数据仓库及人员等。

（一）硬件

硬件包括计算机和网络通信设备等，它是物流信息系统的物理设备和硬件资源，是实现物流信息系统的基础。它构成系统运行的硬件平台。

（二）软件

软件主要包括系统软件和应用软件两大类，其中系统软件主要用于系统的管理、维护、控制及程序的装入和编译等工作；而应用软件则是指挥计算机进行信息处理的程序和文件。它包括功能完备的数据库系统、实时的信息收集和处理系统、实时的信息检索系统、报告生成系统、经营预测、规划系统、经营监测、审计系统及资源调配系统等。

（三）数据库与数据仓库

1. 数据库

数据库（Data Base，DB）是一个长期存储在计算机内的、有组织的、有共享的、统一管理的数据集合。它是一个按数据结构来存储和管理数据的计算机软件系统。数据库的概念实际包括两层意思：第一，数据库是一个实体，它是能够合理保管数据的“仓库”，用户在该“仓库”中存放要管理的事务数据，“数据”和“库”两个概念结合成为数据库。第二，数据库是数据管理的新方法和技术，它能更合适地组织数据、更方便地维护数据、更严密地控制数据和更有效地利用数据。

数据库的基本结构分三个层次，反映了观察数据库的三种不同角度。

（1）物理数据层

它是数据库的最内层，是物理存储设备上实际存储的数据的集合。这些数据是原始数据，是用户加工的对象，由内部模式描述的指令操作处理的位串、字符和字组成。

（2）概念数据层

它是数据库的中间一层，是数据库的整体逻辑表示。指出了每个数据的逻辑定义及数据间的逻辑联系，是存储记录的集合。它所涉及的是数据库所有对象的逻辑关系，而不是它们的物理情况，是数据库管理员概念下的数据库。

（3）逻辑数据层

它是用户所看到和使用的数据库，表示了一个或一些特定用户使用的数据集合，即逻辑记录的集合。

数据库不同层次之间的联系是通过映射进行转换的。

2. 数据仓库

数据仓库之父 Bill Inmon 在 1991 年出版的"*Building the Data Warehouse*"一书中所提出的定义被广泛接受——数据仓库（Data Warehouse）是一个面向主题的（Subject Oriented）、集成的（Integrated）、相对稳定的（Non－Volatile）、反映历史变化（Time Variant）的数据集合，用于支持管理决策（Decision Making Support）。

数据仓库的特点主要有：

（1）数据仓库是面向主题的；

（2）数据仓库是集成的，数据仓库的数据来自于分散的操作型数据，需要将所需数据从原来的数据中抽取出来，进行加工与集成，统一与综合之后才能进入数据仓库；

（3）数据仓库是不可更新的，数据仓库主要是为决策分析提供数据，所涉及的操作主要是数据的查询；

（4）数据仓库是随时间而变化的，传统的关系数据库系统比较适合处理格式化的数据，能够较好地满足商业商务处理的需求，它在商业领域取得了巨大的成功。

（四）人员

包括系统分析员、系统设计员、系统实施和操作人员、系统维护人员、系统管理人员、数据准备人员及各层次管理机构的决策人员。

二、企业物流信息系统的层次结构

企业物流信息系统的层次结构是一种塔型结构，如图 3－18 所示。从水平方向，物流信息系统贯穿供应物流、生产物流、销售物流、回收物流和废弃物物流的运输、仓储、包装、流通加工等各个环节；在垂直方向，物流信息系统可以划分为三个层次，即作业层、管理层和决策层。可见，物流信息系统是物流领域的神经中枢，遍布物流系统的各个层次、各个环节。

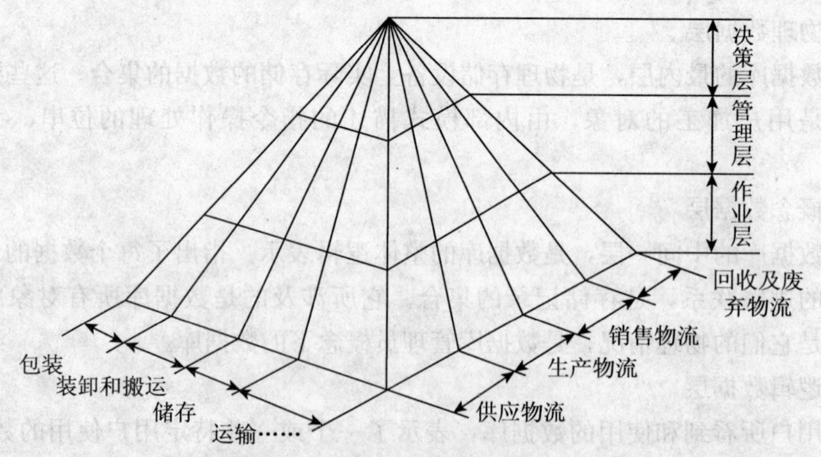

图 3－18 企业物流信息系统的层次结构

1. 作业层

作业层的任务是有效地使企业现有的人力、物力资源在预算的范围内执行各项活动。它的处理包括事务处理、报表处理和查询处理，各项处理所需的数据主要来自企业内部，处理的数据量很大，它的处理是企业管理信息系统的基础。

作业层的事务处理和交易系统及时地处理每天的物品订货、计划、运输、采购、库存、设备和财务等，包括车辆运输路径的选择、仓库作业计划等。反馈和控制企业基层的日常生产和经营工作的信息。

2. 管理层

管理层的任务是保证企业经营所需要的人、财、物的调用，综合衡量企业的生产经营情况，检查企业的主要经济技术指标完成情况，将它们与计划值比较，从中观察其发展趋势，找出偏差的原因，提出解决方案。

管理层主要用于制订作业计划，平衡、控制、协调客户需求与资源能力，以及各作业环节的均衡平衡。处理来自作业层产生的信息或数据，如各种计划、标准、预算和成本指标等。一般包括合同管理、客户关系管理、质量管理、计划管理、市场信息等；根据运行信息，监测物流系统的运行状况；建立物流系统的特征值体系，制定评价标准；建立控制与评价模型。

3. 决策层

决策层的任务是确定企业的目标，制订达到目标应采用的战略计划。决策层根据企业运转的各种综合信息或报告，收集环境信息，制订企业的中长期工作计划及战略目标，并根据自底向上的信息反馈，不断调整修正各项目标计划。

物流信息系统的决策系统可以帮助物流企业高层领导更加深刻地了解物流战略的制定、实施评价以及它们之间的内在联系，处理包括建立数学模型，用模拟法去探索企业的目标和达到该目标的途径。所需要的数据除内部管理层产生的数据外，还需要来源广泛的外部环境数据，如企业当前和未来活动领域内的经济形势、政治环境、科技发展、市场预测、竞争对手的实力和市场占有率、备选战略方案及其所用资源等。

三、企业物流信息系统的功能结构

企业物流的功能要素主要有运输、仓储、装卸搬运、包装、配送、流通加工和物流信息，企业物流信息系统的基本功能结构如图 3－19 所示。

1. 仓储管理信息系统

可以对所有的、包括不同地域、不同属性、不同规格、不同成本的仓库资源，实行集中管理。采用条码、射频等先进的物流技术设备，对出入仓货物可实现联机登录、存量检索、容积计算、仓位分配、损毁登记、状态报告、出入库与库存查询、盘点调整、每月结转以及自动生成库存报表等。

2. 运输管理信息系统

可以对所有可以调度的运输工具，包括自有的和协作的以及临时的车辆信息进行调度管理，提供对货物的分析、配载计算，以及最佳运输路线的选择。运输管理信息系统支持全球定位系统（GPS）和地理信息系统（GIS），借以实现运输的最佳路线选择和动态调配。

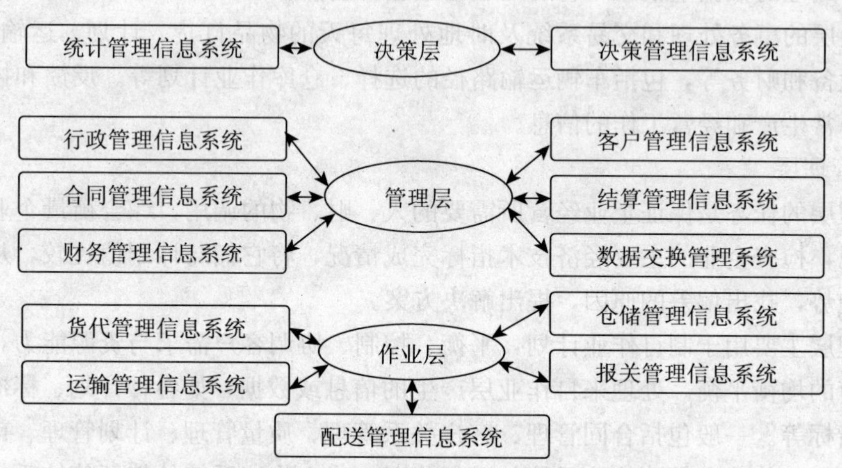

图 3－19　企业物流信息系统的功能结构

3. 配送管理信息系统

以最大限度地降低物流成本、提高运作效率为目的，按照实时配送原则，在多购买商并存的环境中，通过在购买商和供应商之间建立实时的双向链接，构筑一条顺畅、高效的物流通道，为购买、供应双方提供高度集中的、功能完善的和不同模式的配送信息服务。

4. 货代管理信息系统

按照资源最大化和服务最优化的原理，满足代理货物托运、接取送达、订舱配载、联运服务等多项业务需求，完成物流的全程化管理，包括代理航空和船务，实现门对门、一票到底的最佳物流方式，成为托运人和承运人之间电子化的桥梁和纽带。

5. 报关管理信息系统

报关管理信息系统集报关、商检、卫检、动植物检疫等功能于一体，满足用户进出口电子报关的需求。它增加了联机报关功能，真正使跨境物流成为无缝物流，使报关业务迅速、及时、准确地完成，为物流客户提供全方位的报关服务。

6. 客户管理信息系统

通过对客户资料的全方位、多层次的管理，使物流企业之间实现流通机能的整合，物流企业与客户之间实现信息分享、收益分享及风险共享，从而在供应链管理模式下，实现跨企业界限的整合。

7. 合同管理信息系统

合同是开展业务的依据，系统通过对合同的数字化解析，充分理解客户的需求，拟订物流服务的实施方案，并以此为依据，分配相应的资源，监控实施的效果和核算产生的费用，并可以对双方执行合同的情况进行评估以取得客户、信用、资金的相关信息，交企业决策部门作为参考。

8. 数据交换信息系统

数据交换信息系统提供EDI数据交换服务，通过电子商务网站，提供EDI交换表单，可以为自身的商务数据交换以及客户或合作伙伴提供Web形式的数据交换功能。

9. 财务管理信息系统

财务管理信息系统结合成熟的财务管理理论，针对相关企业财务管理的特点，根据财务活动的历史资料进行财务预测并通过专门的方法进行财务决策，然后运用科学的技术手段、特定的数量方法根据有关信息进行财务预算、财务控制、财务分析，最终实现企业价值最大化。

10. 结算管理信息系统

结算管理信息系统充分利用业务信息管理系统和计算机处理能力，以达到自动为客户提供各类业务费用信息、大幅降低结算业务工作量、提高结算业务的准确性和及时性为目的，从而为企业的自动结算提供一套完整的解决方案。

11. 统计管理信息系统

统计工作作为企业管理的基础，按照物流行业的标准，针对企业的经营管理活动情况进行统计调查、统计分析，提供统计资料，实行统计监督，从而对企业的经营活动及经营状况进行量化管理。

12. 决策支持信息系统

及时地掌握商流、物流、资金流和信息流所产生的信息并加以科学利用，在数据仓库技术、运筹学模型的基础上，通过数据挖掘工具对历史数据进行多角度、立体的分析，实现对企业中的人力、物力、财力、客户、市场、信息等各种资源的综合管理，为企业管理、客户管理、市场管理、资金管理等提供决策依据，从而提高管理层决策的准确性和合理性。

本章小结

本章首先分析了信息系统、管理信息系统的体系结构，在此基础上，重点介绍了现代物流信息系统体系，主要从社会物流信息系统、物流公共信息平台及企业物流信息系统三个方面进行阐述，分别对其体系结构、层次结构、功能结构等进行了剖析，其中物流公共信息平台的建设是目前的一个热点问题，物流公共信息平台建设对整个社会资源的合理、有效利用，对整个物流行业乃至中国经济发展具有重要意义。

北京邮政EMS物流信息系统建设

一、企业概况

北京市邮政速递总公司（北京EMS）是经国家批准经营邮政速递业务的国有企业，也是国内最大的邮政特快专递国际互换处理中心。北京邮政EMS物流中心（以下简称“物流中心”）是北京邮政速递总公司（北京EMS）下属新兴企业。

物流中心组织结构设有综合办公室、车队、1个分拣中心（负责邮件中转）、8个外地分点（负责北京市的揽收与投递）、客户服务中心、仓储、业务、财务等部门，主要经营特快专递、同城速递、普邮、代收货款、国内长途货运、电子商务递送等业务，业务活动涉及客户、电子商务网站、供应商、邮政投递网和综合计算机网、185特服台等多方实体。公司仅特快专递就可达10万件/月，且业务量在不断增长之中。

二、存在的主要问题

在与汇杰合作开发之前，物流中心在经营活动过程中存在以下问题，这些问题阻碍了公司的继续发展：

1. 现有资源未充分利用

(1) 公司在陶然亭总部的三层楼房内已有现成的网络布线，但网络尚未形成。

(2) 购置了大量的微机及外围设备，但只有少数部门使用并仅局限于文字编辑等初级操作。

(3) 公司的IT技术人员未得到充分利用。

(4) 速递单据有条码但未充分利用来提高交接效率。

(5) 在包括185等客户群中，有好多已经实现了信息化管理，而物流中心没有能力利用这些客户信息化建设的成果来为自己服务。

2. 生产不规范，效率较低

(1) 传统EMS特快交接工序不适合同城速递、代收货款等新业务，造成各类业务整个交接过程不统一、不规范。

(2) 对某一具体交接工序的操作流程未规定硬性操作标准，造成各工序间前后交接困难。

(3) 各邮件交接环节采用手工抄写单据，费时费力、容易出错。

(4) 由于不能直接读取185或一些电子商务网站的电子化配送任务而必须手工再抄写，导致效率低下。

(5) 日常库存管理随意性较大，不能掌握每一货物的进出与流向。

3. 缺乏有效的内部管理措施

(1) 由于不能随时记录、跟踪每一个邮件在各环节的流动情况，一旦出现问题就极难落实责任，不能及时报告客户货物的库存情况、销售情况及收款情况。

(2) 由于不能掌握各分点、各岗位的进出口、投递及收款的整体情况，因此公司也就无法及时进行全局控制。

(3) 公司由于缺乏对单据、收据、发票等的有效管理，导致总部对分点、分点对各业务员不能及时监督，时常发生“干私活”现象，无法满足互联网客户的网上下单、查单需求，不能与上级（北京邮政速递总公司）进行数据交换等。

(4) 财务进行客户结算、员工绩效分析等工作耗时费力。

(5) 由于客户协议各异，财务人员整日忙于应付大宗客户的配送方式管理、资费结算等方面，且不时出现错误，发生纠纷。

三、解决方案

（一）设计原则与重点

除系统设计满足实用、经济、标准、可扩充、易维护等一般性原则外，通过分析物流中心整个业务流程并结合邮件流动特点，确定系统的整体架构要遵循：以邮件在各环节流动为主线，以各种单据回钩和财务款项核对为控制手段，通过灵活、快速、准确地向客户提供信息反馈来提高企业在物流行业中的竞争力。

为了使整个软件流程清晰，责权明确，系统模块的划分遵照：以邮件的整个流动环节为划分依据，并通过严格的权限设置来实现不同岗位对数据的安全访问。另外，在对系统进行功能设计时，以汇杰 e-delivery V2.1 物流配送系统的“进销存配送跟”思想及实现为基础，针对物流中心业务特点，突出解决“存、配、送、跟”问题。系统设计的重点就是通过建立一个分布数据集中共享的管理环境实现数据共享，在物流中心各部门间、公司与各外地分点间、外地各分点间、公司与总局间、公司与各客户间搭建一个高效、可靠、安全的信息通道。

（二）主要功能

系统共分九大模块：订单模块、仓储模块、生产管理、业务管理、财务管理、系统管理、决策分析、互联网访问、主监控台。如图 3-20 所示。

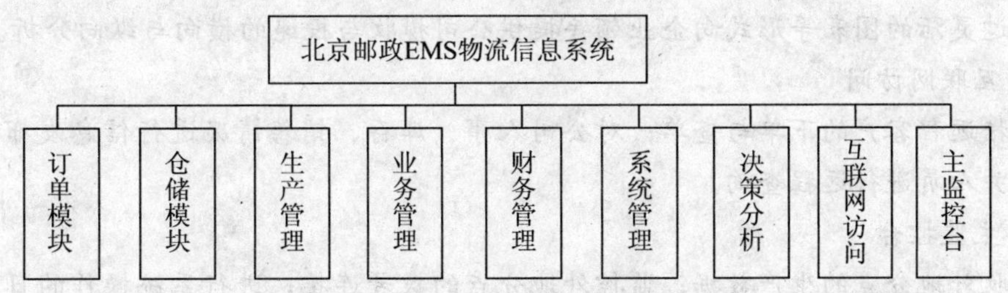

图 3-20 物流信息系统功能结构图

1. 订单模块

客户服务部门使用。主要包括订单的接收、分拣、出口、合拢、客户信息反馈等。该模块可以接收如185、电话、传真等各种来源的订单，并通过统一的数据接口对订单进行处理，然后通过网络将订单的投递信息反馈给客户。

2. 仓储模块

包括仓库的设定、产品档案的建立、购入、借入、退库、售出、借出、盘盈、盘亏及借入借出结算、接收提货要求并进行简单包装加工等，并提供库存列表、流水分析、汇总分析（包括期初、期间、期末等）、供应商货物销售情况反馈等。

3. 生产管理

管理物流信息的主要部分，包括分拣中心模块、分点管理模块及数据交换三部分。分拣中心是各分点邮件的中转交换场所。该模块实现了一个限于分拣中心内部的邮件进出管理环境，主要包括中心自己揽收的邮件、分点转投邮件及各种退件的进口、出口、合拢、中心自己的监控、信息反馈，等等。分点管理模块除管理各分点邮件的进口、出口及合拢外，还实现了邮件最终投递到户及与之发生的交款、交费、投递监控及信息反馈等。数据交换模块实现了整个公司范围内生产数据的共享、一致。

4. 业务管理

该模块归物流中心业务及生产监控部门使用。主要包括对所发生业务进行建档、对各分点的各种业务的投递情况进行回钩，并向客户进行信息反馈。该模块还生成揽收日报、投递日报、各分户账、公司整体运作监控等。

5. 财务管理

本系统不是财务软件，而是提供财务决策的相关数据。主要建立应收、实收账款，并对应收与实收进行核对；进行收据管理；建立员工揽收工作量、投递工作量、取件工作量的绩效与提成分析；向客户对账及结算，等等。

6. 系统管理

完成系统相关信息的维护和设置。其中包括系统初始化、基础数据的维护、数据库的备份和恢复以及系统通用参数的设置。如职工档案管理、职工权限管理、公司组织管理、客户档案管理、供应商档案管理，等等。

7. 决策分析

通过灵活的图表等形式向企业领导提供公司揽收与投递的横向与纵向分析。

8. 互联网访问

包括远程客户的下单与查单；对公司人事、库存、销售情况进行信息发布，以供公司相关人员进行远程查询。

9. 主监控台

接收外地分点的生产数据；监控外地分点的拨号连接；进行系统操作的日志记录与分析。该模块与数据交换模块（属于生产管理部分）一起共同实现了分布数据的集中共享。

（三）应用模式

系统应用模式是综合使用各种软硬件系统的一种应用结构和计算模式，物流中心系统采用以下两种模式来实现异地分布数据集中统一管理：主体使用基于数据库系统的 Client/Server 模式，客户访问部分是基于数据库系统的 Browse/Server 模式。

1. 基于数据库系统的 Client/Server 模式

基于数据库系统的 Client/Server 模式如图 3－21 所示。数据库服务器是数据存储中心，可供局域网端用户和远程客户端用户使用。局域网端用户使用开发的应用系统，通过局域网快速调用数据库服务器中的数据，不存储在桌面数据库中。远程客户端用户使用开发的应用系统（如分点则采用数据交换模块），向中心数据服务器上传所有的生产数据来保证数据集中，当需要共享信息时，又通过相应模块（如分点采用数据交换模块）及通信网络调用数据库服务器的数据。异地数据可存储在本地桌面数据库系统中，以便进行内部分析、处理。

2. 基于数据库系统的 Browse/Server 模式

客户（包括散户和大宗用户）通过网上下单、网上查单部分应用主要使用该模式。客户通过互联网访问公司数据库系统，并查询自己的订单配送情况。该部分数据与业务系统的数据共享。

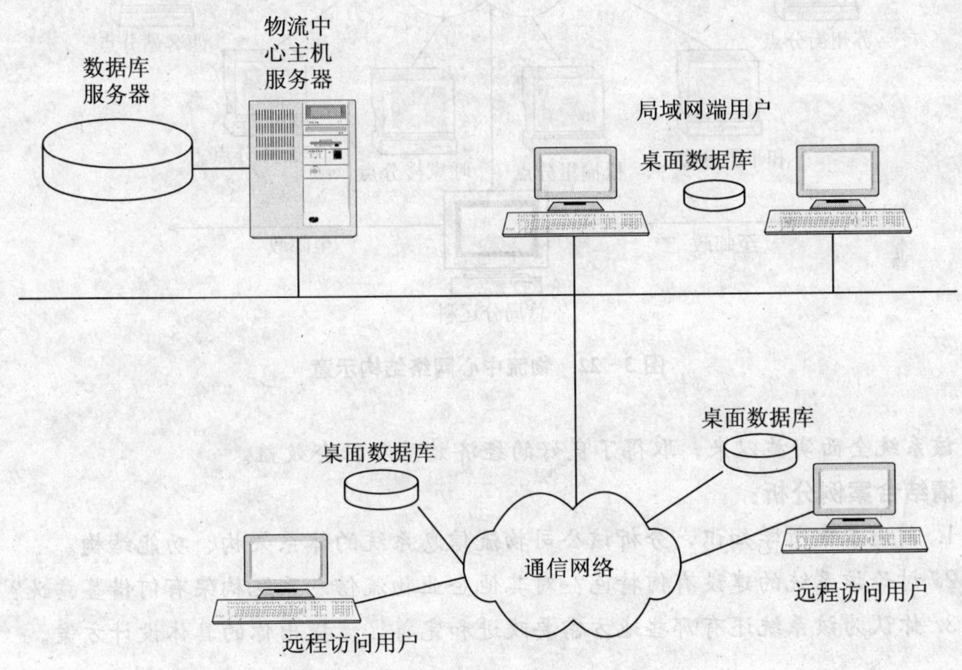

图 3－21　基于数据库系统的 C/S 模式

（四）网络结构

物流中心网络体系包括两部分：物流中心不同处理现场的内部实现局域网连接及外部各分点同物流中心实现广域网络连接。网络结构示意图如图 3－22 所示。

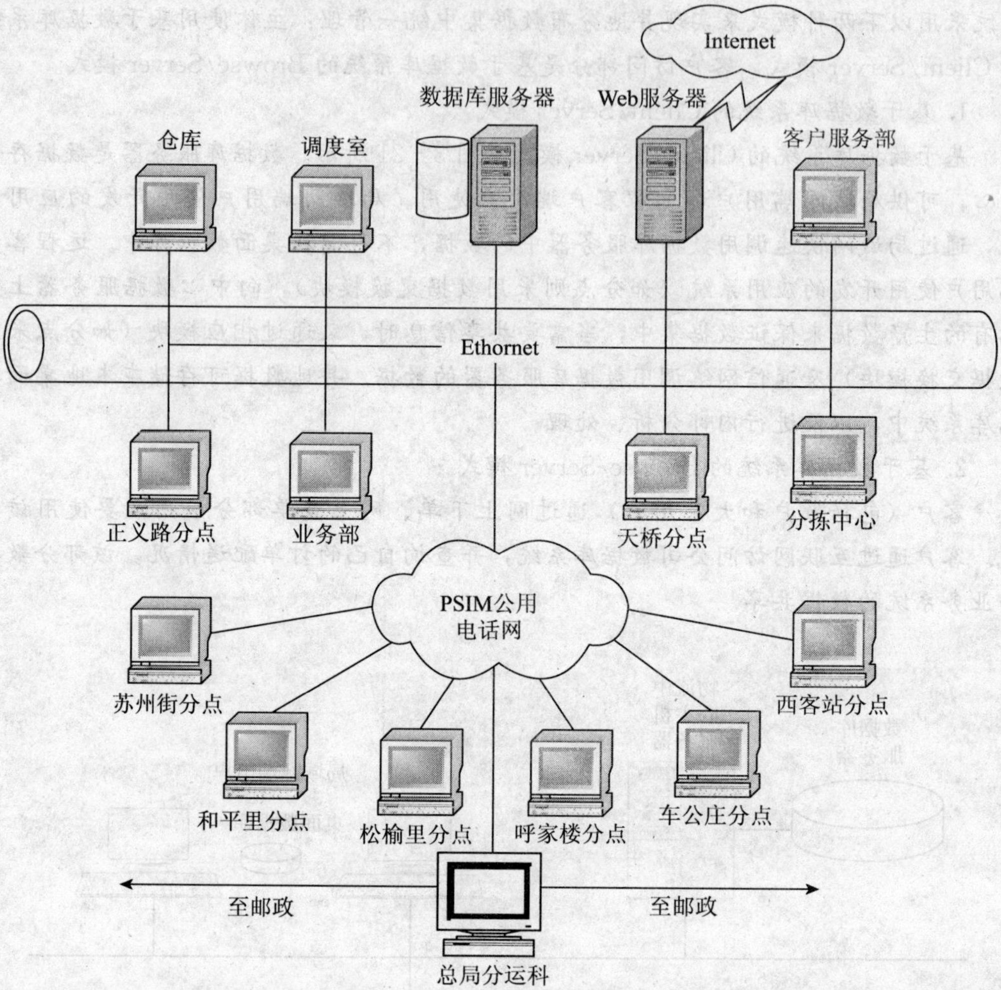

图 3－22　物流中心网络结构示意

该系统全面实施以来，取得了良好的经济效益和社会效益。

请结合案例分析：

1. 利用本章所学知识，分析该公司物流信息系统的体系架构、功能结构。
2. 讨论该系统的建设有何特色？对其他企业物流信息系统构架有何借鉴意义？
3. 你认为该系统还有哪些地方需要改进和完善，请提出你的具体设计方案。

练习题

一、不定项选择题

1. 物流信息管理系统必须层次结构分明，下列哪个选项不属于操作层（　　）。

A. 运输管理　　B. 报关管理　　C. 采购管理　　D. 统计管理

2. 主要用于企业内部以及企业供应链上下游之间的信息共享的物流信息平台是：（　）。

A. 企业物流信息平台　　B. 国家物流公共信息平台

C. 地区物流公共信息平台　　D. 行业物流公共信息平台

3. 信息系统的基本功能包括（　）。

A. 信息的采集　　B. 信息的输入、输出

C. 信息的传输　　D. 信息的存储

4.（　）模式最大特点是用户可以通过 WWW 浏览器去访问 Internet 上的文本、数据、图像、动画、视频点播和声音信息。

A. B/S　　B. C/S　　C. 主机/终端　　D. P2P

5.（　）是所有物流信息子平台中级别最低的，它是物流信息平台的终端。

A. 国家级物流公共信息平台　　B. 企业级和园区级物流信息平台

C. 省级物流公共信息平台　　D. 行业物流公共信息平台

6. 数据库的基本结构包括（　）。

A. 数据仓库层　　B. 物理数据层

C. 概念数据层　　D. 逻辑数据层

7. 下列属于数据仓库特点的是（　）。

A. 面向主题　　B. 集成性　　C. 动态性　　D. 反映历史变化

8. 管理信息系统的层次中包括（　）。

A. 数据处理系统　　B. 辅助管理信息系统

C. 战术决策信息系统　　D. 战略决策信息系统

9. 目前对等网络模式主要有（　）。

A. 纯 P2P 模式　　B. 集中模式　　C. 混合模式　　D. 浏览器模式

10. 企业物流信息系统的基本组成包括（　）。

A. 硬件　　B. 软件

C. 数据库和数据仓库　　D. 人员

二、简述题

1. 信息系统的基本功能有哪些？

2. 信息系统的系统结构通常有哪几种？

3. 简述社会物流信息系统的体系结构。

4. 什么是物流公共信息平台？简述其功能定位。

5. 简述企业物流信息系统的层次结构及功能结构。

三、案例讨论题

材料 1：

2001 年 7 月 28 日，在整合原上海市 EDI 中心、上海港航 EDI 中心和上海经贸网络科技有限公司等企业的业务、市场和数据资源的基础上建立了上海亿通国际股份有

限公司，公司成立后其配套门户网站亿通网（www.easipass.com）正式开通。

上海亿通的主营业务包括：口岸物流信息系统开发、管理，港航、空港电子数据交换业务，海关申报和进出口业务流程的电子化；国际经贸领域电子商务（B2B）；外贸进出口和物流企业专业化的软件产品开发和系统集成；基于 Web 技术的 ERP、CRM 软件开发和服务（ASP）等。这种将关、港、贸三个平台合而为一个平台的模式在全国尚属首例。

亿通目前的电子数据交换业务仍采用免费安装专门用于 EDI 用户与 EDI 中心进行报文交换的客户端软件，其主要功能是将港航运输的主要单证生成报文形式，按照报文格式标准对报文进行校验，并通过一定的通信协议与 EDI 中心进行报文交换。其报文流转方式为：用户 A→平台文件→EDIFACT→港航 EDI 中心→EDIFACT→平台文件→用户。尚未采用 Internet 和 EDI 结合的较先进的应用技术。

此外，亿通网的物流电子商务平台系采用原航运商务网（www.21shipping.com），整合后作为亿通网口岸物流信息系统的组成部分。

材料 2：

深圳在原港航 EDI 中心的基础上组建了深圳鹏海运集装箱运输电子数据交换有限公司，专业经营交通运输电子数据交换（EDI）业务及相关计算机网络集成，提供交通运输信息资讯增值服务。

深圳港航 EDI 平台经过升级改造，作为市政府确立的深圳市物流信息网络平台，已投入鹏海运的主营业务：提供包括 EDI 数据交换、EDI 报文的翻译和转换服务，提供集装箱运输交易撮合、物流信息统计查询等多项增值服务，提供包括用户端软件和应用系统的开发与集成等技术服务，承担物流系统的研究及相关 EDI 信息项目的开发工作。

深圳市物流信息平台的建设目标是：实现与海上集装箱运输、陆路运输、航空运输、商贸、进出口等广大企业以及海关、海事、国检、金融、工商、税务、保险部门等行政管理和执法部门的互联，实现与上海、青岛等港口城市的互联，为企业提供“一站式”的物流信息系列服务，实现物流控制电子化，以加快企业信息传递速度，促进企业内部管理合理化，降低商业成本，增强企业竞争力，提高政府执法监管的效率。

材料 3：

2001 年 7 月，《厦门市现代物流产业发展规划前期调研报告》首次提出建设厦门公共物流信息服务平台的构想。

2003 年年初，厦门组建电子商务中心股份有限公司承运“厦门物流信息平台”，目前正在该信息平台上建设“运输作业数据交换联动系统”、“通关数据支持系统”和“物流公共信息服务系统”三大应用系统，实现公共信息发布与查询、交易服务、用户信息服务等功能，以提高厦门口岸的通关效率和物流效能。

电子商务中心在前期筹建过程中已经完成了“厦门海港电子订舱系统一期工程”

和“厦门空运无纸化通关物流监控系统”等，2004年将通过海港电子订舱二期工程，完成与码头、堆场、理货的联网，实现“预配舱单”、“重箱进场信息”、“装箱单”、“码头作业计划”的电子化传送，实现海运出口业务的作业链全程电子化及联动作业。

材料4：

香港航运与港口发展局于2002年年初提出“数码贸易运输网络系统”（Digital Trade and Transportation Network System，DTTN）的建设计划，中国香港行政特区政府也将“数码贸易运输网络系统”计划列为重点项目之一。

DTTN平台系统是一个全新概念的物流平台，作为集政府部门、买家、货运码头、航空公司、快递公司、船公司、货运代理、出口商、银行和保险公司等环节业者于一身的系统网络，主要目的是促进出口贸易的流畅性，以建立一个全面的运输物流平台，并促进香港与珠江三角洲之物流联系。

DTTN平台系统的架构分为三个层面。第一和第二层是该系统的核心部分，为该系统第三层（增值服务）的持续发展提供有利条件（如图3－23所示）。

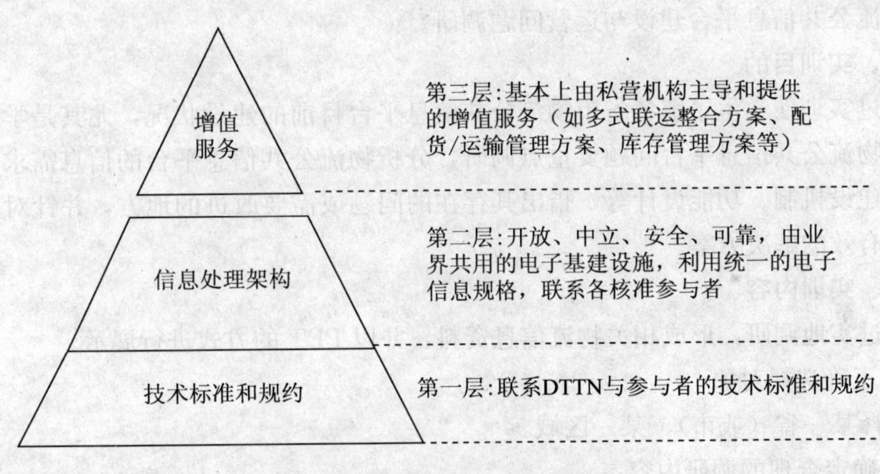

图3－23　DTTN平台系统的架构

业界人士可借助适当渠道（浏览器、网关和电子邮件软件等），以直接或间接的方式接入DTTN内，借此拓展商机和开发新服务。DTTN系统通过电子信息路由服务、资料承传服务、电子信息规格变换服务、资讯保安服务、用于统计和分析的编报服务、入门网站与信息管理服务六种服务，协助用户达致上述目标。

材料5：

新加坡港口EDI网络系统（PORTNET）与国家EDI贸易网系统（TRADENET）为互为独立的两个EDI网络，新加坡海关在TRADENET上进行运作，PORTNET的用户可以通过EDI中心向TRADENET传输信息，但PORTNET用户若需要获得海关的其他服务，则需另行办理加入TRADENET的入网手续。新加坡政府在1989年实施PORTNET时，投资了2.1亿美元。

澳大利亚 Tradegate 是在货物运输 NCWP 州际理事会建议下于 1989 年建成的，其成员包括：澳大利亚海关，Qantas 航空公司（IATA），澳大利亚港口和海洋协会理事会（AAPMA），澳大利亚海运集团（ACOS），澳大利亚海事委员会（ANMA），澳大利亚空中货物运输联盟（AFAFF），CBCA，澳大利亚铁路公司 ROA，澳大利亚道路运输联盟 ARTF 和澳洲贸易委员会 AUSTRADE。同时澳大利亚政府在海关服务系统（ACS）、货运跟踪系统等基础上，又投资建立了一个综合性的电子贸易系统 Supplyline。

请结合案例讨论：

1. 通过上述材料分析，口岸物流信息平台的构建有何特点？
2. 结合案例设计口岸物流信息平台的系统结构及功能结构。

技能训练项目

一、项目名称

物流公共信息平台建设与运营问题调研。

二、实训目的

通过实训使学生了解各省市物流公共信息平台目前的建设状况，尤其是学生所在省、市物流公共信息平台问题要重点调研，分析物流公共信息平台的信息需求、系统架构、建设机制、功能设计等，指出其存在的问题或需要改进的地方，并针对上述问题提供有效的解决方案。

三、实训内容

通过实地调研，形成相关物流信息资料，并以 PPT 的方式进行展示。

1. 正确选择对象

选择某一省（或市）、某一区域。

2. 确定合理的调研内容

（1）调查目前该省（市或区域）物流公共信息平台的建设应考虑的因素及建设现状。

（2）了解该省（市或区域）物流公共信息平台的信息需求。

（3）调查物流公共信息平台的系统架构，分析其主要特色。

（4）调查物流公共信息平台的功能框架设计。

（5）了解该平台的运营中（或建设中）存在的突出问题。

以上调研内容可根据学生的实际情况进行选取，如只选取其中的一部分进行，或分小组进行，每个小组重点完成一项调研内容等，教师可根据情况灵活安排。

3. 完成物流信息管理调查问卷

针对事先拟定好的调查问卷的内容，对物流公共信息平台涉及的相关机关、企事业单位及人员进行访谈，并将调研内容认真记录下来。

4. 分析评价并做出 PPT

小组内部分析本次调研的收获，针对物流公共信息平台建设的背景、过程、问题及对策等做出详细的调研报告，并根据该报告做出 PPT，由各小组抽派人员进行讲解，讲解时间为 10～20 分钟。

5. 总结评估

根据调研报告，总结本次调研的心得。

四、实训组织

1. 对学生进行分组，每个小组选一位组长，实行组长责任制，由组长定期向指导教师汇报情况，同时，指导教师不定期抽查；

2. 设计调查问卷，拟定实训提纲，强调重点内容，规定本次调研的完成时间；

3. 灵活运用各种调查方法，通过实地调查收集相关资料；

4. 分组进行展示，评出优劣。

五、实训场所

1. 利用投影室向学生介绍物流公共信息平台调研或设计的相关知识、布置实训内容，提出实训要求；

2. 学生利用课余与周末选择对象进行调研；

3. 分小组设计调研报告方案；

4. 以小组为单位阐述方案。

六、考核要点

1. 资料有无价值，真实与否；

2. 内容翔实与否；

3. 讲解表达流畅与否，条理明晰与否。

教师可参考以上指标，根据实际确定权重，对方案进行评分。

第四章 物流业务信息系统

学习目标

- 理解不同类型的企业物流业务信息管理流程。
- 掌握仓储信息管理系统的含义及基本功能。
- 掌握运输信息管理系统的基本功能。
- 掌握配送信息管理系统的概念及功能结构。

学习导航图

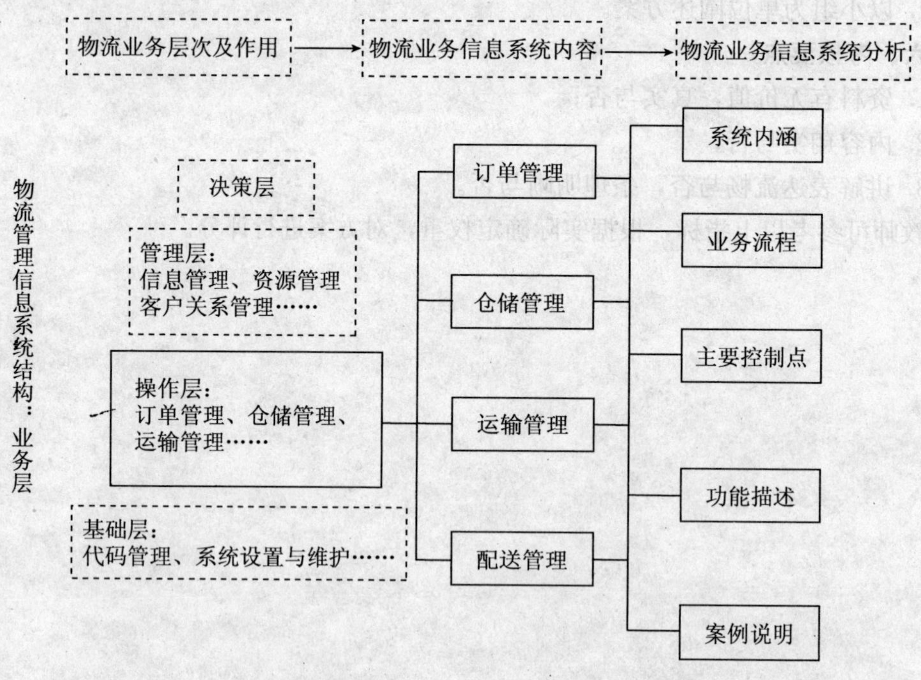

佳德物流的信息化三步曲

深圳佳德物流有限公司创立于2003年8月1日，是集综合运输、储存、装卸、搬运、包装、流通加工、分拣、配送、信息处理等基本功能于一体的专业第三方物流企业，现有专业运输车辆26台、签约车辆45台，配送中心面积近18000平方米，已投入使用的仓储面积达7600平方米，仓内配备各种专业运输车辆和搬运机械，拥有先进的物流信息系统、完善的仓储设备及运输能力。公司成立以来，信息化给企业带来了无穷的动力和机遇。

企业初创举步维艰

业务部经理钟兆峰说："佳德成立之初由于规模、资金以及声誉等方面与大型物流企业相比没有优势，导致了与客户达成协议时成本高昂；获取信息方面成本高、能力弱；发展资金不足；同时又缺少现代中小物流企业先进的管理技术人才等，使得佳德发展举步维艰。"面对困难佳德决定从四点着手，即"培育出相对成熟和完善的中介服务体系；服务技术创新原则，由于资金有限，在技术开发上应当根据客户实际情况追求灵活性，实施一对一营销，可以与客户共同合作，按照其需要进行技术开发创新，以避免盲目性与不必要的投资；确立自身创业原则，即不熟不做、重点客户重点服务原则；实现企业信息化"。

在实现企业信息化的问题上，佳德物流在发展中遇到的主要问题是内部管理的低效率、不规范和高成本，为了解决此问题，实现企业管理的规范化，提高企业运作效率和降低成本，信息化建设和信息系统的引进和实施迫在眉睫。例如，在收货作业上，按照打印出订单的方式来收货，手工核对单据商品和实物商品，核对完成后需要用实际收货数来修改系统中的收货数，再打印出进货单。这样的效率比较低，导致虽然一天的收货金额上限是180万，但实际收货能力只有150万左右。

酝酿改变

如果不做改动的话，将影响到佳德的前途，公司上层认识到了这点，积极寻找着各种方法来突破自己。

佳德选择的信息化模式是交给专业的物流软件公司来做。选择信息化合作伙伴时佳德也进一步考虑到：在物流业内有一定的知名度，具备相应研发和技术能力，最重要的是具有物流管理专业分析或咨询人员，价格要适当，企业要能承受得起，满足企业信息化目标及信息系统基本要求和特殊要求。

2004年10月，佳德物流经过多方考察后决定与海鼎合作，并与它签订正式合同，采用海鼎的HDWMS系统，包括HDWMS系统与HDPOS系统接口、HDWMS系统与无线射频（RF）系统接口、HDWMS系统与电子标签系统接口、物流运作方案等。

项目实施三步曲

第一步：前期讨论和流程确定。2004年10月，海鼎项目组到佳德物流现场进行流程讨论和调研工作，整理客户需求，并搭建测试环境，同时等待时捷物流二期仓库的建设。2006年8月30日，海鼎项目组前往时捷物流现场进行第二期的流程讨论和岗位职责的讨论，一起确定了收货、配货、退货等一系列流程，以及岗位的设定和人员考核等，并把整个流程和职责规划在ARIS里实现了建模。在讨论的过程中，海鼎项目组提供了物流仓库搬迁方案，得到了客户的认可，并计划在10月底进行物流仓库的搬迁和系统的上线。

第二步：实施测试系统并整理基础数据。在切换佳德物流信息系统的前期，海鼎项目组按照各自的分工展开工作，包括搭建测试库并测试、整理基本资料、培训人员和程序修改等。在这过程中，佳德配合默契，在保证硬件及时到位的同时，也保证了流程讨论和培训各环节的人员到位。

第三步：切换系统并作运行跟踪。对于不同的商品，海鼎项目组和佳德物流一起确定了不同的切换方式。比如整件商品，是采用盘点的方式直接盘入到物流系统的，而其他的拆零商品是通过收货的方式进入物流系统。在切换过程中，海鼎项目组和佳德物流经常通宵达旦。切换完成后，后续的运行跟踪也需要很大工作量。切换后遇到的最大问题就是库存不准确，其中现场操作的不规范是最大原因，这些问题在跟踪过程中通过订立现场管理制度，保证严格按照规范操作慢慢地解决了。

新系统，新效率

采用新系统后首先收货效率大大提高。采用RF收货后，现在平均一天的收货金额为200万，数量为40000件，约100托盘，是原来收货能力的2倍。其次，支持更多的门店配送和拣货。原来一天的配货门店只有200～250家，现在配货门店有350多家。再次，拣货时间缩短，节约了人力。原来120万的配货金额要从早上一直拣到晚上，需要将近17个小时，而现在一天120万的配货金额，从早上7点30开始补货，大概10点开始拣货，一般在晚上7点就可以结束，总共约8个小时的时间，大大缩短了拣货的时间。最后，拣货效率提高。从原来需要几分钟拣完一个门店，到现在大概只要55秒就可以拣完一个门店，而且还有继续提升的空间。同时拣货错误率也从原来的万分之十降低为现在的万分之四。

佳德物流面对成绩并没有放慢脚步，正着力发展第三方物流业务，目前，在多个城市拥有分物流中心，将逐步建立起物流网络。在现有高效率的基础上，佳德物流下一阶段的目标是：TMS（运输管理系统）的应用，整合现有的自有车辆和租赁车辆的管理，实现出车效率、出车次数、车辆满载率、门店集货区流转效率等的优化；整合内部员工的工资和奖金的计算，达到自动在HDWMS系统里进行计算和优化；逆向物流的应用，整合所有的物流筐的管理；第三方业务的整合；发展其他的业务，比如宅配等。

案例思考

1. 佳德物流为什么选择信息化？

2. 结合案例分析，物流信息化建设在企业发展中有何作用？

3. 该案例对你有何启发？

物流业务信息系统为现代物流活动提供了一个利用计算机进行信息处理的平台，通过对各种信息数据快捷高效的传输、整理、分析等，实现信息充分共享，减少由于信息不畅带来的损失；对物流作业活动进行标准的流程化管理，达到有效管理控制的目的；根据实际需要嵌入优化方法，有效提升作业效率，更充分地整合各种资源；清晰的成本核算，让隐藏的物流成本问题浮现出来；业务能力的提高，也会带来客户满意度的提升。物流业务信息系统一般包括订单处理系统、仓储信息管理系统、运输信息管理系统、配送信息管理系统和成本核算信息系统五个模块，本章分别来介绍各模块。

第一节　订单处理系统

采用订单处理系统（OMS）是企业物流管理信息化不可缺少的一部分，利用计算机网络实现企业订单管理的信息化，不但有助于提高订单管理的效率、快速实现对各种产品入库、员工情况、订单的查询，而且有助于企业在制订生产计划、原材料采购、物流管理、资金管理时作出最有效的决策。订单处理是实现企业服务目标最重要的环节之一，改善订单处理过程，缩短订单处理周期，提高订单满足率和供货的准确率，提供订单处理全程信息跟踪，可以大大提高顾客服务水平与顾客满意度，同时也能降低库存水平和物流总成本，使企业获得竞争优势。

一、订单处理系统的概念

订单处理系统（OMS）是企业根据自身产品特点、业务流程等所开发的一套综合订单处理系统，其目的是提升订单处理效率、节省作业时间和作业成本、实现对订单信息流的有效管理。订单处理系统主要包括订单录入、订单审核评估、订单执行、订单跟踪、订单统计分析、系统管理等模块。作为计算机应用的一部分，使用计算机对企业订单信息进行管理具有人工管理无法比拟的优点，如检索迅速、查找方便、可靠性高、存储量大、保密性好、寿命长、成本低等，可减少更多的人力物力，这些优点都能够极大地提高货品订单的管理效率，也是企业管理科学化、正规化、与世界接轨的重要条件。

企业订单处理的业务流程主要包括客户发出订单申请、订单审核及确认、制订计划、组织订单产品生产、订单付款这些阶段，处理过程中涉及营销、计划、生产、库存、财务等部门。在采用订单处理信息系统后，从订单受理到交货整个过程都在该系统中完成，整个订单管理过程实现了规范化；企业各部门之间可轻松实现信息共享，紧密配合，如营销部门可实时了解生产和库存情况，计划和生产部门也能及时分享客户需求变化；客户也可通过 Internet 及时了解订单进展，并可提出自己的意见，获得更好的服务。

二、订单处理系统功能模块

（一）订单处理流程

订单处理流程图如图 4－1 所示，主要处理过程包括从客户端录入订单、对订单进行审核评估、执行订单内容、通过订单跟踪实时了解订单进展以及对已完成订单的数据挖掘、统计分析。订单处理过程需要通过企业各部门密切配合来共同完成，如库存部门要提供最新库存信息以及销售出库情况，销售部门要处理客户订单、评估确认、跟踪订单以及对订单进行统计分析，财务部门要完成收付款、开销售发票，生产部门要制订生产计划、组织生产并将生产进度反馈到订单处理系统中。

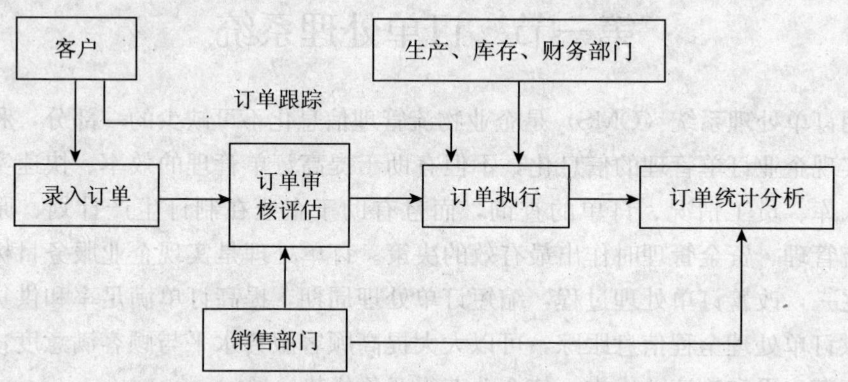

图 4－1　订单处理流程图

（二）订单处理系统功能模块

企业根据实际情况来开发适合自己的订单处理系统，一般的订单处理系统包括以下这些模块：

1. 系统管理模块

系统管理模块包括基本参数设置、权限管理设置、客户信息维护等模块，其主要功能是维护订单处理系统运行，管理客户、员工、部门、产品等相关基本信息资料。

2. 订单录入模块

订单录入模块为客户提供了录入订单必需的信息交流平台，是订单处理系统的入口。在该模块下，客户通过网络进行信息注册并查看企业的产品信息和报价，并可直接填写订单，通过人机交互的方式快速完成订单的生成和提交。同时，该系统还允许客户提交一些特殊要求，并且根据系统内预先设置的定价策略及企业生产能力等信息，客户能立即得到订单的定价信息和大致交货时间。

3. 订单审核评估模块

订单审核评估模块主要是审核订单的正确性和可行性，包括客户信息、产品说明等内容，该模块辅助销售人员完成对订单的审核。对于审核通过的订单就要进行订单评估，对不同的订单决定其优先权，把订单添加到一个先进先出的队列中去。

4. 订单执行模块

订单经过审核确认后，即进入订单执行模块，并行地安排相关的设计、生产、采购等活动，最后经由销售渠道交付给最终客户。该模块是企业能否实现有效订单管理的关键，是订单生产和控制的主体部分，订单生产首先从订单队列中取出一个订单，根据订单内容制订相应的生产进度、生产工艺和物流需求计划，平行地发送给生产部门和采购部门。生产部门在组织生产时要动态地将订单的生产状况反馈到系统中，以便客户查询，同时生产部门也可从该系统实时了解到客户的最新需求。

在订单执行模块，生产、库存、财务部门共同配合完成库存查询、制订生产计划、入库、发货、收款、订单执行完成的整个过程，部门之间能有效地共享订单信息，实现库存控制的最优化，实现生产部门对市场需求变化的实时掌控，完成企业内部资源的合理调配，提高企业的整体运营效率。

5. 订单跟踪模块

在整个订单处理过程中，客户可随时查询到订单的最新处理状态，动态了解订单状态，获得全方位的服务。订单跟踪功能的实现是在订单处理系统应用的基础上实现的，同时也是企业销售、财务、库存、生产各部门密切协作的成果。没有订单处理系统，采用传统的人工处理方式，大量内容各异的订单处理、保存、查询、追踪等都是不可能实现的，不利于信息处理，不适应现代管理方式，客户服务质量更无从谈起。

6. 订单统计分析模块

订单统计分析模块是订单实现后的管理模块，根据前期已实现的订单，进行销售统计分析，订单信息挖掘分析，提炼客户潜在需求，完成客户需求预测和销售预测，并对客户进行信用等级评价。该模块也是在计算机管理订单的基础上，才能对大量零散的信息进行各方面的统计分析，挖掘出有价值的数据资料，并利用其预测分析需求的功能，挖掘潜在客户，提高客户满意度。

利用订单处理系统来改善企业订单处理过程，从企业或顾客的角度来看都很有必要性。通过改善订单处理过程，缩短订货周期，顾客所购买到的不仅仅是产品或服务本身，更重要的是获得价值和满意。其中获取产品信息的便利性、订货提前期的缩短、送货的及时性、订单处理状态跟踪等因素是获取顾客满意的保证。对企业来说，通过先进的技术手段以及对业务流程的重组和优化，既提高了客户服务水平又降低了物流总成本，形成了企业在竞争中的又一项优势。

三、电子订货系统（EOS）

（一）电子订货系统的概念

电子订货系统（Electronic Ordering System，EOS）是不同组织间利用通信网络（VAN或Internet）和终端设备，以在线连接方式进行订货作业与订货信息交换的体系。利用电子订货系统，将批发、零售场所发生的订货数据输入计算机，通过计算机通信网络连接的方式将资料传送至总公司、批发商、商品供货商或制造商处。因此，EOS能处理从新商品资料的说明到会计结算的所有商品交易过程中的作业，可以说EOS涵盖了整个物流过程。EOS因采用了很多先进的管理手段，因此在国际上使用非常广泛，特别是在零售业备受青睐。

（二）电子订货系统的特点

（1）商业企业内部计算机网络应用功能完善，能及时产生订货信息；

（2）POS与EOS高度结合，产生高质量的信息；

（3）满足零售商和供应商之间的信息传递；

（4）通过网络传输信息订货；

（5）信息传递及时、准确；

（6）EOS是许多零售商和供应商之间的整体运作系统，而不是单个零售店和单个供应商之间的系统。

电子订货系统在零售商和供应商之间建立起了一条高速通道，使双方的信息得到及时沟通，使订货周期大大缩短，既保障了商品的及时供应，又加速了资金的周转，实现了零库存战略。

（三）电子订货流程

在传统订货模式下，EOS是许多零售商和许多供应商组成的大系统的整体运作方式。零售商的计算机应用系统根据销售情况和库存情况生成订货信息，制作出一张订货单，利用计算机网络传到供应商的计算机系统中；供应商则根据订货单的要求准备货物，开出发货通知单，将发货通知单通过网络传递到零售商的计算机系统中。交货单的资料便成为零售商的应付账款资料及供应商的应收账款资料。

在零售商的持续补货业务模式下，零售商将销售数据和库存信息通过网络传递给供应商，告知销售情况，供应商根据销售情况决定是否发货给零售商。供应商发货时，通过网络传给零售商发货通知，零售商根据电子发货通知告知的情况计算货款付账。

（四）EOS系统在企业物流管理中的作用

（1）对于传统的订货方式，如上门订货、邮寄订货、电话、传真订货等，EOS系统可以缩短从接到订单到发出订货的时间，缩短订货商品的交货期，减少商品订单的出错率，节省人工费。

（2）有利于减少企业的库存水平，提高企业的库存管理效率，同时也能防止商品特别是畅销商品缺货现象的出现。

(3) 对于生产厂家和批发商来说，通过分析零售商的订货信息，能准确判断畅销商品和滞销商品，有利于企业调整商品生产和销售计划。

(4) 有利于提高企业物流信息系统的效率，使各个业务信息子系统之间的数据交换更加便利和迅速，丰富企业的经营信息。

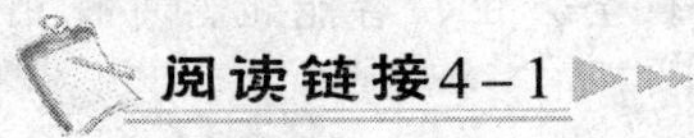

H公司的TA系统

H公司是一家年收入超过366亿美元，在多元化技术和制造业方面占世界领先地位的跨国公司，连续50年位列《财富》500强排行榜。在全球，其业务涉及航空产品及服务；住宅及楼宇控制和工业控制技术；自动化产品；特种化学、纤维、塑料电子和先进材料以及交通和动力系统及产品等领域。目前客户遍布世界100多个国家和地区。市场全球化为公司带来了许多优势，统一的营销活动为企业节约成本，面对饱和的国内市场公司向国外寻求发展机会。H公司的业务发展一直牢牢遵循法律法规，并专门设有贸易合规部门以确保日常业务合理规范，该部门的主要职能在于确保其业务操作符合日新月异的贸易法规要求，并通过合理利用各项法规为企业带来更多的利润收益。然而由于市场与国际环境的变化加剧，由贸易违规引发的问题频频出现，其主要体现在：

(1) 违规风险与惩罚。产品进出口是H公司经营业务的重要方式之一，随着美元的不断贬值，极大地刺激了美国出口，相应的外贸监管也更加严格。公司面临的主要挑战有企业需及时掌握政府不断更新的贸易限制对象的信息，申请与管理追踪许可证等。

(2) 单证管理不规范。H公司许多文件都由SAP系统自动生成，但不能完全满足客户的需求，有些文件仍需要在SAP系统外进行制作，而在这方面其存在许多不足，准确率和速度不高，许多文件的制作签发不够严谨规范，手工操作、个人行为缺乏管理，文件的归档也没有统一标准。

(3) 物流成本偏高、跨部门的沟通和业务流程延迟。目前H公司的客户订单的物流运输执行已全部外包给第三方货运代理公司，物流操作很大程度上依赖于货运代理公司，他们负责帮助公司安排订舱、报关、合规审核、运输、全套单据制作与寄送等。虽然该项外包服务减轻了公司内部很多工作量，但其弊端却日益凸现。公司的物流成本常年居高不下，据统计仅每年公司付给各类货运代理公司的服务费就达到几百万美金。

在此背景下，H公司必须对现行的客户订单处理流程进行再造。

信息集成是实现公司管理的基础，公司选择使用MDI公司的TA系统（Trade Automation Export Module）来帮助实现这一目标。TA系统是美国MDI公司研发的面向跨国公司、外贸企业使用的国际贸易合规管理在线解决方案。它基于SaaS（Software as a Service）运营模式，帮助企业实现工作流程可视化、信息管理智能化、单据制作规范化，有效加强了企业内部分工与合作。同时它也充分考虑到信息传递的安全、数据传输格式统一、可扩展性等问题。TA 系统以销售订单为中心，覆盖客户管理、许可证管理、物料管理、客户订单审核、报关、订舱、运输、收汇、退税等全程贸易环节，将贸易流程按层次划分并自动推进工作任务，辅以全程的流程审批管理和提醒预警机制，帮助企业对订单的确立、执行和分析进行全方位、智能化、可视化管理。流程再造的主要内容包括：

(1) 客户甄选管理流程。该流程旨在通过 SAP 与 TA 系统的 A2A 的链接发送所有客户的新建和修改信息至 TA 进行审核。数据传输的目的在于运用 TA 系统进行贸易限制对象扫描，以确保特定交易客户符合国际贸易规范要求。TA 系统对所有的新建或修改客户信息每天进行批量审核。

(2) 物料管理流程。流程再造前，物料的新建与修改通常是由产品经理或业务部门提出申请，由外包的 SAP 顾问负责维护。TA 系统搭建了一个全球化、透明化的业务平台对物料在各个国家的使用情况进行监督。同时通过流程再造，对物料号进行重新整理与归类，创建数据维护的标准，为许可证的管理流程改进提供了基础。

(3) 订单输入、交货、开票流程。销售订单不仅是销售业务的业务处理源，更是工业系统整体的源单据和最终目标，可以实现以销定产、以销定计划、以销定购等多种业务模式。销售订单管理主要是订单执行的管理，即对订单的情况的记录、跟踪和控制，包括针对销售合同的执行；控制订货价格、数量和客户、业务员信用管理；随时对订单完成情况的跟踪、控制订单的实际执行。销售发票是企业收入的确认标志，其业务处理和管控是企业销售业务中重要的一个环节。销售发票与全部销售业务单据都有联系，同时与应收款系统实现发票共享，并与销售合同、收款单、预收单据联系紧密。

第二节 仓储信息管理系统

仓储管理是物流管理的核心环节，处于物流各环节间的连接点，如采购与生产之间、生产与销售之间、批发与零售之间、运输与配送之间等，作用在于平衡物流各环节之间的不均衡性，消除上下游流程之间的矛盾。与传统仓储管理比较，现代仓储管理目的在转变、服务功能在增强、成本逐步递减，这些进步主要得益于仓储信息管理系统的广泛应用。

一、仓储信息管理系统概述

(一) 仓储信息管理系统的概念

仓储信息管理系统（Warehouse Management System，WMS）建设以业务流程优化为基础，利用计算机技术、网络技术和数据库技术，控制和集成化管理企业仓储运营活动中的所有信息，实现企业内外部信息的共享和有效利用，从而达到提高企业经济效益和市场竞争能力的目的。现代大型物流管理的出现使仓储管理难度加大、功能不断延伸，WMS作为现代物流管理的灵魂，是物流中心提高服务水平，获取竞争优势的重要手段。

建设仓储信息管理系统的目标是，具有现代企业管理理念的第三方物流企业或者企业的物流部门，通过建立先进、适用的物流系统整体规划方案，与企业共同构造专业化现代物流系统，达到提高企业生产效率，降低物流总成本，实现企业经济效益最大化的目的，同时促进企业供应链优化，减少社会的商品流通浪费，降低社会商品的总成本，进一步产生良好的经济效益。

(二) 仓储信息的内容

仓储信息管理系统是处理仓储活动中的信息流的计算机系统，能否及时有效地掌握、处理仓储管理的信息是物流活动有效开展的关键。仓储管理中的信息是伴随着顾客的订货、商品出入库、商品采购等活动的发生而产生的，与其他物流活动的信息密切相关联。仓储管理中的信息主要有以下几种：

(1) 库存商品信息：库存商品的品名、型号规格、计量单位、数量、价格、入库时间、生产厂家、储存的库区货位、养护要求等相关信息；

(2) 设施设备信息：包括仓库内的库区货位划分、状态，各库区容器具数量、状态，各库区分拣以及取送货、理货设备的配置、数量、状态等信息；

(3) 出入库动态信息：包括各批次出入库商品的时间、品名、型号规格、计量单位、数量、价格、库架层位、供应商、需求方等信息；

(4) 来自供应商的在途、在制品信息以及需求方的计划用料、销售信息等；

(5) 库存控制信息：包括库存各类商品的安全库存量、订货点、订货批量、最高和最低库存量等信息。

(三) WMS的主要类别

仓储信息管理系统在我国的应用还处于起步阶段，从应用的角度来看WMS可分为以下几类：

1. 基于配送中心业务的WMS应用系统

如分销物流中的产成品配送中心，制造企业供应物流中的零部件配送中心。某医药公司的现代物流中心的WMS就是这样的一个典型，该系统的主要目标是优化流程，提高作业效率。系统功能包括进货管理、库存管理、订单管理、拣选、复核、配送、RF终端管理、商品与货位基本信息管理等。通过网络化和数字化方式，提高库内作业控制水平和任务编排，该系统把配送时间缩短了一半以上，订单处理能力更是提高了2倍，同时还取得了显著的社会效益，成为医药物流的一个样板。这是仓储管理系统中最常见的一类，多用于制造业或分销行业的供应链管理中。

2. 基于仓储作业技术整合的WMS应用系统

该系统解决各种自动化设备的信息系统之间整合与优化的问题。某钢铁集团第二热轧厂的仓储物流信息系统即属于此类，该系统主要解决原材料库、半成品库与成品库之间的协调运行问题，否则将不能保持连续作业，不仅放空生产力，还会浪费能源。各种专用设备均有自己的信息系统，仓储管理系统不仅要整合设备系统，也要整合工艺流程系统，还要融入到更大范围的企业整体信息化系统中去。此类系统涉及的流程相对规范、专业化，多出现在大型ERP系统之中，成为其一个重要组成部分。

3. 应用于TPS的WMS应用系统

其鲜明的特点是具有非常灵活的计费系统、准确及时的核算系统和功能完善的客户管理系统，为仓储业经营提供决策支持信息。中国华润物流有限公司的润发仓库管理系统就是这样的一个案例，此类系统多用于一些提供公仓仓储服务的企业中，其流程管理、仓储作业的技术共性多、特性少，所以要求不高，适合对多数客户提供通用的服务。该公司采用了一套适合自身特点的仓储管理系统以后，减少了人工成本，提高了仓库利用率，明显增加了经济效益。

上述三类仓储管理系统只是从适用角度来做的一个简单分类。第一类仓储管理系统比较标准，但是并非所有企业都能一下子用起来。第二类是企业内部物流发展进程中经常会用到的，当生产企业或商贸企业在推进其信息化的时候，物流部分往往先从仓储开始，然后与企业的其他信息系统整合起来。第三类则是传统仓储企业向现代物流业过渡的进程中经常会遇到的情况。

二、仓储基本业务流程分析

企业仓库内部根据仓储作业活动的特点，按照流水作业模式安排作业，科学的业务流程的实现，可确保仓储作业的高效率，堵塞各种管理漏洞，有利于分工协作。仓储基本业务包括入库管理、在库管理和出库管理三大部分。

（一）入库管理

入库业务包括到货接收和货物验收入库两个环节。货物入库管理按照货物交接的方式分为提货入库和自送入库，按照运输工具分为铁路专线到货和汽车到货。铁路专线到货是仓库直接与铁路部门在库内发生货物交接并验收入库的一种方式。专用线接运员接到到货通知后，做好各项接车、卸车、验货准备，确定停车位置并到现场准备接车。专线列车到达后，接运员核对运单、清点货物件数、检查外观质量，记录到收货单上。业务受理员输入货物验收通知，并连同收货单一并交给理货员。理货员根据货物验收通知单要求，验收货物的数量、质量、计量、堆码、标识等。验收完毕后，理货员根据实际情况记录验收码单，复核员逐项核对确认，业务受理员将最后验收结果存档并转交存货人。

若是汽车到货，程序相对简单，货物到货接收和验收入库同步。理货员根据验收标准进行货物验收，货物码放，并将码放信息记录在验收码单中，将汽车运输单有关信息记录在收货单中。复核员依据收货单、验收码单对实物逐项进行核对，最后业务受理员将验收结果存档并转交存货人。

（二）在库管理

在库管理作业包括盘点、移库、并库、过户等基本业务。

盘点是对仓库现有货物进行清点，以保证账物相符。首先通过对货物验收码单出入库信息的统计，得到货物的实际库存量，输出货物盘点清单。根据盘点清单，工作人员对库内货物进行清点，如果发现某类货物与清单不符，记录下该货物验收码单的详细信息，进行详细盘点。盘点后记录盘点信息，并寻找盘点中账物不符的原因。

移库是指将货物全部或部分从一个仓库移到另一个仓库的操作，一般是仓库为了节省空间，最大限度地利用现有库容而进行的。

并库是仓库为了便于管理货物，也是为了有效地利用现有仓库，而将不同存货人、同一生产厂家的货物放在同一仓库的情况，或者是将同一存货人不同时期的、同一厂家生产的货物码放在同一库的情况。

过户是指仓库内货物所有权的改变。过户有移库过户和不移库过户，不移库过户是指货物所有权改变后，存放地点不发生改变；移库过户是当货物所有权发生改变后，货物存放地点也发生改变。

（三）出库管理

出库业务有自提出库、代运出库、中转出库等出库形式。

自提出库是由存货人自行至仓库提货出库的一种形式。提货人首先向业务受理员出示存货人开具的提货凭证，业务受理员检查其真实有效性和信息完整性后，将提货信息录入系统，系统检查库存情况后根据提货信息、库存信息等相关情况生成发货单，理货员根据发货单进行拣选、装车等工作，复核员对实物和单据进行复核，业务受理员将单据存档。

代运出库是存货人委托仓库代理其发货出库，代办运输业务。首先提货人要和仓库签订代运合同，明确双方的权利和义务。业务受理员根据提货人出示的提货凭证填写发货单，交给货运代理员填写运输计划，与运输部门联络安排车辆。运输计划批准后，接运员根据此计划确定备料时间并通知理货员进行备货，理货员在指定时间和地点完成备货。运输车辆到达后，接运员组织装车发货，记录实际发货情况，填写配车清单，最后相关单据汇集到业务受理员处将单据存档。

中转出库是指货物由生产地运达最终使用地中途需要经过一次以上落地、换装的一种运输方式。货物在中转仓库不经过验收入库等程序，直接从一个运载工具换到另一个运载工具，再发到其他地方。要开展中转业务，存货人必须与仓库签订中转合同，在合同中规定存货人具体采用的中转出库方式。

三、仓储信息管理系统的功能结构

（一）WMS结构

一般通用型仓储信息管理系统的功能框架结构如图4－2所示。

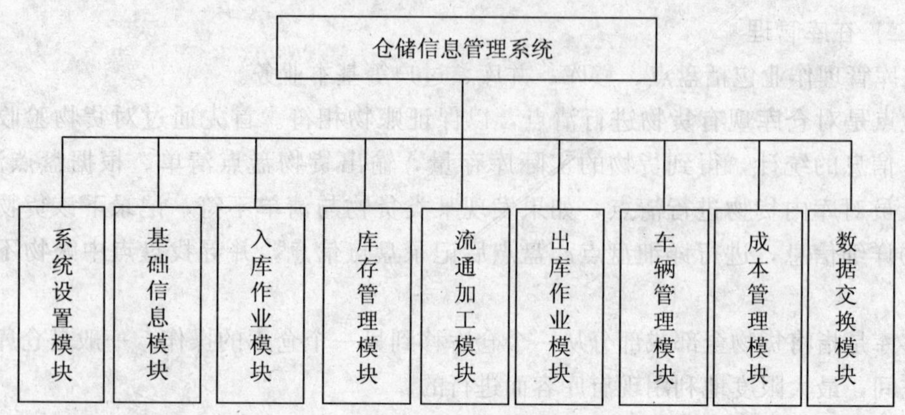

图 4-2　仓储信息管理系统功能结构

当前为满足仓储软件客户多样化的需求，WMS 向业务流程、岗位配置化管理发展，其各种管理功能模块在不断增加，仓单质押、可视化储位管理、各种优化策略等成为主流 WMS 的基本功能。同时，自动化技术和信息技术的应用已经成为仓储技术的重要支柱，自动货架、自动识别和自动分拣等系统，以及条码技术、RFID 等技术已被越来越广泛地运用，WMS 强大的功能可帮助客户充分控制仓库内货物运转，实施供应商管理库存、零库存等管理理念，为用户业务发展提供坚实的基础。

（二）WMS 功能模块

1. 系统设置模块

系统设置模块提供安全管理和系统参数设定，主要内容有：

①系统权限管理

建立系统模块资料，建立组、角色、用户多级安全管理、功能权限和数据权限设定，进行系统日志跟踪和记录。

②系统参数设定

设定系统初始运行的一些重要数据，并对系统运行中产生的大量历史数据进行处理。

2. 基础信息模块

管理系统的基础数据信息，包括客户、商品、区域、仓位、包装等多方面的信息，通过对这些数据进行调整、划分、增减等操作，可直接调整、优化作业流程，达到提高作业效率和质量的目的。

3. 入库作业模块

入库作业模块处理正常入库、汇总入库报表、退货作业等几个业务。正常入库经过入库通知单输入、应入库表、入库单状况查询、储位状况查询、到货确认、入库确认作业后，将货物放置于相应的储位；每日入库情况通过形成商品入库汇总表、入库明细表、入库分析表、入库单入库汇总表、入库单入库明细表等汇总报表，反馈给所需部门；对于入库验收中的不合格品，系统自动产生商品退货通知单，放置于退货区域。

入库作业包括到货接收和货物验收入库两个环节，仓库作业人员收到供应商的将到货信息，准备接收货物。到货后，仓库作业人员根据将到货商品信息表，进行到货接收和验收入库，确认商品品名、规格、数量、质量等信息均无差错后，将商品入库上架，并在系统内确认收货。

若采用 RF 技术，可快速完成入库信息录入，并根据客户、物品的型号规格进行同类物品的自动归类，增加入库操作的审核。在车辆到达后，搬运货品托盘进入仓库入库区；当货品通过入库区 RFID 阅读器的时候，阅读器自动从货物包装上的 RFID 标签信息中读取货品信息，并将所读取的信息返回给管理主机，管理主机系统检查当前货品信息及来源单号，并自动分配上架储位，将储位信息通过 RFID 阅读器写入每一件货品包装上的 RFID 中。相比较于传统入库业务来说，由于入库验收的工作主要通过 RFID 系统自动完成，仓库管理人员只要按照正常方式将货品送入入库区，系统通过自动读写 RFID 标签并计数来完成货品的验收清点工作，降低了物品的交接时间和人力，大大提高了入库工作的效率。

4. 库存管理模块

库存管理模块包括对库存进行查询、移动及调整、盘点、调拨、预警等管理。

①库存查询。可根据订单编号、商品名称等方式查询商品存量汇总或明细表、商品异动汇总或明细表等。

②库存移动及调整。可根据批号、存量进行商品调整，并对存量调整结果汇总分析，以及办理库存移动。

③盘点作业。用户根据需要，可以随时盘点库存，WMS 自动生成盘点数据。一般盘点是 WMS 根据商品或仓库的最大容量，定期自动进行周期盘点。WMS 生成盘点表，输入盘点量，打印盘点差异，确认盘点量，最后生成盘盈盘亏表。

④调拨作业。不同的仓库之间需要调拨，WMS 可以自动生成调拨单号，支持货品在不同的仓库中任意调拨。由调拨通知单、车辆配载、拣货作业、出货确认模块组成。

⑤预警。进行库存的定期或永续检查，检查商品的保质期、安全库存等，提供库存预警功能。

5. 流通加工模块

流通加工是在流通过程中对商品所施加的包装、分割、计量、分拣、刷标志、拴标签、组装等简单作业的总称，它是第三方物流所提供增值服务的重要组成部分，也是其重要利润来源。流通加工具体业务由货主提出，有一套独立的作业流程模块，一般流程由 BOM 设定、加工通知、领料加工、成品入库、余料退库、完成加工报表构成。

6. 出库作业模块

根据销售或客户的出货通知单要求，物流中心确认收到出货通知后先进行货权转移，再进行配车、拣货、出货，出货后库存量相应减少，完成后输入回单资料，并告知客户配送完成情况。

若使用 RF 技术来管理出库作业，出库校验的工作通过 RF 系统自动校验来完成，仓库管理人员只要按照正常方式将货品送出出库区，系统通过自动读写 RFID 标签并计数来完成货品的出库校验工作，大大提高了出库作业的准确度和效率。

7. 车辆管理模块

该模块包含简单的关于车辆的基本资料以及车辆运行记录、费用、路线等方面的分析。

8. 成本管理模块

WMS 的成本管理模块可按预先设定的收费项目和计费规则，对当日为客户所提供的各种物流业务进行计费，提供计费汇总、明细表。可对整个仓储作业过程发生的收费进行管理，包括费用类型、基本费率、特殊费率设定、特殊计费等。

9. 数据交换模块

WMS 系统可与客户计算机系统之间通过 EDI 等方式进行数据交换，或者通过 Internet 获取关于货物的实时信息。

四、我国仓储信息管理系统的发展趋势

（1）随着物流资源的整合，在网络建设过程中，提出了在大型物流网络中，仓储管理的集中模式与分散模式的关系问题。在现实应用中既有集中管理的仓库，也有分散管理的仓库，前者如国家储备粮系统，后者如连锁超市的配送中心，分散与集中各有其市场需求，似乎并不会有孰优孰劣的问题。但是近年来的研究表明，自然界多数复杂的系统都是由简单系统采用“分布式”模式结合起来的。

（2）以射频识别（Radio Frequency Identification，RFID）为代表的新技术正在深刻地影响着仓储管理和仓储管理系统，甚至孕育着一场物流革命。由于种种原因，射频识别还不可能马上普及应用到所有的商品上，全世界也不会很快就采用统一的物品编码标准。但是在物流环节可以通过车辆集装箱、托盘、货架等设备应用射频识别技术，提高物流管理水平。事实上我们已经看到在不少仓储管理系统案例中采用了射频识别技术。

（3）准时生产方式（Just In Time，JIT）配送将越来越成为仓储管理系统服务的主要市场需求。随着市场逐步成熟，仓储管理在流程中的整合作用越来越明显，传统仓库将向配送中心转化，准时生产方式的普遍化也将导致配送需求的增长，仓储管理系统的发展要基于需求的这个变化趋势。与此同时，配送需求的专业化市场行业细分正在深入，要求仓储管理系统更加支持准时生产方式配送的专业化需求。

（4）商业智能技术（BI）在仓储管理系统中将得到越来越多的应用。商业智能就是利用数据挖掘技术开发积累的数据信息，使之变成可以利用的可靠知识。例如，利用库存数据分析市场变化规律，发现市场异常现象，研究仓库作业的优化方案，等等。信息的作用在于应用，在于支持决策。在低水平的应用中，往往是系统采集数据，人工进行决策。经过一定的积累，应该过渡到系统具有决策的功能，这标志着系

统上了一个新的台阶。

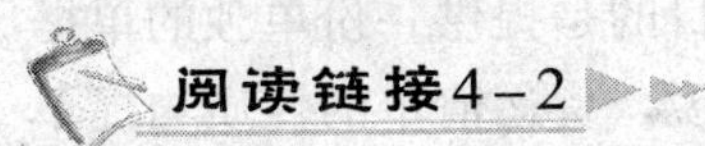

远成 Infor WMS 成功上线

2008 年 9 月 26 日，由远成集团和 Infor 公司共同签署的信息化战略合作项目 WMS 系统在远成集团华东配送中心成功上线。WMS 系统的上线，实现了远成仓储运作模式从纯人工操作向网络信息化操作应用的突破性飞跃。

远成集团开发实施工程师程晓飞介绍：远成集团的这套 Infor WMS 仓库管理解决方案能有效地帮助我们查看库存、方便清点货物数量、便于识别货物性质，更有利于组织协调资源和安排运营调度。WMS 系统尤其对优化配送流程，确保按时完整地交付产品，实现端到端，从订单启动到交付都起到了巨大作用。

华东仓储配送中心经理吕洁介绍：Infor WMS 的应用，将能有效地提高仓储劳动力产能；减少库存量，提高库存周转率；有效地改进货运准确率，减少串货概率；有利于提高位置级库存准确性；还有利于降低直接运营成本并提高总体收入。

远成集团 20 年来一直以客户为上帝，以市场需求为导向，以“一诺千金，欲速必达”为服务宗旨。远成集团信息化项目 WMS（仓库管理系统）的成功上线，再一次表明了远成人在规范物流运作服务流程、提高物流操作的准确率、时效性、标准化等方面达到国际先进水平。

第三节 运输信息管理系统

一、运输信息管理系统概述

（一）运输信息的概念

运输是物流活动中最基本的环节之一，用以产生空间效益，将物品从一个地点向另一个地点运送，是生产、仓储和消费者之间的纽带。运输管理的能力会影响供应链上顾客响应能力和效率，是决定客户满意程度的重要因素。

运输信息是指在运输业务中所发生的信息，主要的基础信息是产生并证明运输活动发生、完成的各种单据，包括订货通知单、提单、运费清单和货运清单等。

提单是用户购买运输服务所使用的基本单证，有货物收据、运输合同证明和提货凭证的三重作用，也是发生货损时请求损害赔偿最基本的证明。提单上需列明受领人、交接方式、运费、货物详细信息、运输条款等具体信息。运费清单是承运人收取其所提供的运输服务费用的单证，列明运费的款项及金额。货运清单是当单独一辆运输工具上装载多票货物时，用于明确总货载的具体内容的单独文件，列明每一个停靠站点或收货人地址、提单、重量以及每票货的清点数等，目的是提供一份单独的单据来明确总货载中的具体内容。对于一站到底的托运货物来说，货运清单的性质与提单基本相同。

（二）运输信息管理

由于现代物流正向着综合一体化的方向发展，不管是国家还是企业个体，都对运输信息管理的实时性、有效性越来越重视。运输信息管理的内容涉及运输工具、运送人员、货物以及运输过程各业务环节的信息管理，主要有货物跟踪管理、运输车辆运行管理、现代物流实时跟踪管理等。

货物跟踪管理是指物流运输企业利用物流条码和EDI技术及时获取有关货物运输状态的信息，如货物品种、数量、在途情况等，以提高物流运输服务质量的方法。实现货物跟踪管理首先要标准化物流条码，其次要使用各种设施，如扫描仪、专用通信网络等，投资较大。当前随着通信产品的广泛使用和互联网的普及，货物跟踪系统在中小企业也开始广泛应用了。

运输车辆运行管理是针对运输作业中车辆的分散状态而进行的在途运输车辆管理，通过定位系统，确定车辆在途具体位置，实现及时调配车辆，并可快速满足用户需求，避免车辆放空行驶。目前车辆运行管理采用较多的技术是通信卫星、GPS技术和GIS技术。在这种系统中，物流运输企业的计划调度中心与车辆之间的双向通话通过卫星通信进行。运输车辆通过GIS系统确定车辆所在的正确位置，找出到达目的地的最佳路线。这种系统的采用，对于实现企业车辆的最佳配置、提高物流运送业务效率和顾客满意程度都具有重要意义。

现代物流实时跟踪管理不仅能提供前两种管理的简单追踪、查询和调配的功能，还能为用户提供更多的增值性物流服务，弥补了上述两种系统的空白。现代物流实时跟踪管理系统由物流信息实时采集、信息传输、信息处理和信息发布等子系统组成，各子系统的功能分别为实施采集货物在仓储、运输或生产加工过程中的动态信息，为物流的实时跟踪提供信息和数据来源；将信息采集子系统得到的数据传到物流管理控制中心并对其进行存储、处理和发布。现代物流实时跟踪管理系统使物流企业的作业过程透明化、可视化，可实时监控货物状态、作业状况，以制订合理的运输路线、调配车辆，提高了运输效率，物流企业也可获得以差别化服务为竞争优势的核心竞争力。

（三）运输信息管理系统概念

运输是物流活动中的关键环节，占有物流成本中的最大比例，所以利用运输信息管理系统（Transportation Management System，TMS）来实现运输活动信息化，合理充分利用物流企业的运输资源，有效地降低运输成本，达到扩大企业利润、提高服务水平的目的，是很多物流企业拥有一套合理的运输信息管理系统的初衷。

运输信息管理系统（TMS）是基于网络环境开发的支持多网点、多机构、多功能作业的立体网络运输软件，它是在全面衡量、分析、规范运输作业流程的基础上，运用现代物流管理方法和计算机技术设计的先进的、标准的运输软件。TMS 采用先进的软件技术实现计算机优化辅助作业，特别是对于快速发展中的运输企业，可以支持网络机构庞大的运输体系，协助管理人员进行资源分配、作业匹配、货物跟踪等操作。同时，TMS 具有实用的报表统计功能，可以为企业决策提供实时更新的信息，大大减少了人员的工作量。

二、运输信息管理系统功能结构

(一) TMS 结构

物流公司承揽运输业务，根据客户要求提供货物运输服务，并对运输过程和成本进行管理控制，运输信息管理系统主要功能模块为系统管理模块、基础信息模块、运输作业模块、运输过程管理模块、成本管理模块、统计报表模块，如图 4－3 所示。在运输信息管理系统中，在完成系统设置，具备关于车辆、客户、人员、费用等基本资料的基础上，主要业务模块为运输作业、运输过程管理和成本管理模块，形成对运输业务的有效控制和优化，并能定期形成统计报表以分析车辆运营情况。

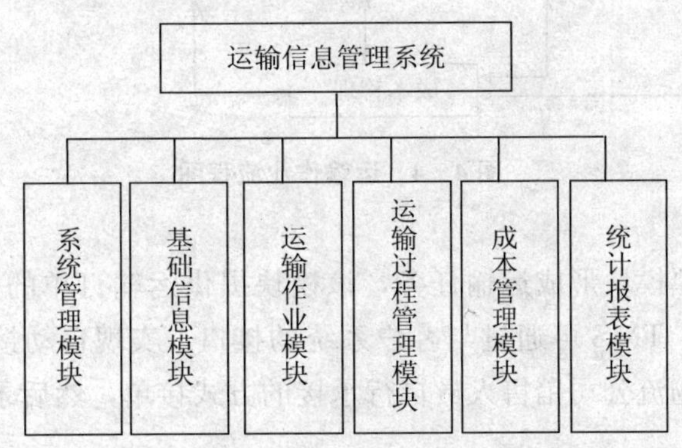

图 4－3 运输信息管理系统功能结构图

(二) TMS 功能模块介绍

1. 系统管理模块

系统管理模块主要包括用户管理、权限设定、系统维护、日志管理几个模块，对具有使用权限的工作人员统一采用密码管理，根据角色对不同级别的工作人员设置不同的系统操作权限，维护系统基本设置、各功能模块的运行管理，并充分保障系统数据的安全性。同时日志管理对系统的日常运转自动进行记录，系统管理人员可以查询调用其他人员的操作记录，起到加强监督的作用。

2. 基础信息模块

基础信息模块包括客户信息管理、车辆信息管理、人员信息管理、货物信息管理几个主要部分。客户信息管理模块提供客户信息的录入、更新、查询、交易历史记录等基本信息；车辆信息管理模块提供关于车辆的一系列属性信息，如车辆种类、型号、牌照、载重量等，同时还可以看到每辆车每天的出车记录，显示出车车辆、待命车辆、维修车辆的信息，在该模块可以进行车辆信息的添加、查看、修改、查询及报废、故障的处理；人员信息管理模块提供员工个人信息资料、薪酬管理等信息，只有相关人员才有权看到权限范围内的数据，充分保证数据安全；货物信息管理模块主要提供货物的录入、查询、更改等信息，设置有关于货物的编号、数量、规格、价值等内容。基本信息中同时也包括运输网络的设置、公司的组织架构、物流据点的结构、基础路线的设置等。

3. 运输作业模块

运输作业模块包括接单、安排运输计划、调度等模块，运输作业流程如图 4－4 所示。

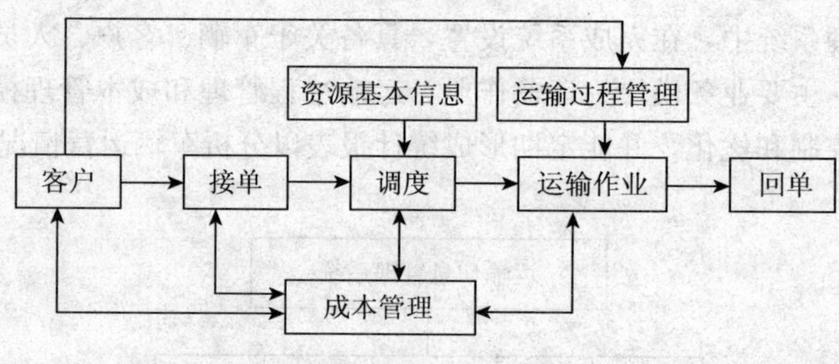

图 4－4 运输作业流程图

（1）接单。接单模块形成运输任务，该模块提供运输订单的生成、录入、修改、执行等一系列功能。TMS 可通过与客户系统的接口，实现自动接单，直接转化为运输任务；也可通过物流公司销售人员自行承接的方式接单，然后录入系统；或者通过网站在网上下单。

（2）安排运输计划及调度。系统可以自动安排订单处理的提前期，为每一张运输订单设置“订单激活时间”，达到时间的订单自动处于“激活状态”，由系统生成运单并提示调度人员安排车辆执行。调度作业是运输的中心作业，TMS 系统根据货物、客户、车辆的信息，自动提示最佳的运货车辆和运输路线。同时，TMS 系统采用尖端技术实现计算机辅助作业，优化车辆资源利用率，自动组合同类作业，确保实现车辆利用效率最大化，避免人工作业中出现的资源浪费和作业低效率。

4. 运输过程管理模块

运输过程管理模块通过支持 GPS 或短信息运输信息交互系统以及其他连接方式，对运输过程进行监控管理，包括车辆位置、当前运输状态、意外情况处理等，生成运输状态报告，可提供运输任务和状态查询，外部用户可通过普通电话网或 Internet 等远程方式查询运输状态和运输费用。

对货品状态的跟踪与及时反馈是物流公司体现服务水平获得竞争优势的基本功

能。但对货物有效的运输跟踪是现代物流运输中的难点，同时也是提高客户服务水平的关键点。TMS系统通过查看运单的执行状态以及对运单的有效跟踪，可以看到货物的在途状况，能按照不同客户的要求为其提供定时的状态信息反馈。

5. 成本管理模块

成本管理模块包括费用管理和账单管理。

(1) 费用管理。费用管理内容有成本计算、运输费用结算和利润计算。对每一笔业务的成本和收益进行统计、计算，便于管理人员分析利润来源，进行成本控制和优化，并为企业决策提供依据。

(2) 账单管理。运输业务涉及的客户比较多，而且往来频繁，对于每个客户及分包方的管理显得尤为重要。运输业务的特殊性经常导致与客户之间台账的错误及混乱，TMS通过账单管理改善了这种情形，它能提供每单业务的详细账单，也能提供针对不同客户及分包方的台账，并设有到期未付账预警功能，可以进行应收账款统计、查询和应付账款统计、查询操作。

6. 统计报表模块

统计报表模块主要由结算报表分析和应收应付报表分析两大功能构成。结算报表分析对客户、公司自身、车辆三方的经济往来有详细的记录，系统具有查询、统计功能。企业相关人员凭管理权限可以看到这些数据，既方便了工作又安全可靠。另外，在对车辆的结算报表中可以看到车辆在不同运输路线的货运价格。

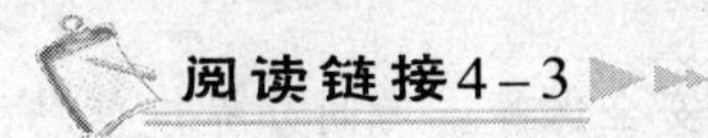

大秦车务段铁路运输管理信息系统

1. 大秦车务段简介

大秦车务段是大秦铁路的主要运输站段，车务段贯穿一省两市，即河北省、北京市、天津市。管辖主要干线2条（大秦线、迁曹线），管辖线路817.89千米。其中管辖大秦线一等编组站1个、一等区段站1个、二等区段站1个、二等中间站2个、三等中间站4个、四等中间站2个、线路所1个，管辖线路587.079正线千米；管辖迁曹线一等区段站2个、二等区段站1个、二等中间站1个、三等中间站2个、四等中间站4个，管辖线路230.811正线千米。大秦车务段主要担当山西、陕西、内蒙古等地煤炭经秦皇岛港、曹妃甸港、京唐港三大港口陆转水的接卸任务，担负着大秦线80%以上的卸车任务，为全路卸车量最大的车务段。

2. 大秦车务段信息管理系统项目

现在车管理系统、车号确报信息系统、十八点统计系统、ATIS车号扫描系统、分界口统计系统、货运计划系统、货调录运货五日请车系统、货运制票系统、计划调度系统、集装箱追踪、车流分析施工调度揭示管理系统、货运收入统计上报系统、货运专用线管理系统等。

3. 大秦车务段各信息系统运用现状

第一，各系统使用人员为沿线各站生产岗点工作人员，系统维护由信息统计科统一分配人员负责。生产岗点工作人员对于跟系统和计算机有关的任何故障都电话通知信息统计科处理，严重缺乏常识性的计算机使用知识。而系统维护人员有的不了解生产系统的作业流程，容易造成沟通不畅。

第二，注重十八点统计、分界口统计、现在车管理、货运制票、货运杂费、货运计划等历次系统软件升级工作，忽略各系统的日常维护。

第三，新增岗点信息系统工作量大，例如曹妃甸西站信息生产系统，聂庄电厂网络通道建设，迁安北、涿鹿信息基础运行环境建设。

第四，网络改造多，如各TMIS生产岗位源点进行网络改造升级，对玉田北至阳原间部分车站广域网设备接口整治改造，对秦皇岛东站局域网进行网络改造，实现生产、办公两网分离。

第五，培训相对较少，对沿线各站、车间系统使用人员的基础培训走过场，内容单一，信息统计科各系统维护人员培训机会也很少。

4. 对大秦车务段各信息系统建设的建议

大秦车务段生产信息系统有其特殊性：信息网络的不可间断性、信息的真实可靠性、及时有效性。信息技术管理出现任何问题都将产生不良影响，对此提出了五点建议：

第一，加强基础运行环境建设，为系统项目运行提供安全保障。局间分界口信息系统项目比较重要，ATIS系统站内现有电缆传输通道均不稳定，特别是秦皇岛东站ATIS系统站内AEI传输通道，建议对局界分界口站现有电缆通道进行改造，改建为光纤传输通道和传输设备。另外，由于网络在日常生产管理中的重要性，建议各信息源点站的广域网接入线缆全部由铁通机械室到车站机房网络柜改为光纤或同轴电缆接入，并升级接入设备以减少故障点，畅通网络通道。

第二，加强设备维护维修管理，为系统项目和应用做好基础保障。建立设备维修台账，及时检查设备运行情况，做好登记，储备备用设备。

第三，加强系统软件维护管理，为应用提供良好的人机界面。每日通过远程登录，对分管的系统进行检查。制订应急演练计划，特别是对于易发生和比较关键的问题，要进行不少于两次的应急演练。

第四，加强岗位培训，提高作业效率和应用安全保障。对货运制票人员、车号确报人员、十八点统计、分接口和调度人员进行全面系统地培训，特别是新投产车站岗位人员，与职教部门共同进行系统培训工作，组织现场培训、特别问题临时指导培训、日常需注意的事项现场指导培训等多种方式。

第五，加强技术管理及队伍建设，为信息技术应用提供有力支持。建议信息处每年举办各系统的培训班，组织参观优秀单位学习系统维护的先进经验，具体系统项目总结下发日常维护、故障诊断及处理办法等。

第四节 配送信息管理系统

配送中心是随着社会生产的发展和社会分工的细化而产生的，是专门从事配送活动的物流组织。所以一般来说，配送中心的经营规模都比较大，设施、设备齐全，专业化、现代化程度高。配送是物流公司的一项主要业务活动，其配送能力往往决定物流企业的服务水平，进而影响物流公司竞争力；配送中心的业务也是一项综合性很强的物流活动，整合了仓储、运输、分拣、流通加工等各项基本物流活动。对于物流企业来说，要想提升配送服务水平，控制服务成本，建立集成化的信息管理系统，采用信息技术进行配送活动信息化管理是必然选择。

一、配送中心概述

(一) 配送中心的概念

配送中心是指位于物流节点上、专门从事货物配送活动的经营组织或经营实体。也有人把配送中心称之为物流基地、物流中心，欧美一些国家称之为流通性仓库。配送中心是配送活动的集聚地，同时也是物流运动的枢纽。配送中心欲发挥其集中供货的作用，首先需采用多种方式组织货源，其次需按用户要求分拣和配送各种货物，同时为了进一步满足客户需求，配送中心还需有一定的加工能力以开展各种形式的流通加工。所以配送中心是集集货中心、分货中心和流通加工中心为一体的现代化物流基地，是能发挥多种作用的物流组织。

(二) 配送中心的基本功能

配送中心通过商品的集中采购、集中储备和统一配送成为连锁零售市场供应的保障系统。在物流系统中，配送中心主要具有存储、分拣、集散、衔接、加工配送、信息、商品展示和贸易八个方面的功能。

存储是配送中心的主要功能之一。配送中心为多家生产企业和商业网点服务，其主要职能是按客户要求将分拣好的货物及时配送到指定地点。为了顺利完成这个基本任务，保障生产和消费需要，配送中心需要拥有现代化的仓库，并配备一定的仓储设施，储备一定数量的商品，那些大型的区域配送中心所需存储的货物数量更大、品种更多。

分拣功能是配送中心为众多要求各异的客户提供配送服务的必备功能。其众多客户性质不同、经营规模不同，所订货物的种类、规格、数量等都会不尽相同，配送中心必须组织工作人员采取适当的方式拣选出订单要求的货物，并在此基础上按照配送计划分装和配装货物。

配送就是根据客户需求将货物按时保质保量送至客户指定地点。配送是配货与送货的结合，可同时为不同用户配送多种品种规格的货物。根据不同的配送方式可将配送分为专业配送、综合配送、共同配送、经销配送和供应配送等。

配送中心同时是集散中心，分散的多个生产企业的大批量商品集中到配送中心，再通过订单处理、分拣、配装向多家客户供应。满足客户小批量需求的同时，配送中心将多个用户的需求有效地组合在一起，形成经济合理的货载批量。

二、配送信息管理系统的概念

配送是物流的一种特殊、综合的活动形式，是商流与物流的紧密结合，是在一个小范围中全部物流活动的体现，通过装卸、包装、保管、运输等一系列活动的完成将货物送达目的地。我们常将配送简化地看成是运输的一种，但它是一种多品种、小批量、多频次、短距离的运输活动，在信息处理、技术手段方面有着自身的独特性，所以随着第三方物流、连锁零售业的发展，就有了对专门的配送活动信息开发管理系统的要求。

配送信息管理系统是在网络技术、电子商务、交通运输和现代管理发展的基础上，采用集中的管理模式，实现各业务活动信息的高度共享、整个配送物流系统管理的电子化、配送各环节作业的自动化和智能化，增强企业决策的及时性和客观性，达到提高综合效益的目的。配送中心的主要业务流程包括订单处理、入库管理、在库管理、出库管理、出库配送几个环节，如图 4－5 所示。

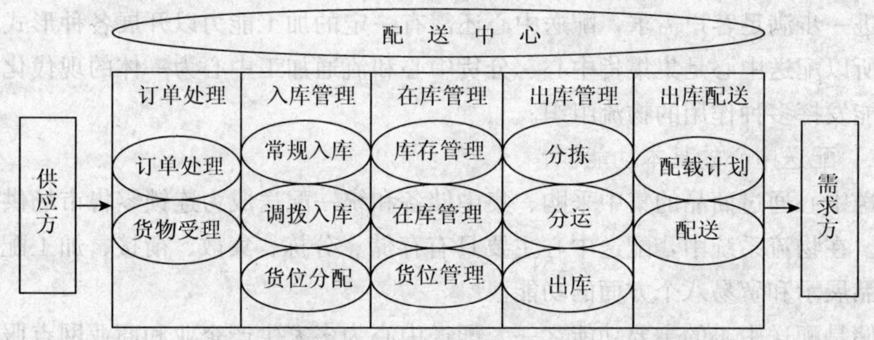

图 4－5 配送中心作业流程

三、配送信息管理系统功能结构

（一）配送信息管理系统结构

配送信息管理系统的基本功能模块包括系统管理模块、采购入库模块、库存管理模块、配送出库模块和统计分析模块，如图 4－6 所示。对于第三方物流公司来说，其配送信息管理系统包括的功能有采购、库存、销售、统计分析等比较全面；对于一般企业如连锁零售超市的配送中心，其配送中心运营往往比较简化，配送信息管理系统主要包括库存管理和运输调度管理。

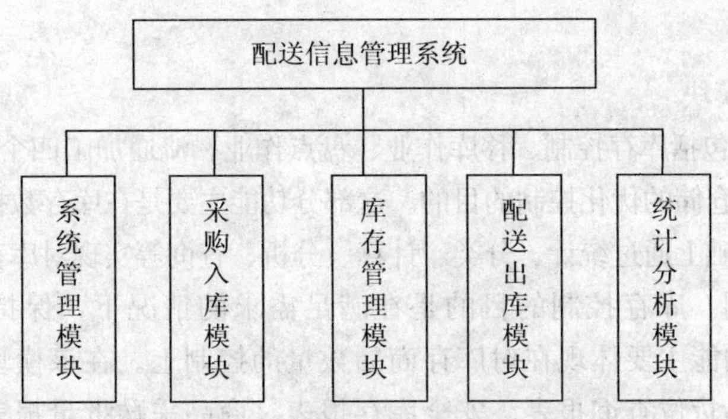

图 4－6　配送信息管理系统功能结构

（二）配送信息管理系统模块

1. 系统管理模块

系统管理模块包括系统初始参数设置、权限管理、日志管理、数据备份、基本查询、收费管理、报表和单据管理等模块。其中初始参数设置包括供应商、配送门店的参数管理，库区库位、配送车辆的参数管理，配送商品的管理，标准财务软件接入参数管理及系统模块初始启用参数管理；权限管理是对不同用户及其权限的定义管理；基本查询指查询字段的定义，如位置、状态、数量、批号、单价、属性等；收费管理针对不同物流特性、客户服务要求，进行多种收费组合；报表和单据管理负责物流配送中心各种表格的设定、单据的生成及管理。

2. 采购入库模块

采购入库模块包括采购管理模块和入库作业模块。

（1）采购管理模块。在该模块采购人员确定采购的数量、时间等，向供应商下采购单，并通知配送中心为收货准备储位、物流设备、人员等。库存控制系统根据需求量、库存量和采购批量等信息可自动生成需采购商品单，采购人员根据经验和实际情况变化进行调整，制订合理的采购计划，经部门主管批准后，将采购计划发至各供应商，执行采购计划。供应商可通过电子订货系统确认采购商品，并反馈到货相关信息。库存管理人员根据供应商确认的到货预告，准备收货。

（2）入库作业模块。入库作业模块包括收货验收、货位管理、入库管理三个模块。即入库作业模块根据供应商的送货预告，按照采购单上的商品类别、数量、日期等，分配所需人员、设备等资源，做好入库准备。根据预先生成的入库商品信息表，仓库管理人员首先进行收货验收，检验商品的数量、质量、包装等内容是否相符。若验收全部合格，生成入库验收单，填写入库通知单，进行具体入库作业；若验收质量或数量有问题，当即拒收，并与供应商沟通后再进行处理。验收确认后，货位管理模块根据商品属性推荐商品上架货位，作为参考。仓库管理人员根据货位分配表，选择上架设备，安排搬运人员，贴标识牌，完成上架操作，并在系统内完成上架确认。入库管理系统对入库进度进行实时监测，合理调配人员及设备，保证及时完成商品的入库作业。

3．库存管理模块

库存管理模块包括库存控制、移库作业、盘点作业、流通加工四个模块，来完成对库存量、订货批量、仓储的优化控制的目的。这部分功能主要是在库存数据库、库位数据库、库存控制程序等基础上通过统计、分类、计算、分析、查询等实现对库存商品管理。

（1）库存控制。库存控制的目的是在满足需求的情况下，保持尽可能少的库存量，所以该模块功能主要体现在对库存商品数量的控制上。在该模块可生成商品库存量查询报表、商品货位查询报表、安全库存报表、商品采购批量报表、定期库存量统计报表等，生成初始的商品采购单，包括经济采购批量和采购时间等，实现对在库商品量、商品订购批量和商品周转周期的有效控制。

（2）移库作业。移库作业是为了优化库存结构、提高仓储效率而对库存商品、商品储位所进行的移动和调整。库存管理系统通过对库内数据进行分析后，生成移库单，仓储作业人员根据移库单进行移库作业，完成后进行移库确认，系统进行储位信息的更新后，即完成移库作业。

（3）盘点作业。盘点作业是为保证库存数据和货位数据的准确性，实现对库存数量和货位的管理而进行的。盘点作业有循环盘点、定期盘点等。盘点由配送中心主管带领各组人员，进行统筹安排。为了使盘点作业能在短时间内迅速完成，要做充分的准备工作，需要确定盘点方式、配合财务部决算、培训盘点相关人员、结清需盘点库存等。盘点前，盘点人员先调用盘存清单打印系统，打印出待盘点商品或库位清单。盘点人员持盘点清单同会计人员进行实际盘点，并在盘点清单上修正盘点误差，输入系统，修改库存和库位数据库。最后盘点作业系统可生成盘盈盘亏报表、库存损失率报表、呆废料盘存报表等。

（4）流通加工。配送中心不仅是一个货物集散、存储的场所，也提供一些增值服务，流通加工就是其中一个主要方向。由于流通加工对象的多样性，流通加工作业个性化较强，一般来说是以包装、拼装、分装为主，也有一些简单的加工作业，主要流程涉及领料、生产加工、入库、合流、配送几个过程。系统根据配送出库的订单要求，计算加工需要的工作量、人力、材料、库存量等，生成流通加工批次规划，调用各种资源的报表，进行工作分派和工作进度控制。加工人员根据工作分派单进行作业后，将各种作业数据输入流通加工数据库。

4．配送出库模块

配送出库模块包括订单处理、拣货作业、配送管理和出库作业四个模块。该模块收到客户的订单，根据需求对订单进行处理，根据最优化原则安排拣货和配载车辆，完成出库作业，将商品配送至客户指定地点。

（1）订单处理。订单处理模块接受客户通过网络或其他方式传输的订单，若是电子数据标准格式可转换成内部订单文件，销售人员根据订单数量、日期、价格、客户信用、流通加工等因素，再核查自身资源，确认接受订单后，进行汇总分类，后续的物流作业就可以准备进行了。若销售人员发现无法如期配送，则可与客户协调分批交货或延迟交货等，根据协调结果修改订单数据。订单数量不多时，可由人工进行处理，订单数量较多时，人工处理效率比较低下，系统自动处理的要求就比较迫切了。

（2）拣货作业。进行订单处理后，形成出货单，打印输出后作为后续物流工作的依据。拣货作业人员作业前首先选择有效的拣货策略、拣货方式，安排合适的分拣设备、搬运设备、储存设备、所需人力等，完成拣货作业流程计划。拣货人员根据拣货单据和流程，进行具体拣货作业。若是采用 RF 设备或者电子标签进行拣货，分拣货物的数量、批号等与作业单是否相符就能自动显示出来，指示分拣人员作业，若采用 RF 技术，拣选完成后还能自动完成分拣确认，由拣货状态进入出库准备状态。

（3）配送管理。配送管理包括订单分派、运输路线优化、车辆指派三个模块。根据配送货物数量、客户配送地址、可用运输车辆等情况，根据运输路线优化原则系统自动生成配送方案。每天配送管理人员调出当日需配送订单，进行汇总，按配送地址区域划分客户，统计配送商品的体积和重量，再根据可用资源调度车辆、人员，形成具体配送计划，也可人工修改该计划。

（4）出库作业。根据配送管理模块形成的出货单，出库管理人员进行复核后，做出库确认，此时商品由出库作业状态变更为运输状态。系统打印装车单，搬运人员将货物集中于月台准备装车。搬运管理人员安排工作人员进行现场装车，尽量做到合理装车，提高车辆装载率。系统对出库作业进行实时监测，便于管理人员对出库作业人员考核，同时也根据出库进度合理调配人员、设备、运输车辆，以保证及时完成商品的出库作业。

5. 统计分析模块

统计分析模块包括销售分析及预测、采购分析、库存分析及综合绩效分析四个模块，该模块对配送中心各子系统的整体经营情况进行统计、分析，反映其经营管理业绩，供配送中心高层管理人员进行决策，制订各种管理政策。

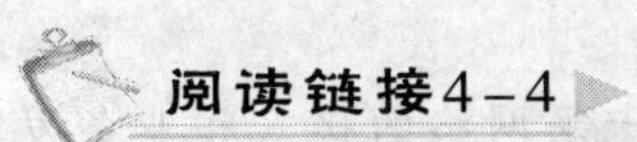

商品化钢筋生产配送信息管理系统

1. 商品化钢筋生产配送的业务流程

客户申请订购钢筋型号数量后，钢筋生产配送中心审核客户信誉，签订供货合同；查看库存情况，综合各方面条件确定供货方式，并及时进行库存补给，修正供货时间；根据供货合同、库存情况、生产条件制订生产计划书，查看原材料是否需要采购并进行生产任务的执行，合理补充库存；根据客户需求量、客户地理位置和公司车辆信息及优化并确定配送路线，确保供货畅通、及时。

签订合同后，按一定的规则在系统内进行射频注册，在成型钢筋货物上贴上射频条码，利于统计生产数量，运用射频识别计数装货和工地验货。

发出货物后，通过GPS和GIS系统，客户可以查看货物位置，发货数量、型号和规格，车辆信息等。

2. 系统功能设计

整个系统可划分为车载终端和管理平台两部分内容，主要功能包括：

①客户信息管理：输入、编辑、查询或删除客户地理位置信息、客户基本资料信息、客户信用信息及记录客户订单信息；

②订单信息管理：输入、编辑、查询或删除订单信息，链接相关客户信息，注册射频代码；

③库存信息管理：输入、编辑、查询或删除库存信息，读取最近一段时间的发货信息，预测补给库存量，给成型钢筋贴上射频代码标签；

④生产数据信息管理：根据订单信息和库存信息形成生产用料单和生产任务单等；

⑤车辆信息管理：输入、编辑、查询或删除车辆信息、司机信息，注册GPS/GPRS射频码；

⑥配送路线规划：根据不同的客户需求信息及其地理位置，选择恰当的配送方式和优化配送路线，确定合适的配送路线；

⑦配送信息显示：通过RFID/GPS/GPRS/GIS技术系统显示配送方案、实时运输路线和运输状态；

⑧系统管理：提供整个系统的管理和维护功能。

3. 系统特点

①系统设计和构建充分满足商品化钢筋生产配送信息化、一体化、智能化管理的要求。

②系统设计遵守开放性原则，能够支持多种硬件设备和网络系统，并支持二次开发，特别是支持数据分组通信等功能系统接口的统一。

③车辆通信终端智能化多接口结构，可适应GPS、IC卡等网络的接入和业务发展需要。对系统容量及网络发展设想进行方案设计，实现平滑扩容，降低系统维护升级的复杂程度，提高系统更新、维护、升级的效率。

④为保证系统能良好运作，满足各项功能的同时，车载设备、管理平台软硬件等具有很高的稳定性、安全性和可靠性，充分考虑通信条件对该系统的支持状况。

第五节　成本核算信息系统

一、物流成本构成

物流成本指物流活动中所消耗的物化劳动和活劳动的货币表现。即产品在包装、运输、储存、装卸搬运、流通加工、物流信息、物流管理等过程中所耗费的人力、物力和财力的总和以及与存货有关的资金占用成本、物品损耗成本、保险和税收成本(GB/T 20523—2006《企业物流成本构成与计算》)。

可以以物流成本项目、物流范围和物流成本支付形态作为物流成本计算对象。物流成本项目作为物流成本计算对象，具体包括物流功能成本和存货相关成本。其中，物流功能成本指在包装、运输、仓储、装卸搬运、流通加工、物流信息和物流管理过程中所发生的物流成本。存货相关成本指企业在物流活动过程中所发生的与存货有关的资金占用成本、物品损耗成本、保险和税收成本。即：

物流成本＝物流功能成本＋存货相关成本

物流功能成本＝物流运作成本＋物流管理成本＋物流信息成本

物流运作成本＝运输成本＋仓储成本＋包装成本＋装卸搬运成本＋流通加工成本

存货相关成本＝资金占用成本＋物品损耗成本＋保险和税收成本

二、成本核算信息系统的作用

处在信息化时代的今天，通过计算机的信息系统管理企业的各项活动是一个必然的趋势。计算机的普及以及大量管理信息系统、财务核算系统的开发，使得各类型企业都在引入各种信息化的管理手段，原始的手工作账的方式已经被快捷、便利的电算化所取代。所以，作为成本核算一部分的物流成本核算实现电算化的趋势将是不可阻挡的。物流成本核算信息系统主要满足来自三方面的需求，分别是物流部门的管理决策者、企业财会人员和企业管理部门。物流管理决策者需要通过查询物流各个环节成本的绝对值及各种比值，更好地作出管理决策，同时也能通过同业比较找出本企业在物流成本控制方面的差距；企业财会人员的需求包括对物流成本原始数据的录入，及期末物流成本报表的生成；企业管理部门利用该系统进行各部门的绩效评价。通过核算物流成本可以掌握物流成本的构成，发现企业物流活动中存在的主要问题；对各个物流相关部门进行比较和评价；依据物流成本的计算结果，制定物流规划，确立物流管理战略；通过物流成本管理，发现降低物流成本的环节，强化总体物流管理。

三、成本核算信息系统功能

(一) 成本核算信息系统结构

成本核算信息系统的基本模块包括系统管理、仓储成本、运输成本、流通加工成本、信息成本、物流管理成本、存货成本七个模块，如图 4－7 所示。物流成本核算方式很多，这里选用的是最常见的一种分类方式，分别按包装、运输、库存、搬运、信息、物流管理等功能计算物流费用。采用这种方法更容易看出各物流功能的成本耗费，更容易进一步找出物流合理化的症结所在。

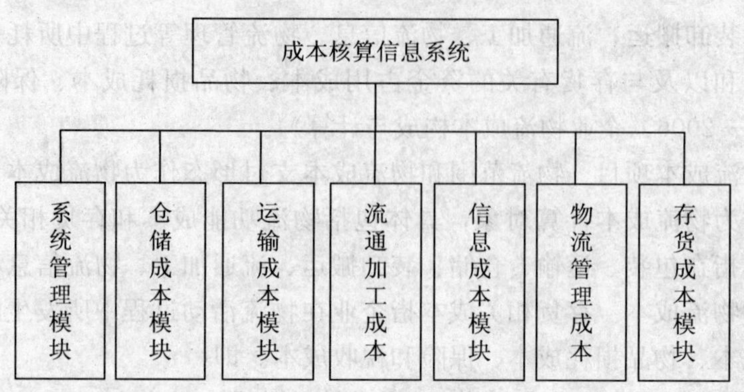

图 4－7　成本核算信息系统功能结构

（二）成本核算信息系统模块

1．系统管理模块

系统管理模块包括初始参数设置、权限管理、日志管理、数据备份等功能。

2．仓储成本模块

仓储成本是一定时期内企业为完成货物储存业务而发生的全部费用，是为支持仓库人力成本、仓储机械设备运行成本、各种固定设施的折旧费等而发生的各项支出，核算科目一般包括工资和福利费、仓储设施折旧费、维护保养费、水电费、燃料与动力消耗等项目。

3．运输成本模块

运输成本是一定时期内企业为完成货物运输业务而发生的全部费用，如支付给运营车辆司机的基本工资、工资性津贴、奖金和按比例计提的福利费、车辆燃料消耗等，核算科目一般包括从事货物运输业务的人员费用、车辆的燃料费、折旧费、维护保养费、租赁费、过路费、年检费、相关税金及事故损失费等。

4．流通加工成本模块

流通加工成本是一定时期内企业为完成货物流通加工业务而发生的全部费用，如包装、分割、计量等加工业务。所耗费的各种人工、材料、设备等成本可纳入以下科目：流通加工业务人员费用、流通加工材料消耗、加工设施折旧费、维修保养费、燃料与动力消耗费等。

5．信息成本模块

物流信息成本是一定时期内企业为采集、传输、处理物流信息而发生的全部费用，它是与订货处理、储存管理、客户服务有关的费用，具体科目包括物流信息人员费用、软硬件折旧费、维护保养费、通信费等。

6．物流管理成本模块

物流管理成本是一定时期内企业物流管理部门及物流作业现场所发生的管理费用，也是与其他具体物流业务有关的费用，具体科目包括管理人员费用、差旅费、办公费、会议费等。

7. 存货成本模块

存货成本就是所谓的隐形物流成本，是指那些隐藏在其他成本费用项目当中的物流成本，它的特点就是不易被发现且分离困难，这就决定了分离隐性物流成本的工作不能由会计人员单独完成，而应由物流管理人员协助会计人员完成。这些成本包括库存资金占用成本、物品损耗成本、保险和税收成本等。

本章小结

本章分别介绍了主要物流活动的信息管理系统，订单处理系统是企业改善企业订货处理过程的有效手段，还可通过其获取产品信息的便利性、缩短订货提前期、送货的及时性、可以进行订单处理状态跟踪等好处获取顾客满意；仓储信息管理系统的应用可以集中化管理企业仓库运营活动中的所有信息，实现企业内外部信息的共享和有效利用，从而提高企业经济效益，增强市场竞争能力；运输信息管理系统采用先进的软件技术实现计算机优化辅助作业，可以支持网络机构庞大的运输体系，协助管理人员进行资源分配、作业匹配、货物跟踪等操作，可合理充分利用物流企业的运输资源，有效地降低运输成本；配送信息管理系统在网络技术、电子商务、交通运输和现代管理发展的基础上，采用集中的管理模式，实现各业务活动信息的高度共享、整个配送物流系统管理的电子化、配送各环节作业的自动化和智能化，可增强企业决策的及时性和客观性；物流成本核算信息系统是未来企业的必然选择，无论是企业进行管理决策，还是财务人员生成物流成本报表，以及企业管理部门进行绩效评价都需要依靠一套实用的物流成本核算信息系统。

案例分析

日本FANCL打造快速准确的物流系统

在日本，由于工薪阶层的工作时间长、休息时间短，很多人无暇到各种店铺选购商品，因此，目录邮购和宅配业务发展迅速。消费者通过邮购公司编印的商品邮购目录或在各种媒体上刊登的邮购广告获取商品信息，通过邮寄、电话、传真、网络等方式发送订单，邮购公司以邮政包裹等形式向客户发送商品，通过邮政汇款、信用卡等方式结算，或送货上门的同时收取货款，从而达到购物的目的。

成立于1980年的芳凯尔（FANCL）株式会社就是一家成功以无添加化妆品邮购业务起家的公司。经过29年的发展，FANCL的经营产品从最初的无添加化妆品，扩展至营养辅助食品、发芽米、青汁以及舒适服装等，并逐步构建起涵盖邮购、直营店、传统销售渠道（如便利店、药品店等）、海外出口等多种销售方式的全方位营销网络。为了满足业务规模不断扩大带来的物流需要，FANCL 不得不重新整合物流资源，改革原有的物流体系，最终通过引入 RFID 技术和先进的物流设备，建成了高度自动化、高效率的关东物流中心，受到业界的广泛关注。2009 年 12 月，本文作者有幸参观采访了 FANCL 公司位于千叶县的关东物流中心。

物流建设随需而变

最初的无添加化妆品不添加任何防腐剂，产品出厂后的生命周期只有 1～2 个星期（如今采用了更先进的技术，产品生命周期可达一年）。因此，FANCL 在创业之初便提出了“当天生产的商品当天出货”的物流理念。

1995 年以前，由于仅是通过目录邮购的方式销售几个品种的化妆品，FANCL 在千叶和横滨两个生产工厂附近设置了小规模的物流中心就能满足配送需要。随着产品种类和销售量的不断增加，物流中心的现有设备难以承受巨大的负担，FANCL 又在横滨、琦玉、长野等地利用外部仓库外包物流业务，逐步设立了个 8 不同业务分类和商品类别的物流据点。这种分散的物流据点运作模式导致同一订单商品的存储、发货地点不同，从而带来了多次收发货、据点间调拨造成物流费用增加和商品新鲜度管理复杂化、手续繁杂、不利于环保等问题。

1995—2000 年，FANCL 的销售渠道从邮购直销扩展到实体店铺经销。据公司客户服务部物流企划小组经理永坂顺二先生介绍，“很多时候，短短一个月就新开一家店铺，一年增加 30 家店铺”。这无疑给 FANCL 的物流业务带来很大挑战，迫切需要使原来仅能满足直销业务的物流体系，大幅提升能力，以满足更多类型产品、更多销售形式的业务发展需要。

构建全新的物流体系

针对业务快速增长带来的一系列物流管理难题，2006 年 3 月，FANCL 正式启动“物流战略项目”，对公司的物流体系进行根本性改革。经过半年时间的探讨，制定了构筑先进物流体系和环境保护对策的目标。具体内容包括：提高服务等级、推进“可视化”管理、物流业务高度管理化、提高物流中心运营效率等。

2006 年 10 月—2007 年 2 月，FANCL 经过投标最终选择了日立物流（第三方物流服务商）、大福株式会社（物流系统集成商）和 NEC（WMS 提供商）三家公司作为合作伙伴，成立项目小组开展新物流体系的构建。合作内容包括：物流中心的设备由日立物流投资，签署 7 年的三方物流合同，对场地、设备、运营管理费、作业费用等进行细分管理。同时，以 FANCL 与日立物流商定每年降低的成本百分比作为共同目标。2008 年 8 月，FANCL 关东物流中心正式投入运营。

物流中心概况

FANCL 株式会社关东物流中心占地面积 15647 平方米，利用了日立物流北柏营业所的部分土地。物流中心由日立物流公司负责运营，对 FANCL 公司生产的 2500 种商品进行一体化管理（其中有近千个保鲜商品需要进行批次管理），每天作业时间为 9：00～19：00，最多处理 3 万件商品的邮购出货业务，并承担着向国内 200 家直营店和多达 2000 家其他类型流通商店的配送，以及向海外市场的出货。

物流中心的作业内容包括入库、存储、拣选和出库等，不同楼层分别承担着不同的功能，具体如下：

一层设有入货区和出货区，货物进入物流中心后，工作人员使用手持终端扫描包装上的条码，对商品名称、制造日期、批号等信息进行确认。进入自动仓库的商品以货箱或周转箱为单位，进入普通货架仓库的商品以托盘为单位。工作人员通过随身携带的便携式打印机打印出标签，生成托盘标签，指示相应的货位。

三层设有输送线、C—DPS 高性能数字拣选系统、料箱式自动仓库，主要完成拣选和复核打包工作，其核心为分别面向邮购和面向直营店铺、传统流通渠道、海外市场的两大拣选区域，拣选作业全部实现了无纸化。邮购商品约有 2000 种，其中热销品约占 20%，采用 C—DPS 高性能数字拣选系统进行处理，其余的采用 RF 拣选。面向直营店铺、传统流通渠道、海外市场的拣选则是按照基础化妆品、健康食品等商品分类设置 5 条分拣流水线。

四层是临时存储区，采用托盘货架存储存放出口到海外市场的商品，每周二出货。

主要作业流程

进行快速、准确的拣选作业是 FANCL 株式会社关东物流中心的主要任务。根据邮购和直营店铺、传统流通渠道、海外市场的不同订单特点，物流中心划分了不同拣选区域，进行不同的拣选操作。

（一）面向邮购的拣选作业

1. 注册周转箱

订单开始站是拣选作业的起点，工作人员首先使用手持终端依次读取订单和周转箱上的卡片式 RFID 标签，确认信息一致后，将订单放入相应的周转箱。如果信息不一致，手持终端设备会同时出现声音、指示灯和振动提示。

2. 订单分流

完成注册后的周转箱随即被放上旁边的输送线，向拣选区域移动。设置在输送线上的 RFID 天线读取到周转箱信息，并根据其拣选任务中商品的出库频率进行分流，前往不同的拣选区域。

3. 拣选

出库频率低的商品采用 RF 拣选，工作人员通过使用手持终端读取周转箱上的卡片式 RFID 标签，获取拣选任务，并按照指示到相应的货位进行拣选。

出库频率高的热销品采用 C—DPS 高性能数字拣选系统，将 4～6 个周转箱作为一组，进行批次处理。输送线上的 RFID 天线读取周转箱上的信息，使周转箱到达相应的货位处停住，货架上的电子标签指示灯亮起，指示工作人员进行拣选。拣选完成后，输送带上的箱子以组为单位整体移动。同时，为提高订单处理效率，工作人员利用下一组周转箱到达前的时间段，先行拣选下一组订单任务，放在输送带上方的货架上。

4. 自动补货

该物流中心的一大特点是，在WMS系统控制下，位于C—DPS拣选区域货架的背后的料箱式自动仓库可以实现对C—DPS高性能数字拣选系统的高速自动补货。堆垛机从料箱式自动仓库中提取商品，可以支持各种尺寸的周转箱和包装箱，大大节省了人力。

5. 复核打包

拣选任务结束后的周转箱进入复核打包区，工作人员通过安装在工作台内的固定式读取终端读取每一个周转箱内的订单和商品条码，完成复核确认后进行打包处理。

（二）面向直营店铺、传统流通渠道、海外市场的拣选作业

1. 注册周转箱

面向直营店铺、传统流通渠道、海外市场的拣选周转箱较大。注册时，通过菲尼克斯公司生产的RFID打印机进行可视信息的写入，工作人员将打印出的标签插入周转箱，作为看板使用。

2. 拣选

面向直营店铺、传统流通渠道、海外市场的拣选作业区按照健康食品、基础化妆品等商品类别设置了五条分拣流水线，采用输送带非同步式DPS数字拣选系统进行拣选。

3. 以门店为单位的周转箱合流

由于是按照产品类别进行拣选，因此在进入复核打包区前，输送线以门店为单位，对按类别拣选的周转箱进行合流。为了应对堆成两层的周转箱，此处的RFID天线也分上下两层设置。

4. 复核打包

工作人员使用手持终端对每一个周转箱内的订单和商品条码进行扫描复核，并根据门店的不同要求进行塑料箱或纸箱包装。

（三）出库作业

完成包装后的所有商品通过输送线送至一层，进入滑块式自动分拣机，按照5家运输公司进行分类，再交付给相应的运输服务商完成商品配送。

系统亮点——全面应用RFID技术

目录邮购具有明显的业务高峰期和空闲期，FANCL每月20日左右向顾客邮寄商品信息，几天后接到订单的概率会提高2～3倍，特别是在年末，出货量是平时的5倍，达到5万件/天。因此，物流中心的输送分拣设备必须能满足高负荷的物流作业需求，保证高峰期的出货效率。

为了提高客户服务水平，降低物流成本，FANCL决定在新物流中心全面引入RFID技术。RFID标签采用13.56MHz，共有14000片，全部配装在物流中心内部使用的周转箱上。除了手持RFID终端外，在输送线上的分流点设置了164个读卡器（天线），自动读取周转箱上的RFID标签。为了防止电波干扰，保证RFID标签的读取准确率，物流中心采取安装长型天线盘和短型天线盘，并对各工序实施搬运控制和

跟踪管理，最终实现了99.99%的RFID标签自动读取率（条码识读率通常为99.95%），基本没有错误发生。而且，由于RFID标签的读取速度远高于条码标签的读取速度，FANCL关东物流中心的输送线可以实现"90米/分钟的无停止标签读取"，实现了高效率的稳定运行。此外，采用RFID技术的另一明显优势是，省掉了条码标签的打印、粘贴以及相关设备，因此不需要设备维护。

据悉，像FANCL关东物流中心这样如此大规模地成功使用RFID技术，在全日本物流业界可谓绝无仅有。

效果显著

通过应用先进的WMS系统、高性能的物流设备和RFID技术，FANCL关东物流中心实现了出色的物流运作效果，具体表现在以下几个方面：

首先，大幅度提高了订单处理能力和出货准确度。当天出货的订单截止时间从16点延长至18点，当天的出货比例从78%上升到91%，同时，出货差错率从原来的0.04%下降到0.005%以下，提升了客户服务水平。

其次，一体化管理使得FANCL在保证服务质量的同时降低了物流运作成本。关东物流中心的启用整合了FANCL分散的物流据点，实现了商品的一体化管理和统一配送，减少了用于仓库间移动和配送的卡车运输量，每年可削减约130万吨的二氧化碳排放。在人员方面，目前关东物流中心共有工作人员（日立物流的员工和FANCL公司的管理人员）200名左右，比原来削减了二三成。

最后，达到了良好的环保效果。除了减少了二氧化碳的排放量外，RFID的使用实现了从周转箱ID数据管理到拣选任务执行全过程的无纸化，每年可节省740万张纸（约30吨）。

据悉，在建设新物流中心时，FANCL共投资了6亿日元。与使用条码系统相比，引入RFID虽然使整体投资增加了一倍，但一年半即可收回投资。而且，RFID系统在使用中几乎不用维护，节省的费用也相当可观。

资料来源：赵皎云《物流技术与应用》2010年第1期。

请结合案例分析：

1. FANCL新的物流配送中心采用了哪些信息技术？

2. 随着FANCL公司规模的不断扩大，物流配送信息管理系统的升级发挥了什么作用？

3. 在配送中心RFID技术提升了哪些作业的效率？

练习题

一、不定项选择题

1. 采用订单处理系统相对于传统人工处理的优势（　　）。

A. 存储量大　　B. 处理效率高　　C. 节约成本　　D. 查找方便

2. 订单处理流程的完成需要哪几个部门的配合（　　）。

A. 生产部门　　B. 财务部门　　C. 人力资源　　D. 库存管理

3. 仓储信息管理系统的主要功能模块有（　　）。

A. 入库管理　　B. 出库管理　　C. 库存管理　　D. 车辆调度

4. 运输信息管理系统可以提供（　　）。

A. 车辆信息　　B. 货物信息

C. 货车司机信息　　D. 车辆运行路线信息

5. 物流成本包括（　　）。

A. 运输成本　　B. 流通加工成本

C. 库存资金占用成本　　D. 仓储设施折旧费

6.（　　）是为了保证库存数据和货位数据的正确性。

A. 移库　　B. 盘点　　C. 调拨　　D. 预警

7. 流通加工活动成本主要包括（　　）。

A. 加工设施折旧费　　B. 材料消耗

C. 年检费　　D. 燃料与动力消耗费

8. 配送信息管理系统中的配送管理模块包括（　　）。

A. 订单分派　　B. 出库作业

C. 车辆指派　　D. 运输路线优化

9. 配送信息管理系统中的配送出库模块包括（　　）。

A. 订单处理　　B. 拣货作业　　C. 配送管理　　D. 出库作业

E. 流通加工

10. 物流活动隐形成本包括（　　）。

A. 库存资金占用成本　　B. 物品损耗成本

C. 保险和税收成本　　D. 仓储设施折旧费

二、简述题

1. 画出订单处理的一般流程图。

2. 仓储信息管理系统的基本功能。

3. 进行物流成本核算的意义。

4. 配送中心包括了哪些物流活动，其信息管理系统包括哪几个模块？

5. 运输信息管理系统如何实现运输过程管理？

6. 简述仓储信息管理系统的主要作业模块。

三、案例讨论题

安吉天地零部件物流信息系统成功应用

2003年成立的安吉天地物流是由上汽集团上海汽车工业销售总公司与世界著名的

荷兰TNT物流控股公司合资组建的物流公司，是在物流领域和汽车服务领域最大的中外合资项目，也是中国首家汽车物流合资企业。其前身是成立于2000年的安吉物流，独家经营着上汽集团的上海大众和上海通用的整车物流业务。在上汽独步中国市场的黄金时代，安吉分享着上汽巨大的成功果实，2001年安吉物流运送整车33万台，营业额近7.6亿元，占全国市场的50%，稳居行业老大地位。

但是，分享巨头胜利果实的生活并不能永远维持下去，从汽车行业的发展情况看，随着整车销售利润逐渐摊薄，整车物流的利润空间也越来越小，而由于汽车零部件物流领域几乎没有成气候的竞争对手，其利润空间较大。于是，从2003年下半年开始，安吉天地决定逐渐将业务拓展到汽车零配件物流领域，转型为一体化的汽车物流服务供应商。

安吉天地物流业务模式

在安吉天地从汽车的整车物流商拓展到包含整车物流、入厂零配件物流、售后零配件物流、生产间接物流等汽车业一体化物流服务商的过程中，安吉天地对IT系统的支持力度的要求更高了。“零配件物流比整车物流复杂得多，因为它涉及供应链的整合，我们必须为此建设更为精密的IT系统。”安吉天地物流信息部经理李雷说。经过一番缜密的选型和充分的竞争之后，安吉天地将零部件物流信息系统的建设外包给了与安吉天地有着良好合作历史的唯智（vTradEx）信息技术有限公司。vTradEx专注于供应链优化解决方案的提供商，具有很强的海外背景和长期在国内的运作经验，客户包括安吉天地、长久、中远、中外运、斯达康等知名企业。

“IT系统支撑下的物流服务供应商，能给客户提供更好的服务，让他们觉得我们确实比只简单提供仓库和车辆资源的物流企业有价值。”李雷说。可以说，在安吉的整车物流时代IT就已成为其核心竞争力之一。它之所以敢于挑战汽车零配件物流，强势的IT支撑是让决策层最终下定决心的后盾。

随着零部件信息系统的成功上线，如今上海大众通过安吉天地的IT系统可以监控物流运作的全过程，包括某种零配件在哪个仓库以及实时查询其数量等。通过IT系统的数据支持，安吉天地根据实际需要还优化了上海大众的零配件仓库布局，精简了人员。目前，上海大众以前采用的全手工管理零配件的模式逐步被可实时监控所有零配件状态的IT系统所替代。另外，通过物流总包方式，上海大众大大降低了物流运作的成本和风险。因为根据合同，安吉天地接管了上海大众的仓库和仓库工作人员，这减少了上海大众在物流上所占用的资金。

在满足客户差异化需求的同时，李雷还利用IT系统中的物流信息，给整车厂提供更深层次的数据服务。这一由IT系统产生的“副产品”成为了安吉天地追求差异化竞争的核心竞争力之一。“整车厂都非常渴望能获取第一手数据，如未调度订单、在途商品、未结算订单、运输公司负荷情况、运输工具使用情况、质损订单、库存状况等信息。今后，我们将在这些数据的基础上，做深层次的数据挖掘。这块市场的前景很好。”目前，已经有五六家整车厂对安吉天地的物流管理模式非常感兴趣，吸引他们的正是安吉天地的供应链信息服务。对此，李雷是乐在心中——IT 系统不仅支持了公司的业务延展，还能带来直接效益。

请结合案例讨论：

1. 什么原因促使安吉天地建设升级企业物流信息系统？
2. 零部件物流信息系统为安吉天地带来了哪些竞争优势？
3. 企业选择物流信息管理系统提供商时应该考虑哪些因素？

技能训练项目

一、项目名称

企业物流业务信息管理系统调查

二、实训目的

通过对实际情况的调查了解，让学生更全面深入地连接物流业务信息管理系统各个业务模块，从企业需求视角来看物流业务信息管理系统的开发、应用及其为企业带来的好处，将理论与实际相结合，对重要知识点有更好的理解和把握是本次实训的目的。

三、实训内容

1. 了解调研要求和目的

了解物流业务信息管理系统调研要求，明确调研目的和主要内容。

2. 正确选择对象

有侧重点地选择 2～3 家相关企业，可以是物流企业、连锁零售企业等，调查几种典型的物流业务信息管理系统的应用。

3. 确定合理的调研内容

根据所选择的对象，了解分析企业的物流运作模式，根据各企业物流运作不同的侧重点围绕物流信息化建设确定调研的目标、主题、方式等具体内容，并了解企业是如何管理和维护其系统的。

4. 完成调研

根据调研计划，可采用面谈、调查问卷等形式完成调研计划，并作记录。

5. 完成调研报告并讲解展示

小组成员分工完成本次调研报告，针对各个企业的具体情况对其信息化建设的情况进行描述和分析，得出自己的结论和看法，形成有特点的调查报告，最后各小组安排成员公开讲解、答辩，解答其他各小组的疑问。

四、实训组织

1. 实训以小组为单位，每组 5～8 人，设一名组长，并准备一定的调查工具，如笔记本、录音笔等；

2. 调查之前，做好相关资料的收集和准备；

3. 制订调查计划，明确调查目标、主题、方式、对象、时间、地点等；

4. 最后分组进行展示，评出优劣。

五、实训注意事项

1. 调研对象要有代表性，在分组项目安排中予以体现，避免以偏赅全，调查报告尽量翔实具体；

2. 教师在调研中要给予指导，如调研内容、调研报告格式等；

3. 参与项目的同学尽量进行合理分配，并在调研前安排必要的训练和教育，遵守调查企业相关要求和安排；

4. 根据需要，经老师批准也可采用多种形式灵活展示调查结果。

六、考核要点

1. 资料有无价值，真实与否；

2. 内容翔实与否；

3. 讲解表达流畅与否，条理明晰与否。

教师可参考以上指标，根据实际确定权重，对方案进行评分。

第五章　物流信息系统开发

学习目标

· 熟悉常用的系统开发方法。

· 掌握系统分析与系统设计基本内容，理解业务流程图、结构图，并能够结合数据库系统分析与设计简单的物流软件系统。

· 掌握物流信息系统的设计与实施内容。

· 理解物流信息系统维护事项。

学习导航图

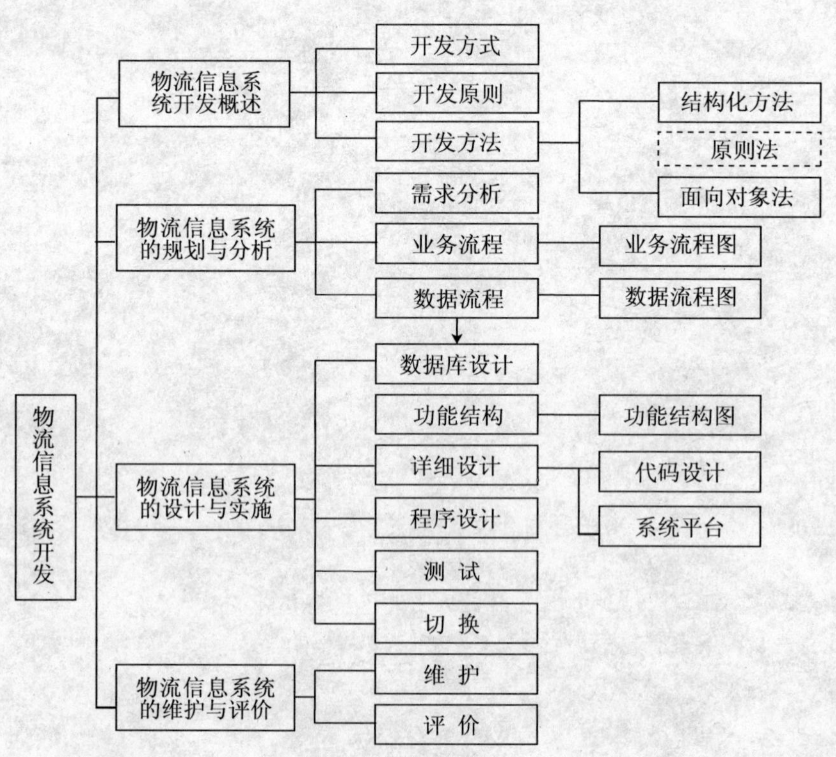

A零售超市进销存信息系统开发

本章将通过一个完整的零售超市进销存信息系统软件实例讲述用 PowerBuilder 开发商业软件的全过程，经过需求分析、数据库设计、程序设计、帮助文件制作、安装盘的实现、最终的项目验收、后期的升级维护等，希望能让你有身临其境的感受，切身体会到整个软件的开发过程。

首先对 A 零售超市的背景情况及要实现的功能进行了解，从整体上认识本系统将要实现的功能，并对开发过程中运用的关键技术进行说明。

1. A 超市功能模块

包括：客户管理模块、供应商管理模块、商品管理模块、订单管理模块、进货管理模块、库存管理模块、销售管理模块、财务报表模块、其他辅助模块。

2. 供应商管理模块子菜单实现功能

基本资料：供应商基本资料操作实现供应商一些基本属性的设置，除了为各供应商分配一个唯一供应商编号外，还要设置名称、地址、联系人、银行账户、邮箱等基本信息。

特殊属性：为不同的供应商设定不同的进货折扣、最大退货额度、最大退货期限、最大欠款额度、最大欠款期限等。

供应查询：商品供货数量和金额的查询。

供货统计：任意时间供货统计。

退货查询：任意时间退货数量和金额的查询。

退货统计：任意时间退货统计。

欠费查询：通过欠费查询，以欠费情况决定供应商信用级别。

3. 系统关键技术

本系统用 PowerBuilder 开发工具实现，将运用到作为 PowerBuilder 最具吸引力的技术——数据窗口技术，除了数据窗口控件外，PowerBuilder 的树形列表控件也是一个不容忽视的技术，本系统在开发实例的过程中实现了 PowerBuilder 对注册表的访问、加解密技术、执行 SQL 语句、调用存储过程等。具体的技术列表请参阅 PowerBuilder 技术索引。

其他详细过程分别在本章的相应章节中进行介绍。

第一节　物流信息系统开发概述

一、物流信息系统开发方式的选择

物流信息系统的开发方式是指企业获得应用软件的途径。通常信息系统的开发方式有：自行开发、外包开发、联合开发和购买现成软件4种。

1. 自行开发

自行开发方式是一种完全依靠企业自身的开发力量，根据自身的需要来开发信息系统的方式，因此，开发出的系统能满足企业的要求。又由于企业掌握了整个系统开发的信息，如逻辑模型的结构、源程序等，因此，能满足企业提出的新需求，即系统易于维护。通常这种开发方式需要的投资较少，但是开发的时间可能较长。

采用自行开发，需要企业自身具有一支完整的开发队伍。往往在实际中，企业缺乏这样的开发队伍，尤其是缺乏具有管理知识、信息技术知识或系统开发知识和经验的系统分析员，而LIS涉及的信息技术更广，因此会影响LIS的开发。采取这种方式的好处是可以造就企业的开发队伍。

2. 外包开发

外包（Outsourcing）开发方式是企业委托具有雄厚技术实力和丰富软件开发经验的计算机软件公司、科研机构、高等院校等外部合作单位完成系统的开发，即外部技术单位根据所签订的合同，完成系统应用软件的开发。这种开发方式一般费用很高，但开发时间可能较短。根据委托任务的范围，外包开发可以分为全部外包和部分外包。

外包开发方式是近年来备受推崇的一种开发方式，但大多数外包开发的系统都不是很理想，主要原因是被委托单位人员一般不熟悉物流业务知识，开发的系统实用性差。在实现用户需求上往往限于模拟手工处理过程，软件的适应性差，这也与业务人员对信息系统的要求和了解有关，一些业务人员由于不了解信息技术，在一些细节上（如报表格式）提出过分要求，如不“迁就”就会产生矛盾。同时，物流企业对信息技术认识不充分，难以提出较准确的要求，或难以对开发单位的需求说明和设计资料进行准确的评价，往往到后期才发现设计中的问题，或者才有较为准确的需求，使开发单位无所适从。采用这种方式不利于培养自己的维护人员。

此外，外包合同可能存在很多“陷阱”，所以，CIO们在签订外包合同时，应当谨慎。

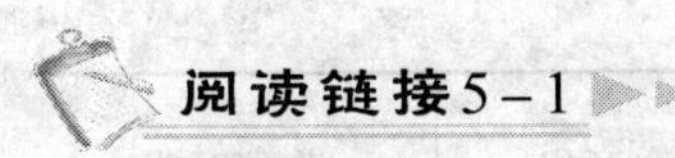
阅读链接5-1

CIO签订外包合同注意事项

(1) 注意签订保密合同

当所要外包的物流信息系统的应用有一定深度和广度时，它就不是一个简单的数据处理系统了，而包括了企业商业机密的信息、知识等，必须要求外包商为企业保守企业的商业机密，因此除了签订系统的开发合同外，还要签订保密合同。

(2) 考虑到系统的灵活性及适应性

企业对物流信息系统的需求不可能是一成不变的，因此在签订外包合同中，应考虑一定的灵活可变，系统对外部环境的变化要有一定的适应性。

(3) 外包的范围应当条款化、细化

如企业自身是否可以获得系统的源代码、数据字典、系统开发的各种文档等。

3. 联合开发

联合开发方式是指企业与选定的外部合作单位共同组成项目开发组，根据企业的需求，一起完成系统的开发。在这个项目开发组中，企业与选定的外部合作单位各自派出一定数量的人员，但是外部合作单位是项目的责任单位，负责和承担系统的开发，负责解决技术难点，对开发过程进行科学的安排和控制，而物流企业则是参与者。

联合开发方式开发的信息系统实用性较强，而且由于有本单位人员参与，系统使用和维护也比较方便。但是，如果联合开发的合作对象选择不好，也会带来很多麻烦，所以企业要慎重选择外部合作单位。

4. 购买开发

购买开发方式是信息系统的提供商已经开发了满足物流企业运作与管理需求的信息系统，除了必要或者核心功能外，信息系统提供商以菜单方式供物流企业选择。商品软件一般具有一定数量的用户，质量有所保证，并经过实际应用的考验，因此都比较成熟与稳定。采取购买开发方式，可以在较短时间内，以较低的成本，获得商品化软件。但商品软件系统的适应性较差，从通用化与用户方面考虑，其功能无论在广度上还是在深度上要完全满足企业的需求，难度较大，功能的选择可能有一定局限性，还需要进行二次开发。

5. 各种开发方式的比较

上述4种开发方式各有特点，如表5-1所示。

表 5-1　　物流信息系统开发方式的比较

开发方式 比较因素	自行开发	外包开发	联合开发	购买开发
分析设计能力的要求	较高	一般	逐渐培养	较低
编程能力的要求	较高	不需要	较低	较低
系统维护难易程度	较强	较差	强	差
获取时间	周期长	周期较短	周期较长	周期短
开发费用	开发费用低	成本高	成本较低	一次性付费，成本较低
风险	高	较高	较低	低

从表 5-1 可以看出，不同的开发方式各有不同的长处和短处。不同的企业应根据自身的条件和信息系统建设的目的和规模，通过分析企业的技术力量、资源条件和外部环境等因素，慎重确定对本企业最为有利的开发方式。选择合适的开发方式是物流企业开发信息系统的重要决策。

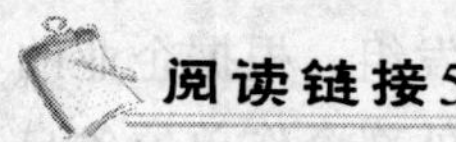

企业选择物流信息系统开发方式应考虑的因素

第一，企业自身对信息系统采取的战略

例如，若以企业自身为主，则应该更多地考虑联合开发和自行开发；若全部依赖外部资源则更多地考虑外包或购买现成软件。

第二，需要解决问题的特点

若本次开发的系统中包括的运作与管理较为规范，则可以考虑购买现成软件，若个性化较强，则可以考虑采用其他开发方式。

第三，相应的专业人才

不同的开发方式需要不同的专业人员，因此在决定采用合适的开发方式时，企业要考虑能否用适当的成本获得需要的专业人才。

二、物流信息系统开发的原则

物流信息系统的开发是一个较为复杂的系统工程，它涉及计算机处理技术、系统理论、组织结构、管理功能、管理认识、认识规律及工程化方法等方面的问题。在物流信息系统开发中，首先应了解系统开发应遵循的原则及主要的开发方式。

1. 领导参加的原则

信息系统的开发是一项庞大的系统工程，它涉及组织日常管理工作的各个方面，所以，领导出面组织、协调各方面的关系是开发成功的首要条件。

2. 实用和实效的原则

即要求从制订系统开发方案到最终信息系统都必须是实用的、及时的和有效的。

3. 充分利用信息资源的原则

即数据尽可能共享，减少系统的输入输出，对已有的数据、信息做进一步的分析处理，以便充分发挥深层次加工信息的作用。

4. 规范化原则

即要求按照标准化、工程化的方法和技术来开发系统。

5. 适应性原则

即充分考虑到组织管理模式可能发生的变化，使系统具有一定的适应环境变化的能力。

三、物流信息系统开发的准备工作

搞好系统开发前的准备工作是信息系统开发的前提条件。系统开发前的准备工作一般包括基础准备和人员组织准备两部分。

1. 基础准备

科学管理是开发信息系统的基础，只有在合理的管理体制、完善的规章制度和科学的管理方法之下，系统才能充分发挥其作用。

基础准备工作一般包括：

（1）管理工作要严格科学化，具体方法要程序化、规范化；

（2）做好基础数据管理工作，严格监控计量程序、计量手段、检测手段和基础数据统计分析渠道；

（3）数据、文件、报表的统一化。

2. 人员组织准备

物流信息系统的开发需要相应的开发队伍，因此需要对开发人员进行选择。由具有丰富 LIS 项目实施和企业流程管理经验的咨询人员和企业内部的管理人员、业务人员以及技术人员一起组成项目实施小组，共同进行项目实施工作，可以提高 LIS 开发的成功率，缩短开发周期，减少开发风险。表 5－2 列出了各个阶段需要的项目人员。

表 5－2　　物流信息系统开发各阶段所需的项目人员

开发阶段	主要人员
系统规划	CIO、项目经理、系统分析员
系统分析	系统分析员、终端用户

续 表

开发阶段	主要人员
系统设计	系统设计员、数据库管理员
系统实施	程序设计员、数据库管理员、终端用户
系统维护	系统维护人员、数据库管理员

（1）信息主管（Chief Information Officer，CIO）

信息主管是企业高层负责企业信息资源管理的决策者，全面负责企业的信息管理工作。他根据企业战略的需要，考虑和提出企业的信息战略，提出基于信息技术的问题解决方案。CIO是企业中的高级职位，是决定企业信息系统命运的重要人物，辅助企业的高层决策和长远规划，实现企业全面的信息管理。

（2）项目经理

项目经理是具有管理能力、项目管理知识和经验、信息系统开发管理知识和经验的人员，在一定的预算和计划下，组织、指挥其他人完成已计划的任务。负责物流信息系统项目的项目经理一般来自于企业内部，被任命该职位的人员不仅应该具备管理能力，还要有很强的沟通和组织能力。

（3）系统分析员

系统分析员是实际系统开发的业务领导者与组织者，在系统开发中起着举足轻重的作用。他要主持整个系统开发，确定工作目标及实现目标的具体方案。

系统分析员不仅应当具备计算机软、硬件知识，懂得企业管理的业务，了解现代化管理方法及经济数学模型在企业管理中的应用，还要善于处理人际关系，能与各类人员建立良好的合作关系，善于与不同背景的人员进行讨论，交流思想，有较强的组织能力。

（4）系统设计员

系统设计员负责系统的设计工作，参与系统开发的总体设计、模块设计及各种具体的物理设计工作，应当具有熟练的计算机专业知识，掌握建立管理信息系统的技术基础，熟悉系统实施与转换的一般技术方法。

（5）程序设计员

程序设计员的主要任务是按照程序设计说明书编制程序、调试程序、修改程序，直到新系统投入运行。在系统交付使用以后，本企业的程序设计员还要担负系统的运行维护工作，负责程序的改进任务。

程序设计员应该有较强的逻辑思维能力，要掌握计算机软件的基本知识，熟练掌握数据库及程序设计语言。

（6）系统维护人员

主要工作是完成对系统的维护，包括平台、应用软件、系统数据等的维护，保证系统的正常运行。系统维护人员应该具有信息技术的一般知识，了解企业运作与管理流程，了解所维护系统的逻辑模型、物理模型和计算机模型。

（7）数据库管理员

随着计算机科学与技术的发展和企业信息系统应用的需要，数据库容量越来越大，结构越来越复杂，数据安全的要求越来越高，企业设立专门的数据库管理员是必要的。

（8）终端用户

是指企业物流信息系统的直接操作人员，是系统需求、验收的主要角色。

四、物流信息系统的开发方法

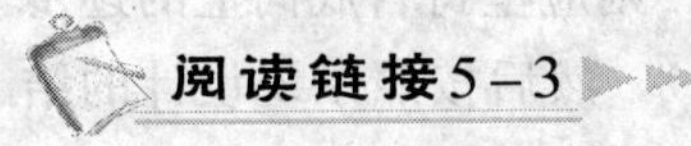

物流信息系统的开发方法

企业开发物流信息系统时，应该如何选择开发方法，以取得更好的效果？至今尚未形成一套完整的、能为所有开发人员所接受的理论以及由这种理论所支持的工具和方法。即便如此，每一种方法仍要遵循相应的开发策略，任何一个开发策略者都要明确以下问题：

（1）系统要解决的问题。如采取何种方式解决组织管理和信息处理方面的问题，对企业提出的新管理需求该如何满足等。

（2）系统可行性研究。确定系统所要实现的目标。通过对企业状况的初步调研得出现状分析的结果，然后提出可行性方案并进行论证。系统可行性研究包括目标和方案可行性、技术可行性、经济可行性和社会可行性。

（3）系统开发的原则。

（4）系统开发前的准备工作。

（5）系统开发方法的选择和开发计划的制订。

开发物流信息系统的具体方法很多，通常不严格地将它们分为结构化系统开发方法、原型法、面向对象的开发方法等。

（一）结构化方法

结构化系统开发方法，亦称为SSA&D法（Structured System Analysis and Design），或SADT法（Structured Analysis and Design Technologies），是自顶向下的结构化方法、工程化的系统开发方法和生命周期方法的结合，是迄今为止开发方法中应用最普遍、最成熟的一种。

目前，该类方法仍不失为一种有效的方法，不过在开发工具上有了很大的革新与进步，在整体的系统开发上讲究与其他方法的结合，多种方法共同使用来开发信息系统。

1. 结构化系统开发方法的基本思想

是用系统工程的思想和工程化的方法，按用户至上的原则，结构化、模块化、自顶向下地对系统进行分析与设计。

具体来说，就是先将整个信息系统开发过程划分成若干个相对独立的阶段，如系统规划、系统分析、系统设计、系统实施等。在前三个阶段坚持自顶向下地对系统进行结构化划分，在系统调查或理顺管理业务时，应从最顶层的管理业务入手，逐层深入至最基层。

在系统分析、提出新系统方案和系统设计时，应从宏观整体入手，先考虑系统整体的优化，然后再考虑局部的优化问题。在系统实施阶段，则应坚持自底向上的逐步实施策略，也就是说，组织力量从最底层模块做起（编程），然后按照系统设计的结构，将模块一个个拼接到一起进行调试，自底向上，逐渐地构成整体系统。

2. 结构化系统开发方法的特点

（1）自顶向下整体性的分析与设计和自底向上逐步实施的整合系统开发过程

即在系统分析与设计时要从整体考虑，要自顶向下地工作（从全局到局部、从领导者到普通管理者）；而在系统实现时，则要根据设计的要求先编制一个个具体的功能模块，然后自底向上逐步实现整个系统。

（2）用户至上

用户对系统开发的成败是至关重要的，故在系统开发过程中要面向用户，充分了解用户的需求和愿望。

（3）深入调查研究

即强调在设计系统之前，深入实际单位，详细地调查研究，努力弄清楚实际业务处理过程的每一个细节，然后分析研究，制订出科学合理的信息系统设计方案。

（4）严格区分工作阶段

把整个系统开发过程划分为若干个工作阶段，每个阶段都有其明确的任务和目标，以便于计划和控制进度，有条不紊地协调展开工作。在实际开发过程中则要求按照划分的工作阶段一步步地展开工作，如遇到较小、较简单的问题，可跳过某些步骤，但不可打乱或颠倒。

（5）充分预计可能发生的变化

因系统开发是一项耗费人力、财力、物力且周期很长的工作，一旦周围的环境（组织的外部环境、信息处理模式、用户需求等）发生变化，则会直接影响到系统的开发工作。所以，结构化开发方法强调在进行系统调查和分析时，对将来可能发生的变化给予充分的重视，强调所设计的系统对环境的变化具有一定的适应能力。

（6）工作文件标准化和文献化

系统开发过程中的工作内容（研究记录、分析报告等）都必须形成固定格式的文本，各种图表工具都要求标准化，如采用 IPO 图与数据字典等。标准化文献供用户参考使用，也供开发工作者查阅，以利于开发的连续性和再扩充。

3. 结构化系统开发的生命周期

在结构化系统开发中，开发过程分为五个阶段，即系统规划阶段、系统分析阶段、系统设计阶段、系统实施阶段和系统运行维护与评价阶段。每个阶段都有明确的任务，并需产生一定规格的文档资料以交付给下一阶段，而下阶段则在上阶段所形成文档的基础上继续进行开发过程。如图 5-1 所示。

(1) 系统规划阶段。其任务是根据用户的系统开发请求，进行初步调查，明确问题，确定系统目标和总体结构，确定分阶段实施进度，然后进行可行性研究。

(2) 系统分析阶段。其任务是分析业务流程，分析数据与数据流程，分析功能与数据之间的关系，最后提出处理方式和新系统逻辑方案。

(3) 系统设计阶段。其任务是总体结构设计，代码设计，数据存储文件设计，输入输出设计，模块结构与功能设计。与此同时，根据总体设计的要求购置与安装一些设备，进行试验，最终给出设计方案。

(4) 系统实施阶段。其任务是同时进行编程（由程序员执行）和人员培训（由系统分析设计人员培训业务人员和操作员），以及数据准备（由业务人员完成），然后投入试运行。

(5) 系统运行维护与评价阶段。其任务是同时进行系统的日常运行管理、评价、监理审计三部分工作。然后分析运行结果，如果运行结果良好，则送管理部门，指导生产经营活动；如果存在问题，则要对系统进行修改、维护或者是局部调整；如果出现了不可调和的大问题（这种情况一般是在系统运行若干年之后，系统运行的环境已发生了根本的变化时才可能出现），则用户将会进一步提出开发新系统的要求，这标志着老系统生命的结束和新系统的诞生。这一过程就是系统开发的生命周期。

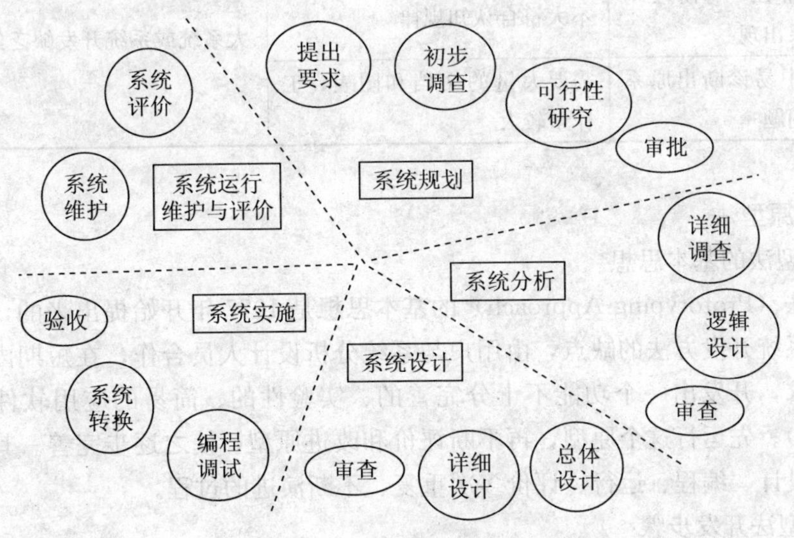

图 5-1 系统开发生命周期

4. 结构化系统开发方法的优缺点及适用范围

(1) 优点

整体思路清楚，能够从全局出发，步步为营，减少返工，有利于提高开发质量；

设计工作中阶段性非常强，每一阶段均有工作成果出现；

每一阶段的工作成果是下一阶段工作的依据，工作进度比较容易把握，有利于系统开发的总体管理和控制。

另外，由于该方法强调从整体来分析和设计整个系统，因此在系统分析时，可以诊断出原系统中存在的问题和结构上的缺陷，这一点是其他方法难以做到的。

(2) 缺点

①系统的开发周期太长，有时系统开发尚未完成而内外环境已经发生了变化，对系统的需求也发生了变化。

②这种方法要求系统开发者在调查中就要充分掌握用户需求、管理状况及预见可能发生的变化，这不大符合人们循序渐进地认识事物的规律性。

③需要大量的文档和图表，这方面的工作量非常大，有时会造成效率低、成本高的问题。

(3) 结构化系统开发方法的适用范围

结构化系统开发方法主要适用于大系统或系统开发缺乏经验的情况。其优缺点及适用范围如表 5-3 所示。

表 5-3　　结构化系统开发方法的优缺点及适用范围

优　点	缺　点	适用范围
整体思路清晰	开发周期太长	大系统或系统开发缺乏经验的情况
阶段性非常强，每阶段均有工作成果出现	不大符合认知规律	
系统分析中易诊断出原系统存在的问题	需要大量的文档和图表，工作量较大	

(二) 原型法

1. 原型法的基本思想

原型法 (Prototyping Approach) 的基本思想是 1977 年开始提出来的，它试图改进结构化系统开发方法的缺点，由用户与系统分析设计人员合作，在短期内定义用户的基本需求，开发出一个功能不十分完善的、实验性的、简易的应用软件基本框架(称为原型)。先运行这个原型，再不断评价和改进原型，使之逐步完善。其开发是一个分析、设计、编程、运行、评价多次重复、不断演进的过程。

2. 原型法开发步骤

原型法的开发过程分为 4 个阶段：

(1) 确定用户的基本需求。首先要在很短的时间内调查并确定用户的基本需求，需求可能是不完全的、粗糙的，但也是最基本的。例如，系统功能、数据规范式、屏幕及菜单等。

(2) 开发初始原型系统。开发者根据用户基本需求开发一个应用系统的初始原型，并交付原型的基本功能及有关屏幕画面。

(3) 对原型进行评价。首先让用户试用原型，根据实际运行情况，明确原型存在的问题。

(4) 修正和改进原型系统。开发者根据用户试用及提出的问题，与用户共同研究确定修改原型的方案，经过修改和完善得到新的原型。然后再试用、评价，再修改完善，多次反复直到满意为止。原型法的开发过程是一个循环的、不断修改完善的过程，其开发流程如图 5-2 所示。

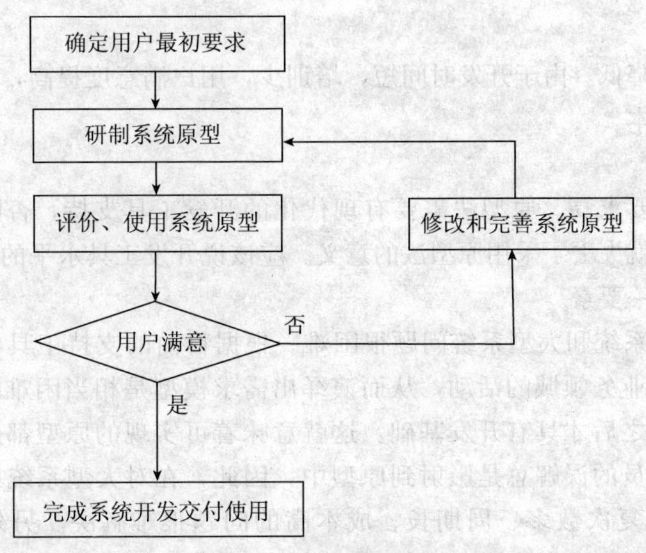

图 5-2 原型法示意图

3. 原型法的优缺点及适用范围

(1) 优点

①认识论上的突破。开发过程是一个循环往复的反馈过程，它符合用户对系统应用的认识逐步发展、螺旋式上升的规律。开始时，用户和设计者对系统功能要求的认识是不完整的、粗糙的。通过建立原型、演示原型、修改原型的循环过程，设计者以原型为媒介，及时取得来自用户的反馈信息，不断发现问题，反复修改、完善系统，确保用户的要求得到较好的满足。

②改进了用户和系统设计者的信息交流方式。由于有用户的直接参与，就能直接而又及时地发现问题，并进行修正，因而可以减少产品的设计性错误。大多数情况下，设计中的错误是对用户需求的一种不完善或不准确的翻译造成的，实质上也是一

种信息交流上的问题。当用户和开发人员采用原型法后，改善了信息的沟通状况，设计错误必然大大减少。

③用户满意程度提高。由于原型法向用户展示了一个活灵活现的原型系统供用户使用和修改，从而提高了用户的满意程度。当用户并不确定初始系统的需求时，采用现实系统模型做试验要比参加系统设计会议、回忆静态屏幕设计及查看文件资料更有意义。

④开发风险降低。原型法减少了大量重复的文档编制时间，缩短了开发周期，从而减少了开发风险。另外，使用原型系统来测试开发思想及方案，只有原型使用者和开发人员意见一致时，才能继续开发最终系统，所以也会降低开发风险。

⑤减少了用户培训时间，简化了管理。由于用户在审查评价原型时就已经得到了训练，因此会大大减少培训时间。另外，原型法能够简化信息系统开发的管理工作，一份原型系统的状态报告可以成为改进原型系统的方案，省略了许多烦琐的步骤。

⑥开发成本降低。由于开发时间短，培训少，用户满意度提高，风险低，所以降低了系统开发成本。

（2）缺点

①开发工具要求高。原型法需要有现代化的开发工具支持，否则开发工作量太大，成本过高，就失去了采用原型法的意义。应该说开发工具水平的高低是原型法能否顺利实现的第一要素。

②解决复杂系统和大型系统问题很困难。根据目前的支持工具状况，在分析阶段直接模拟用户业务领域的活动，从而演绎出需求模型是相当困难的，基本上都是在进入设计阶段之后才具有开发基础。这就意味着可实现的原型都是经过设计人员加工的，设计人员的误解总是影射到原型中，因此，在对大型系统或复杂系统的原型化过程中，反复次数多、周期长、成本高的问题很难解决。另外，对于大型系统，如果不经过系统分析来进行整体性划分，想直接用屏幕来一个一个地模拟是很困难的。

③管理水平要求高。如果基础管理不善、信息处理过程混乱，就会给构造原型带来一定困难；另外，如果基础管理不好，没有科学合理的方法可依，系统开发容易走上机械地模拟手工系统的轨道。

（3）原型法的适用范围

①用户事先难以说明需求的较小的应用系统。

②决策支持系统。

③与结构化系统开发方法结合起来使用，即整体上仍使用结构化系统开发方法，而仅对其中功能独立的模块采用原型法。

原型法的优缺点及适用范围如表 5-4 所示。

表 5-4　原型法的优缺点及适用范围

优　点	缺　点	适用范围
认识论上的突破	开发工具要求高	用户事先难以说明需求的较小的应用系统
加强了与用户的交流	解决复杂系统和大型系统问题很困难	决策支持系统
开发风险及开发成本降低	管理水平要求高	与 SSA&D 方法结合

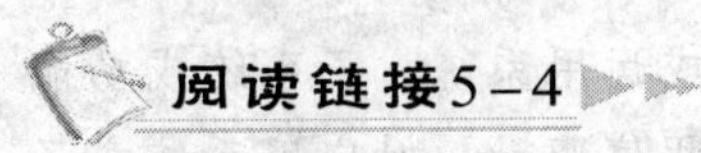

中小型商业管理信息系统快速原型法生成平台

国家 95 科技攻关项目“中小型商业管理信息系统快速原型法生成平台”系统的组成、功能、研究的内容、采用的关键技术及其实现方法如下。

本生成平台是以我国中小型商场经营模式和主要业务行为为基础，采用快速原型法和面向对象的可重用技术，设计与开发的一种通用性强的中小型商用 MIS 快速原型生成平台。商场用户根据自己的实际经营模式和业务管理行为，可在较短的时间内开发出用户满意的后台商场 MIS，且系统具有较强的适用性和可扩充性。

该系统支持的环境是操作系统（UNIX、WINDOWS），网络（TCP/IP、Client/Serve）及各种关系数据库管理系统。整个平台是基于 ODBC 标准的数据流或信息流而进行协调一致的工作。其框架如图 5-3 所示。

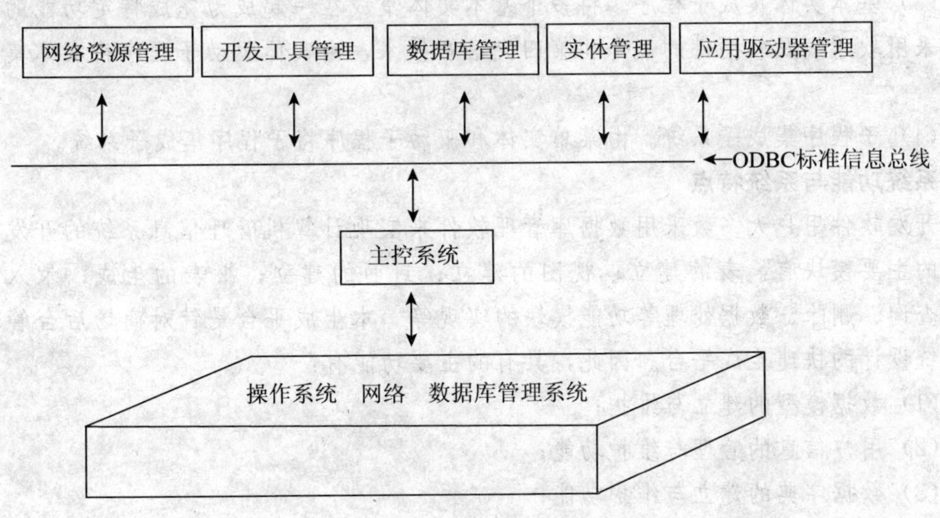

图 5-3　中小型商业管理信息系统框架

网络资源管理：指对分布式系统中的资源、功能、数据进行适当地分布和管理，以达到系统优化的目标，并随用户的需求进行适当调度。

开发工具管理：指系统提供了用于开发应用系统的开发工具，如屏幕设计工具、数据模型设计工具等。同时提供了外来开发工具集成的 DDE、OLE 的转换接口。

数据管理：指根据用户应用系统中的数据项的定义、表的定义、视图的定义等建立数据模型，根据用户的各种数据管理系统建立应用系统和数据库，并由相应的 ODBC 驱动程序完成相应的数据库操作，实现对异种数据库的互操作。

实体管理：指对集成环境中的各种实体（通用实体、原型实体）进行统一管理。如：增加、删除、修改、查询等。

应用驱动器管理：由一组驱动子程序组成，用于测试或运用系统、子系统或功能实体。即根据应用系统的模型与框架由相应的一组驱动子程序驱动，对应用系统或子系统或功能实体进行运行或测试。

主控系统：提供了用于引导设计者开发应用系统的步骤，并综合平台运行的动态控制系统和系统设计过程，协调与控制平台中各种资源和功能，保证平台的正常运行。

关键技术及其实现方法

(1) 异种数据库的互操作及应用程序对数据操作的一致性。采用 Microsoft 的 ODBC 标准，在 ODBC 接口函数支持下，开发出一致的数据库界面，包括数据库连接、表、视图、记录的操作及异种数据库的互操作。

(2) 实体的抽取。系统中提供了一些基本实体，如封面、菜单、报表、图形、数据字典等。在设计中，采用实体描述和实体驱动机制完成。即将实体描述信息以一定格式保存起来，抽取通用实体时，以格式化方式给出具体描述，由驱动机制正确读出相应的实体描述信息，实现实体的功能。

(3) 基本实体集成子程序。将多个基本实体集成在一起成为完成特定功能的子程序。采用软总线及软插件的概念和第四代语言技术，由实体驱动子程序将实体集成在一起。

(4) 子程序集成子系统。由菜单实体和驱动子程序将子程序集成子系统。

系统功能与系统特点

开发软件用户大多数采用数据库管理软件来实现计算机管理信息系统的开发，其包括的主要模块有：表的建立；视图的建立；封面的建立；报表的生成；录入、修改、查询、删除、数据处理等功能模块的实现等。本生成平台是针对商场后台管理信息系统设计的快速生成平台。因此，具有的主要功能有：

(1) 数据模型的建立与维护；

(2) 用户信息的管理与维护功能；

(3) 数据字典的建立与维护功能；

(4) 系统封面的设计与维护功能；

(5) 统计图形的设计与维护功能；

(6) 屏幕的设计与维护功能；

(7) 建立、修改、删除、生成子系统功能；

(8) 子系统的设计、维护及开发平台功能。

采用中小型商业管理信息系统快速原型法生成平台生成商场后台管理信息系统的实现途径是：利用系统提供的一组高效的开发工具与具有通用性强的能用实体与原型实体的环境生成，且生成系统具有快速性、集成性和开放性。因此，系统特点有：

(1) 系统开发的快速性。2～3个月即可开发出适合商场特点的后台信息管理系统。

(2) 系统数据、功能集成性。实现 Sybase、Informix、Oracle 等大型数据库和 Access、Powerbuilder 等小型数据库的相互集成以及进、销、存等主要功能模块的集成。

(3) 管理信息分布性。实现分布式信息管理，开发分布式系统。

(4) 系统易扩充性。根据用户的需求，灵活地筛选实体，组成用户要求的应用系统。

(5) 支持各种软、硬件平台的开放性。支持各种小型机、客户服务器、工作站、微机等硬件环境及 UNIX、DOS、WINDOWS 等不同操作系统的软件环境。

(6) 系统的易扩充性。系统提供一系列维护工具，提高系统的易维护性，最大降低应用系统维护成本。

(三) 面向对象法

1. 面向对象法的由来

面向对象法是从 20 世纪 80 年代各种面向对象的程序设计方法，如 Smalltalk、C++等逐步发展而来的，最初用于程序设计，后来扩展到系统开发的全过程，出现了面向对象分析和面向对象设计。

面向对象法是一种认识问题和解决问题的思维方法，它把客观世界看成是由许多不同的对象构成的。在面向对象的系统中，我们把系统中所有资源（如系统、数据、模块）都看成是对象，每一对象都有自己的运动规律和内部状态。不同对象间的相互联系和相互作用构成了完整的客观世界。我们把将要建立的系统所要解决的问题称为问题域。

2. 面向对象法的基本思想

面向对象法认为，客观世界是由各种各样的对象组成的，每种对象都有各自的内部状态和运动规律，不同对象之间的相互作用和联系就构成了各种不同的系统。当设计和实现一个客观系统时，如能在满足需求的条件下，把系统设计成一些不可变的（相对固定）部分组成的最小集合，那么这个设计就是最好的。它把握了事物的本质，不再会被周围环境（物理环境和管理模式）的变化以及用户需求的不断改变所左右。这些不可变的部分就是所谓的对象。

3. 面向对象法的几个基本概念

（1）对象。对象是现实世界中一类具有某些共同特性的事物的抽象。对象是构成系统的元素，是组成问题域的事物。小到一个数据，大到整个系统都是对象。对象是一个封闭体，它是由一组数据和施加于这些数据上的一组操作构成。具体地说，对象可由以下部分描述。

①对象的名称。

②数据：用来描述对象的属性，它表明了对象的一种状态。例如，对“学生”对象可用学号、姓名、性别、年龄、家庭住址等属性来描述。

③操作：即对象的行为。分为两类：一类是在对象接受外界消息触发后引起自身的操作，这种操作的结果是修改了对象自身的状态；另一类是对象施加于其他对象的操作，这是指对象将自己产生的输出作为消息向外发送。

④接口：主要指对外接口，用来定义对象与外界的关系和通信方式。具体地说，接口是指对象受理外部消息所指定的操作的名称集合。

（2）消息。消息是为完成某些操作而向对象所发送的命令和命令说明。对象进行处理及相互之间的联系，都只能通过消息传递来实现，发送消息的对象叫发送者，接受消息的对象叫接受者，发送者可以同时向多个对象传送消息，接受者可同时接受多个对象发来的消息，对象之间也可同时双向传送消息。消息中只含发送者的要求，它通知要进行的处理，但发送者不起控制作用。

（3）类。类定义的是对象的类型，是对一组性质相同的对象的描述，或者说，类是对象的模板。模板可以想像为浇铸毛坯用的模具，模具是固定的，当钢水倒入并冷却时，便出现一个具有该模具形状的毛坯。因此，在程序运行时，类被作为模板建立对象。例如，实数就是一类，它可进行算术运算和比较等处理，1.12 和 5.89 都是这个类的对象，都有进行算术运算和比较等处理能力。

4. 面向对象法的开发过程

按照上述思想，面向对象法的开发过程可分为四个阶段：

（1）系统调查和需求分析

对系统将要面临的具体管理问题以及用户对系统开发的需求进行调查研究，即先要弄清楚干什么。

（2）分析问题的性质和求解问题

在繁杂的问题域中抽象地识别出对象及其行为、结构、属性、方法等。这一阶段一般被称为面向对象分析，简称 OOA。

（3）整理问题

即对分析的结果做进一步的抽象、归类、整理，最终以范式的形式将它们确定下来。这一阶段一般被称为面向对象设计，简称 OOD。

（4）程序实现

即用面向对象的程序设计语言将上一步整理的范式直接映射（即直接用程序语言

来取代）为应用程序软件。这一阶段一般被称为面向对象的程序，简称 OOP。

5. 面向对象法的优缺点

优点：面向对象法以对象为基础，利用特定的软件工具直接完成从对象客体的描述到软件结构之间的转换，这是面向对象法最主要的特点和成就。

面向对象法的应用解决了传统结构化开发方法中客观世界描述工具与软件结构的不一致性问题，缩短了开发周期，解决了从分析和设计到软件模块结构之间多次转换映射的繁杂过程，是一种很有发展前途的系统开发方法。

缺点：

（1）同原型法一样，面向对象法需要一定的软件基础支持才可以应用。

（2）在大型的信息系统开发中如果不经自顶向下的整体划分，而是一开始就自底向上地采用面向对象法开发系统，同样也会造成系统结构不合理、各部分关系失调等问题。所以面向对象法和结构化法目前仍是在系统开发领域相互依存、不可替代的方法。

（四）CASE 方法

CASE 方法如图 5-4 所示。

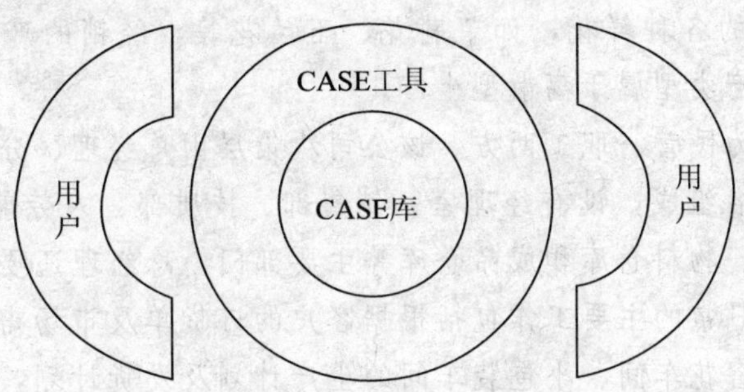

图 5-4 CASE 示意图

CASE 即 Computer Aided Software Engineering，中文意思是计算机辅助软件工程。CASE 是一套方法和工具，可使用系统开发商规定的应用规则，并由计算机自动生成合适的计算机程序。CASE 是一种自动化或半自动化的开发方法，能够全面支持除系统调查外的每一个开发步骤。严格地讲，CASE 只是一种开发环境而不是一种开发方法。它是 20 世纪 80 年代末从计算机辅助编程工具、第四代语言（4GL）及绘图工具发展而来的。目前，CASE 仍是一个发展中的概念，各种 CASE 软件也较多，没有统一的模式和标准。采用 CASE 软件进行系统开发，必须结合一种具体的开发方法，如结构化系统开发方法、面向对象方法或原型法开发方法等，CASE 方法只是为具体的开发方法提供了支持每一过程的专门工具。因而，CASE 方法实际上是把原先由手工完成的开发过程转变为以自动化工具和支撑环境支持的自动化开发过程。CASE 方法具有下列特点：

（1）解决了从客观对象到软件系统的映射问题，支持系统开发的全过程。

(2) 提高了软件质量和软件重用性。

(3) 加快了软件开发速度。

(4) 简化了软件开发的管理和维护。

(5) 自动生成开发过程中的各种软件文档。

现在，CASE 中集成了多种工具，这些工具既可以单独使用，也可以组合使用。CASE 的概念也由一种具体的工具发展成为开发信息系统的方法学。

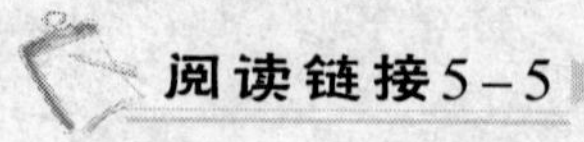

阅读链接5-5

南宁市石乳茶业公司信息系统开发方法的选择

我国南宁市石乳茶业公司（简称石乳）是在对原有国有企业的股份制改革的基础上建立的民营企业，属于中小企业，以生产、经营花茶为主要业务，其销售方式主要是批发，其批发商分布在我国几个省，相对稳定。石乳生产用的主要原料是已经粗加工了的干茶和相应的各种鲜花，如茉莉花、玉兰花等，经销的产品主要有绿茶、花茶、袋泡茶，其生产类型属于离散型生产。

公司的股份分为民营、职工两方。该公司决策层由总经理、分管经营、技术和生产的副总经理各一名组成，设有经理室、销售部、技质部、人劳部、财务部、3 个生产车间、原料仓库、物料仓库和成品仓库等主要部门。总经理还要把关原料采购的价格和数量。销售部日常的主要工作包括根据客户的订货单及市场需求的经验估计，制定公司精制车间、窨花车间、小包装车间的生产计划及发货计划，完成产品销售、应收应付账管理等工作。精制车间是单纯的加工车间，窨花车间是重要的加工车间，小包装车间完成成品的包装。该公司的销售无售后服务需要。

该公司的正式职工约 100 人，其中具有大专学历以上的职工约占职工人数的 50%，平均年龄为 32 岁。由于该公司的生产具有明显的生产周期，因此除了正式职工外，公司还长期使用常年性临时工和季节性临时工，其中常年性临时工主要从事产品的包装，季节性临时工主要从事产品的制作，高峰期间临时工人数与公司正式职工的比例约为 1∶1，临时工采取计件计时来计酬。为提高企业的竞争力，公司经常利用生产空闲时间，为员工进行各种知识的培训，如茶叶制作技术、现代化管理思想和方法等。

系统开发完全采取结构化方法难以奏效，因为公司自身管理的不规范等主观原因和加工工序不确定等客观原因的制约，在系统分析阶段，要求用户和系统分析员将用户的各种需求（包括信息需求、功能需求）完全弄清楚几乎是不可能的。根据公司领导的意愿，除财务外，本次开发覆盖整个企业的各个部门和工作环节，因此，新系统应该有一个良好的结构（编码模型和数据模型），因此原型法也难以满足要求。本公司规模不大，企业文化相当浓厚，公司几位领导均懂技术，经过了MBA课程培训，有相当的管理能力，因此当出现问题、发生争议时，公司领导容易决策。基于上述原因和条件，系统开发采用了以结构化方法为主、原型法为辅的方法，使得系统的开发能按计划实施，系统的结构良好，功能满足客户需要。

引导案例

案例说明：A零售超市进销存信息系统开发1

系统开发过程：介绍软件需求说明书，程序模块划分，生产实例数据库，建立实例对象，建立启动窗口，建立登录窗口，部门基本信息维护，员工基本信息维护，系统用户维护，用户权限维护。

案例说明：A零售超市进销存信息系统开发2

软件需求说明书模板：软件需求说明书的编制是为了使用户和软件开发者双方对该软件的初始规定有一个共同的理解，使之成为整个开发工作的基础。编制软件需求说明书的内容要求如下：

1. 引言

(1) 编写目的

说明编写这份软件需求说明书的目的，指出预期的读者。

(2) 背景

说明：

①待开发的软件系统的名称；

②本项目的任务提出者、开发者、用户及实现该软件的计算中心或计算机网络；

③该软件系统同其他系统或其他机构的基本的相互来往关系。

(3) 定义

列出本文件中用到的专门术语的定义和外文首字母组词的原词组。

(4) 参考资料

列出可能使用的参考资料，如：

①本项目的经核准的计划任务书或合同、上级机关的批文；

②属于本项目的其他已发表的文件；

③本文件中各处引用的文件、资料，包括所要用到的软件开发标准。列出这些文件资料的标题、文件编号、发表日期和出版单位，说明能够得到这些文件资料的来源。

2. 任务概述

(1) 目标

叙述该项软件开发的意图、应用目标、作用范围以及其他应向读者说明的有关该软件开发的背景材料。解释被开发软件与其他有关软件之间的关系。如果所定义的产品是一项独立的软件，而且全部内容自含，则说明这一点。如果所定义的产品是一个更大的系统的一个组成部分，则应说明本产品与该系统中其他各组成部分之间的关系，为此可使用一张方框图来说明该系统的组成和本产品同其他各部分的联系和接口。

(2) 用户的特点

列出本软件的最终用户的特点，充分说明操作人员、维护人员的教育水平和技术专长，以及本软件的预期使用频度。这些是软件设计工作的重要约束。

(3) 假定和约束

列出进行本软件开发工作的假定和约束，例如经费限制、开发期限等。

3. 需求规定

(1) 对功能的规定

用列表的方式（例如ipo表即输入、处理、输出表的形式），逐项定量和定性地叙述对软件所提出的功能要求，说明输入什么量、经怎样的处理、得到什么输出，说明软件应支持的终端数和应支持的并行操作的用户数。

(2) 对性能的规定

①精度

说明对该软件的输入、输出数据精度的要求，可能包括传输过程中的精度。

②时间特性要求

说明对于该软件的时间特性要求，如：

a. 响应时间；

b. 更新处理时间；

c. 数据的转换和传送时间；

d. 解题时间。

③灵活性

说明对该软件的灵活性的要求，即当需求发生某些变化时，该软件对这些变化的适应能力，如：

a. 操作方式上的变化；

b. 运行环境的变化；

c. 同其他软件的接口的变化；

d. 精度和有效时限的变化；

e. 计划的变化或改进。

对于为了提供这些灵活性而进行的专门设计的部分应该加以标明。

(3) 输入输出要求

解释各输入输出数据类型，并逐项说明其媒体、格式、数值范围、精度等。对软件的数据输出及必须标明的控制输出量进行解释并举例，包括对应拷贝报告（正常结果输出、状态输出及异常输出）以及图形或显示报告的描述。

(4) 数据管理能力要求

说明需要管理的文卷和记录的个数、表和文卷的大小规模，要按可预见的增长对数据及其分量的存储要求作出估算。

(5) 故障处理要求

列出可能的软件、硬件故障以及对各项性能而言所产生的后果和对故障处理的要求。

(6) 其他专门要求

如用户单位对安全保密的要求，对使用方便的要求，对可维护性、可补充性、易读性、可靠性、运行环境可转换性的特殊要求等。

4. 运行环境规定

(1) 设备

列出运行该软件所需要的硬件设备，说明其中的新型设备及其专门功能，包括：

①处理器型号及内存容量；

②外存容量、联机或脱机使用、媒体及其存储格式、设备的型号及数量；

③输入及输出设备的型号和数量，联机或脱机；

④数据通信设备的型号和数量；

⑤功能键及其他专用硬件。

(2) 支持软件

列出支持软件，包括要用到的操作系统、编译（或汇编）程序、测试支持软件等。

(3) 接口

说明该软件同其他软件之间的接口、数据通信协议等。

(4) 控制

说明控制该软件的运行的方法和控制信号，并说明这些控制信号的来源。

案例说明：A零售超市进销存信息系统开发3

开发前期准备其他工作：包括程序模块划分、生产实例数据库、建立实例对象、建立启动窗口、建立登录窗口、部门基本信息维护、员工基本信息维护、系统用户维护、用户权限维护等。

程序模块划分：用 PowerBuilder 开发应用程序时，建立的所有对象、函数、结构、变量最终都存储在一些以 .pbl 为后缀的库文件中。一般说来，库文件可以根据实现的功能来划分，即让实现同一类功能的对象放在一个库文件中。

生产实例数据库：可以利用企业管理器建立实例数据库，也可以利用查询分析器建立实例数据库，在创建完应用程序数据库之后，还要为 PowerBuilder 配置数据库接口文件。

建立实例对象：在完成了开发前期准备工作后，便进入程序开发阶段。要用 PowerBuilder 开发软件需要做的工作为：建立实例工作区，建立实例目标，指定应用程序框架名称，指定应用程序图标，记录系统出错信息，实现软件单运行。

建立启动窗口：出现在用户面前的第一个界面要有一幅能代表软件产品的基本信息。

建立登录窗口：登录窗口是对使用软件的用户进行身份校验、对数据进行保护的界面要求，并在此处完成数据库的连接，在顺利通过用户合法性的检验后，接下来建立菜单框架。

部门基本信息维护：要实现部门划分、部门属性设计、表结构设计、部门维护窗口设计。

员工基本信息维护：要实现员工分类、员工属性设计、表结构设计、员工基本信息维护窗口设计。

系统用户维护：要实现系统用户属性设计、表结构设计、系统用户维护窗口设计。

用户权限维护：要实现用户权限划分、表结构设计、用户权限窗口设计。

第二节　物流信息系统的规划与分析

采用结构化方法开发物流信息系统，其过程一般来讲可分为5个阶段，即系统规划、系统分析、系统设计、系统实施、系统评价与系统维护，每个阶段又细分为若干个步骤。如图5-5所示。

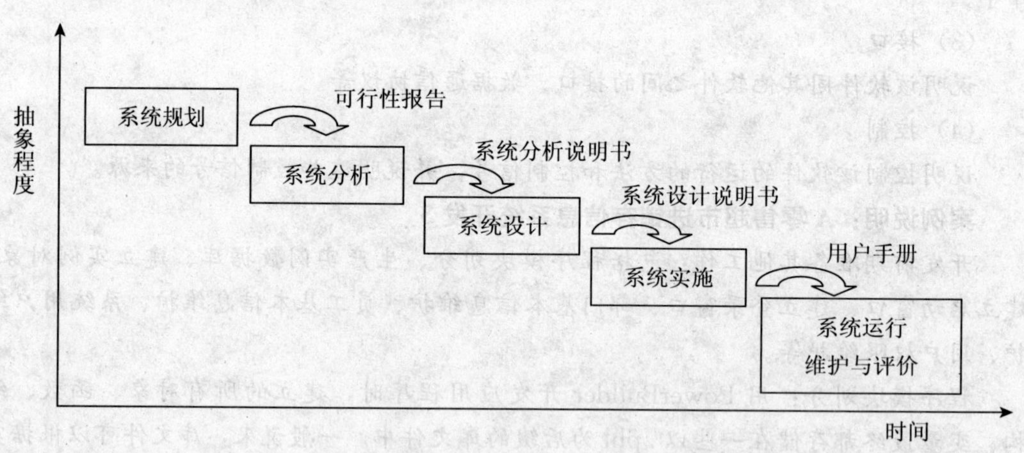

图5-5　结构化系统的开发流程

系统规划是物流信息系统开发中的第一个环节。

物流管理信息系统建设是投资大、周期长、复杂度高的社会系统工程。科学的规划可能减少盲目性，使系统有良好的整体性、较高的适应性，使建设工作有良好的阶段性，以缩短系统开发周期，节约开发费用。

目前，我国企业开发的物流管理信息系统，单项应用的多，综合应用的少。有的系统适应性差，难以扩充，缺乏科学的规划是造成这种现象的原因之一。

一、系统规划的概念及目标

物流信息系统的规划是根据用户的系统开发请求，进行初步调查，明确问题，确定系统目标和总体结构，确定分阶段实施进度，然后进行可行性研究。

系统规划的主要目标是根据组织的目标与战略制订出组织中业务流程改革与创新和信息系统建设的长期发展方案，决定信息系统在整个生命周期的发展方向、规模和进程。一般既包括 3～5 年的长期规划，也包括 1～2 年的短期规划。

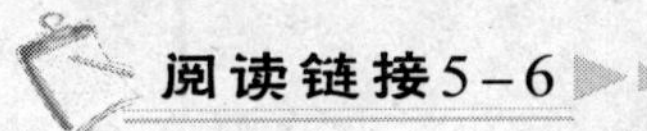

四个等式

好的系统规划＋好的开发＝优秀的信息系统

好的系统规划＋差的开发＝好的信息系统

差的系统规划＋好的开发＝差的信息系统

差的系统规划＋差的开发＝混乱的信息系统

从这些等式可以看出规划的重要性，正应了一句老话：凡事预则立，不预则废。

二、系统规划的主要内容

1. 初步调查

初步调查又称为可行性调查，就是根据用户提出的要求，对用户单位的组织情况、现行系统的情况及其存在的主要问题，进行一次初步的、全面的调查了解。

具体来说，就是通过调查掌握用户单位的组织机构、系统目标、系统边界、系统与环境的关系、可利用的资源、用户对系统开发工作所能提供的支持、用户单位的领导对开发新的管理信息系统的态度，以及用户单位的技术条件和人员素质等与系统开发有关的基本情况。

初步调查的目的是为可行性分析提供依据。

2. 可行性分析

就是在初步调查的基础上，对当前开发新的管理信息系统的条件是否具备、新系统目标实现的可能性和必要性进行分析和研究。

可行性分析通常应包括以下内容。

(1) 对系统规定的目标和边界是否合理的分析

系统边界是指系统支持业务活动的范围、程度和有关业务项目等。

（2）对社会限制的分析

新系统的社会因素是很多的，它包括社会、政治和经济发展状况，管理组织体制，人际关系，人的心理状态和习惯等等，要分析这些因素对开发新系统的影响。

（3）经济上的可行性分析

估计、分析开发费用和系统的经济效益等。

（4）技术上的可行性分析

主要是分析开发新系统所需要的技术资源、人才资源和设备资源等是否具备等问题。

在进行了可行性分析后，要将调查的情况、分析的结果和下一步行动的建议，整理成书面的“可行性分析报告”，提交给领导审核。

三、系统规划的步骤

1. 确定规划的基本问题

明确规划的年限、规划的方法、是集中式的规划还是分散式的规划等内容。

2. 收集初始信息

从各级主管部门、市场同行业竞争者、本企业内部各管理职能部门及相关文件、书籍和杂志中收集。

3. 评价系统现状，识别计划约束

分析系统目标、功能结构、信息部门的情况等，识别现存设备、软件及其质量，根据企业的人、财、物状况定义 LIS 的约束条件和政策。

4. 设置目标

根据企业整体目标，确定 LIS 的目标。

5. 识别系统限制因素

包括环境造成的，如上级主管理部门、税收部门、市场及客户等信息的要求；或企业管理造成的如硬件设备等。

6. 进行项目可行性研究

7. 提出项目的实施进度计划

8. 写出物流信息系统规划报告

通过不断与用户、系统开发领导小组成员交换意见，将物流信息系统规划书写成文。

9. 上报企业领导审批

系统规划的步骤如图 5-6 所示。

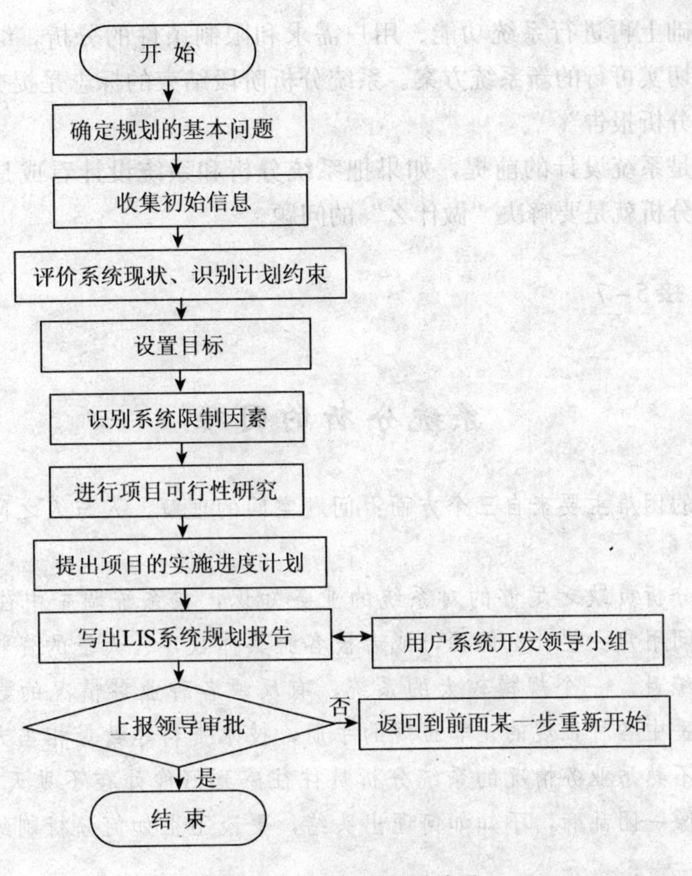

图 5-6 系统规划的步骤

四、系统规划的方法

系统规划涉及的时间长、内外因素多、不确定性问题突出。科学的系统规划更多地取决于规划人员的远见卓识，取决于他们对环境及其发展趋势的理解。各种方法只能起到辅助作用。

系统规划常用的方法有战略集合转移法、关键成功因素法、企业系统规划法。

在实际中，上述规划方法要灵活应用，往往需要多种方法结合，如 CSF 和 BSP 都需要高层管理者先就企业发展的前景达成共识。当企业高层出现意见不一致时，许多企业的领导层并不是简单地强求一致，而是容忍和保留一些对未来的分歧意见。

五、物流信息系统的分析

系统分析就是对现行系统运用系统的观点和方法，进行全面的、科学的分析和研究，在一定的限制条件下，优选出可能采取的方案，以达到系统预期的目标。

(一) 系统分析的基本任务

系统分析的基本任务是彻底搞清用户的要求，详细了解现行系统的状况和存在的问题，在此基础上再进行系统功能、用户需求和限制条件的分析，综合考虑各种因素，确定一个切实可行的新系统方案。系统分析阶段结束的标志是提交一个经审批通过了的“系统分析报告”。

系统分析是系统设计的前提，如果把系统分析和系统设计看成是要完成某项任务，那么系统分析就是要解决“做什么”的问题。

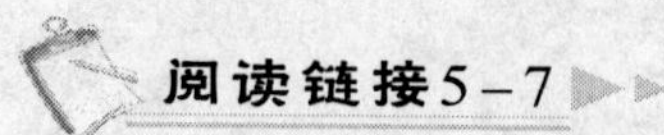

阅读链接5-7

系统分析的困难

系统分析的困难主要来自三个方面：问题空间的理解、人与人之间的沟通和环境的不断变化。

由于系统分析员缺乏足够的对系统的业务知识，在系统调查中往往感到无从下手，不知道该问用户一些什么问题，或者被各种具体数字、大量的资料、庞杂的业务流程搞得眼花缭乱。一个规模较大的系统，有反映各种业务情况的数据、报表、账页，业务人员手中各种正规的、非正规的手册，技术资料等数量相当大，各种业务之间联系繁杂。不熟悉业务情况的系统分析员往往感到好像处在不见天日的大森林中，各种信息流程像一团乱麻，不知如何理出头绪，更谈不上如何分析制约现系统的“瓶颈”。

另外，用户往往缺乏计算机方面的足够知识，不了解计算机能做什么和不能做什么。许多用户虽然精通自己的业务，但往往不善于把业务过程明确地表达出来，不知道该给系统分析员介绍些什么。对一些具体的业务，他认为理所当然就该这样或那样做，尤其是对于某些决策问题，根据他的经验凭直觉就应该这样或那样做。在这种情况下，系统分析员很难从业务人员那里获得充分有用的信息。

俗话说，“隔行如隔山”。系统分析员与用户的知识构成不同，经历不同，使得双方的交流十分困难，因而系统调查容易出现遗漏和误解，这些误解和遗漏是研制系统的隐患，会使系统开发偏离正确方向，另外还使编写系统说明书变得十分困难。系统说明书是这一阶段工作的结晶，它实际上是用户与研制人员之间的技术合同。作为设计基础和验收依据，系统说明书应当严谨准确，无二意性，尽可能详尽；作为技术人员与用户之间的交流工具，它应当简单明确，尽量不用技术上的专业术语。这些要求是不容易达到的，但必须努力达到。

最使系统分析员困惑的是环境的变化，系统分析阶段要通过调查分析，抽象出新系统的概念模型，锁定系统边界、功能、处理过程和信息结构，为系统设计奠定基础。但是，信息系统生存在不断变化的环境中，环境对它不断提出新的要求。只有适应这些要求，信息系统才能生存下去。在系统分析阶段，要完全确定系统模式是困难的，有时甚至是办不到的。

在系统开发中，系统分析员起着十分重要的作用。系统分析这一重要而困难的任务主要由系统分析员承担。他要与各类人员打交道，是用户和技术人员之间的桥梁和“翻译”，并为管理者提供控制开发的手段。系统分析员还必须考虑系统的硬件设备、数据输入、系统安全等各个方面。总之，系统分析员必须考虑系统的各种成分。

系统分析员的知识水平和工作能力决定了系统的成败。一个称职的系统分析员不但应具备坚实的信息系统知识，了解计算机技术的发展，而且还必须具备管理科学的知识。缺乏必要的管理科学知识，就没有与各级管理人员打交道的“共同语言”。很难设想，缺乏财务基础知识的人能设计出实用的财务系统。系统分析员应有较强的系统观点和较好的逻辑分析能力，能够从复杂的事物中抽象出系统模型。还应具备较好的口头和书面表达能力，较强的组织能力，善于与人共事。总之，系统分析员应是具有现代科学知识的，具有改革思想和改革能力的专家。

为了克服这些困难，做好系统分析工作，需要系统分析员与用户精诚合作。系统分析员应牢固树立用户第一的思想，虚心向用户学习，“不耻下问”。虽然隔行如隔山，但“隔行不隔理”，这个理就是人们认识事物的共同规律，就是系统的思想与方法，这是我们分析复杂事物的有力武器。系统论的思想方法强调系统的整体性、综合性、层次性，强调系统元素之间的有机联系。这也就是我们常说的要全面地看问题，认识事物要由表及里、去伪存真，要从事物之间的联系去认识事物，而不要孤立地看待事物。不论技术人员与用户的业务有多大差距，人们认识事物的方法都是相通的。如果说隔行如隔山，那么根据这个原理，就可以在这座“山”中打一个“隧道”，使两边相通。为此，还要有一定的技术和工具。这里说的工具是指一些合理的图表，直观的图表可以帮助系统分析员理顺思路，也便于与用户交流。20 世纪 70 年代以来，出现了多种这样的工具，如现场工作流程图、作业流程图、实体生命周期图和数据流程图等。

(二) 系统分析的步骤

系统分析工作从详细调查开始到设计出新系统逻辑模型为止，整个过程分为三个阶段：详细调查，功能、数据与流程分析，新系统逻辑模型设计。成果是建立标准化文档—系统分析说明书，其核心是组成物流信息系统逻辑模型的业务流程图（Business Process Diagram，BPD）、数据流图（Data Flow Diagram，DFD）及其字典（Data Dictionary，DD）、实体联系图（Entity Relatipnship Diagram，ERD）、功能层次图（Functipn Hierarchy Diagram，FHD）。

1. 详细调查

一般来说，一个新的物流信息系统的开发，总是建立在现行物流信息系统的基础上的。因此，为了开发新系统，应对现行系统进行详细调查。

详细调查与初步调查不同，初步调查中调查的面广但不深入，是对用户单位及现行系统的概况进行一般性的调查，其目的是为开发新系统进行可行性分析提供依据。而详细调查则是要全面、深入、细致地调查和掌握现行系统的运行情况，为系统功能分析提供素材。调查的重点应该围绕人力、物力、财力和设备等资源的管理过程中所涉及的各种信息以及信息的流动情况等来进行。

详细调查内容包括：组织机构及业务功能、各部门的工作目标和发展战略、业务信息处理流程、数据调查、代码化调查、处理逻辑调查、查询与决策要求调查、存在问题调查。

2. 业务流程分析

一个系统的流程分析主要分为业务流程分析和数据流程分析，其中业务流程分析过程包括原有流程分析、业务流程优化、确定新的业务流程、新系统的人机界面设计等内容。企业的各种活动都可以用不同的流程来表述。

(1) 企业流程

企业流程是指企业为了完成某一项目标或任务而进行的跨时间和空间的逻辑上相关的一系列活动的有序集合，流程包括组织结构、人、管理原则、管理技术、管理信息和管理方法等要素。

常用的企业流程图表示方法有 3 种：工艺视图、信息视图和系统视图。图 5－7 为采购计划编制工作流程图。

(2) 业务流程图

业务流程图着重刻画了企业业务流程中信息流的变化过程。图 5－8 为采购业务流程图。

(3) 业务流程管理

业务流程管理实质上是有关企业流程优化、变革和重组的理论、方法、策略、技术和工具的理论总结。

3. 数据流程分析

数据流程分析是把数据在组织内部的流动情况抽象地独立出来，舍去具体组织的信息载体、处理工具、物资、材料等，单从数据流动过程来考查实际业务的数据处理模式。

(1) 数据流程图

数据流程图（Data Flow Diagram，DFD），也称 Bubble Chart 或 Data Flow Graph，简称数据流图，是从数据传递和加工处理的角度，以图形的方式描述数据流从输入到输出的移动转换过程。

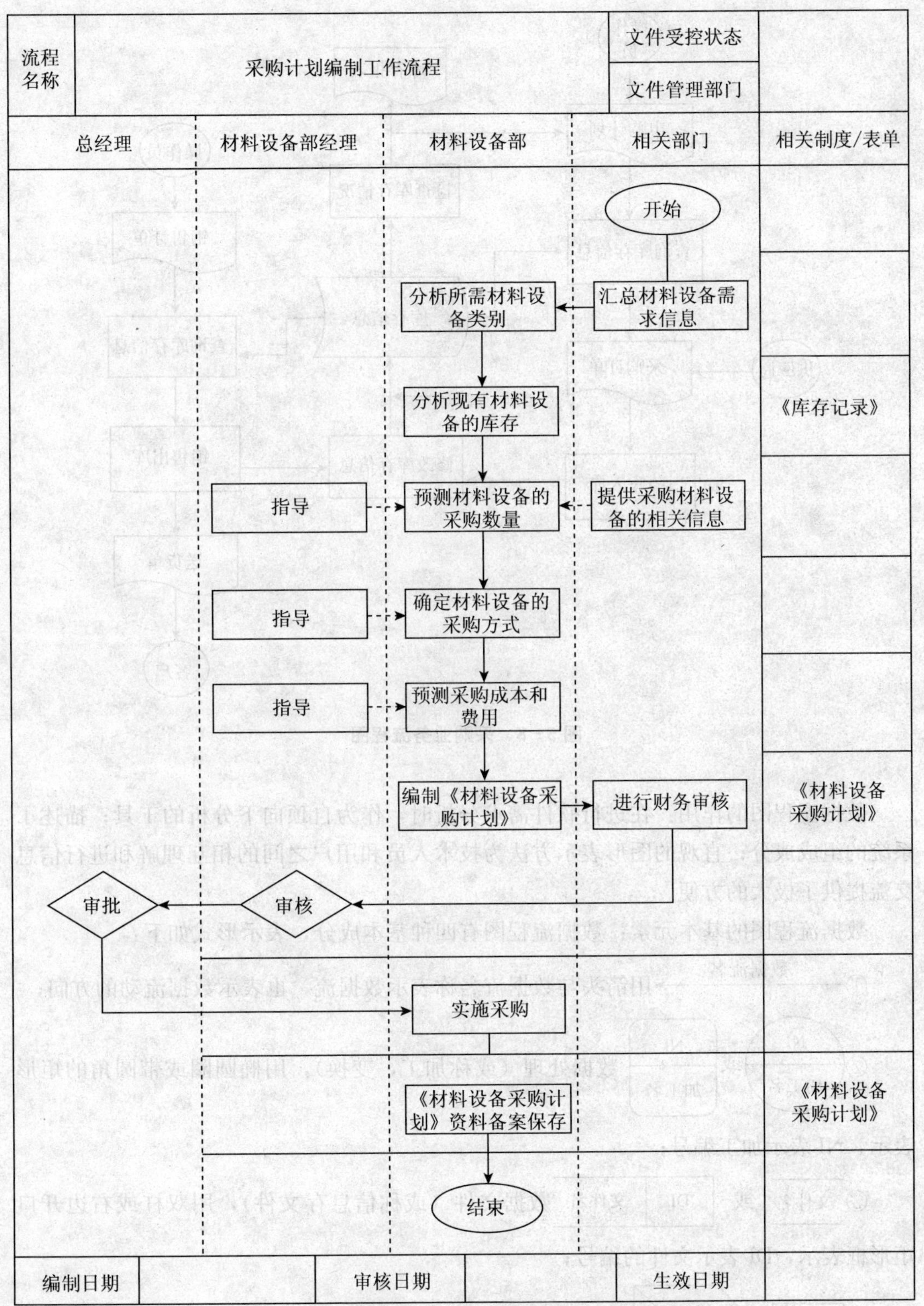

图 5－7 采购计划编制工作流程图

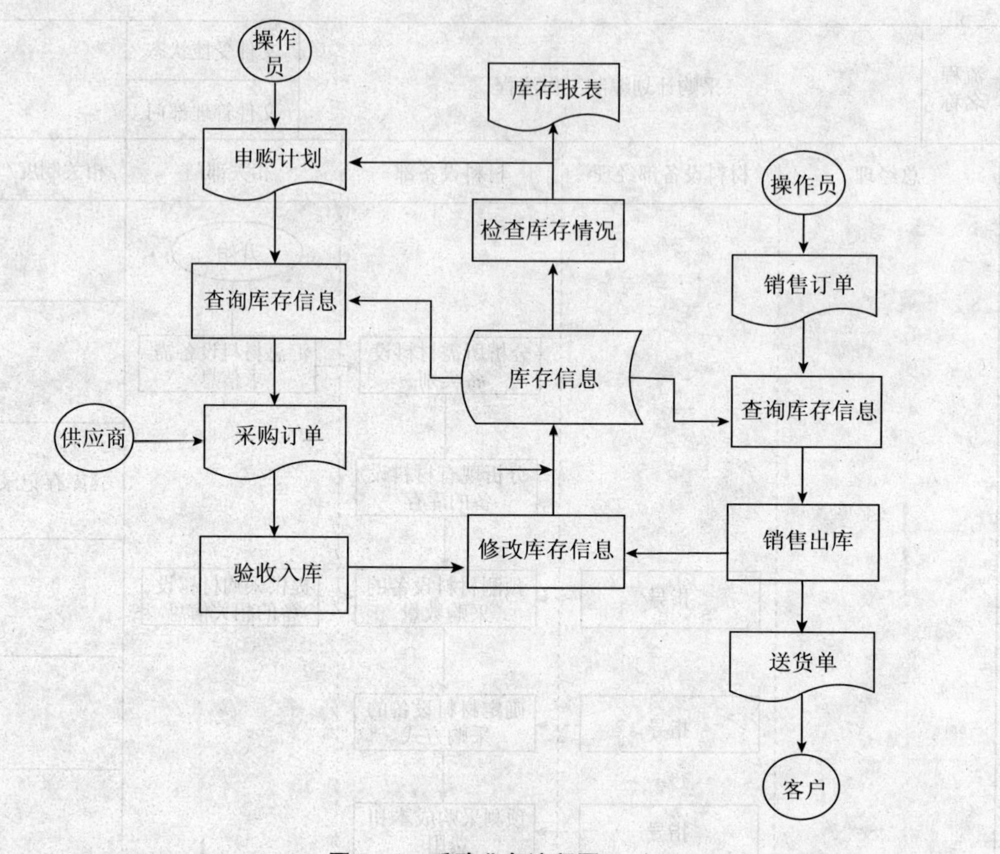

图 5－8　采购业务流程图

数据流程图的作用：在进行软件需求分析时，作为自顶向下分析的工具；描述了系统的组成成分；直观的图形表示方法为技术人员和用户之间的相互理解和进行信息交流提供了极大的方便。

数据流程图的基本元素：数据流程图有四种基本成分，表示形式如下：

①——数据流名——→用箭头与数据流名称表示数据流，也表示数据流动的方向；

② 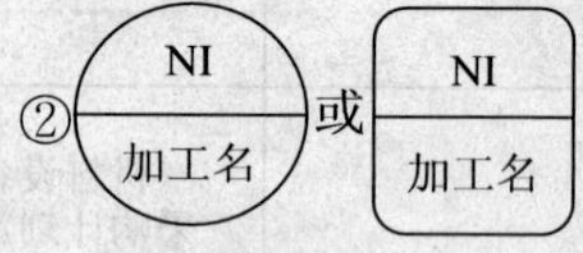

数据处理（或称加工，变换），用椭圆圈或带圆角的矩形表示，NI 表示加工编号；

③ 文件名 或 DI 文件名 数据文件（或称信息存文件），用双杠或右边开口矩形框表示，DI 表示文件的编号；

④ 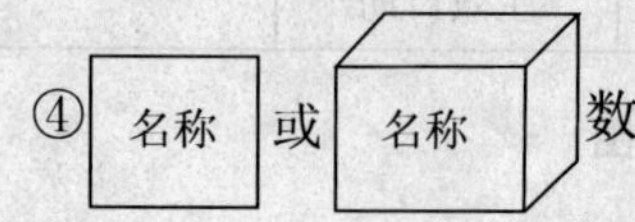

数据的源点或终点（或称数据池），也称外部项，用方框或立方体框表示。

（2）数据流程图的制作

下面通过对仓库管理与订货系统的分解过程来说明怎样画数据流程图。

例如，某仓库业务的工作过程如下：企业职工填写领料单，经主管审查签名批准后，职工到仓库领取零件。仓库保管员检查领料单是否符合审批手续，填写是否正确等，不正确的领料单退还职工，填写正确的领料单则办理领料手续，进行登记，修改库存量并给予零件。当某种零件的库存量低于事先规定的临界值时，登记需要采购零件的订货信息，为采购部门提供一张订货单。要求用计算机辅助领料工作和编制订货单。

显然，这是要开发一个仓库信息管理的计算机软件系统，可以这样进行：

第一步：确定软件系统最基本的输入与输出数据流，在仓库信息管理系统中就是职工办理的领料单、仓库管理员办理的登记单、交给采购员的订货单。

第二步：从仓库信息管理的最高层开始分析数据的来龙去脉。在这个层次上，采用高度抽象概括的方法，把系统整个工作过程看成是一个大加工，抽象为仓库管理系统，将着眼点放在系统与外部的接口情况上，画出顶层数据流图，如图 5-9（a）所示。产生数据的源点就是职工，他与系统之间的数据流就是领料单。先不考虑错误的领料单的处理情况，我们将主要精力放在正常业务的处理上。因为对于一个较复杂的软件系统来说，它与外部的接口较复杂，如果把每个数据流都画上，将会分散我们分析主要业务的精力，数据流图也将变得较为混乱，所以，往往将错误处理这样的细节情况先不画出来，到用的时候再画上。数据的终点是采购员。在图 5-9（a）中，画出了三种数据流图的成分：数据源点和终点、数据流、数据处理（仓库管理系统）。它表示了输入数据流——领料单，经过仓库管理这个数据处理，加工或变换成输出数据流——登记单和订货单。图中没有表示出数据文件（信息存储），通常数据文件只是在用到时才在数据流程图中画出来，而在顶层数据流程图中不画，以便将主要精力集中在系统的主要方面。

第三步：按系统的初始输入数据——领料单的处理过程进行系统的逐层分解，现在要进行系统的分解，需要加入数据处理的细节，将系统中的加工划分为若干个子加工或软件成分（子系统），如图 5-9（b）所示。这里把仓库管理系统划分为：产生有效领料单、处理有效领料单、产生订货单三个部分。有效领料单是填写格式正确并经过主管人员签字后的领料单，订货单是当库存量不足，列出的含有零件名称、规格、需要数量、填写日期的需要向供应商采购的零件清单。在图 5-9（b）中画出了数据文件：库存信息和订货信息，因为要用到这两个数据文件，如果没有订货信息这个文件，数据流图就不会构成一个整体。

第四步：子加工及数据文件：第一个子加工是编辑有效领料单，作用是审核有无签名，填写格式是否正确，仓库中是否有此种零件等，因此该加工要用到“零件目录”文件，编辑后的领料单如果不是合法的领料单，则退回职工本人处理，否则是合法的领料单，送入下一加工框——更新库存量中处理；第二个子加工是更新库存量，将新的库存信息写入库存信息文件，并制作“登记单”；第三个子加工是处理订货，读入库存信息，处理它产生“订货信息”，并存放到订货信息文件中。

第五步：合成总体数据流程图。到此为止，我们认为每个加工框都已相当简单，不需再进行分解。得到了三层共四张数据流程图，图 5-9（a）属于顶层 DFD，图 5-9（b）属于第一层 DFD，图 5-9（c）和图 5-9（d）都属于第二层 DFD，这时，将各张数据流图合并成一张总图，可以看到完整的系统工作过程，如图 5-9（e）所示。

第六步：检查与调整数据流图。在分析过程中，由于每个人的经验和思路不尽相同，对数据流图的分解方案可以有多种形式，不是唯一的。对每一张数据流程图进行检查，如果太不均衡，就需要进行调整，尽量使分解后的各个软件子系统的复杂性得到均衡，便于今后设计工作的并行开展。

第七步：编写数据字典，写出系统需求规格说明书，提交审查，并编写测试验收计划以及初步的用户手册概要。

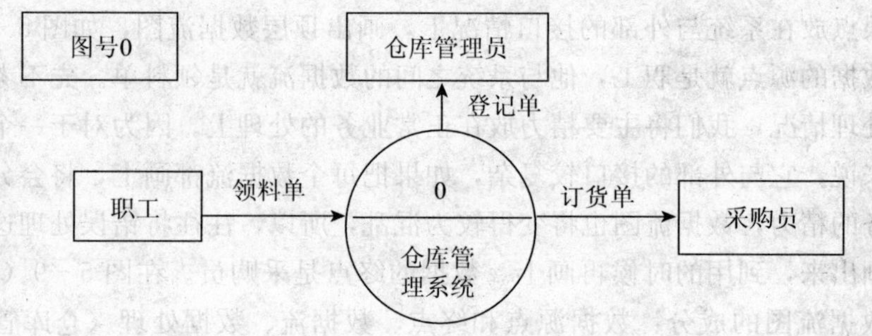

图 5-9（a） 简化的仓库管理系统顶层数据流程图

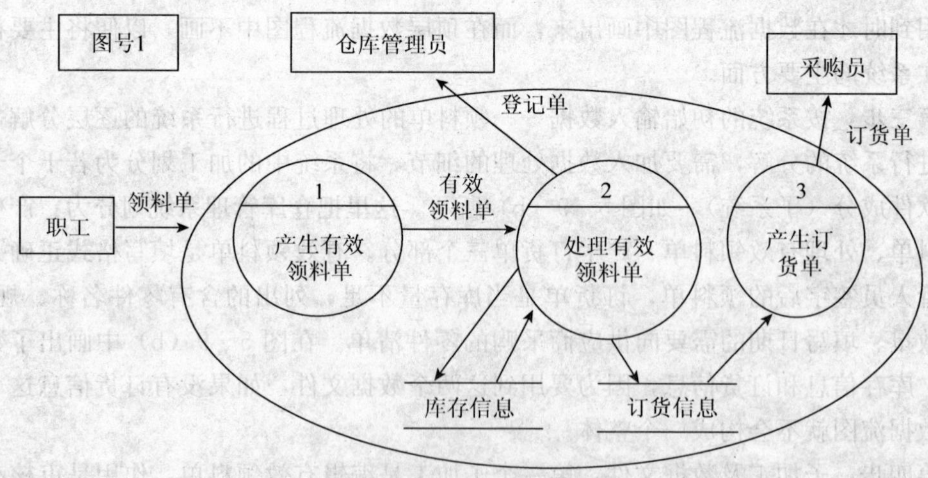

图 5-9（b） 仓库管理系统第一层数据流程图

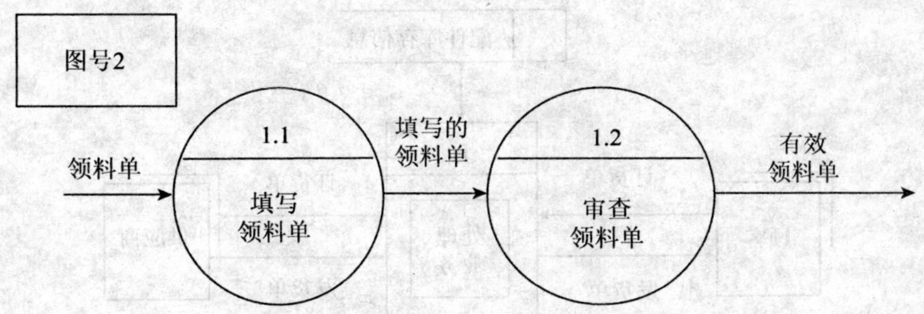

图 5－9（c）　加工 1 产生有效领料单的分解数据流程图

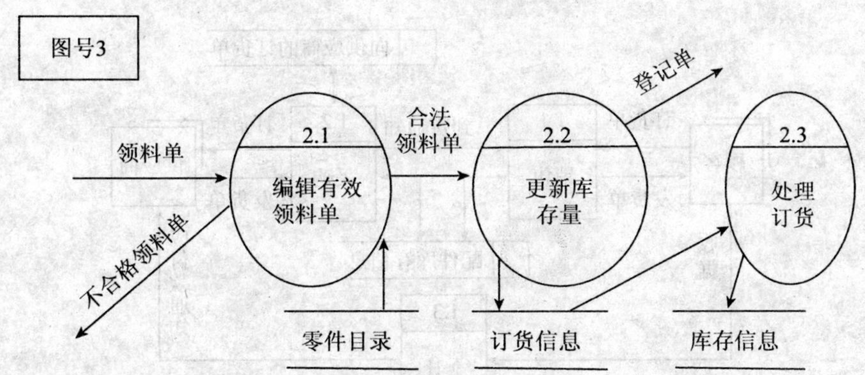

图 5－9（d）　加工 2 处理有效领料单的分解数据流程图

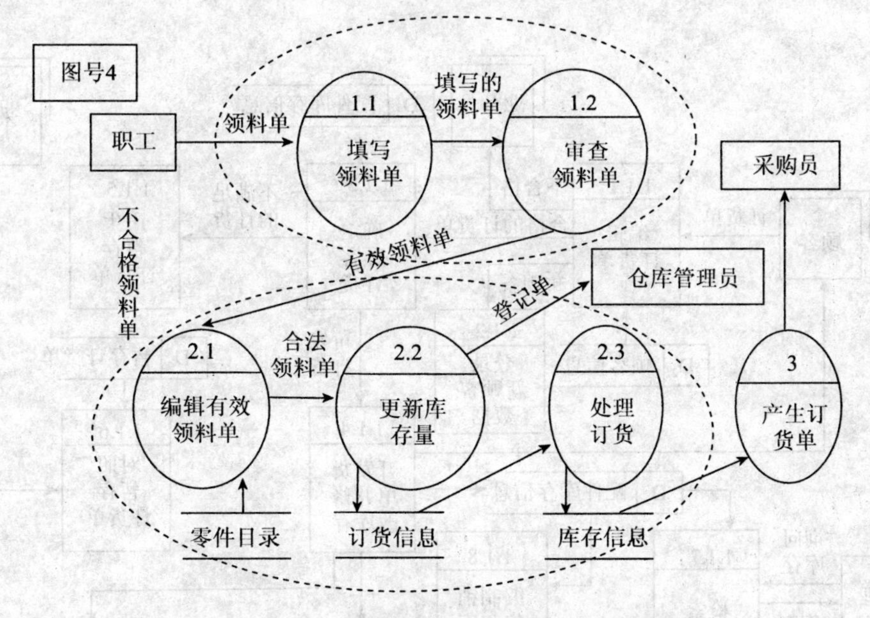

图 5－9（e）　合成的仓库管理系统总数据流程图

例：某汽车配件公司三层数据流程图，如图 5－10 所示。

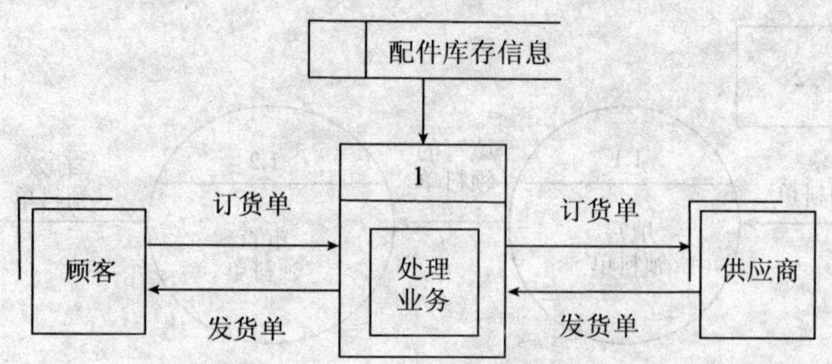

图 5－10（a） 第一层数据流程图（环境图）

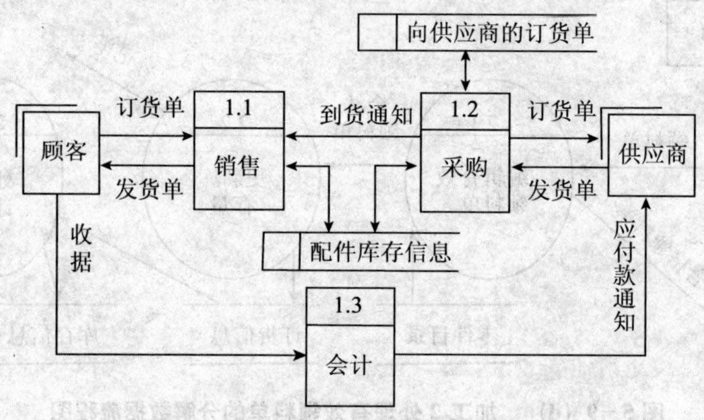

图 5－10（b） 第二层数据流程图

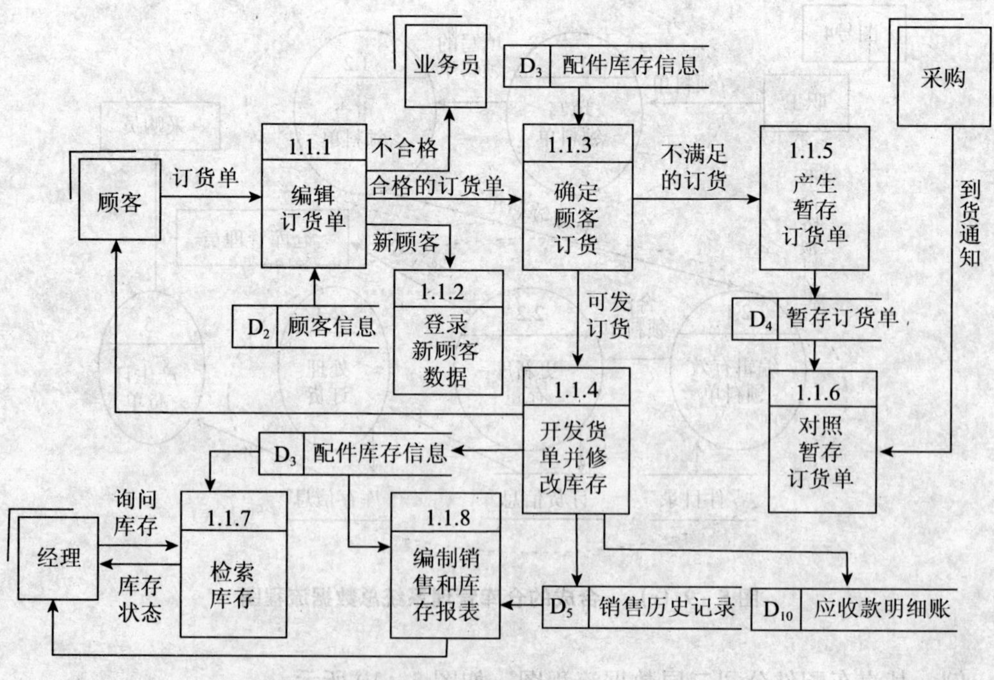

图 5－10（c） 第三层数据流程图

4. 数据建模

数据模型为输入/输出信息系统的数据提供了极为重要的组织计划视图，它着眼于数据及其组织部分如何被组织、存储，各部分如何建立关系。实体联系模型由 Peter Chen 于 1976 年提出，其通过辩别数据实体和它们之间的关系来记录企业的数据。

传统系统开发方法（结构化技术和信息工程技术）把重点集中在新系统的数据存储需求上。包括：数据实体、数据实体的属性以及它们之间的关系。

使用实体一联系图（ERD）定义数据存储需求的模型。ERD 中矩形代表数据实体，连接矩形的直线代表数据实体间的关系。

一个简化的 ERD 如图 5－11 所示。

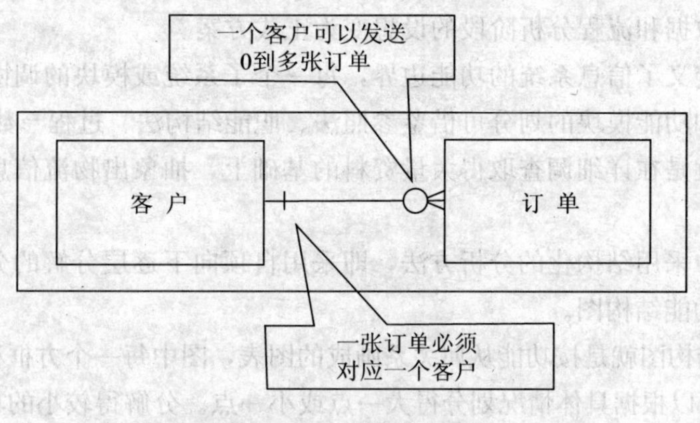

图 5－11 简化的 ERD

(1) 一个客户最少可以订 0 个订单，最多可以订多个订单。

(2) 从另一个方面来看，该模型表示：一张订单必须且只能由一个客户来订。

(3) 这种标记方法表示了精确的系统细节。这个限制反映了管理部门制定的商业策略，而分析员则必须发现这些策略。分析员不能随意决定两个客户不可以共享一张订单，但是管理部门却可以制定这样的策略。

带有属性的扩展 ERD 如图 5－12 所示。

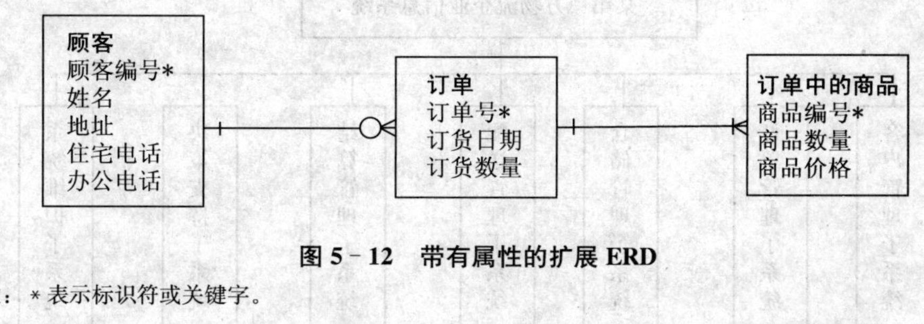

图 5－12 带有属性的扩展 ERD

注：* 表示标识符或关键字。

(1) 图 5－12 给出了一个扩展的模型，其中包括订单中具体的商品条目（一张订单中包含一个或多个商品)。每张订单最少有一个商品，最多可以有很多种（不存在一个商品都没有的订单)。例如，一张订单可能包含了一件衬衫、一双鞋和一条皮带，每件商品都和该订单关联。

(2) 图 5 - 12 也列出了每个数据实体的属性，每个顾客都有一个顾客编号、姓名、地址和几个电话号码。每张订单都有一个订单号、订货日期和订货数量等。订单中的每件商品有商品编号、数量和价格。

(3) 每个数据实体的属性都列在其名字的下面，而关键标识符属性列在第一行。

5. 功能模型

系统分析的目的是要弄清楚系统的目标与具体任务。功能设计是根据现行系统的功能模型和新系统目标，正式确定将要建立的信息系统所处理的功能范围和功能结构，把功能、数据和流程分析阶段的设想变为正式方案。

功能模型定义了信息系统的功能边界，每一个子系统或模块的调协都要有充分的理由，子系统和功能模块的划分可借鉴参照法、职能结构法、过程一数据分析法等。

功能分析就是在详细调查取得大量资料的基础上，抽象出物流信息系统所应该具有的功能。

具体实施中采用结构化的分析方法，即采用自顶向下逐层分解的分析方法，使用的工具主要是功能结构图。

所谓功能结构图就是按功能从属关系画成的图表，图中每一个方框称为一个功能模块。功能模块可以根据具体情况划分得大一点或小一点。分解得较小的功能模块可以是一个程序中的一个处理过程，而较大的功能模块则可能是完成某一任务的一组程序。

经过层层分解，可以把一个复杂的系统分解为多个功能较单一的功能模块。这种把一个信息系统设计成若干模块的方法称为模块化设计方法。通过模块化的设计方法，一方面，各个模块具有相对独立性，可以分别加以设计实现，另一方面，模块之间的相互关系（如信息交换、调用关系）可以通过一定的方式予以说明。各模块在这些关系的约束下共同构成一个统一的整体，实现系统的功能。

例：某第三方物流企业信息系统的功能结构如图 5 - 13 所示。

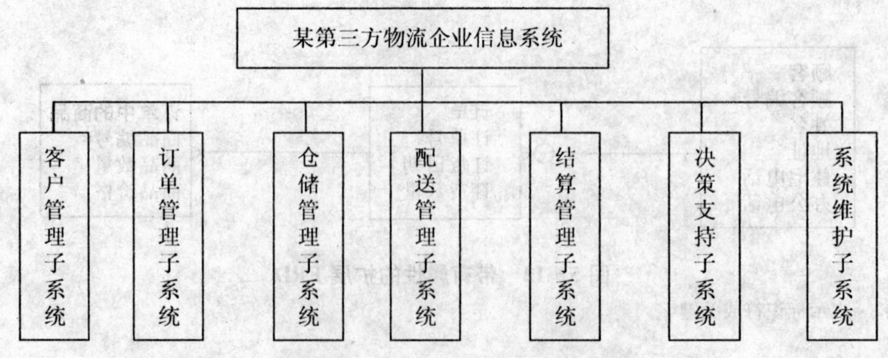

图 5 - 13　某第三方物流企业信息系统的功能结构

6. 构造新系统方案

新系统的方案，即逻辑模型，是在现行系统的基础上提出来的。新系统方案既要解决现行系统存在的问题，又要根据新的要求扩展新的功能。

新系统逻辑模型一般由一组图表工具组成，如数据流程图，它们在逻辑上表示了要达到新系统目标所应具备的各种功能，同时还表示了输入、输出、数据存储、信息流程、系统界限和环境等新系统的概貌。用户可以通过逻辑模型了解未来的新系统，并可提出改进意见和要求。

7. 编写系统分析报告（也称系统说明书）

系统分析报告是系统分析阶段工作的总结，也是进行物流信息系统设计的依据。系统分析报告要请领导审批，批准后才可以开始进行系统的设计。

系统分析报告的内容主要包括：

①现行物流信息系统的状况及其存在的问题；

②新系统的目标；

③新系统的逻辑模型；

④支持新系统方案的可行性分析。

第三节　物流信息系统的设计与实施

一、物流信息系统的设计

系统分析报告被批准后，就可以开始物流信息系统的设计了。

系统设计又称新系统的物理设计，是根据系统分析报告确定的新系统的逻辑模型建立新系统的物理模型，也就是根据系统分析确定的新系统的逻辑功能的要求，考虑实际条件，进行各种具体设计，确定系统的实施方案，具体解决新系统应该“怎么做”的问题。

系统设计的指导思想是结构化的设计思想，就是用一组标准的准则和图表工具，如模块结构图、IPO图等，确定系统有哪些模块，用什么方式联系在一起，从而构成最优的系统结构。在这个基础上再进行各种输入、输出、处理和数据存储等的详细设计。

系统设计可分两步进行：

1. 总体设计（又称概要设计）

即根据系统分析报告确定的系统目标、功能和逻辑模型，为系统设计一个基本结构，从总体上解决如何在计算机系统上实现新系统的问题。

总体设计不涉及物理设计细节，而是把着眼点放在系统结构和业务流程上。

总体设计的内容主要包括：

（1）确定系统的输出内容、输出方式以及介质等；

（2）根据系统的输出内容，确定系统数据的发生、采集、介质和输入形式；

（3）根据系统的规模、数据量、性能要求和技术条件等，确定数据的组织和存储形式、存储介质；

（4）运用结构化的设计方法，对新系统进行划分，即按功能划分子系统，明确子系统的目标和功能，按层次结构划分功能模块，画出系统结构图；

（5）根据系统的要求和资源条件，为信息系统选择计算机系统的硬件和软件；

（6）制订新系统的引进计划，用以确保系统详细设计和系统实施能按计划、有条不紊地进行。

2. 详细设计

就是在系统总体设计的基础上，对系统的各个组成部分进行详细、具体的物理设计，使系统总体设计阶段设计的蓝图逐步具体化，以便付诸实现。

详细设计包括的主要内容是：

（1）代码设计

即对被处理的各种物流数据进行统一的分类编码，确定代码对象及编码方式，并为代码对象设置具体代码、编制代码表以及规定代码管理方法等。

简单地说，编码就是代码的编制过程，是物流信息管理，特别是自动识别系统的前提。物流信息编码应遵循一定的原则。

（2）输入、输出详细设计

即进一步研究和设计输入数据以什么样的形式记录在介质上，以及输入数据的校验，输出信息的输出方式、内容和输出格式的设计。另外，还有人机对话的设计等。

（3）数据存储详细设计

对文件（或数据库）的设计，也就是对文件记录的格式、文件容量、物理空间的分配、文件的生成、维护以及管理等的设计。

（4）处理过程设计

对系统中各功能模块进行具体的物理设计，包括对处理过程的描述，绘制处理流程图，以及对处理流程图相对应的输入、输出文件的设计。

（5）编制程序设计说明书

程序设计说明书是程序员编写程序的依据，应当简明扼要、准确、规范化地表达处理过程的内容和要求。

系统设计阶段的主要成果就是物流信息系统设计说明书，它描述了要开发的物流信息系统的物理模型。

引导案例

案例说明：A零售超市进销存信息系统开发4

A零售超市进销存信息系统中供应商管理模块开发如下。

1. 功能要求

基本资料维护

特殊属性维护

供货查询

退货查询

退货统计

欠款查询

2. 供应商基本资料分析

供应商编号

全称

简称

省份

邮编

地址

联系人

电话

3. 供应商特殊属性分析

进货折扣

最大退货折扣

最大退货期限

最大欠款额度

最大欠款期限

4. 表结构设计

5. 供应商基本资料维护设计

供应商基本资料列表窗口设计

供应商基本资料信息列表窗口属性设计

创建供应商基本列表数据窗口

编写事件代码

供应商基本资料维护列表数据窗口

6. 供应商特殊属性维护设计

编写事件代码

供应商特殊属性编辑窗口设计

7. 供应商查询设计

功能要求

查询窗口设计

编写事件代码

8. 供货查询设计

供应查询窗口设计

创建供货查询结果数据窗口

编写存储过程

编写事件代码

查询条件录入窗口设计

9. 供货统计设计

10. 退货查询设计

11. 退货统计设计

12. 欠费查询设计

二、物流信息系统的实施

系统实施就是把系统设计阶段设计的成果——系统设计说明书，即物流信息系统的物理模型，转化成投入运行的实际系统。

（一）系统实施的主要内容

系统实施包括：

1. 拟定系统实施方案

系统实施阶段的工作量很大，任务复杂，而且涉及面广，包括软硬件的配置。因此，要进行全面规划，确定实施的方法、步骤和所需的时间、费用。

2. 设备安装调试

根据系统设计阶段提出的设备配置方案，购置物流作业工具如GPS终端、POS设备等，安装好物理层面的计算机网络系统，进行计算机机房设计施工，计算机系统及各种设备的安装、调试等。

3. 程序编码

根据程序设计说明书，进行相关各功能模块程序流程的设计和程序的编制。

4. 程序调试和系统测试

在进行程序调试和系统测试前，应从多方面予以考虑，准备好调试和测试所需的数据。程序调试分程序单调、模块分调、子系统调试和系统联调。经过调试成功的系统，在正式运行前，还要进行软硬件各种设备的联合系统测试。所谓系统测试，就是试运行，用以检验系统运行的正确性、可靠性和效率。

5. 系统转换

系统转换就是用新系统代替旧系统。

6. 用户培训

包括事务管理人员的培训、系统操作人员的培训和系统维护人员的培训。

系统实施阶段的主要成果就是物流信息系统的具体物理实现，以及相关系统使用说明书的编制。

（二）系统测试

测试是为了发现系统中的错误而运行和执行程序的过程。对系统进行测试是保证系统质量的关键步骤。

1. 系统测试的原则

系统测试应遵循的原则如表5-5所示。

表5-5　　系统测试的原则

原　则	解释说明
应避免测试自己设计的程序	
测试用例应考虑输入、输出	测试用例的设计应该由“确定的输入数据”和“预期的输出结果”组成
测试数据的选取应考虑各种情况	测试时用不合理的或错误的输入数据，往往比用合理的或正确的输入数据能发现更多的错误
检查程序是否执行了规定外的操作	除了要检查程序是否做了它应做的工作之外，还应检查程序是否做了它不应做的事情
对每一个测试结果做全面检查	有些错误的征兆在输出实测结果时未明显出现，如果不仔细全面地检查测试结果，就会使这些错误遗漏
妥善保存测试用例	保留全部测试用例，并将其作为管理信息系统软件组成部分之一，以便在以后的系统维护时查阅

2. 系统测试的内容

（1）功能测试

功能测试是指对系统中的功能进行测试，确定其是否具备所规定的功能。功能测试主要注意边界条件、覆盖条件以及出错处理是否有效等问题。

（2）性能测试

性能测试主要是指对程序和系统数据的精确性、时间特性、适应能力是否能满足实际要求进行测试，如运行环境、接口、系统处理时间、响应时间、数据转换时间等。

（3）可靠性与安全性测试

可靠性与安全性测试是指在可靠性和安全性方面进行的测试，如加密效果、授权的有效性和可靠性、系统的容错能力等。

3. 系统测试的主要步骤

（1）模块测试

模块测试是对单个模块进行的测试，目的是保证每个模块作为一个单元能够正确运行。通常情况下，模块测试方案设计比较容易，发现的错误主要是编码和详细设计方面的错误。模块测试比系统测试更容易发现错误，能更有效地进行排错处理，是系统测试的基础。

(2) 子系统测试

子系统测试是在模块测试的基础上，将测试过的模块组合起来形成一个子系统进行测试。子系统测试主要解决模块间的相互调用、通信问题，所以测试重点在接口方面。子系统测试通常采用自顶向下和自底向上两种测试方法。

(3) 系统测试

在所用子系统都成功测试之后，将它们组合起来进行的测试就是系统测试。系统测试主要解决的是各子系统之间的数据通信、数据共享问题，测试系统是否满足用户要求。系统测试的依据是系统分析报告，要全面考查系统是否达到了设计日标。系统测试可以发现系统分析遗留的未解决问题。

(4) 验收测试

在系统测试完成后，要进行用户的验收测试。验收测试是把系统作为单一的实体进行测试，它是用户在实际应用环境中所进行的真实数据测试。与系统测试的内容基本一致，测试要使用手工系统所用过的历史数据，将运行结果与手工所得相核对，考查系统的可靠性和运行效率。

(三) 系统转换

系统转换通常有 3 种方式。

1. 直接转换

就是用新系统直接取代旧系统，中间没有过渡阶段。如图 5-14 (a) 所示。

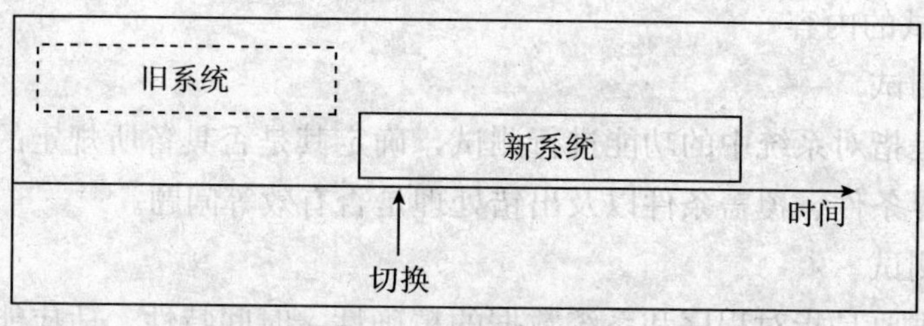

图 5-14 (a)　直接转换

这种方式最简单，也最省钱，但风险性很大。由于新系统没有试用过，没有真正担负过实际工作，因此，在转换过程中很可能出现事先预想不到的问题。通常，一些比较重要的大型系统不宜采用这种转换方式。

2. 平行转换

就是新、旧系统同时并行工作一段时间（一般为 3～5 个月），先以旧系统为作业系统，新系统的处理用以进行校核；过一定阶段后，再以新系统作为作业系统，而以旧系统的处理做校核；最后，用新系统取代旧系统。如图 5-14 (b) 所示。

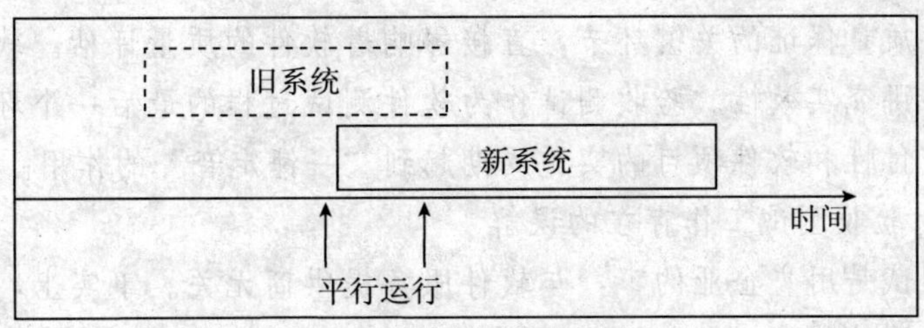

图 5－14（b） 平行转换

平行转换方式的主要问题是费用太高，这是因为并存期间，新老系统的工作人员也要并存，需要双倍的费用。

3. 逐步转换

逐步转换就是分阶段，一部分一部分地以新系统取代旧系统。如图 5－14（c）所示。

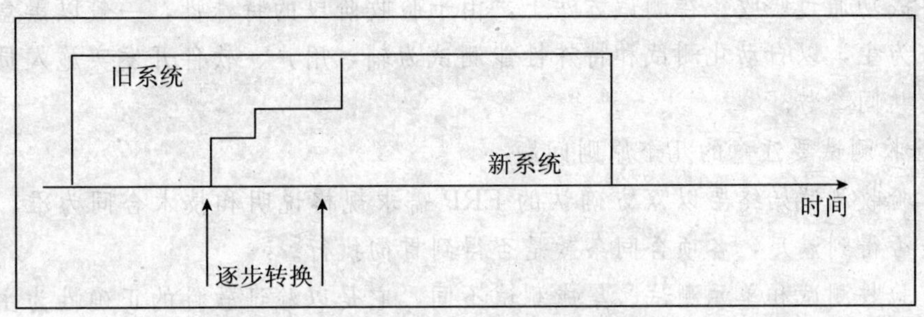

图 5－14（c） 逐步转换

逐步转换方式的特点是先把系统的部分工作交给新系统处理，经过一段运行，在确认系统稳定后，再把另外一部分工作换下来，这样逐步把整个系统换成新系统。它既避免了直接转换方式的风险性，又避免了平行转换方式发生的双倍费用。

逐步转换方式的最大问题表现在接口的增加上，系统各部分之间往往是相互联系的，当老系统的某些部分切换给新系统去执行，其余部分仍然由老系统去完成，于是在已切换部分和未切换部分之间就出现了如何衔接的问题，这类接口是十分复杂的。

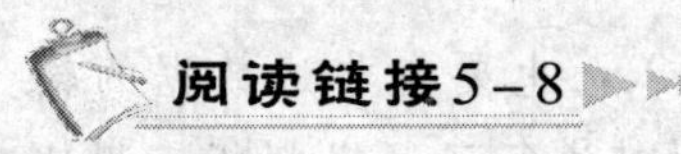

ERP 系统验收时测试方法和流程

软件测试是为了发现错误而执行程序的过程。它不仅是软件开发阶段的有机组成部分，而且在整个软件工程（即软件定义、设计和开发过程）中占据相当大的比重。

软件测试是软件质量保证的关键环节，直接影响着软件的质量评估。软件测试不仅要讲究策略，更要讲究实效性。验收测试作为软件测试过程的最后一个环节，对软件质量、软件的可交付性和软件项目的实施周期起到“一锤定音”的作用。

1. 很多人对验收测试工作存在的误解

(1) 验收测试是用户企业的事，与软件服务提供商无关。事实上，只有两者密切配合，才能提高测试效率。

(2) 将验收测试理解成给用户做演示。验收测试要讲究策略，不是走走过场，而是有计划有步骤地执行活动，要进行科学的用例设计。

(3) 验收测试就是验证软件的正确性。

2. 验收测试的流程及方法原则

软件实施人员要适时配合和敦促用户做好验收测试的各项准备工作，按计划按步骤执行验收测试，形成规范的测试文档，客观地分析和评估测试结果，并跟踪不合格现象，对软件问题要分级分类管理，必要时要进行回归测试，确保所有问题能得到解决，最终成功通过验收。在测试方法上，由于验收阶段的特殊性，一般以黑盒测试和配置复审为主，以自动化测试和特殊性能测试为辅，用户、软件开发实施人员和质量保证人员共同参与。

3. 验收测试要注意的几个原则问题

(1) 验收测试始终要以双方确认的ERP需求规格说明和技术合同为准，确认各项需求是否得到满足，各项合同条款是否得到贯彻执行。

(2) 验收测试和单元测试、集成测试不同，它是以验证软件的正确性为主，而不是以发现软件错误为主。

(3) 对验收测试中发现的软件错误要分级分类处理，直到通过验收为止。

(4) 验收测试中的用例设计要具有全面性、多维性、效率性，能以最少的时间在最大程度上确认软件的功能和性能是否满足要求。

4. ERP验收测试的内容及用例设计

验收测试应当涵盖确认测试和系统测试两个方面的内容。具体包括以下测试内容：安装测试、功能测试、界面测试、性能测试、文档测试、负载压力测试、恢复测试、安全性测试、兼容性测试等。

功能测试用例的设计：

第一，测试项目的输入域要全面，要有合法数据的输入，也要有非法数据的输入。如测试当存在开始日期及结束日期进行查询时，是否对其进行了逻辑判断，测试数据可以考虑三种情况，①开始日期大于结束日期；②开始日期等于结束日期；③开始日期小于结束日期，但三者格式不一致。

第二，划分等价类，提高测试效率。在考虑测试域全面性的基础上，要划分等价类，选择有代表意义的少数用例提高测试效率。

第三，要适时利用边界值进行测试。

第四，重复递交相同的事务。

第五，不按照常规的顺序执行功能操作。

第六，执行正常操作，观察输出结果的异常性。

性能测试用例的设计：

性能测试主要测试软件的运行速度和对资源的消耗。通过调整 ERP 所依赖的软硬件配置、网络拓扑结构、工作站点数、数据量和服务请求数来测试软件的移植性、运行速率、稳定性和可靠性。一般借助 WinRunner 之类的企业级自动化测试工具来辅助测试，通过极限测试来分析评估软件性能。

文档测试用例的设计：

第一，要明确文档验收的标准，软件企业和用户企业要达成一致。

第二，确定文档的重要性和项目文档需求，比如在验收阶段，用户文档（用户手册、操作手册、维护手册、联机帮助文件）显得特别重要，需要认真评审。

第三，检验文档完整性，主要是文档的种类和内容的完整性。

第四，检验文档的一致性和可追溯性，主要是：软件的设计描述是否按照需求定义进行展开；应用程序是否与设计文档的描述一致；用户文档是否客观描述应用程序的实际操作；关于同一问题的描述是否存在不同的说法。

第五，检验文档的准确性，主要是文档的描述是否准确，有无歧义，文字表达是否存在错误。

第六，检验文档的可理解性，主要审核文档是否针对特定的读者群体，表达是否详细。

总结：开发人员和实施人员不应该掩盖软件错误或不关心用户不熟悉的测试项目。用户也不能因为存在一些当前无法实现的需求而搁置验收工作。相反，两者应当精诚合作，相互信任。对于那些不可行的需求或不明确的需求，双方要协商进行需求变更，并达成一致意见。只有这样的验收测试，才能促使 ERP 工程项目得以快速圆满验收。

案例说明：A 零售超市进销存信息系统项目验收内容

表 5-6　A 零售超市进销存信息系统验收清单

验收项目	完成情况			用户满意度			总体得分
	已完成	部分完成	未完成	好	中	差	
系统功能							
操作日志							

续表

验收项目	完成情况			用户满意度			总体得分
	已完成	部分完成	未完成	好	中	差	
重新登录							
修改密码							
打印设置							
计算器							
记事本							
电子邮件							
音乐欣赏							
休闲游戏							
合计							
基本资料							
部门资料							
员工资料							
系统用户							
用户权限							
省份设置							
单位设置							
合计							
客户管理模式							
基本资料							
VIP 管理							
购物查询							
购物统计							
合计							
供应商管理模块							
基本资料							
基本属性							
信息查询							
供货查询							
供货统计							
退货查询							

续　表

验收项目	完成情况			用户满意度			总体得分
	已完成	部分完成	未完成	好	中	差	
退货统计							
欠费查询							
合计							
商品管理模块							
基本资料							
基本属性							
价格调整							
条码生成							
条码打印							
商品查询							
利润分布							
畅销排名							
滞销排名							
滞销份额							
合计							
订单管理模块							
订单录入							
订单审核							
订单查询							
完成率统计							
合计							
进退货管理模块							
进货录入							
进货审核							
退货录入							
退货审核							
进货查询							
退货查询							
进货统计							
退货统计							

续表

验收项目	完成情况			用户满意度			总体得分
	已完成	部分完成	未完成	好	中	差	
合计							
库存管理模块							
日结操作							
盘点操作							
盘点单							
日结报告							
库存查询							
库存分布							
出入库明细							
合计							
销售管理模块							
商品零售							
商品批发							
销售明细							
销售统计							
批发明细							
批发统计							
退货明细							
退货统计							
销售分布图							
退货分布图							
销售趋势图							
合计							
财务报表模块							
进销存日报表							
进销存月报表							
月进货统计表							
月售统计表							
月出入库统计							
收银员销售日报							

续　表

验收项目	完成情况			用户满意度			总体得分
	已完成	部分完成	未完成	好	中	差	
生成财务接口文件							
供应商付款提醒							
合计							
总计							

第四节　物流信息系统维护与评价

在系统运行过程中，为了适应系统环境的变化，需要不断地对系统进行维护，同时还要定期对系统的运行状况进行审核和评价。

一、系统维护

系统维护就是在开发的新系统运行和交付使用后，为保证系统能正常工作并达到预期的目标而采取的一切活动，包括系统功能的改进，以及解决系统运行期间发生的一切问题和错误。

（一）系统维护的对象

系统维护面向系统中的各种构成要素，系统维护的对象包括：

1. 系统应用程序维护

在物流信息系统运行过程中，一旦业务处理过程或程序本身发生问题，就必然引起程序的修改和调整，因此系统维护的主要活动是对程序进行维护。

2. 代码维护

随着系统应用范围的变化，系统中的各种代码往往需要进行一定程度的增加、修改、删除或设置新的代码。

3. 数据维护

在物流信息系统中，有许多数据需要进行不定期的更新，或随环境和业务的变化而调整，数据的备份与恢复也是数据维护的工作内容。

4. 硬件设备维护

硬件设备维护主要是指对主机及外围设备的日常维护和管理，如机器部件的清洗、润滑，设备故障的检修，损坏部件的更换等。

（二）系统维护的类型

系统维护活动根据起因不同，可分为以下四种类型：

1. 正确性维护

正确性维护是为诊断和改正系统中隐藏的错误而进行的活动。系统测试不可能排除系统中所有的错误，系统交付之后，用户将成为新的测试人员，在使用过程中，一旦发现错误就会向开发人员报告并要求维护。

2. 适应性维护

适应性维护是为适应环境的变化而修改系统软件的活动。一般应用系统软件的使用寿命很容易超过十年，但其运行环境却更新得很快，硬件基本是一年半一代，操作系统不断地推出新版本，外部设备和其他系统元素也频繁地升级和变化，因此，对物流信息系统进行适应性维护是十分必要且经常发生的。

3. 完善性维护

完善性维护是根据用户在使用过程中提出的一些建设性意见而进行的维护活动。在物流信息系统成功运行期，用户也可能请求增加新的功能、建议修改已有功能或提出某些改进意见。完善性维护通常占所有系统维护工作量的一半以上。

4. 预防性维护

预防性维护是为了进一步改善物流信息系统软件的可维护性和可靠性，并为以后的改进奠定基础。

(三) 物流信息系统维护的过程

物流信息系统维护的工作过程一般包括以下内容：

(1) 确定维护目标，建立维护人员小组

维护人员小组首先应分析问题产生的原因及严重性，确定维护目标和维护时间。

(2) 建立维护计划方案

维护工作应当有计划、有步骤地进行，维护计划应包括维护任务的范围、所需资源、维护费用、进度、验收标准等。

(3) 修改程序及调试

在修改程序的过程中，维护人员往往只注意修改的程序，而忽略未改变的部分，使产生潜在错误的可能性增加。因此，在程序修改完成后，维护人员还要对程序及系统的有关部分进行重新调试。

(4) 修改文档

软件修改调试通过后，还应该修改相应文档并且结束本次维护过程。

总之，系统维护是物流信息系统运行阶段的重要工作内容，必须给予充分的重视。维护工作做得越好，信息资源的作用才越能得以充分发挥，信息系统的寿命也就越长。

二、系统评价

一个新的管理信息系统建立以后，需要对其运用情况进行检查、测试、估计、分析和评审，包括系统目标实现的程度以及各种实际指标与计划指标的比较，这就是系统评价。

系统评价内容主要包括：

（1）系统性能评价

评价新系统是否达到系统分析阶段所提出的系统目标和各种功能。具体内容如表5－7所示。

表5－7　　系统性能评价的主要内容

主要指标	解释说明
信息系统的总体技术水平	包括系统的总体结构与规模、地域，所采用技术的先进性与实用性，系统的开放性与集成程度等
系统功能范围与层次	包括实现功能的难易程度和对应管理层次的高低等
信息资源开发与利用的范围与深度	主要指通过信息集成和功能集成实现业务流程优化，提高人、财、物等资源的合理使用水平
系统的质量	主要包括系统的可使用性、可扩展性、通用性、正确性和可维护性等
系统的安全和保密性	主要指业务数据是否会被破坏或修改，数据使用权限是否得到保证
系统文档的完整性	系统文档是否齐全、完整

（2）经济效果评价

在经济上的评价内容主要是系统的经济效益，包括直接经济效益和间接经济效益两个方面。

直接经济效益的常用评价指标如表5－8所示。

表5－8　　直接经济效益常用的评价指标

主要指标	解释说明
一次性投资	包括系统硬件、软件的购置与安装，信息系统的开发费用及企业内部投入的人力和材料费
系统运行费用	包括消耗性材料费用（打印纸、磁盘等），系统投资折旧费，硬件日常维护费，人工费用等保证新的信息系统得到正常运行的费用
系统运行新增加的效益	主要反映在人工费的减少，库存量得到压缩，减少流动资金的占用，使流动资金周转加快，提高劳动生产率，缩短供货时间，使销售收入和利润增加，该指标准确计算较困难
投资回收期	是指通过信息系统运行新增加的效益，逐步收回投入的资金所需要的时间。该指标反映信息系统运行新增加的效益的快速程度

间接经济效益指标主要表现在企业管理水平和管理效益的提高等方面。

系统评价结束后，应形成书面文件及系统评价报告。

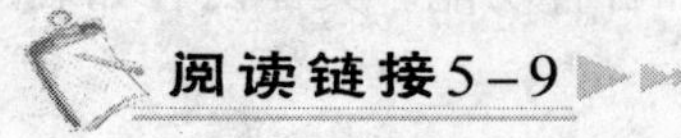
阅读链接5-9

企业ERP系统绩效评价

ERP应用绩效评价体系由评价制度体系、评价组织体系和评价指标体系三个部分组成。组织体系由专家组和工作组两个方面组成，大量数据的整理分析汇总都由工作组完成，专家组负责评价。制度体系由四个方面组成，即绩效评价指标说明、绩效评价标准值、评价方法和评价操作细则，并从制度和评价管理方面来确保绩效评价的科学性和合理性。评价指标体系是ERP应用绩效评价体系中的主要组成部分。ERP应用绩效评价指标体系的具体评价内容主要包括以下三个方面：

(1) ERP中所用到的数据的准确性程度和数据更新的及时性程度。如一些企业参数的设置，包括原始数据的确定、物料数据、物料单数据、生产计划数据、工艺过程数据、企业各项成本数据和财务数据等。

(2) 企业管理水平和企业竞争力有无明显的提高和创新。如管理思想、管理模式、管理方法、管理机制、业务流程、组织结构、过程评测、质量管理、规章制度、全员素质、企业形象、科学决策等。

(3) 是否有明显的经济效益的提高和生产成本的降低。如在市场预测分析、财务管理、合理组织生产、资源优化配置、压缩生产周期、降低物料库存、减少资金占用、降低产品成本、提高产品质量、扩大市场销售和改善客户服务等方面，是否做到了最科学最合理。

可以说，ERP应用绩效评价指标体系既要定性地反映企业通过应用ERP后在管理方面有哪些明显的改进、提高和创新，又要用相关经济指标定量地反映企业综合能力和管理过程状况的改进和提高，重点应突出企业管理创新。企业创新比率和专业培训比率这两项指标是整个评价指标中的关键指标，不仅从根本上反映了我国企业应用ERP的战略目标，而且对构建绩效评价体系的基本思想和提高企业的可持续发展能力有积极的意义。

评价的质量直接影响到决策的质量，进而影响到企业的运营能力。目前建立的绩效评价方法有数百种之多，但最主要的和最常用的方法有：平衡记分卡法、专家评价法、经济分析法、层次分析法和数据分析法等。这些评价方法各有其特点，并且为不同的侧重点下的不同的部门服务。其中平衡计分卡是从顾客、财务、内部流程、学习与成长四个方面考察企业绩效，且这四个方面不是孤立的。平衡实际上就意味着几个方面同等重要，必须都要做好。采用平衡计分卡评估绩效，可以首先确定企业总体战略与目标，将其分解在四个方面，形成各自的战略主题和具体目标，然后针对具体目标开发关键考评指标。

引导案例

案例说明：A零售超市进销存信息系统项目总结

A零售超市进销存信息系统项目总结是用我国制定的国标（GB8567）《项目开发总结报告》来说明。

1. 引言

(1) 编写目的（阐明编写总结报告的目的，指明读者对象。）

(2) 项目背景（说明项目的来源、委托单位、开发单位及主管部门。）

(3) 定义（列出报告中用到的专门术语定义和缩写词的原意。）

(4) 参考资料（列出这些资料的作者、标题、编号、发表日期、出版单位或资料来源）可包括：

①项目开发计划；②需求规格说明书；③概要设计说明书；④详细设计说明书；⑤用户操作手册；⑥测试计划；⑦测试分析报告；⑧本报告引用的其他资料、采用的开发标准或开发规范。

2. 开发结果

(1) 产品（可包括：各部分的程序名称，源程序行数（包括注释行）或目标程序字节数及程序总计数量、存储形式，产品文档名称等）

(2) 主要功能及性能

(3) 所用工时（按人员的不同层次分别计时）

(4) 所用机时

(5) 进度（给出计划进度与实际进度的对比）

3. 评价

(1) 生产率评价（如平均每人每周源程序行数、文档的字数等）

(2) 技术方案评价

(3) 产品质量评价

4. 经验与教训

本章小结

物流管理信息系统的开发是一项复杂的系统工程，它涉及计算机原理计划、系统理论、组织结构、管理功能、管理认识、认识规律及工程化方法等方面的问题。物流管理信息系统的开发方法主要有结构化方法、原型法、面向对象法、计算机辅助软件工程方法。

物流管理信息系统的规划主要是指物流管理信息系统的战略规划，是对物流企业总的信息系统建设的目标、战略及开发工作的一种综合计划。物流管理信息系统规划的主要方法有战略集合转移法、关键成功因素法、企业系统规划法。

物流管理信息系统分析是在充分认识原信息系统的基础上，从系统的观点出发，通过对现行系统的问题识别、可行性分析、详细调查、系统化分析等综合分析，最后完成新系统的逻辑方案设计，解决“做什么”的问题。

物流管理信息系统设计阶段的主要任务是从系统分析说明书出发，根据系统分析阶段对系统逻辑功能的要求，同时在考虑技术、经济、环境等条件的基础上，确定系统的总体结构和各部分的技术方案，提出系统的实施计划，一般来说，系统计划阶段的工作通常可分为总体设计和详细设计。

物流管理信息系统实施就是把系统设计阶段设计的成果——系统设计说明书，即物流信息系统的物理模型，转化成投入运行的实际系统。它是物流管理信息系统开发的最后阶段。

当然，在系统运行过程中，为了适应系统环境的变化，需要不断地对系统进行维护，同时还要定期对系统的运行状况进行审核和评价。

练习题

一、不定项选择题

1. 下列哪项不是物流信息系统可以采用的 4 种基本开发方式之一？（　　）

A. 由本企业自行开发　　B. 委托开发

C. 软件公司开发　　D. 购买商品化应用软件产品

2. 目前，常见的物流信息系统的开发方法有（　　）。

A. 结构化方法、原型法

B. 结构化方法、原型法、面向对象法、计算机辅助软件工程方法

C. 结构化方法、原型法、面向对象法

D. 原型法、面向对象法、计算机辅助软件工程方法

3. 信息系统建设的特点是（　　）。

A. 投资大、周期短、复杂度高

B. 投资大、周期长、复杂度高

C. 投资少、周期短、复杂度高

D. 投资大、周期短、复杂度低

4. 系统规划方法中不包括下列哪项（　　）。

A. 企业系统规划法　　B. 关键成功因素法

C. 整体规划法　　D. 模型驱动的规划方法

5. 可行性分析不包括（　　）。

A. 技术可行性分析　　B. 经济可行性分析

C. 人员可行性分析　　　　　　　　D. 社会可行性分析

6. 在整个系统分析的过程中参与者有（　）。

A. 用户、系统分析员

B. 用户、企业负责人、系统分析员

C. 用户、销售人员、企业负责人、系统分析员

D. 销售人员、企业负责人

7. 系统规划阶段应遵循的原则中不包括下列哪项？（　）

A. 简单性　　　　　　　　　　　　B. 灵活性和适应性

C. 一致性和完整性　　　　　　　　D. 整体性

8. 系统测试的内容中不包括下列哪项？（　）

A. 功能测试　　　　　　　　　　　B. 性能测试

C. 可靠性与安全性测试　　　　　　D. 对比测试

9. 系统转换通常有（　）方式。

A. 直接转换、平行转换、逐步转换　B. 平行转换、逐步转换

C. 直接转换、逐步转换　　　　　　D. 直接转换、平行转换

10. 系统评价通常包括（　）。

A. 性能评价、直接效益　　　　　　B. 性能评价、直接效益、间接效益

C. 直接效益、间接效益　　　　　　D. 性能评价、间接效益

二、简述题

1. 物流信息系统的开发应遵循哪些原则？

2. 举例说明企业应如何选择物流信息系统的开发方法及开发方式。

3. 如何进行物流信息系统开发的可行性分析？

4. 简述结构化系统开发中，各阶段的主要内容。

5. 系统测试的原则及内容主要有哪些？

6. 系统转换的主要方式有哪些？各有何优缺点？

7. 举例说明对物流信息系统评价应如何进行？

技能训练项目

一、实验名称

“进货管理”子系统分析与设计实验

二、实验目的

熟悉速达3000Pro“进货管理”子系统的操作和基本功能，掌握“进货管理”子系统的分析与设计方法。

三、实验内容

1. 掌握“进货管理”子系统的数据三层结构、业务导航图形化界面的分析、设计

与操作；

2. 了解以表单方式表示的进货管理子系统业务流程；

3. 熟悉数据结构（三层结构）与数据库操作；

4. 掌握数据结构（三层结构）与数据库分析、设计；

5. 代码设计，写出“进货管理”子系统业务流程表单的代码及设计说明；

6. 掌握模块功能及处理过程设计，画出“进货管理”子系统的 HIPO 层次功能模块结构图。

四、实验步骤

1. “进货管理”子系统业务导航图形化界面分析、设计与操作

登录速达 3000Pro，进入“业务导航”界面。依次单击左边的“进货管理、销售管理、仓库管理、现金银行、账务系统、固定资产、工资核算、系统维护”等 8 个导航条，观察进销存、财务管理、人事管理的不同业务导航图的界面设计，体会形象直观、清晰简单、易学易用的界面特色。

单击“进货管理”导航条，进入“进货管理”业务导航图的界面。画出“进货管理”子系统的数据三层结构、业务导航图形化界面的结构设计图，并标出界面结构，如图 5-15（a）所示。显然，“进货管理”业务导航界面是由三大部分组成：①8 个子系统；②三层数据结构：基础数据、业务流程数据、报表中心数据；③菜单式功能查询系统。

2. “进货管理”子系统业务流程的“表单”管理模式说明

单击“帮助”，双击“第一章→业务流程”，参照此说明，写出“进货管理”子系统业务流程的“表单”管理模式。任何管理子系统的业务流程都可以归结为“表单”管理的过程。例如，“进货管理”子系统的业务流程可归纳为“采购订单、采购收货单、采购付货单、采购退货单、估评入库单、现款采购单”等 6 个表单的管理过程。即企业要想生产或销售商品，就必须先进行采购，如果预先订货，不妨开一张“采购订单”；货物到货情况就用“采购收货单”来完成；然后可采用多种方式来付款，如“采购付款单”、“现款采购单”等；如果发生不愉快的退货，完全可由“采购退货单”来完成；“估价入库单”是指货品已收到而发票等结算单据未收到时，在月末企业需要对这批货品暂时办理入库手续的一种估价入库业务处理方式。这就是“进货管理”子系统的业务流程。

3. 数据三层结构和数据库的操作

第一层：基础数据及基础数据库的操作（增加、删除、修改）

①在“进货管理”业务导航图界面中，单击“地区资料”图标或者选择“资料”菜单中的“地区资料”项，再单击“编辑”按钮，实现对地区资料的“增加、删除、修改”操作，如图 5-15（b）所示。

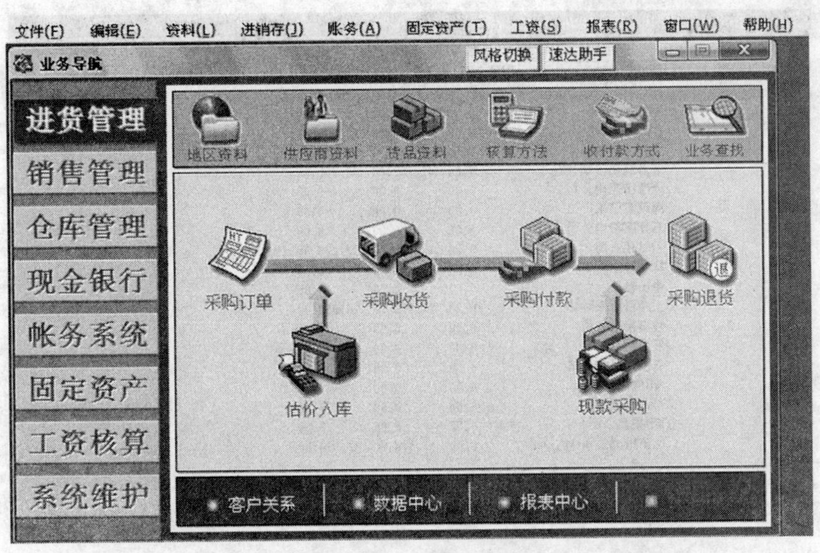

图 5-15（a）　“进货管理”子系统业务导航图形化界面

图 5-15（b）　地区——基础资料（基础数据库）

②在“进货管理”业务导航图界面中，单击“供应商资料”图标或者选择“资料”菜单中的“供应商资料”项，再单击“编辑”按钮，完成对供应商资料的“增加、删除、修改”操作，如图 5-15（c）所示。

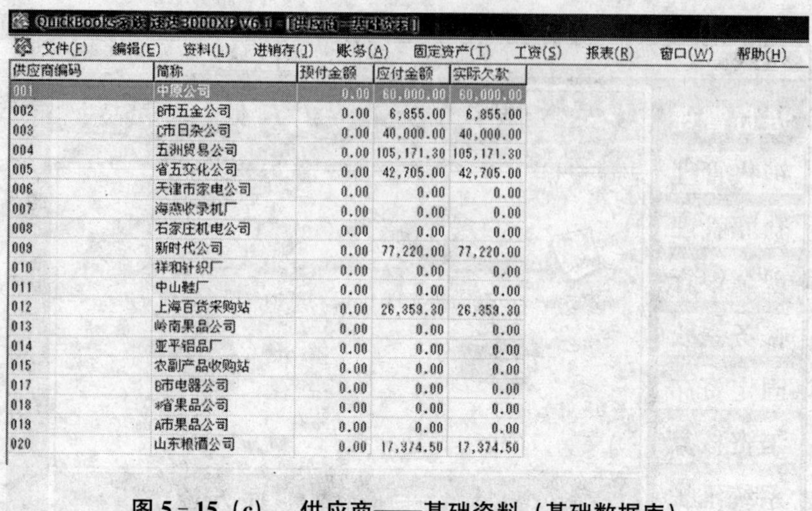

文件(F) 编辑(E) 资料(L) 进销存(J) 账务(A) 固定资产(T) 工资(S) 报表(R) 窗口(W) 帮助(H)

供应商编码	简称	预付金额	应付金额	实际欠款
001	中原公司	0.00	60,000.00	60,000.00
002	B市五金公司	0.00	6,855.00	6,855.00
003	C市日杂公司	0.00	40,000.00	40,000.00
004	五洲贸易公司	0.00	105,171.30	105,171.30
005	省五交化公司	0.00	42,705.00	42,705.00
006	天津市家电公司	0.00	0.00	0.00
007	海燕收录机厂	0.00	0.00	0.00
008	石家庄机电公司	0.00	0.00	0.00
009	新时代公司	0.00	77,220.00	77,220.00
010	祥和针织厂	0.00	0.00	0.00
011	中山鞋厂	0.00	0.00	0.00
012	上海百货采购站	0.00	26,359.30	26,359.30
013	岭南果品公司	0.00	0.00	0.00
014	亚平铝品厂	0.00	0.00	0.00
015	农副产品收购站	0.00	0.00	0.00
017	B市电器公司	0.00	0.00	0.00
018	*省果品公司	0.00	0.00	0.00
019	A市果品公司	0.00	0.00	0.00
020	山东粮酒公司	0.00	17,374.50	17,374.50

图 5-15（c） 供应商——基础资料（基础数据库）

③修改供应商资料。在图 5-15（c）中，选中要修改的供应商，单击“编辑”按钮，从浮动菜单中选择“修改”项，弹出如图 5-15（d）、图 5-15（e）所示的“供应商——编辑”窗口，修改信息，单击“确定”按钮，保存对该供应商资料所做的修改，并关闭该窗口。修改供应商资料时，如果用户选择进销存与账务系统结合使用，修改供应商资料中的“期初应付”栏数据后，不关联账务系统的相关科目。

④删除供应商资料。在图 5-15（c）中选中要删除的供应商单击“编辑”按钮，从浮动菜单中选择“删除”项，出现“删除”对话框，单击“确定”即可。如果该供应商资料已在业务中使用过，则系统给出提示“您不能删除该供应商资料”。

供应商--编辑

供应商简称：中原公司　供应商代号：001

联系信息　其他信息

所属地区：

全称：

联系人：　手机：

电话：　Call机：

传真：

邮编：

地址：

前一记录　后一记录　确定(O)　取消(C)　增加(A)

图 5-15（d） 供应商联系信息

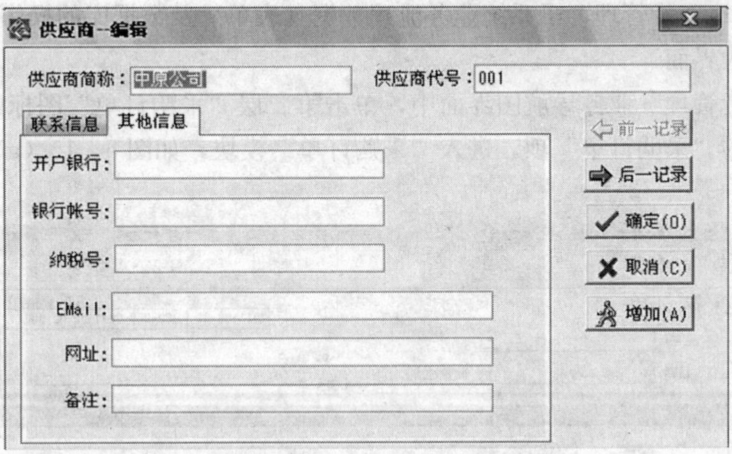

图 5－15（e）　供应商其他信息

⑤其他注意事项。本系统是一个完整的企业管理软件，系统默认的工作状态是进销存与账务系统连接使用。在用户不改变系统默认的工作状态时，供应商（客户）资料自动接转为账务系统会计科目（应收/应付）的明细科目，所有进销存业务产生的单据都可以自动（或通过“凭证”按钮）产生会计凭证，会计科目中的存货类科目不允许下设明细科目，所有存货明细项目必须在进销存模块中查询。当用户改变系统默认的工作状态（即进销存与账务系统断开使用）时，供应商（客户）资料不能自动转入账务系统，用户只能在建立明细会计科目时引用，存货类科目不限设明细。

⑥在“进货管理”业务导航图中，单击“收款方式”图标或者选择“资料”菜单中的“收款方式”项，再单击“编辑”按钮，实现对收付款方式的“增加、删除、修改”操作，如图 5－15（f）所示。

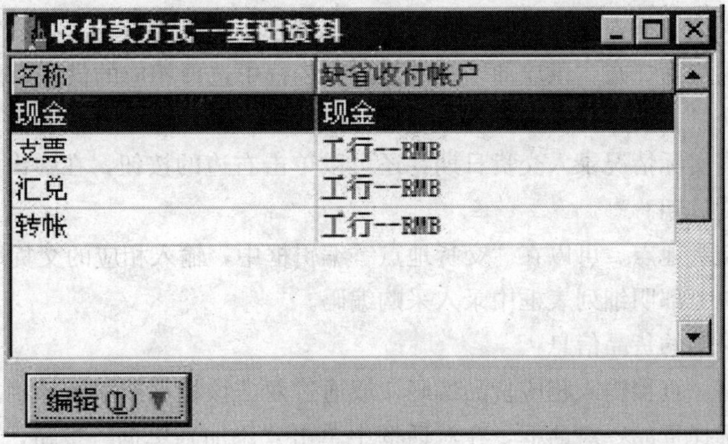

图 5－15（f）　收付款方式——基础资料（基础数据库）

第二层："进货管理"子系统业务流程数据（表单）及数据库的操作

（1）进入界面

在"进货管理"业务导航图界面中，单击第二层"采购订单"图标或选择"进销存"菜单中的"采购订单"项，进入"采购订单"模块，如图5－15（g）所示。

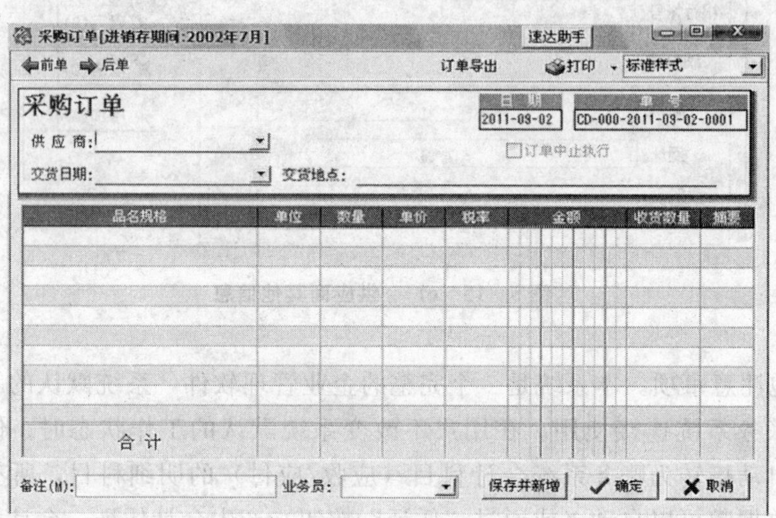

图5－15（g）"采购订单"业务流程（表单）

（2）新增采购订单

当打开"采购订单"窗口时，该窗口处于新增状态，或者通过选择"编辑"菜单中的"增加"项，使其处在新增状态。新增采购订单操作如下：

①输入日期。窗口中首先显示的是当前系统的日期。若要修收日期，可在"日期"编辑框中输入新的日期。

②修改单号。系统自动给出一个根据当前日期信息产生的单号。若要修改单号，可在"单号"编辑框中输入新的单号（注意：单号不能重复）。

③选择供应商。在"供应商"栏的下拉列表框中选择相应的供应商。

④录入交货日期。打开采购订单窗口时，系统自动显示当天的系统日期为交货日期。可以根据实际情况录入交货日期，还可以单击右边的按钮，在弹出的日历表中选择实际的交货日期。

⑤录入交货地点。可以在"交货地点"编辑框中，输入相应的交货地点。

⑥在窗口上部明细列表框中录入采购编码。

⑦输入采购的货品信息：

货品规格：直接输入相应货品编码，或通过双击该栏（或单击该栏右边的下拉按钮）弹出"选择货品"对话框，在对话框中单击"添加到单据"按钮，自动完成"选择货品"；

计量单位：计量单位是在定义货品资料时定义的，此处不可以修改；

数量：在“数量”栏中录入订货数量；

单价：如果在货品资料中输入了该货品的参考进价，系统将会自动给出这一参考进价，此处可以根据实际情况进行修改；

税率：该栏输入实际购货时需交纳的进项税率；

金额：该栏的金额是根据数量、单价及税率计算而来，用户无须操作；

收货数量：收货数量是不可录入的，它的作用是在以后根据该订货单发生“采购收货”时，将收到的实际数量自动反映在这里。

每张采购订单可以订购多种货品，如果在录完一种货品后还要增加另一种货品明细，可以用鼠标单击下一行，或按向下的光标键，或从“编辑”菜单中选择“增加明细”子菜单项。

⑧录入备注。在窗口底部的“备注”编辑框中录入采购货品的有关事项。

⑨录入业务员。从“业务员”下拉列表框中选择执行订单的业务员，其中的名单都是在员工资料中录入的。本处的业务员名单正确与否直接关系到对业务员的工作业绩考核以及相关报表的生成和输出，请务必留意。

（3）修改采购订单

定位要修改的订单。如果单据量较少，可以通过窗口中的“前单”、“后单”按钮或“编辑”菜单中的“首记录”、“前一记录”、“后一记录”、“尾记录”、“业务查找”子菜单项定位到要修改的单据。

在找出的采购订单中，修改任何要修改的内容。单击“确定”按钮，保存对该订单的修改，并关闭该窗口；单击“取消”按钮放弃对该订单的修改，并关闭该窗口。

（4）删除采购订单

定位到要删除的采购订单。从“编辑”菜单中选择“删除”子菜单项，系统弹出一对话框，询问是否确实要删除该单据。选择“是”按钮，则相应的采购订单被删除；选择“否”按钮，则放弃删除该采购订单。

（5）终止采购订单的执行

“采购收货”中，根据“采购订单”收完该订单中的全部货品后，再次查看该采购订单时，在“采购订单”窗口中可以看到“执行完毕”的字样，表示该订单被正常执行完。假定由于某种原因，在仅收到该订单的部分货品或者根本未收货的情况下，公司或者供应商想终止该订单的执行，可通过如下过程实现：

定位要终止执行的订单，方法如前；在“订单终止执行”检测框前的小方框中打勾（“√”）；单击“确定”按钮，保存对该订单的修改，并关闭该窗口。

（6）对其他业务数据的影响

“采购订货”模块所录入的内容，将会满足在“采购收货”模块里的所有需要。在“采购收货”界面中，单击“选择订单”按钮后，此订单的内容即会显示出来，方便操作者根据订单一次或多次收货，使整个业务过程更加清晰，操作更加简便。

第三层："报表中心"数据与数据库（表单）的操作

在"进货管理"业务导航图界面中，单击"报表中心"进入"报表控制台"，单击"报表类型"下拉按钮，选择"采购报表"类型如图 5-15（h）所示右边显示"供应商供货汇总表"。

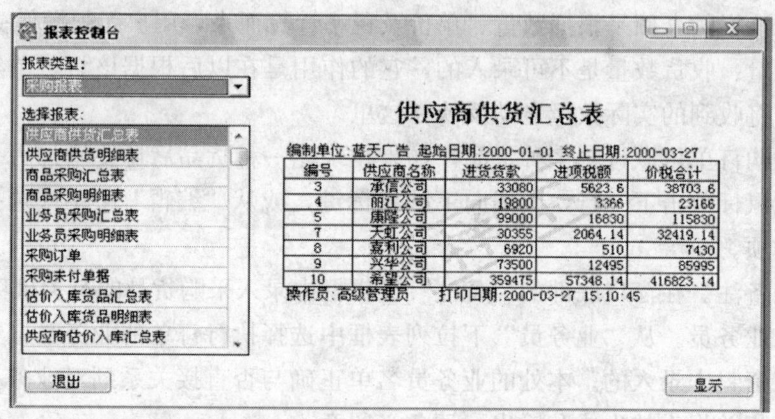

编号	供应商名称	进货货款	进项税额	价税合计
3	承信公司	33080	5623.6	38703.6
4	丽江公司	19800	3366	23166
5	康隆公司	99000	16830	115830
7	天虹公司	30355	2064.14	32419.14
8	嘉利公司	6920	510	7430
9	兴华公司	73500	12495	85995
10	希望公司	359475	57348.14	416823.14

图 5-15（h） 报表控制台——供应商供货汇总表

依次选择"选择报表"列表框各项，观察显示的 8 个报表：供应商供货汇总表、供应商供货明细表、商品采购汇总表、商品采购明细表、业务员采购汇总表、业务员采购明细表、采购订单和采购未付单据等，如图 5-15（i）、图 5-15（j）所示。观察和研究如何设计报表中心（报表控制台）的各种报表，使之能详细、综合地表明进货管理状况及其对"进货管理"子系统的监控作用。

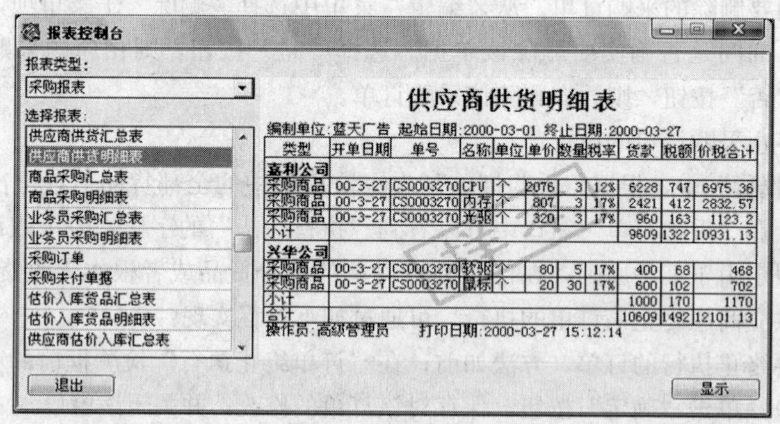

类型	开单日期	单号	名称	单位	单价	数量	税率	货款	税额	价税合计
嘉利公司										
采购商品	00-3-27	CS0003270	CPU	个	2076	3	12%	6228	747	6975.36
采购商品	00-3-27	CS0003270	内存	个	807	3	17%	2421	412	2832.57
采购商品	00-3-27	CS0003270	光驱	个	320	3	17%	960	163	1123.2
小计								9609	1322	10931.13
兴华公司										
采购商品	00-3-27	CS0003270	软驱	个	80	5	17%	400	68	468
采购商品	00-3-27	CS0003270	鼠标	个	20	30	17%	600	102	702
小计								1000	170	1170
合计								10609	1492	12101.13

图 5-15（i） 报表控制台——供应商供货明细表

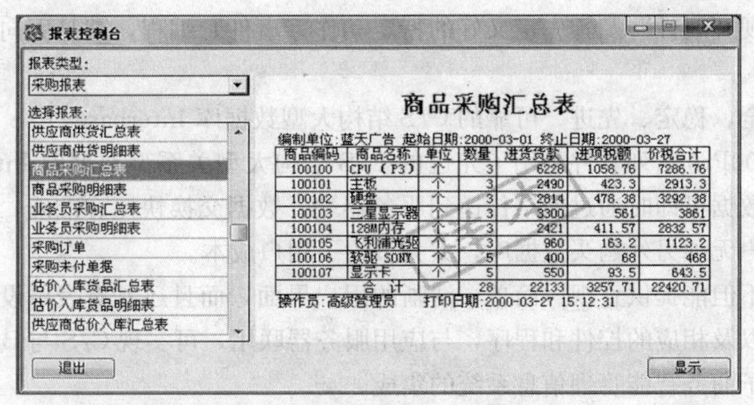

商品采购汇总表

编制单位:蓝天广告 起始日期:2000-03-01 终止日期:2000-03-27

商品编码	商品名称	单位	数量	进货货款	进项税额	价税合计
100100	CPU （P3）	个	3	6228	1058.76	7286.76
100101	主板	个	3	2490	423.3	2913.3
100102	硬盘	个	3	2814	478.38	3292.38
100103	三星显示器	个	3	3300	561	3861
100104	128M内存	个	3	2421	411.57	2832.57
100105	飞利浦光驱	个	3	960	163.2	1123.2
100106	软驱 SONY	个	5	400	68	468
100107	显示卡	个	5	550	93.5	643.5
合　计			28	22133	3257.71	22420.71

操作员:高级管理员　　打印日期:2000-03-27 15:12:31

图 5-15（j）　报表控制台——商品采购汇总表

4. 数据三层结构与数据库的分析与设计

信息时代的管理方法是用数据库（表格或表单）描述的管理世界，因此数据库技术是管理信息系统的核心技术。

（1）E—R 图（Entity-Relationship Model）

E—R 图是 1976 年由 Peter Chen 首先提出的一种用直观、简单的图形来描述数据库中的实体与属性以及实体与实体之间关系的概念模型。面向对象的软件工程方法，也经常采用 E—R 图的设计方法。但 E—R 图也存在不足之处，例如语义不够丰富等，因此，在使用中不少工程师和学者不断对其进行修正与扩充。Teorey 等人提出了"扩充 E—R 模型（ExtendEntity-Relationship Model）"，简称 EE—R 模型。目前在 EE—R 图的基础上，经过修正与扩充，又提出了一种更先进的较为流行的概念模型。

（2）数据结构与数据库分析、设计中的几个基本概念

①数据库。是表和表间关系的集合。

②表。是关系数据库中最基本的数据组织结构。

③表单。实际上就是一个用户界面，用户通过这个界面来完成数据处理的工作，而控件是这个界面的重要组成部分。

④面向对象的程序设计过程。建立数据库首先要定义"表"结构，然后再向表中添加数据，速达 3000Pro 提供了直观、简单、清晰的用户界面——"表"结构，并具有表单设计器和表单自动生成器以及相应的控件与程序。

⑤控件。通俗的讲，就是放置在一个表单上用以显示数据、进行数据操作或使表单更易于修改、增加、删除的工具，例如：文件名、输入框、下拉列表框、复选框和按钮都是控件。总之，控件能完成表单的动态变化任务。

⑥事件。对象的事件是为实现"属性"而预先定义好的特定动作，例如，按照一定的顺序和特定的动作单击鼠标来实现表单的增、删、改的目标，这个单击鼠标的顺序和特定动作，称为事件。

⑦方法程序。与事件相关联的程序，就是对象的方法程序。设置对象的各个属

性，并为实现“属性”及预先定义好的特定动作（事件）编程，就是面向对象的程序设计。

(3) 安全、稳定、先进、可靠的C/S结构大型数据库Interbase

速达3000Pro系列软件采用了先进的C/S结构大型关系型数据库Interbase的支持，各站点数据可即时通过网络传递到服务器端，数据交换快捷、准确，系统性能安全稳定，用户无须另外购买数据库，大大节约了用户成本。

该系统不但能提供直观、简单、清晰的用户界面，而且还具有表单设计器、表单自动生成器以及相应的控件和程序，与应用服务器联用，可实现C/S与B/S混合结构的全球化电子商务智能管理信息系统的集成。

①第一层：基础数据库——供应商资料，如图5-15（k）所示；基础数据库——供应商资料EE—R图，如图5-15（l）所示。

供应商--基础资料　速达助手

供应商编码	简称	预付金额	应付金额	实际欠款
001	中原公司	0.00	60,000.00	60,000.00
002	B市五金公司	0.00	6,855.00	6,855.00
003	C市日杂公司	0.00	40,000.00	40,000.00
004	五洲贸易公司	0.00	105,171.30	105,171.30
005	省五交化公司	0.00	42,705.00	42,705.00
006	天津市家电公司	0.00	0.00	0.00
007	海燕收录机厂	0.00	0.00	0.00
008	石家庄机电公司	0.00	0.00	0.00
009	新时代公司	0.00	77,220.00	77,220.00

编辑(D)▼　业务(A)▼　报表(R)▼　打印

图5-15（k）　基础数据库——供应商资料

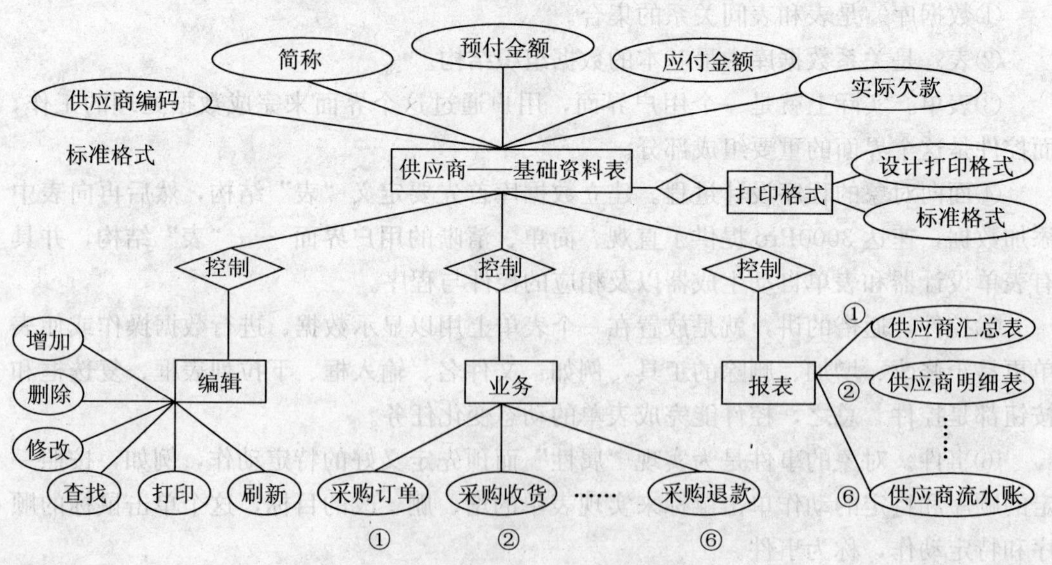

图5-15（l）　基础数据库——供应商资料EE—R图

②第二层：业务流程数据库——采购订单，如图 5-15（m）所示；业务流程数据库——采购订单 EE—R 图，如图 5-15（n）所示。

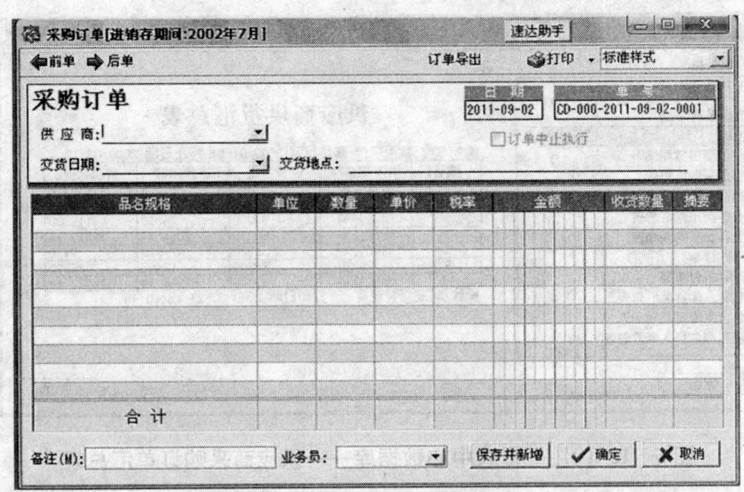

图 5-15（m） 业务流程数据库——采购订单

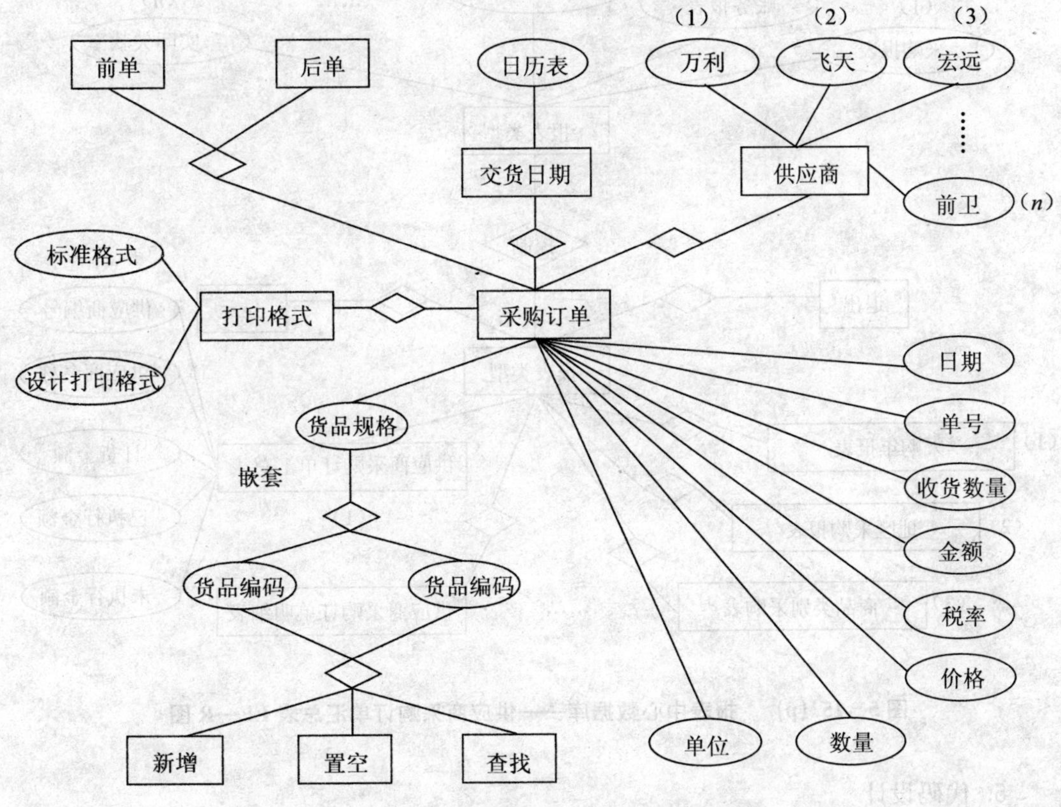

图 5-15（n） 业务流程数据库——采购订单 EE—R 图

③第三层：供应商采购订单汇总表，如图 5－15（o）所示；供应商采购订单汇总表 EE—R 图，如图 5－15（p）所示。

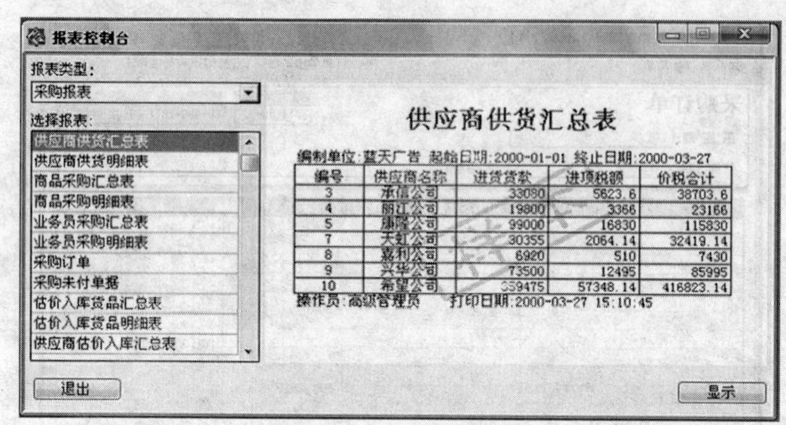

供应商供货汇总表

编制单位:蓝天广告 起始日期:2000-01-01 终止日期:2000-03-27

编号	供应商名称	进货货款	进项税额	价税合计
3	承信公司	33080	5623.6	38703.6
4	丽江公司	19800	3366	23166
5	康隆公司	99000	16830	115830
7	天虹公司	30355	2064.14	32419.14
8	嘉利公司	6920	510	7430
9	兴华公司	73500	12495	85995
10	希望公司	359475	57348.14	416823.14

操作员:高级管理员 打印日期:2000-03-27 15:10:45

图 5－15（o） 报表中心数据库——供应商采购订单汇总表

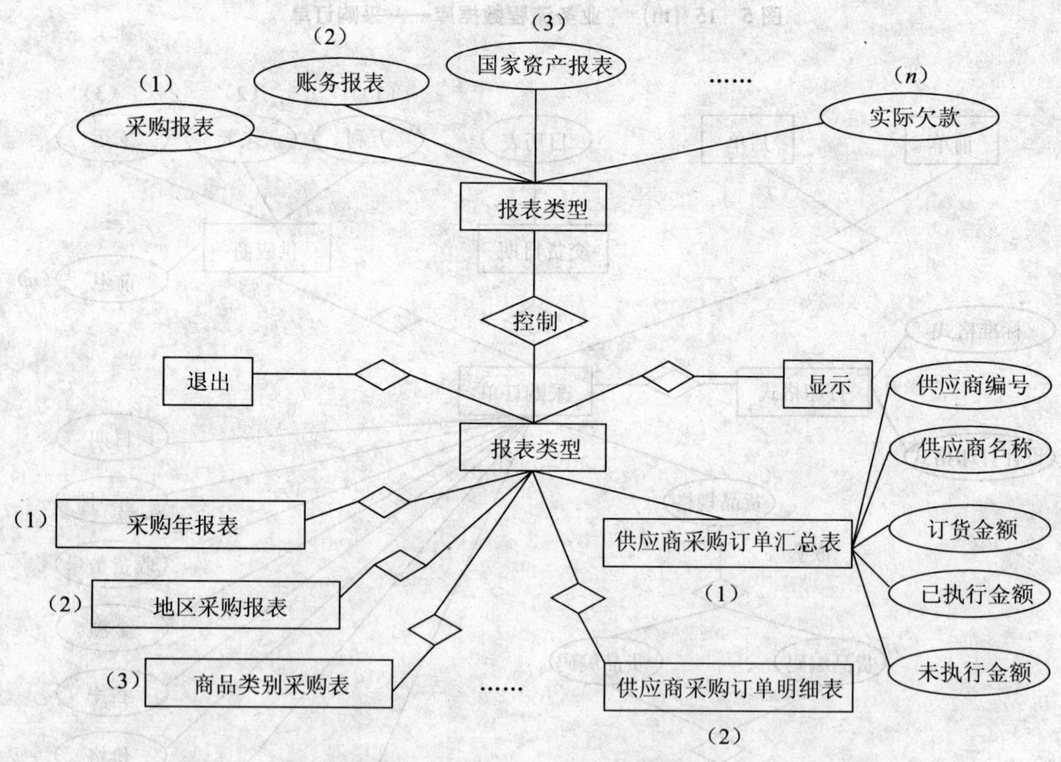

图 5－15（p） 报表中心数据库——供应商采购订单汇总表 EE—R 图

5. 代码设计

“进货管理”子系统清晰明了的代码（混合码）设计，采用了字符和数字混合代码方式，使“进货管理”的业务流程更加直观简单、一目了然。

例如：

CD－2004－9－25－0001 表示 2004 年 9 月 25 日第 1 号采购订单

CS－2004－10－18－0003 表示 2004 年 10 月 18 日第 3 号采购收货单

CF－2004－11－20－0002 表示 2004 年 11 月 20 日第 2 号采购付款单

XC－2004－8－28－0025 表示 2004 年 8 月 28 日第 25 号现款采购单

GR－2004－10－25－0024 表示 2004 年 10 月 25 日第 24 号估价入库单

6. “进货管理”子系统 HIPO 层次模块结构图

HIPO 图（Hierarchyplus Input-Process-Output）是 IBM 公司于 20 世纪 70 年代中期在层次结构图的基础上推出的一种描述系统结构和模块内部处理功能的工具（技术），为实现组件设计或快捷地编制所需的程序模块打下了良好的基础。

HIPO 图由两部分组成：①层次结构图；②IPO 图。其中，层次结构图描述了整个系统的设计结构以及各类模块之间的关系，“进货管理”子系统的层次结构图如图 5－15（q）所示；IPO 图描述了某个特定模块内部的处理过程和输入/输出关系（在此省略）。

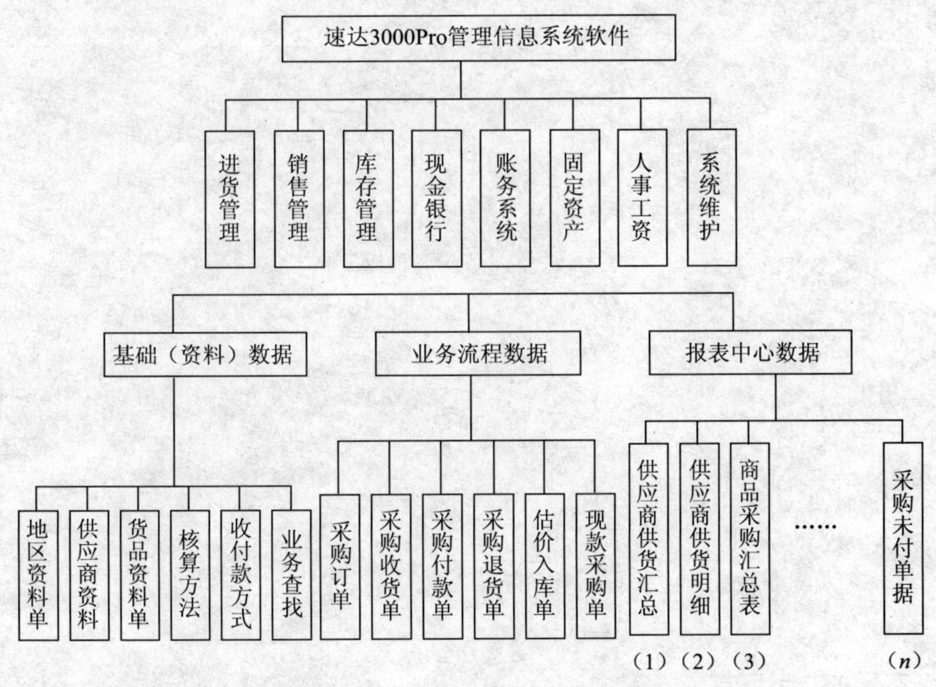

图 5－15（q） 进货管理子系统 HIPO 层次模块结构图

【实验思考与练习】

通过“进货管理”子系统分析与设计实验，完成下列内容的实验报告：

1. 画图分析“进货管理业务导航图形化界面”的结构。

2. 说明“进货管理”子系统的业务流程是用相关表单管理的过程，画出用表单构成的进货管理业务流程导航图。

3. 数据结构分为哪三层？每层画出一个表单，并说明其操作方法。

4. 数据结构设计：

(1) 为什么说数据库技术是管理信息系统的核心技术？

(2) 画出第一层：基础数据——地区资料表及相对应的 EE—R。

(3) 画出第二层：业务流程数据——采购订单及相对应的 EE—R。

(4) 画出第三层：报表中心数据——商品采购汇总表及相对应的 EE—R。

5. 说明“进货管理”子系统业务流程表单的代码设计。

6. 画图说明“进货管理”子系统的 HIPO 模块层次结构图。

第六章　物流信息管理系统分析

学习目标

·掌握制造企业、流通企业、第三方物流企业物流信息管理系统的体系及功能。

·理解制造企业、流通企业、第三方物流企业物流系统的概念和特点。

·了解制造企业、流通企业、第三方物流企业物流信息管理系统规划设计的相关知识。

学习导航图

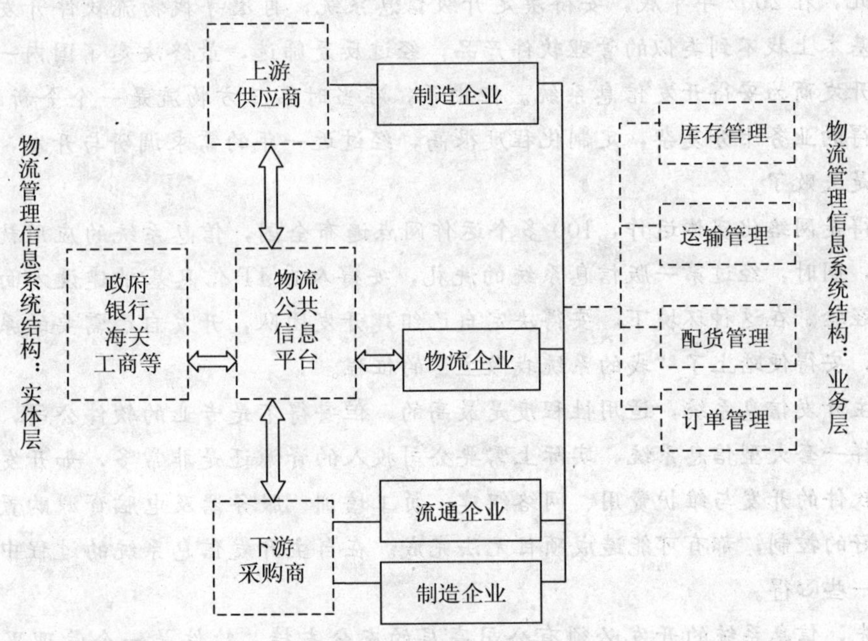

物流信息系统：逼出来的自我开发能力

安得公司成立之初，主要依托美的集团进行业务拓展，产品主要是仓储托管和公路运输，由于业务开展迅猛，马上就面临了以下问题：

- 信息传递过程太慢，不能按客户要求进行送货；
- 信息传递容易失真，造成大量操作错误；
- 无法对管理的资产状况获取实时的情报，造成大量的错单；
- 没有好的监控手段，管理部分失控；
- 工作效率低下，人员膨胀，成本控制难度加大。

于是，公司开始寻找物流软件开发商准备上线物流信息管理系统，经过将近一年的努力，系统终于投入运行使用，但是由于业务变化太快，原来的需求与现实的业务管理存在一定的差距，公司不得不花很大的气力进行修改完善，终于保证了基本的业务管理，但是很快发现财务管理、经营分析、数据加工等方面的功能与实际不断变化的业务需求差异越来越大，该系统基本上就只能做简单的仓储、运输的记账功能了，信息系统远远满足不了业务和管理的要求。

为此，在2002年年底，安得决定升级信息系统，再次寻找物流软件开发商。因为外界基本上找不到类似的管理软件产品，经过反复筛选，最终决定了国内一家著名的软件开发商为安得开发信息系统。但由于，在当时第三方物流是一个全新的行业，加上安得的业务十分复杂，定制化程度很高，经过近一年的需求调研与开发，该项目最终还是失败了。

安得是网络化实体运作，100多个运作网点遍布全国，信息系统的应用就是安得的命脉，同时，经过第一版信息系统的洗礼，安得人在IT信息基础建设方面积累了一定的经验。在这种环境下，安得决定自己组建开发团队，开发自己需要的系统。从那时起，安得便踏上了“我的系统我做主”的征程。

自主开发信息系统，适用性程度是最高的，但安得不是专业的软件公司，开发与实施这样一套大型信息系统，实际上需要公司投入的资源还是非常多，如开发团队的组建、软件的开发与维护费用、网络组建、员工培训、服务器及电脑资源购置等。如果没有好的控制，都有可能造成项目无法完成。在自主开发信息系统的过程中，安得也有了一些心得。

首先，信息系统的开发必须有公司高层的充分支持。软件是一个管理思想的载体，系统中体现的管理思想是公司现有管理思想的总结与提升。高层所具备的业务前瞻性是技术人员无可比拟的，一个有高层参与开发的系统，才会与企业的发展相适应。在这一点上，安得的高层领导也是很具有前瞻性的，而且做得也很好。

其次，信息系统的开发是一个长期的过程，需要全公司人的紧密配合。在系统开发初期，公司内形成一个良好的信息技术应用基础，通过电脑、网络的配备，推行电脑办公等，促进信息技术应用环境的形成。同时，规范公司的运作流程与管理。信息系统应用实际上就是将公司的规范与管理采用另外一种形式要求大家遵照执行，如果没有规范的流程与管理，软件开发和实施的进度将大大延迟于预期，而且效果也不好。

再次，系统开发，应以框架为基础，整体设计、分步开发、分步实施。信息系统采用的技术框架决定整个系统的性能、扩展性、灵活性等。技术框架应该在系统正式开发之前确定，最好是一个在类似项目中验证过的框架。在开发信息系统时，与公司的发展阶段相结合，首先解决公司迫切需要解决的问题：如信息流和资金流的问题；然后再考虑监控点、决策分析、客户服务、计划管理等方面。系统开发采用模块化方式，开发完成一个模块实施一个模块。避免求大求全，软件以用为本，片面追求功能全面或者技术先进，会带来投资浪费、项目周期加长、系统复杂性增加、应用性降低、实施难度增大等问题。

再就是利用财务控制业务流程。物流信息系统的核心是资金流、信息流和物流的"三流统一"的管理。在系统实施过程中常遇到这样的问题：如何保证系统运作的各个环节能按规定及时进行数据的录入与操作？这点初看起来好像可以通过制度规范进行，但是实际实施过程中往往不是那么简单。物流业务在发生过程中，总是涉及资金与费用，如果对资金进行一个有效的控制，则系统中就会有一只无形的手在催促各环节按规定进行操作，这就是系统的驱动力，保证系统即使脱离制度规范仍然自动进行。与此同时，资金流的管理不只是形成一只无形的手，它对于公司经营的分析具有更重要的意义，也是公司责任制考核与管理的一个重要依据。

最重要的一点是，公司要充分认识到企业信息化的长期性。信息系统的开发不可能一步到位，不是说做完一个项目就完事，必须持续改进，这也是安得公司选择自主开发的一个重要原因。系统应用的程度基本上可以反映公司的管理能力高低，系统的发展历程也基本上可以反映公司管理发展的历程。当信息系统成为公司核心控制与管理手段的时候，系统的维护、升级是需要不断持续进行的，因为管理总是不断提升的，系统的需求也会随着系统的应用不断提出，这要求公司必须有长期投入的打算，不是说项目完了，就可以缩减人员甚至解散项目团队。

案例思考

1. 公司在业务结构方面已经悄然发生变化，新的业务模式在不断涌现，如何才能保证系统的更新跟得上业务和管理发展的需要？

2. 管理创新的层出不穷，新的管理思路和方法已经对现有的系统结构产生了影响，系统的升级换代面临着越来越大的压力，下一步如何抉择？

3. 公司业务快速发展，对于管理的精细化提出了更高的要求，开发的工作量十分巨大，是继续扩充开发团队，还是采用外包的方式？

第一节　制造企业物流信息管理系统

一、制造企业物流的含义和特点

（一）制造企业物流的含义

按照国家标准《物流术语》（GB/T 18354—2006）的定义，物流（Iogistics）指的是，物品从供应地向接收地的实体流动过程，根据实际需要，将运输、储存、装卸、搬运、包装、流通加工、配送、信息处理等基本功能实施有机结合。物流管理（Iogistics Management）指的是，为以合适的物流成本达到用户满意的服务水平，对正向及反向的物流过程及相关信息进行的计划、组织、协调与控制。

在制造企业中，物流贯穿整个企业的生产活动。一方面，企业的正常运转要求按生产计划和生产节拍提供各种原材料、能源甚至信息等，同时，要将产品不断送出企业，推向市场。另一方面，企业生产过程的连续性和衔接性，必须依靠不断的物流活动来进行，有时生产过程本身便和物流活动结合在一起。

如果把制造企业物流看做是一个微观物流系统，这个系统还可以进一步划分为若干物流子系统：供应物流子系统、生产物流子系统、销售物流子系统及回收、废弃物物流子系统。

供应物流是指企业为保证自身生产的节奏，不断组织原材料、零部件、燃料、辅助材料供应的物流活动；生产物流指企业在生产工艺中的物流活动；销售物流是企业为保证本身的经营效益，不断伴随销售活动，将产品所有权转给用户的物流活动；回收、废弃物物流是指对企业生产、供应、销售活动中产生的边角余料、废料和排放的无用物进行运输、装卸、处理的物流活动。

制造企业按主体物流活动区别可分为四种类型：供应物流突出的类型、生产物流突出的类型、销售物流突出的类型、废弃物物流突出的类型。

（1）供应物流突出的类型。这种物流系统，供应物流突出而其他物流较为简单，供应物流组织和操作难度较大。例如，采取外协方式生产的机械、汽车制造等工业企业的物流活动便属于这种类型。一个机械的几个甚至几万个零部件，来自全国各地、甚至国外，其供应物流的范围和难度较大，成本也高，但生产成一个大件产品（如汽车）以后，其销售物流便较为简单了。

（2）生产物流突出的类型。这种物流系统，生产物流突出而供应、销售物流较为简单。典型的例子是生产冶金产品的工业企业，供应是大宗矿石，销售是大宗冶金产品，而从原料转化为产品的生产过程及其伴随的物流过程却很复杂。有些化工企业

（如化肥企业）的物流活动也具有这样的特点。

（3）销售物流突出的类型。小商品、小五金等，大宗原材料进货，加工不复杂，但销售却遍及全国或很大的地域范围，属于销售物流突出的类型。此外，如水泥、玻璃、化工危险品等，虽然生产物流也较为复杂，但其销售物流难度更大，问题更严重，有时会出现大事故或花费大代价，因而也包含在销售物流突出的类型中。

（4）废弃物物流突出的类型。有一些工业企业几乎没有废弃物的问题，但也有废弃物物流十分突出的企业，如制糖、选煤、造纸、印染等工业企业，废弃物物流组织得如何几乎决定企业能否生存。

（二）制造企业物流的特点

一般而言，制造企业物流具有以下几个重要特点：

第一，制造企业物流是生产工艺的一个组成部分。物流过程和生产工艺过程几乎是密不可分的，它们之间的关系有许多种，有的是在物流过程中实现生产工艺所要求的加工和制造，有的是在加工制造过程中同时完成物流，有的是通过物流对不同的加工制造环节进行链接。它们之间有非常强的一体化的特点，几乎不可能出现“商物分离”那样的物流活动完全独立分离和运行的状况。

第二，制造企业物流有非常强的“成本中心”的作用。物流对资源的占用和消耗，是生产成本的一个重要组成部分，在生产中物流活动频繁，因此对成本的影响很大。

第三，制造企业物流是专业化很强的“定制”物流。它必须完全适应生产专业化的要求，面对特定的物流需求，而不是面对社会上的、普遍的物流需求，因此，生产物流具有专门的适应性而不是普遍实用性，可以通过“定制”，取得很高的效率。

第四，制造企业物流是小规模的精益物流。由于只面对特定对象，生产物流的规模取决于生产企业的规模，这和社会上千百家企业所形成的物流规模的集约比较起来，相差甚远。由于规模有限并且在一定时间内规模固定不变，就可以实行准确、精密的策划，可以运用资源管理系统等有效的手段，使生产过程中的物流“无缝衔接”，实现物流的精益化。

二、制造企业物流信息管理系统的体系及功能

（一）制造企业物流信息的主要内容

一般而言，制造企业的物流信息主要来自以下几个部门：采购部门、销售部门、制造部门、库存部门、财务部门。根据企业性质的不同，物流信息的具体内容不尽相同。物流信息的内容总是与企业物流的各个子系统对信息的需求相一致的。

供应物流子系统中常见的物流信息包括：原材料或零部件（名称、相关物理属性、数量、计量单位、价格、质量要求、存储要求等）、供应商的信息（名称、地址、邮政编码、电子信箱、电话、传真、规模、信誉度等）、供应商交货的信息（交货时

间、交货数量、提货方式、支付方式、纠纷处理等）、供应商接收的信息（接货人工号、质量检验、合格情况等）。

生产物流子系统中常见的物流信息包括：零部件的信息（名称、相关物理属性、数量、计量单位、价格、质量要求、存储要求等）、产品的信息（名称、相关物理属性、数量、计量单位、价格、质量要求、存储要求、包装要求等）、生产的信息（生产工人工号、车间号、机器号、运行时间、机器状态、机器维修记录、机器折旧等）、检验的信息（检验员工号、质量要求、合格情况、合格率等）、废料或回收物的信息（名称、相关物理属性、处理要求、处理结果、处理费用、法规标准等）。

销售物流子系统中常见的物流信息包括：客户的信息（名称、地址、邮政编码、电子信箱、电话、传真、规模、信誉度等）、货物的信息（名称、相关物理属性、数量、计量单位、价格等）、订货的信息（订货方、所订货物编号、数量、交货时间、交货方式、支付方式、纠纷处理等）。

库存和运输物流子系统中常见的物流信息包括：库存物品的信息（名称、相关物理属性、数量、入库时间、出库时间、存储要求、存储单位、状态等）、库存水平的信息（库存容量、库位编号、库位状态、库存成本、安全库存、自然损耗等）、运输物品的信息（名称、相关物理属性、数量、目的地、搬运要求等）、运输时间的信息（发货时间、发货地点、到货时间、到货地点、运输工具、运输成本）。

（二）制造企业物流信息管理系统的体系结构

制造企业物流管理系统一般分为三个层次：管理层、控制层和执行层（如图6-1）。其中管理层是物流系统的中枢，它主要完成：①接收上级系统的指令并将此计划下发；②调度运输作业；③管理主体仓库库存；④统计分析系统的运行情况；⑤处理物流系统信息等任务。控制层是物流系统的重要组成部分，它接受来自管理层的指令，控制物流机械完成指令所规定的任务，并实时监控物流系统的状态。执行层由自动化的物流机械组成，主要包括：①自动存储/提取系统，即AS/RS（Automated Storage/Retrieval Systems）；②输送车辆；③各种缓冲站。物流设备的控制器接受控制层的指令，控制设备执行各种操作。由于分工不同，各层次的要求也是不同的。对管理层要求有较高的职能；对控制层要求有较高的实时性；对执行层则要求有较高的可靠性。

物流信息管理系统是把各种功能的物流活动联系在一起的纽带。处于物流系统中不同管理层次上的物流部门或人员，需要不同类型的物流信息。图6-2显示了制造企业物流信息管理系统在各层次上的信息功能。

物流状况
上级指令
生产计划
管理层
管理物料库存生成
物流作业计划
物流状况
完成作业计划情况
物流作业计划
控制层
检测物流状态生成
物流作业指令
故障信息
执行作业情况
作业指令
执行层
执行物流作业指令

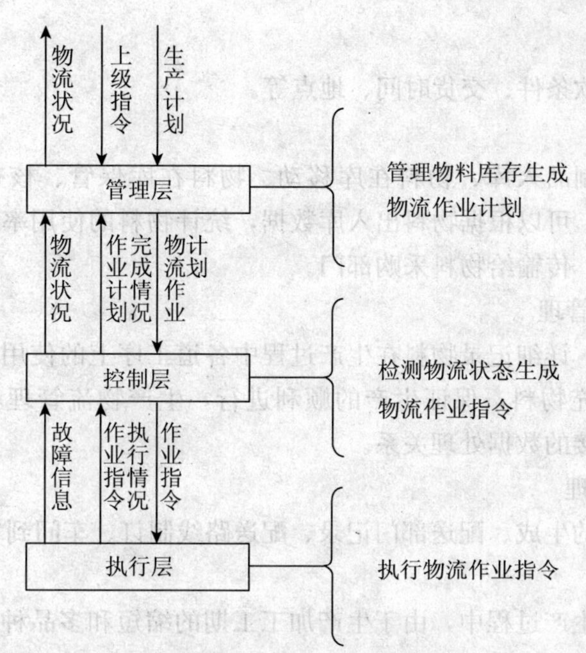

图 6-1 制造企业物流管理系统基本组成

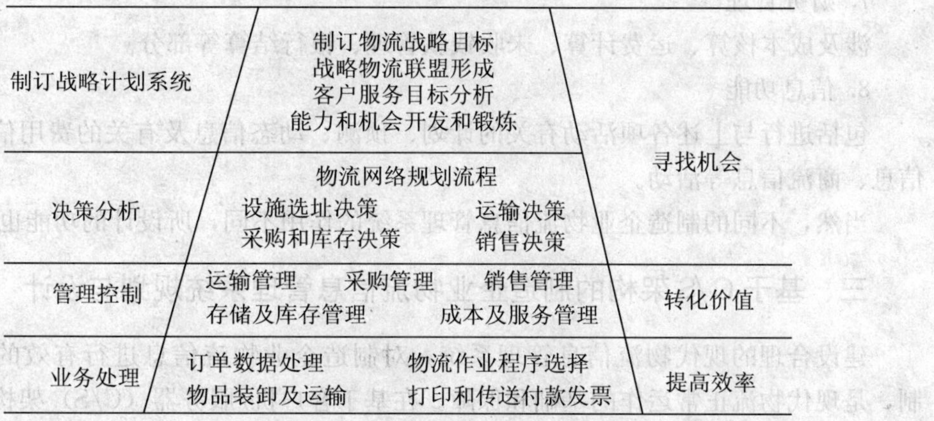

制订战略计划系统
制订物流战略目标
战略物流联盟形成
客户服务目标分析
能力和机会开发和锻炼
寻找机会
决策分析
物流网络规划流程
设施选址决策
采购和库存决策
运输决策
销售决策
管理控制
运输管理
采购管理
销售管理
存储及库存管理
成本及服务管理
转化价值
业务处理
订单数据处理
物品装卸及运输
物流作业程序选择
打印和传送付款发票
提高效率

图 6-2 制造企业物流信息管理系统的层次结构

（三）制造企业物流信息管理系统的主要功能

对于制造企业而言，物流信息管理系统把从采购到生产直至销售等各个物流环节都联系起来，看成一个物流大系统进行整体设计和管理，以最佳的结构、最好的配合，充分发挥其系统功能和效率，实现整体物流合理化。制造企业物流信息管理系统一般应实现以下功能：

1. 商品计划管理

包括采购计划和销售计划，是对材料和产品的实物流动作出预先的规划，制订一定的目标。

2. 采购管理

包括订货、付款条件、交货时间、地点等。

3. 仓储管理

包括成品或在制品入库、物料在库移动、物料在库保管、核查、出库等管理环节，在仓储管理中，可以根据物料出入库数据，统计物料的使用率与在库量，实现对物料供应商的评定，传输给物料采购部门。

4. 生产与物料管理

在生产过程中，详细记录物料在生产过程中各道工序上的使用状况，及时掌握物料的耗费，及时补充物料，保证生产的顺利进行，生产物流管理和企业的仓储、配送、回收等有着直接的数据处理关系。

5. 物流作业管理

包括出库单证的生成、配送部门记录、配送路线制订、车间到货签收等环节。

6. 回收管理

在制造企业的生产过程中，由于生产加工工期的缩短和多品种小批量的生产，必然会造成生产线上物料余料和在制品的积压，回收管理可以减少生产线上不必要的浪费，节约生产成本，统计企业的生产进度。

7. 财务管理

涉及成本核算、运费计算、未收钱款管理、银行结算等部分。

8. 信息功能

包括进行与上述各项活动有关的计划、预测、动态信息及有关的费用信息、生产信息、商流信息等活动。

当然，不同的制造企业物流信息管理系统的作用不同，所设计的功能也不相同。

三、基于C/S架构的制造企业物流信息管理系统规划与设计

建设合理的现代物流信息管理系统，对制造企业物流信息进行有效的管理与控制，是现代物流正常运作的基础和保障。在基于客户机/服务器（C/S）架构的制造企业物流信息管理系统中，采用计算机技术、条码技术、扫描技术、电子数据交换技术实现自动数据采集和自动化物流管理，可以提高企业的管理水平和信息化程度，改进企业的组织结构和业务流程，提高企业的竞争力和市场占有率。

（一）系统结构设计

1. 系统平台设计

客户机/服务器（C/S）模式是一种分布式计算技术，它的出现为信息的快速处理提供了灵活、经济的网络体系结构，这种体系结构下的客户机应用程序主要进行数据的显示和分析处理，服务器端的应用软件主要进行数据的管理和对客户机的请求进行会话处理，因此C/S模式具有客户端响应快、服务器端工作压力小、系统安全等优点，比较适用于局域网。制造企业物流信息管理系统属于企业内部的物流信息管理系

统，采用基于C/S模式的局域网的网络软件的系统构架，在系统运行中，客户端通过应用服务器可方便地操作数据库中的数据，灵活地进行添加、更新、删除等业务操作。

2. 数据库选择

由于物流信息管理系统中的数据交换量和存储量比较大，要求数据库系统能保证数据的完整性和一致性，并且考虑到今后的业务发展和系统的可扩展性，系统宜采用大型的多用户关系型数据库系统。由于 Microsoft SQL Server 数据库系统具有可伸缩性、支持多处理器、系统维护方便、支持多种网络及协议，加之在企业级中的应用比较广泛，因此目前一般选用 Microsoft SQL Server 2000 数据库管理系统。

3. 服务器端的配置

目前，一般采用浪潮英信服务器 NF180，10/100 Base-T 网络接口卡，Microsoft Windows 2000 Server 操作系统，数据交换机，及相关服务程序。

4. 客户端的配置

目前，一般采用台式 PC 或移动 PC，Microsoft Windows XP 操作系统，内置调10/100 Base-T 网络接口卡，物流管理信息系统客户端软件等。

（二）系统功能设计

不同类型制造企业生产经营的实际工作流程不同，应根据其实际生产经营情况进行系统功能设计。一般而言，在制造企业物流信息管理系统中，以下子系统和功能模块是不可缺少的。

1. 采购和仓储管理子系统

主要完成原料采购计划管理、原料采购合同管理、原料入库管理、原料出库管理、原料库存管理等功能。

2. 生产管理子系统

主要完成生产产量管理、生产质量管理、生产工艺技术管理等功能。

3. 成品管理子系统

主要包括：成品入库管理、成品出库管理、成品库存管理等功能。

4. 销售管理子系统

主要包括：订货管理、提货管理、退货管理、结算管理等功能。

5. 设备管理子系统

主要包括设备采购计划管理、设备采购合同管理、设备入库管理、设备出库管理、设备库存管理以及设备维护管理等功能。

6. 财会管理子系统

主要包括原料采购账管理、成品销售账管理、设备账管理、其他财务账管理等功能。

7. 综合查询管理子系统

主要是指为领导掌握生产经营动态情况，并作出正确的生产经营决策而提供的综合查询等相关功能。

8. 系统管理子系统

主要包括系统初始化、系统基本信息管理、用户及权限管理（用户及其使用权限信息的管理）、数据安全管理（数据备份、数据恢复等）。

9. 系统帮助

提供面向用户的软件应用说明文档。

（三）软件实现

C/S是基于客户应用与数据源服务分离独立的模式，可实现分布式网络环境下数据的集中管理、集中控制和数据共享，它由客户端、应用程序服务器、数据库服务器三部分组成，分别对应客户应用功能服务表示层、应用服务器功能层和数据库服务器层。客户应用功能服务表示层目前一般采用操作系统为Windows XP、编程软件为Visual Basic. Net，通过企业内部的局域网采用ODBC和ADO等方法访问服务器数据库中的数据，主要完成客户界面、前台计算、与应用程序层的交互等。服务器端目前一般采用操作系统为Windows 2000、编程软件为Visual Basic. Net、数据库采用Microsoft SQL Server 2000；应用服务器功能层又叫企业逻辑层，实现对客户提供服务的逻辑控制；数据库服务器层实现对数据的保存和查询等操作，响应应用程序服务器对数据的请求。

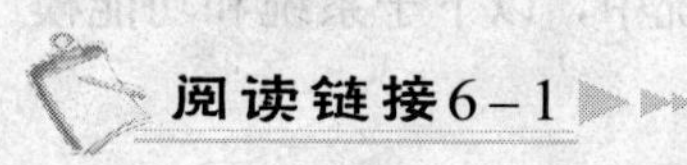

青岛啤酒集团ERP信息管理系统建设

为了能够在日益激烈的市场竞争中不断巩固并扩大竞争优势，拥有百年发展历程的青岛啤酒集团制订了“总体规划、领航实施、建立模板、滚动推广”信息化实施策略，稳步推进企业信息化，以信息技术改造传统产业，为在新的竞争环境下不断提升竞争力奠定坚实的基础。

资源整合更强更大

青岛啤酒集团通过并购实现了企业的快速扩张，在战略布局上抢先形成优势。青岛啤酒集团的快速整合创新，需要建立在物流、资金流、信息流全面整合的基础之上。为此，青岛啤酒集团决定进一步深化、完善信息化建设规划，实施一套功能强大、技术先进、设置灵活的管理信息系统，通过集成的业务应用和技术产品及联盟伙伴，全力实现支持消费品价值链的信息化管理平台——把供应商、生产厂家、零售商和最终消费者联系在一个有效的市场环境中。也就是说，能够在整个青岛啤酒集团内实现物流、资金流、信息流的同步处理与全面集成，提高企业信息准确度、及时性，提高企业综合信息的决策能力。

采用 Oracle 软件，领航实施，滚动推广

为实现这一目标，青岛啤酒集团采用 Oracle 电子商务系统，部署集团级 ERP 系统。为了有效地推动系统实施，并在此过程中规避风险，青岛啤酒集团确立了“总体规划、领航实施、建立模板、滚动推广”的实施策略。选择信息化建设基础较好的华南事业部作为领航实施单位，在领航实施中建立相对完整的模板，针对各事业部所处经营地域、经营环境和管理基础的不同，在保持统一管理规范的前提下对领航实施模板进行适当调整，滚动推广，从而有效提高解决方案的可重用性，并提高集团管理信息结构的标准化。由于所有事业部采用了统一的模块、统一的数据，因此，在每一个事业部的系统成功实施后，可以立即参与集团级信息合并，最终完成集团级系统集成，消除信息孤岛。

取得的效果

经过两期的实施，统一了 22041 种物料的编码、品名、计量单位、基本属性及分类；统一会计科目编码；统一固定资产分类编码，清理资产；统一客户、供应商编码及信息格式，整理 1400 余个客户档案、2000 余个供应商档案等，通过以上集成数据的规范整理形成公司整体的编码规则，加强公司的基础管理，为将来的滚动实施做好准备。另外，还规范优化了公司内部业务流程：全面梳理了 6 大类 100 多个流程，通过软件平台固化，划分责、权、利；流程设计以客户为中心，剔除非增值环节，向“服务导向型”发展；按新流程的要求取消、修改了 8 种关键业务单据。通过以上工作，使业务流程尽可能地向规范、透明、符合国际惯例的标准业务流程靠拢。

第二节 流通企业物流信息管理系统

一、批发企业物流信息管理系统

(一) 批发企业和批发企业物流

批发企业作为中间流通环节，担负着商品集流和分流的重要职能。批发企业把分散在各地的生产企业的产品输入流通过程，并完成商品在流通过程阶段移动的任务。因此，批发企业是生产过程和流通过程的衔接纽带。商品在流通过程的运动，有可能经过多次批发环节，如我国的一级站、二级站和三级站批发企业。

根据不同情况，批发企业一般采取商流与物流分离或商流与物流合一的发展模式。所谓商流物流合一，就是利用批发企业的储运设施、场地，通过建立物流中心或配送中心来扩大服务范围，提高服务水平以吸引货源；而商流物流分离则是把批发企业中的物流活动——运输、保管、储存、加工、编配、物流情报等职能分离出来，由不同类型的物流中心和储运企业来承担。

批发企业物流就是把各生产企业的产品在一定物流据点集中起来，然后再经过储存、分拣、流通加工、配送等业务，将商品以适当的数量、在适当的时间送到零售商业企业或消费者手中的整个过程。

（二）批发企业物流信息管理系统的功能结构

物流信息系统，在批发企业主要是销售物流信息系统。主要包括接受订货系统、订货系统、收货系统、库存管理系统、发货系统和配送系统等。

(1) 接受订货系统：办理接受订货手续是交易活动的始发点，所有物流活动均从接受订货开始。迅速准确地将商品送到，必须准确迅速地办理接受订货的各种手续。

(2) 订货系统：订货系统与接受订货系统、库存管理系统互动，库存不足时应防止缺货；库存过多或库存不合理时，适时适量地调整订货。

(3) 收货系统：根据收货预订信息，对收到的货物进行检验，与订货要求进行核对无误之后，计入库存、指定货位等。

(4) 库存管理系统：对保存在物流中心内的商品进行实际管理、指定货位和调整库存的系统叫库存管理系统。库存管理系统是物流信息系统的中心，对于制订恰当的采购计划、接受订货计划、收货计划和发货计划是必不可缺的。

(5) 发货系统：如何通过迅速、准确的发货安排，将商品送到顾客手中，是物流系统需要解决的主要课题。发货系统是一种与接受订货系统、库存管理系统互动，向保管场所发出拣选指令或根据不同的配送方向进行分类的系统。

(6) 配送系统：降低成本对于高效率的配送计划来说是非常重要的。配送系统是将商品按配送方向进行分类，制订车辆调配计划和配送路线计划的系统。

二、零售企业物流信息管理系统

（一）零售企业和零售企业物流

零售企业是直接向消费者提供商品服务的企业。零售企业的业务过程，就是商品从流通领域最终进入消费领域的过程。因而零售业处于商品流通的最后阶段，是流通过程与消费领域的结合点，当商品经过零售送达消费者手中，商品运动也就最后终止。

在商流与物流合一的条件下，我国的百货商店、专营店、连锁超市的物流活动——收货、检验、暂时保管、分类、发货等职能，均由零售企业承担。由于零售企业的物流设施较为分散并且条件简陋，使有限的物流设施得不到充分的利用，不能形成集合力。

在商流与物流分离的情况下，百货商店、专营店、连锁超市的物流形态，有从工厂、批发企业等购进商品的采购物流；有将一些商品转运到零售店和门市部的供应物流，还有把商品发送到消费者手中的销售物流。为了提高物流效率、扩大市场占有率，可在中心城市或交通枢纽地建立物流中心或配送中心，进货、送货均由物流中心或配送中心来完成，这样使零售业进一步专业化、细分化。物流中心、配送中心则采取共同进货、共同送货的方法以减少不必要的流转环节，降低物流费用，进而达到提高物流管理水平，顺利完成商品使用价值运动过程的目的。

（二）零售企业物流系统的结构与功能

零售企业的物流活动都要在物流据点中进行。一般来说，一个物流据点的物流活动是由采购、储存、流通加工、配送和信息处理五个子系统构成的。这五个子系统相互影响，相互制约，对每一个子系统的改进，需要考虑是否对其他子系统带来消极影响。因此，对物流系统的优化应本着“整体最优”的原则进行。

1. 采购子系统

采购子系统就是物流系统的输入。采购信息是多方面的，主要有货源信息，包括货源的分布、结构、供应能力；流通渠道的变化和竞争信息；价格信息；运输信息；管理信息等。

零售店分布面广，所处地域不同，面对的消费者不同，因此要货的品种、数量、时间不可能完全相同。一个零售店每次要货的品种可能比较多，但每个品种的要货量不会太大。因此不能充分享受价格折扣。在这种情况下，集中各零售门店的订货，进行统一采购，采购批量大，就可以享受价格优惠。

2. 储存子系统

储存子系统一是起集散商品作用，把商品从产地集中进来，形成规模，统一储存。然后根据需要把商品分散送到各零售门店。通过一集一散，衔接供应和销售，降低物流成本。二是起检验作用。在物流过程中，为了保障商品的数量和质量准确无误，分清事故责任，维护企业利益，必须对采购的商品在各方面进行严格的检验和核对，保证商品在品种、规格、品牌、质量、数量、包装等方面符合要求。商品检验在入库前进行。

零售店的主要任务是现场销售。在场地安排上，营业场所面积一般要占70%以上，用于商品储存的场地不大。零售商店储存的商品在数量上仅保持在一个较短的时期内不缺货。这是与它们的销售功能相适应的。同时，为了加快零售店资金的周转，也不宜储存较多的商品。

3. 流通加工子系统

进行流通加工，零售企业不仅能获得从生产领域转移过来的一部分价值，而且能够创造新的价值，从而获得更大的利润。一是由于开展流通加工，可以购进加工程度低的便宜商品，降低进货成本；二是对商品进行加工，可以使商品更适合销售。

零售企业所进行的流通加工作业主要有：

（1）分装加工。许多商品零售起点小，而生产企业为了保证高效运输，出厂包装大。为便于销售，商品购进后，要按所要求的零售起点进行重新包装。大包装改小包装，散装改包装，运输包装改销售包装。

（2）分选加工。如果购进的农副产品质量规格参差不齐，出售这样的商品一是不受顾客欢迎，二是销售价格低，如果按质量、规格，用人工或机械方式进行分选，并分别包装，质优价优，质次价低，适合不同层次人们的需要，就可以提高商品的附加价值。

4. 配送子系统

配送子系统是零售物流系统对环境的输出，是服务水平优劣的显示器。配送工作做的好，说明物流各子系统运行状态的良好，子系统之间协调得好。配送工作做的不好，说明各子系统内部存在问题。如对各零售店的订货没有及时送到，那么商品既可停滞在配送阶段，也可停滞在加工阶段，加工中心加工不及时或没有及时向配送组送货；还可能停滞在仓库，保管人员没有及时将商品调出；也可能由于采购不及时，造成库存不足；最后还可能由于信息不畅，造成物流各环节工作滞后。

5. 信息处理子系统

信息处理子系统所具备的功能主要有：

(1) 即时或定时掌握物流状态。通过计算机网络或其他信息传递方式，即时或定时掌握物流系统内各子系统及分店的库存量、库存能力、配送能力等。

(2) 接受订货。接受各零售店的订货要求，进行综合处理后，制订供货计划。

(3) 指示发货。接受订货后，根据零售店的分布状况确定发货网点，通过计算机网络或其他方式向发货网点下达发货指令。

(4) 制订配送计划。发货网点根据发货指令，选定配送路线和配送车辆，制订最优配送计划并发出配送命令。

(5) 日常管理。计算订货、发货余额、库存水平等，以进行库存管理，订货、发货管理。

(6) 补充订货。根据营销决定部门的采购计划和零售店的前期订货情况，发出补充库存的指令。

(7) 与零售系统外衔接。掌握系统供应商的情况，向供应商发出通知，对系统外发出运输、储存要求并与系统外进行信息交换。

(三) 零售企业物流信息管理系统的功能结构

零售企业物流信息管理系统大致可以分以下几种：

1. 总店管理系统

主要负责供应商、商品、会员的引入和管理，商品的采购、促销以及从整个连锁企业的总体角度来发布商品的配送与调拨指令。在整个系统中，总部作为一个统一的管理平台，协调各个配送中心、各个门店之间的经营运作。

2. 门店信息系统

门店作为零售终端，需要由一个相当完善的信息网络系统进行辅助决策支持。该系统运用商品条码（UPC 码）进行管理，通过销售时点管理系统（POS）迅速掌握畅销商品与滞销商品的情况，以便迅速地替换滞销商品，及时地补充畅销商品，实现小批量多频度的订货方式。同时应用电子订货（EOS）系统进行相关信息数据的交换，通过 EOS 系统可以掌握畅销商品、缩短到货周期、减少缺货、降低库存、防止断货，并能够灵活运用其他关联业务的数据。

3. 配送中心系统

配送中心拥有与总部和门店联网的信息系统，主要是根据总部的指令进行商品的收发货、调拨、盘点等功能，体现商品的存储与运输职能，实现库存管理和配送管理。这个系统应用EOS方式处理来自门店的订货，订货数据可以准确、迅速地输入并指示商品出库，减少了计算机的输入量，省去了各类纸质票据的传输，当任何一种商品在配送中心生成订单，即将运往某个门店的同时，门店和总部能够即时获取该批货物的运送情况，适时做好接货准备。

4. 供应链系统

零售商通过与供应商之间基于EDI的电子订货，提高订货的精确度，减少验货成本，在接收到货时，根据订货明细数据与出库明细数据的核对，可以检验出货单不符之处，迅速对供货商做出反应。EDI技术的应用可以分为利用增值网络（VAN）的EDI和利用因特网的WEB技术实现与供应商的数据交换，后者由于不需要大量的系统投资，在零售业的应用不断扩大。

通过四种系统的协作，大型零售商将其在全球各地的配送中心、连锁店、仓储库房和货物运输车辆，以及合作伙伴进行系统、集中的管理，形成了一个灵活、高效的产品采购、配送和销售网络。

三、连锁商业企业的信息化规划与选型

对连锁商业企业而言，信息化建设既是一笔不小的投资，又涉及企业的管理思想、业务流程、业务模式、对加盟与直营店的管理等方方面面。因此，做好信息系统的规划与选型工作，是连锁商业企业信息化建设成功的必要保证。

（一）规划的目的

随着门店数量越来越多，我国连锁商业企业在经营上逐渐呈现出跨区域连锁和批零一体化的态势。在此背景下，连锁商业企业的信息化建设规划应该达到以下目的。

(1) 建立符合企业现有业务状况和远期发展需求的现代化物流信息管理系统；

(2) 通过物流信息管理系统为本企业采购、物流、销售的资源优化整合提供保障；

(3) 通过高效的物流信息管理系统来降低成本、提高效率，为本企业开拓跨区域市场和加强对现有销售终端的控制提供支持；

(4) 依托现代化信息系统和大物流体系打造出全新的商品流通平台，并以此为基础，在条件成熟后为企业利用该系统实现对供应链上下游的资源整合提供支撑。

（二）规划的内容

一个好的信息化规划，不是单纯对信息系统本身进行理想化描述，更最重要的是结合企业信息化的目的对全流域的业务进行整合与规划。这里重点阐述连锁商业企业信息化规划中对业务层面的整合。

1. 建立统一的资金使用与财务结算平台

该财务结算平台要为各地节点公司、下属门店乃至加盟门店提供统一的财务融资和授信服务，也要能够统一调度企业全流域的资金。

在信息化规划时，要更多地考虑企业的信息系统能否与外部银行系统实现衔接。因此，企业在进行规划之前需要与总部所在城市的主要银行进行接触，只有双方达成协议才能将该部分作为企业信息化建设的内容。

2. 建立集中与分散结合的采购平台

我国大多数规模连锁商业企业都有比例不小的加盟店，管理这些加盟店的难度很大，加盟店采购渠道的不统一是影响企业整体效益和终端掌控力的重要因素。

因此，借助信息化建设建立集中与分散相结合的采购平台对企业的发展非常重要。对于已实现批零一体化的规模连锁商业企业而言，采购平台的建设应该坚持这样的原则：按销售类型与目标客户的不同，由不同的采购机构完成。总之，采购平台的信息化规划一定要结合企业批发和零售业态的实际经营状况。

3. 建立统一、高效的物流运营体系

实践证明，连锁商业企业的物流中心一般也是企业的信息处理中心。以信息化为手段，通过进销存系统与销售和采购管理系统的对接，为上下游客户提供查询、监控、分析等增值服务成为连锁商业企业打造高效产业供应链、以管理制胜的手段。

在规模连锁商业企业的信息化规划中，物流配送体系的信息化一定是重中之重。过去，门店的信息化仅仅是 POS 机的运用，而现在，应该将门店纳入物流中心的虚拟仓库，其商品信息进入总部层面的物流中心进行管理。如果企业是分区域多节点物流中心的经营模式，则信息化规划需要与物流体系规划相结合才能发挥最大的效果。

4. 建立形象统一、分布灵活的销售服务体系

事实上，目前已经有不少规模连锁商业企业尝试建立形象统一、分布灵活的销售服务体系。连锁商业企业的销售不再拘泥于坐等顾客上门，而是广泛地开展网上订货、电话订货、送货上门、社区推广、会员销售等多种形式的业务。在这一背景下，信息技术手段就要将上述销售模式与手段实现统一的结合。

上述四大模块对连锁商业企业实现持续成长的重要性可谓是不言而喻，而信息化正是建设好这四大模块的手段。因此，企业的信息化建设规划切忌成为为了选信息系统而单纯描述信息系统的“软件说明书”。

（三）软件选型

当企业已经有了清晰、完整的信息化建设规划后，接下来面临的实际问题就是如何对市场上流行的种种信息系统进行选型。进行正确的选型，是企业信息化建设成功的关键一步。

1. 根据业务选系统

不少企业在选择信息系统时存在着凭感觉选择的情况，等真正实施时会发现企业的作业流程、管理制度等诸多方面跟信息系统都不能很好地匹配，必须根据系统进行

大幅度调整，原本运转正常的业务难以避免地需要更改。

其实，连锁商业企业进行信息化建设也是对企业业务流程进行重新梳理，对企业的管理模式进行优化的好机会，因此企业选择信息系统的第一个标准就是优化后的业务流程和管理需求。无法满足这些要求的系统应坚决摒弃。

2. 综合考虑成本因素

规模连锁商业企业的信息系统既要满足多门店的数据传输和业务需求，也需在总部环节具有批发企业信息系统必须具备的功能。一套这样的业务软件，大多数情况下需要软件公司定制开发，因此价格不菲。

目前，连锁商业企业信息化建设的成本主要由如下几个部分构成：门店系统费用、总部集成系统费用、定制开发费用、业务数据导出导入费用、实施与维护成本。规模连锁商业企业在选择信息系统时需要综合考虑成本因素，切记“便宜无好货”。

总之，对于连锁商业企业信息系统的规划与选型工作，最大的挑战是清晰描述业务作业需求，具体、恰当地说明信息系统的规格要求，以及正确地评估相关方案。实践证明，企业信息化建设的规划与系统选型工作既是一门科学，也是一门艺术，其中行业经验的积累、信息系统相关知识的掌握是成功的关键。

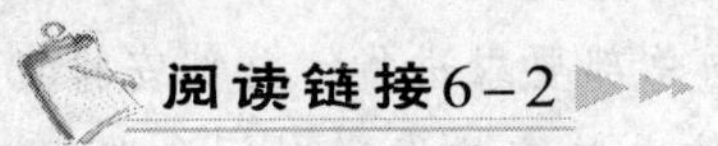

广州医药有限公司适合订货波动的物流信息系统

广州医药有限公司是华南地区经营医药商品最多、最全的医药专业公司，下属专业批发部6个，健民医药连锁分店100多家，建立了以广东省为中心、辐射全国的庞大销售网络。

由于有些药品受季节性影响很大（如感冒药），有时媒体一宣传，会形成“热卖潮”，订货数量连续猛增。在这种情况下，公司着手构建适合订货波动的物流信息系统，引进了系统软件和手持终端。

仓库管理信息系统（WMS）实现了自动化信息采集技术。无线射频信息采集技术（RF）是一种准确性和及时性很强的信息采集技术，作业人员通过手持终端将指令传递给物流配送信息中心操作员，并接受操作员传回的信息，其反应时间为3～6秒。

使用手持终端分别进行分拣作业，这样一来药品分选后立即分散开来进行质量检验，节约了大量的作业人员和作业时间，同样，退货药品的处理作业效率也相应随之提高。

对药品的生产日期、有效期、生产批号、生产厂商等状况均可明确掌握。药品出厂时也与该系统同步连动，除了保证先进先出外，还能做到防止订货时出现混乱和药品倒流等不良事故，而且即便发生此类异常情况，也能进行追踪管理和回收处理。

物流信息系统的龙头——沃尔玛

沃尔玛于1962年在美国阿肯色州成立，经过近50年的发展，已经成为美国最大的私人雇主和世界上最大的连锁零售商。沃尔玛取得如此巨大的成功，离不开其物流信息系统的高效运作。那么沃尔玛究竟拥有怎样的物流信息系统呢？

早在1983年，沃尔玛就建立了私人卫星通信系统，这个信息系统帮助企业解决了总部与分店之间的沟通问题，加快了决策传达和信息反馈的速度。总部的高速电脑与分店以及发货中心相连，一旦某种货品库存量减少到某一个点，电脑就会向总部要求进货。离商店最近的发货中心接到总部的指令后，将安排发货时间以及路线。不超过28小时，商品会被补充到相应的商店。

在沃尔玛总部，高速电脑和各个发货中心及各家分店的电脑连接，商店付款台上的激光扫描器会把每件货物的条码输入电脑，再由电脑进行分类统计。当某一货品库存减少到一定数量时，电脑会发出信号，提醒商店及时向总部要求进货。总部安排货源后，送往离商店最近的一个发货中心，再由发货中心的电脑安排发送时间和路线。这样，从商店发出订单到接到货物并把货物提上货架销售，一整套工作完成只要36个小时。这个信息系统保证了它在拥有巨大规模的同时仍保持高效。世界3000多家沃尔玛分店的任一POS机在扫描完一件商品时，数据都会立刻传到该中心。这些控制活动加快了决策传达和信息反馈的速度，提高了整个公司的工作效率，同时节省了总部与分支机构的沟通费用。

第三节 第三方物流企业信息管理系统

一、第三方物流的含义和运作模式

（一）第三方物流的含义

按照国家标准《物流术语》（GB/T 18354—2006）的定义，第三方物流（Third Party Logistics，TPL）指的是，独立于供需双方为客户提供专项或全面的物流系统设计或系统运营的物流服务模式。在第三方物流模式下，生产经营企业为集中精力搞好主业，把原来属于自己处理的物流活动，以合同方式委托给专业物流服务企业，同时通过信息系统与物流服务企业保持密切联系，以达到对物流全程的管理和控制。第三方物流是现代物流业发展的一种崭新形态，日渐成为物流理论和实践关注的重点。经历了短短十几年的发展，全世界的第三方物流市场已经明显表现出潜力大、渐进性和高增长率的特征。

从事第三方物流的企业在委托方物流需求的推动下，从简单的存储、运输等单项活动转为提供全面的物流服务，其中包括物流活动的组织、协调和管理，设计最优物流方案，物流全程的信息搜集、管理等。

第三方物流企业引进先进的信息管理技术，不仅会提高物流企业的自动化程度和信息共享度，提高工作效率，降低成本，更重要的是从根本上改变物流企业的发展战略，有效地促进物流企业各部门之间的协作，改进物流企业与客户的信息交流方式。

（二）供应链角度下第三方物流业务运作模式

供应链中第三方物流基本作业流程为：第三方物流企业接受客户的配送请求后，进行有关的订单审核、分类等处理，并根据订单安排货物进出库，拟订配送计划，力求按照客户需求将货物准确、及时地从市场供应方送达市场需求方（如图 6－3 所示）。

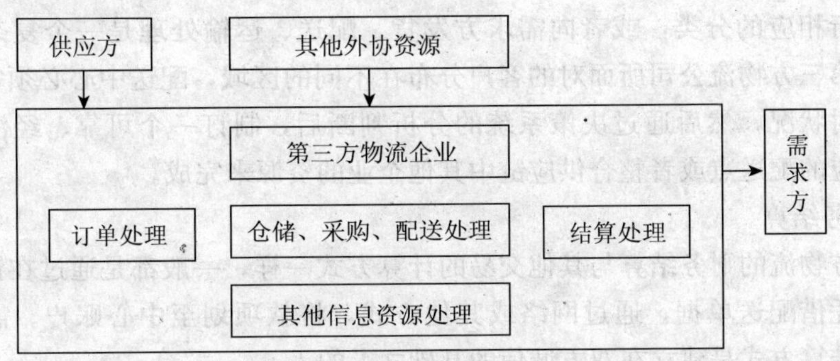

图 6－3 第三方物流基本作业流程

第三方物流的具体作业流程主要包括以下几个方面的内容：

1. 订单处理

订单处理是整个配送中心业务的开始，也是信息系统中数据的起点。高效的订单处理是整个信息系统成功的关键，订单业务贯穿于整个物流供应链的每个环节。配送中心只有在接收到客户的有效服务请求后，才能继续开展配送、运输工作。订单的接收主要应通过互联网来实现，也可以通过电话、传真等其他手段，但在这种情况下，需要人工录入订单信息。

2. 身份验证

一个可靠的系统应在接收订单时对客户的身份进行验证，只有身份验证通过后才能为之提供服务，否则需要与客户进行进一步的联系，让客户修正或注册。客户在通过配送中心的服务器注册登记时，必须提供一些有用的信息，如公司联系电话、公司所在地点等。

3. 信息分类管理

由于客户的来源不同，应对不同服务类型加以区分，同时客户请求须及时响应，还要对配送的货物数量、类型、运输方式等进行分类整理。

4. 库存管理

库存管理主要是对整个库存商品的现状进行跟踪调查和全面管理，包括入库管理、出库管理、库存盘点。

(1) 入库管理是对进入仓库的货物信息进行收集（如登记、分类），为今后的配送做准备；

(2) 出库管理是结合配货处理来协同实现的，在接受订单和配送请求后，根据订单上的要求发放货物，并记录配送的相关信息；

(3) 库存盘点是对仓库中现有商品的现状进行管理。以便随时了解能否满足配送的需求。

5. 配送、运输处理

系统根据订单要求，再结合库存状况进行配货处理或者联系供应商采购，并对处理结果进行相应的分类，或者向需求方发货。配送、运输处理是一个复杂的系统处理，因为第三方物流公司所面对的客户分布在不同的区域，配送中心必须掌握每个配送点的实时状况，然后通过决策系统的分析判断后，制订一个可靠、经济的配送计划，由相应的配送点或者整合供应链中其他企业的资源来完成。

6. 财务结算

第三方物流的财务结算与其他交易的计算方式一样，一般都是通过在银行设立专门账户，凭借配送单据，通过网络或其他方式，将款项划至中心账户。需要说明的是，这种结算方式是建立在双方诚信的基础之上的。

7. 决策分析

决策分析的目的是为了让企业以较小的成本完成更优质的配送任务。决策分析内容一般包括配送站点的决策、库存量的决策、车辆调度、外协合作商选择、客户管理等。

8. 经营管理

经营管理是指管理人员通过各种方法来实现配送中心效率的管理，并制订恰当的经营决策方案。根据各种信息与报表，包括配送统计数据、客户对配送服务的反映报告、配送商品次数及所需时间报告、配送商品的失误率、仓库库存情况、设备损坏及维修报告、设备成本分析、人力资源分析等作出决策。

二、第三方物流企业信息管理系统的特征及功能结构

(一) 第三方物流企业的信息需求

一般而言，第三方物流企业需要了解四类信息：

1. 服务请求类信息

客户所需服务类型、客户的货物信息、客户对服务时间的要求、价格要求和其他个性化要求等。

2. 服务能力类信息

企业设施、设备的规模和数量、人员的素质和数量、任务量的大小以及企业拥有的其他相关资源的信息。

3. 客户分类信息

客户的基本信息、历史交易信息、信用度信息和客户评价信息。

4. 公共政策信息

相关的法律法规、物流行业政策、地方政策、道路交通法规和实际状况。

作为专业从事物流业务的第三方物流企业，必须具备比客户企业自营物流更高的效率、更高的准确性、更低的成本，建设高效的信息管理系统是第三方物流企业提供专业物流服务的基础和保证。第三方物流企业信息管理系统要能够从客户企业的商流中，和由商流引发的物流中提取与物流相关的信息，进行存储、汇总、分析，从而得到自己和客户企业所需要的、经提炼的信息，为物流运作提供服务。

（二）第三方物流企业信息管理系统的特征

1. 可得性

第三方物流信息系统必须具有容易而又始终如一的可得性，当企业需要获得物流活动的重要数据时，很容易从计算机系统中得到。物流作业的分散化性质，要求能从国内甚至世界各地任何地方得到更新的数据，这样的信息可得性可以减少作业和制订计划上的不确定性。

2. 精确性

物流信息系统必须精确反映当前物流服务状况和定期活动。平稳的物流作业要求实际的数据与物流信息系统报告相吻合的精确性最好在99%以上。当实际数据与物流信息系统报告存在误差时，就要通过缓冲存货或安全存货的方式来适应这种不确定性。

3. 及时性

及时性是指一系列物流活动发生时与该活动在物流信息系统可见时的耽搁，第三方物流信息系统必须能够提供即时的、最快速的管理信息反馈。一些生产企业存在着连续的产品流，如果第三方物流信息系统却是按每小时、每工班、甚至每天进行更新，则不能保证信息系统的及时性。显然实时更新或立即更新更具有及时性。实时更新往往会增加记账工作量，因此采用条码、RFID、GPS等有助于及时而有效地记录数据。

4. 以异常情况为基础

物流作业要与大量的客户、供应商和服务公司进行协作或竞争，要求物流信息系统应能有效识别异常情况。第三方物流信息系统要结合决策规则，识别需要管理者注意并作出决策的异常情况，因此应该具备智能识别异常情况的功能。

5. 灵活性

物流信息系统必须具有灵活反应能力，以满足系统用户和顾客的需求。第三方物流信息系统必须有能力提供能迎合客户需要的数据，如票据汇总、实时查询、成本综合分析、市场销售汇总及分析等，一个灵活的第三方物流系统必须适应这一要求，以满足未来企业客户的各项信息需求。

6. 界面友好规范

物流信息系统提供的报告应该界面友好和规范，以适当的形式对物流信息进行表述，方便客户查询、阅读、打印和存档。

（三）第三方物流企业信息管理系统的功能结构

行业和业态不同，各物流企业所构筑的物流信息管理系统也不同。有的物流企业可以提供综合物流服务，而有的物流企业只提供运输、仓储、包装、信息咨询、报关中的一项或几项服务。

一般而言，第三方物流管理信息系统功能结构可以划分为四个层次：数据管理层、业务处理层、决策管理层及战略管理层。

我们可以归纳出系统的总体功能模块，主要包括：

（1）客户管理子系统：客户登录管理、客户资料管理、客户身份验证、客户查询、客户关系管理等；

（2）订单管理子系统：订单的接收、分类整理、查询等；

（3）仓库管理子系统：入库管理、出库管理、库存盘点、仓库优化管理、货物查询管理等；

（4）配送管理子系统：配货管理、送货管理、运输跟踪管理、运输调度管理、运输线路决策、配送站点决策等；

（5）经营决策子系统：反馈信息管理、合作商管理、供应商管理、市场预测管理、市场信息管理、企业内部信息发布管理（包括企业介绍、经营理念、法律法规、市场报价等）等；

（6）账务管理子系统：成本预算管理、客户财务结算、供应商财务结算、合作商财务结算、财务统计管理、各子系统人力资源管理、人事考勤管理、设备维护维修管理等；

（7）系统管理子系统：用户管理、数据备份、系统设置、文档管理、查询打印服务等。

根据以上功能分析，可以将第三方物流的物流管理信息系统描述如图 6－4 所示。

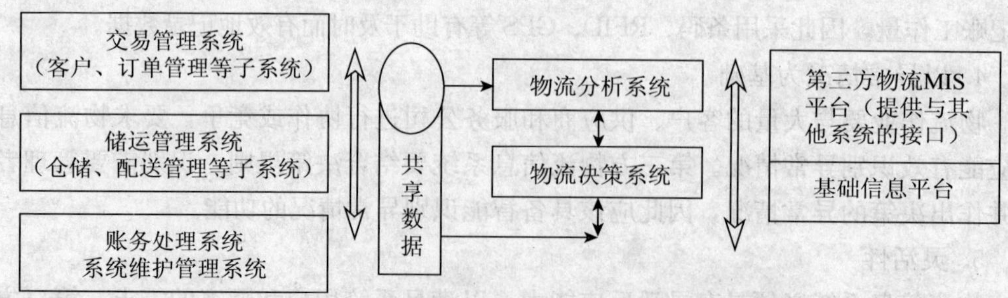

图 6－4　系统总体功能结构

三、第三方物流企业信息管理系统开发与设计

(一) 指导思想

立足于第三方物流企业的实际情况，物流信息管理系统除了必须实现基本的物流业务功能，如订单、库存、配送、运输的集成以外，还应该具有物流优化分析和辅助决策功能以满足第三方物流行业的专业化、契约性特点，从而达到以最小的成本及时、准确地满足客户的需求。

(二) 基本准则

优秀的第三方物流信息系统不仅能够降低企业运营成本、提高运营效率和提高客户服务水平，还能够提高物流企业的整体管理水平。

一个优秀的第三方物流信息系统应具有以下特征：软件操作简单、界面友好；精确性；及时性；以客户为中心、灵活性、识别异常情况、系统整体性、实用性与先进性、经济性、成本精简。

(三) 需求分析

需求分析是信息系统开发的第一个步骤，也是一个非常重要的阶段。只有需求分析做好了才能开发出一个符合企业实际需要的、高效的物流信息系统。这一阶段的主要工作就是立足于用户需求对企业的基本业务流程进行分析研究，从而明确系统目标并初步建立模型。由于物流企业内部的业务流程非常复杂，因此在调查分析时，要充分考虑到各个流程之间的内部联系，从而能从全局上保证信息系统的完整性和集成性。

(四) 功能分析

依据软件工程原理，在对企业进行了需求分析之后，紧接着就进入信息系统的功能结构设计阶段。分析物流企业物流业务的层次结构，有利于更有效地建立物流信息系统的体系结构。

尽管各个第三方物流企业的基本情况不同，但设计的理念都是相似的。第三方物流信息系统最大的优点是利用信息技术使第三方物流企业集中于核心业务，致力于擅长领域，为客户提供灵活的个性化、专业化服务。因此，第三方物流信息系统在设计时必须充分考虑第三方物流功能专业化、服务个性化、管理系统化以及信息网络化的特点。相比传统物流信息系统，在解决局部业务信息化的同时，优秀的第三方物流信息系统要充分考虑企业未来的业务发展。运用先进的企业客户关系管理（CRM）、供应链管理（SCM）、企业资源计划（ERP）等思想和技术，为第三方物流企业提供一个物流实际运作的集成解决方案。

(五) 体系结构

当前比较常用且具有代表性的体系结构是采用 C/S+B/S 的混合模式。C/S 模式具有较强的事务处理能力，而 B/S 模式具有跨平台和较好的网络扩展性。因此，在设计系统体系时可以充分利用它们各自的优势。C/S 部分主要通过 Intranet 技术接受公

司内部指令，完成公司内部的基本业务管理，实现内部管理信息化；B/S部分则充分利用Internet技术，主要是接受客户需求以及实现与供应商、分销商的互联，以达到信息共享的目的。这种混合模式克服了C/S模式的可移植性差、系统维护困难以及不能及时地与用户交换信息和B/S模式的数据处理能力不强、实时性不高以及安全性低的弱点。这种模式能将C/S模式的交互性好、实时性和安全性高的特点与B/S模式的有利于系统的维护和升级以及信息的检索、查询和发布有机地结合起来。这种结构具有可伸缩性强、网络效率高、可管理性强、可重用等优点。

（六）可能运用到的信息技术

1. 电子数据交换技术（EDI）

EDI是信息流和物流相结合的关键技术，通过建立企业间数据交换网来实现企业间数据处理的自动化、及时化和信息化。

2. 条码技术

条码技术是一种计算机识别技术，可以通过对货物上的条码进行自动扫描实现将货物的信息自动输入系统。

3. 电子订货系统（EOS）

指企业间利用网络与终端设备以在线方式进行订货作业和订货信息交换的系统，分为EOS中心和EOS客户端。

4. 射频技术

射频技术依据电磁理论原理。它主要用于物料跟踪、运载工具和货架识别等。

5. 销售时点信息系统（POS系统）

通过自动读取设备在销售商品时直接读取商品信息，并通过通信网络和计算机系统进行分析以提高经济效率的系统。

6. 地理信息系统（GIS）

是一种能够获取、存储、管理、查询、模拟和分析地理信息的计算机系统，是能够处理和分析大量地理数据的通用地理信息技术。

7. 全球定位系统（GPS）

GPS的应用使得运输时间大大缩短，能提高工作效率和服务质量，并大大地削减物流成本。

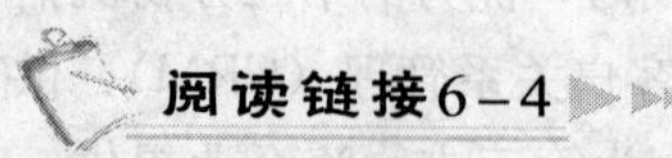

三驾“马车”推动中远物流信息系统建设

管理、业务的规模和变化、信息技术的急剧发展以及IT人员的快速流动是任何一个大型现代物流企业都必须面对和解决的现实问题。

中远物流的秘诀是："业务驱动"＋"IT 拉动"＋"务实原则"＝"中远物流信息流"。其中，业务驱动——中远物流强大的业务发展驱动力；IT 拉动——与国际知名 IT 企业紧密的业务联系使中远物流可以及时引入 IT 新理念；务实原则——"5156. com. cn"物流网的实施经验使中远物流能够以务实的原则进行信息系统的设计；中远物流信息流——支撑中远物流提供从工厂到最终消费者的物流服务。

完善"5156. com. cn"物流网，为一般客户提供全面的物流服务。建立以北京物流总部为中心，覆盖八个区域公司的中远物流网，逐步将"5156. com. cn"物流平台建设成为中远物流业务操作、项目管理、客户服务及应用服务的公共信息平台。

开发个性化物流信息系统，为重点大客户提供物流服务。中远物流已经开始为厦华手机、百事可乐、本溪钢铁、上海通用汽车等提供物流信息服务，并且正在为安泰达（科龙、小天鹅）物流项目实施物流信息系统。

到系统功能完善时，"5156. com. cn"对内将成为中远物流的管理操作平台，对外作为第三方物流客户的信息服务和应用平台，另外还可作为其他物流服务提供商的物流公共信息平台。

本章小结

本章首先，阐述了制造企业物流的含义和特点，在此基础上总结了制造企业物流信息管理系统的体系及功能，并简要介绍了基于C/S架构的制造企业物流信息管理系统规划与设计的相关知识；其次，总结阐述了批发企业和零售企业物流信息管理系统的功能结构，简要介绍了连锁商业企业的信息化规划与选型；最后，总结阐述了第三方物流的含义和运作模式、第三方物流企业信息管理系统的特征及功能结构，简要介绍了第三方物流企业信息管理系统开发与设计的相关知识。

案例分析

顺丰速运（集团）有限公司物流信息系统分析

——信息流领先实物流，永不停息的奔跑

顺丰速运（集团）有限公司（以下简称顺丰集团）成立于 1993 年 3 月，是一家主要经营国际、国内速递及报关、报检等业务的民营速递企业，总部设在深圳。截至 2009 年，顺丰集团已经发展成为一家年业务量 3.1 亿票、年平均增长速度 50%以上、基层营业网点 2500 多个、服务网络覆盖全国 32 个省市区（含直辖市、香港、台湾、澳门）、员工 7 万 2 千多人、自有营运车辆 4 千余台的大型综合性速递企业。在国内速递企业中，顺丰集团的经营规模、网络覆盖和市场份额仅次于中国邮政集团公司(EMS)，排名第二位。

2006—2008年期间，顺丰集团在信息系统、硬件设备等方面的投入资金就达5.5亿元。顺丰集团先后与国际知名企业合作，共同研发和建立了35个具备行业领先水平的信息系统，其信息流程示意图如图6-5所示。通过4万余名收派人员配备手持终端、4千余台车辆配备GPS系统等各环节的监控手段，能够对快件进行全程的即时信息监控。

使用与研发中的典型系统

顺丰集团目前在用的约有几十个各类型的业务管理系统，其开发方式有三种：一是外包，二是合作研发，三是自主研发，其中以自主研发为主。

近年来，顺丰集团与IBM公司紧密合作，由IBM做出全景信息规划，构建集群式服务器组，搭建统一的数据仓库，建立数据分析平台（OLAP），可以同时对接支撑多个业务信息系统的运行。每个业务管理系统，根据不同部门的业务需求、针对不同的对象，进行相对独立的运营。多个业务系统，形成了顺丰集团的IT信息循环网络，支撑了高效率、信息化的顺丰集团服务。其中最有代表性的有以下几个系统：

(1) 阿修罗（ASURA）营运系统

通过与IBM的共同合作研发，顺丰集团设计出了成熟的阿修罗营运系统，全面覆盖营运过程中涉及的客户环节、收派环节、仓储环节、运输环节、报关环节等各个节点的操作，并成功应用于全网，通过阿修罗系统的助力，显著提高了顺丰集团工作效率和营运管理水平。

在与IBM紧密合作的基础上，顺丰集团奠定了稳固、高效、可靠的信息管理系统运营经验，也打造出了一支可以自主研发信息系统的精英团队，这种在实战中积累的经验和获取的人才，显得尤为珍贵。

(2) EMAP（电子地图）系统

顺丰集团根据自身业务全面需求，提出了EMAP（电子地图）系统建设的构想。EMAP系统是融合了GIS（地理信息系统）和GPS（全球卫星定位系统）的新型综合性业务平台，具有可视化、三维坐标定位、直观管控、高效便捷的特性，通过该系统能够看到人员、车辆以及每个网点业务量，根据实时报表，监控营运数据，及时调度资源，制定配置模式，优化运营结构。而此系统的研发从论证、调研、开发、测试、试运行，均是由顺丰集团自己的信息系统精英团队自主构建成功的。

EMAP（电子地图）的成功研发，为总部、经营本部、区部、分部的精细化管理提供了支持平台，各层级管理人员利用电子地图这一直观的综合立体平台，能够快速查阅本业务区域内的业务、质量、客户、资源投放分布情况，利用信息系统提供的多种指标统计分析工具，可以及时对各项管理政策及管控模式做出优化配置，迅速提升顺丰集团对多种复杂业务模式的应变力和响应速度。

电子地图系统是一个全网应用的信息系统，其中涉及地理图形、数据分析、业务信息交换等大流量数据模式，因此需要对系统结构和数据交换模型做出优化设计。重点需要考虑总部数据中心与分部数据中心的大量数据对接、交换问题，对各项数据进行合理区分并划分不同层级，根据层级的不同，制订出总部数据与分部数据的同步更新规则。

图 6-5 EMAP 系统示例

电子地图系统内置了多种资源配置模式，管控人员可以根据实时数据对人员，车辆、网点等资源作出有效调度，及时消除峰值压力。但目前大多数的资源配置，只能依靠经验丰富的管控人员自主进行手工配置，对资源的调度完全靠经验和常识判断，无法达到精确的最优解和效率最大化。这种情况存在的原因，一是目前的配置规则和管控制度尚需要进一步的细化和落实；二是电子地图系统是新生代的信息平台，投入运营的时间不长，尚需大量的数据积累，才可以做出更优化的配置模型。那么在目前的实际情况下，电子地图系统应该如何走好下一步的规则与制度细化和配置模型的结构搭建，以及未来应如何实现智能化自动管控，是研发人员正在思考的问题。

(3) RMS（风险管理系统）

随着近年来国际恐怖主义和跨国犯罪的猖獗，国家对各行业的安保问题均提出了更深的要求和更高的标准。快递业是一个人到人、点对点、运输流动性非常强的行业，也是强调安保的重点行业。在这种大环境下，违禁品、违法品的管控、检测及其后续处理已经成为了包括顺丰集团在内的所有快递企业而言一个日益愈发关注的问题，也是一个需要全社会通力合作方能有效解决的大问题。顺丰集团的 RMS 正是在这种大格局的环境下，全面针对违禁品、违法品的运输流通应运而生的智能风险测控系统。

研发团队通过 RMS 系统做出智能判断，提取出违禁、违法快件的信息特征，根据其信息特征配置出预警规则，并将 RMS 系统与 ASURA（阿修罗）运营信息系统对接，通过 ASURA 系统将此规则同步更新至每一中转场每位扫描员的手持终端内。

一旦快件信息入库时符合预警特征，则手持终端即时产生预警信息，要求扫描员做检测操作，ASURA系统将全程监控记录此过程。随后，检测结果将反馈回总部的SAP（企业管理解决方案）系统，存档备案后转送至RMS系统，做增量数据积累，通过分析结果数据，进一步优化预警规则。

但RMS风险管理系统在应用中尚存有以下难点，需要逐步优化解决。

• 根据目前的预警规则，中转场从日均几百万单快件中检测出的快件数量比较多，虽有违禁品、违法品的快件存在，但检测出的正常品快件也存在，且数量不少。

• 顺丰集团总结的业务预警规律，的确有一定的检测合理性。但庞大的客户群体，总会有多样化的收发件信息，也确实存在正常快件符合预警规律的情况。那么如何捕捉新的业务规律，制订更加精确的预警规则，是顺丰集团将要解决的工作。

• 在对预警件的核查中，也存在着如何尊重客户个人隐私、损坏客户标记导致的拒收等一系列问题。这种“绝对权利”的快件检查，从而造成的货品丢失率、破损率、返件率、索赔率也在增加。那么对这些情况的赔付与售后服务，如何处理协调顾客投诉，如何界定理赔标准，也是摆在顺丰集团面前的一个难点。

• RMS的预警规则和管控手段，目前需要团队进行手工维护和更新。但手工维护和规则设定，是一种经验性的、非精确的判断。那么将RMS系统打造成为可以自识别、自学习、自优化的智能系统，也是未来的发展趋势。

• RMS系统对预警件的检查和管控，常常需要中转场手持终端扫描员的全力配合。在阿修罗系统的管控下，工人的配合是万无一失的。但目前情况下，损耗的时间和大量人力也在与日剧增。如何高效提升预警系统的工作效率？当然，顺丰集团一直在进步。目前顺丰集团正在着力研发智能化分拣系统，并准备部署于全网络的中转中心。以高效率零失误的机器代替关键岗位的人手操作。那么RMS预警系统与分拣中心智能化系统的紧密融合，将是顺丰集团下一步解决的重点。

顺丰集团信息系统体系的主要问题与挑战

顺丰集团信息系统体系的本身是不断演进发展的，目前还存在着诸多要待完善、待改进之处。目前信息系统体系的主要问题体现在以下几个方面：

（1）可扩展性较差

可扩展性较差表现在：通常对系统一个普通的需求或一个业务功能的变更会引起数个信息系统或某些信息系统较大范围的修改。这种可扩展性较差的原因一方面是顺丰集团速运在信息系统构建时缺乏前瞻性的、从全局考虑的架构设计，另一方面顺丰集团速运业务的高速发展给信息系统建设周期提出了近似苛刻的要求。这样就要求许多项目急忙启动，并且效果要立竿见影，这个过程本身为信息系统建设缺乏统筹考虑留下了隐患。

（2）系统缺乏良好协同性

顺丰集团有几十个功能不同的系统在同时运行，某一系统产生的数据可能是另一系统所需要的，而当该数据需要流向另一系统时，往往需要开发复杂的接口。现在系统间的数据接口超过100个，并且全知晓这些接口的技术人员几乎没有，每位系统架构师仅知道与自己职责相关的系统及接口信息。这样对系统建设容易造成信息孤岛，对开发维护这些系统的员工都造成了视觉上的孤岛，系统间的协同性自然就比较差。并且随着业务不断拓展和数据量的递增，需要有更宽阔的广度和融合度来满足企业运营的协同发展，将这些信息系统逐步整合于统一的信息平台，减少接口壁垒，集中交换数据，共享信息，统一管理，变得日益重要。

(3) 总部统一管控与分部个性化需求的矛盾

总部信息系统的统一管控是保持顺丰集团运营一致性和派件时效的重要手段。但对各地分部而言，也确实有根据当地实际情况所应运而生的个性化管理需求存在。那么如何应对处理跨地区、跨部门的多样化需求，打造通用数据交换接口，构建统一的柔性信息系统，在保持共性的同时也能包容更多的个性化规则与配置，在大平台上实现完美的协同管控与时效运营，是信息系统综合管控与服务中心下一步的艰巨任务。

(4) 被动反应向主动支持的转变

对许多企业的IT部门而言，其与兄弟部门的配合研发工作都存在着滞后性，也就是俗称的“被业务部门推着走”。顺丰集团的信息系统综合管控与服务中心也或多或少存在着这样的情况。这是IT产业发展的一个阶段，也是一个停顿期。那么如何可以做到超前预测业务发展趋势，即时随着业务部门的需求变化和数据量的增长而改变系统结构，即系统可以主动每日提供个性化信息的主动式管理，通过成熟的运营模型对实时数据进行分析，对不同的结果对应配置不同的优化规则，可以即时设置实时期望，并对不利信息做到即时预警。不再“被业务部门推着走”，这是信息系统综合管控与服务中心未来的工作重点。

总体而言，由于国内对信息系统的应用相对于国外起步较晚，加之快递行业在国内还处于发展阶段，充分了解与熟悉快递行业的IT人才相对匮乏，顺丰集团速运在高速的发展的过程中，IT对业务的支持还处于被动反应阶段。要构建一套主动服务的信息系统体系来支撑集劳动密集与技术密集型于一体的快递企业，可能还是个很漫长的过程。

请结合案例分析：

(1) 顺丰集团的物流信息系统具有什么功能？是如何运作的？

(2) 讨论顺丰集团物流信息化建设过程中有哪些特点？哪些地方值得其他企业借鉴？

(3) 你认为顺丰集团的信息化建设还存在哪些问题？请结合所学知识提出相应的建议或改进措施。

练习题

一、不定项选择题

1. 如果把制造企业物流看做是一个微观物流系统，这个系统还可以进一步划分为若干物流子系统：（　　）。

A. 供应物流子系统

B. 生产物流子系统

C. 销售物流子系统及回收、废弃物物流子系统

D. 配送物流子系统

2. 制造企业按主体物流活动区别可分为四种类型：（　　）。

A. 供应物流突出的类型　　B. 流通加工突出的类型

C. 销售物流突出的类型　　D. 废弃物物流突出的类型

3. 制造企业物流管理系统一般分为若干个层次：（　　）。

A. 管理层　　B. 控制层　　C. 行政层　　D. 执行层

4. 制造企业物流信息管理系统一般应实现以下功能：（　　）。

A. 仓储管理　　B. 生产与物料管理

C. 回收管理　　D. 客户管理

5. 一般而言，第三方物流企业需要了解四类信息：（　　）。

A. 服务请求类信息　　B. 服务能力类信息

C. 客户分类信息　　D. 公共政策信息

6. （　　）是第三方物流企业信息管理系统的特征。

A. 可得性　　B. 精确性

C. 界面友好规范　　D. 以异常情况为基础

7. 一般而言，第三方物流管理信息系统功能结构可以划分为四个层次：（　　）。

A. 数据管理层　　B. 业务处理层

C. 决策管理层　　D. 战略管理层

8. 批发企业物流主要是销售物流，其物流信息系统主要包括：（　　）。

A. 流通加工系统　　B. 订货系统

C. 收货系统　　D. 库存管理系统

9. 零售企业的物流活动都要在物流据点中进行。一般来说，一个物流据点的物流活动是由（　　）等子系统构成的。

A. 采购系统　　B. 订货系统　　C. 收货系统　　D. 流通加工系统

10. 零售企业物流管理信息系统大致可以分以下几种：（　　）。

A. 总店管理系统　　B. 门店信息系统　　C. 配送中心系统　　D. 财务系统

二、简述题

1. 制造企业物流的概念及特点是什么？
2. 制造企业物流信息管理系统应该具备哪些功能？
3. 阐述第三方物流的含义和运作模式。
4. 举例说明第三方物流信息系统的基本功能有哪些。
5. 举例说明流通企业（批发企业、零售企业）物流信息管理系统的功能结构。

三、案例讨论题

家乐福物流信息技术管理探析

走进家乐福超市，我们会发现它的明亮、宽敞与洁净。每种商品的陈列既有商品堆积如山的卖场氛围，又便于寻找，在这种繁荣而有序的场面、每年惊人的销售额和吸引成千上万顾客的业绩的背后有一个强大的物流信息系统做支撑。

供应商管理系统优化

家乐福这样的超级量贩零售商场，不可能靠自己的流动资金去运作，必须有源源不断的各类供应商将质优价低的商品送来销售。

供应商管理库存（Vendor Managed Inventory，VMI）是一种重要的物流运作模式，其核心思想在于零售商放弃商品库存控制权，而由供应商掌握供应链上的商品库存动向，即由供应商依据零售商提供的每日商品销售资料和库存情况来集中管理库存，替零售商下订单或连续补货，从而实现对顾客需求变化的快速反应。VMI可以大幅改进QR系统的运作效率，即加快整个供应链VMI面对市场的回应时间，较早地得知市场准确的销售信息，可以最大化地降低整个供应链的物流运作成本，达到挖潜增效、开源节流的目的。

正是看到了VMI的上述特殊功效，家乐福在引进QR系统后，一直在努力寻找合适的战略伙伴以实施VMI计划。经过慎重挑选，家乐福最后选择了其供应商雀巢公司。这样，家乐福在持续不断地优化着自己的供应商管理系统，始终保持自己领先于其他超市的优势。

实时数据支持决策

家乐福的业务数据处理非常及时准确。大量的商品、每天大量的交易额等数据处理是令每个超市都头疼的问题，同时又因为人工处理得不及时、有误差等，使决策层不能掌握准确的数据和及时的分析，企业的经营存在着风险隐患。家乐福应用信息化系统后，通过软件的开放接口，将POS机数据及时处理并传递到软件系统中，无论有多少商品，当天有多少交易额，只需要通过接口程序，当天的商品交易情况、商品是否适销、交易额的汇总、交易数据的分析等都能轻松解决。

损失自己满意客户

家乐福对顾客的重视，体现在四个字：高度回转，建立在为顾客提供一次购足、货品新鲜和免费停车上，顾客是家乐福真正的国王。然而，在如何解决宽松的购物环境与失窃这对许多商家都面临的矛盾中，家乐福选择了加速电子监控队伍培训这种方法，避免顾客触及监视的目光而产生反感，同时降低不应有的损失。在各大商场都能做到的售后服务方面，家乐福有何特别的呢？在顾客的过失性退货面前，家乐福宁愿牺牲自己的利益。顾客的失望，可能会给家乐福带来更大的损失。

结合案例讨论分析：

(1) 家乐福的物流信息管理有何特点？

(2) 零售业如何更好地进行物流信息管理，你有何建议？

(3) 该案例对你有何启发？

技能训练项目

一、项目名称

企业物流信息系统的应用。

二、实训目的

对用友 ERP-U8、金蝶 K3、中海 2000 等系统进行实践操作的宗旨在于让学生了解企业物流信息系统的主要技术框架，不同企业物流信息系统解决方案的区别，了解用友 ERP－U8、金蝶 K3、中海 2000 等系统中各子系统及基本业务模块，熟悉软件的操作流程，能够独立完成相应的物流管理业务，清楚每项业务中涉及的字段含义。

三、实训内容

1. 用友 U8V8.61 供应链，登录界面如图 6－6 所示。

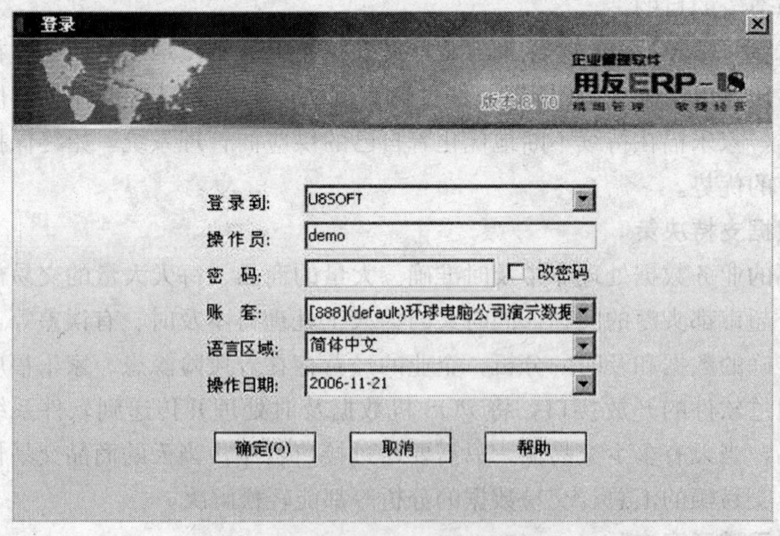

图 6－6 用友 U8V8.61 供应链登录界面

2. 金蝶 K3V10.2 供应链，登录界面如图 6-7 所示。

图 6-7　金蝶 K3V10.2 供应链登录界面

3. 中海 2000 物流解决方案，如图 6-8 所示。

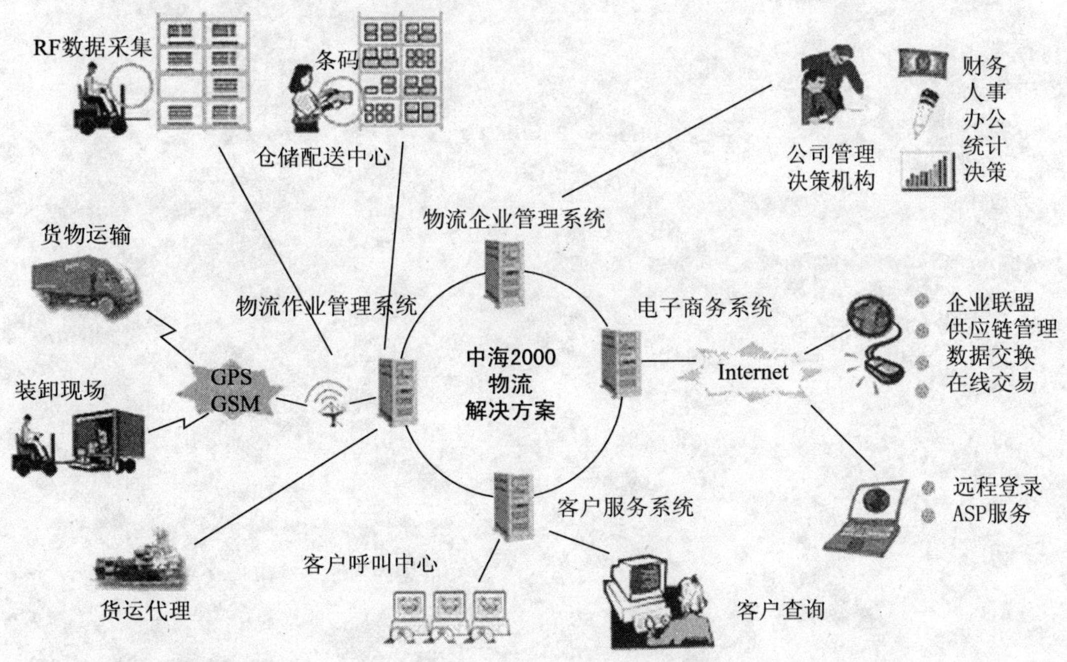

图 6-8　中海 2000 物流解决方案

四、实训组织

1. 在实验室安装上述软件，每个学生配置一台电脑。

2. 实验老师讲述实验目的、基本原理、实验要求，指导学生在规定的时间内完成实验操作。

3. 操作分两部分：系统设置，业务操作。

五、实训场所

实验室。

六、考核要点

1. 对用友 ERP－U8、金蝶 K3、中海 2000 各子系统及基本业务模块的了解和熟悉程度。

2. 是否熟悉软件的操作流程，独立完成相应的物流管理业务。

第七章　物流信息系统的安全及发展

学习目标

· 重点掌握影响物流信息系统安全的主要因素及物流信息系统的安全策略。

· 一般掌握物流信息系统的运行管理内容。

· 理解物流信息系统的安全技术。

· 了解物流信息系统的未来发展趋势。

学习导航图

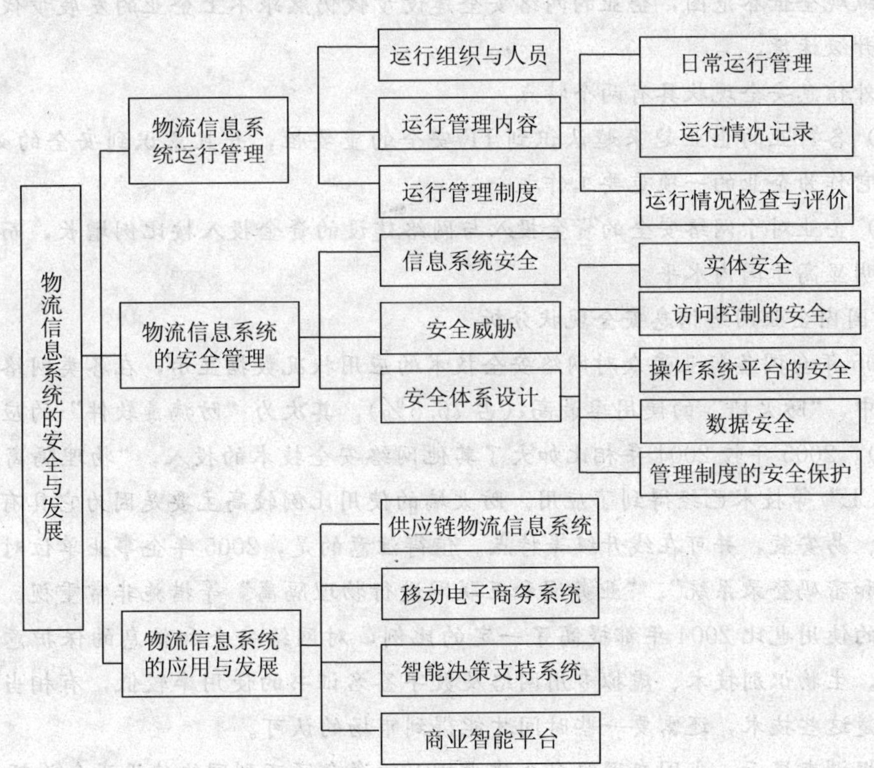

国内外企业信息安全现状

计算机网络的多样性、终端分布不均匀性和网络的开放性、互联性使连入网络的计算机系统很容易受到黑客、恶意软件和非法授权的入侵和攻击，信息系统中的存储数据暴露无遗，从而使用户信息资源的安全和保密受到严重威胁。目前互联网使用TCP/IP协议的设计原则，只实现了简单的互联功能，所有复杂的数据处理都留给终端承担，这是互联网成功的因素，但它也使数据在网上传输的私密性受到威胁，任何人都可以通过监听的方法去获得经过自己网络传输的数据。在目前不断发生互联网安全事故的时候，对互联网的安全状况进行研究与分析已迫在眉睫。

1. 国外企业信息安全现状

调查显示，欧美等国在网络安全建设投入的资金占网络建设资金总额的10%左右，而日韩两国则是8%。从国际范围来看，美国等西方国家网络基础设施的建设比中国完善，网络安全建设的起步时间也比中国早，因为其发生网络攻击、盗窃和犯罪问题比中国严重，这使这些国家的企业对网络安全问题有更加全面的认识和足够的重视。但纵观全世界范围，企业的网络安全建设步伐仍然跟不上企业的发展步伐和安全危害的升级速度。

国外信息安全现状具有两个特点：

（1）各行业的企业越来越认识到IT安全的重要性，并且意识到安全的必要性，并且把它作为企业的一项重要工作之一。

（2）企业对于网络安全的资金投入与网络建设的资金投入按比例增长，而且各项指标均明显高于国内水平。

2. 国内企业网络信息安全现状分析

2005年全国各行业受众对网络安全技术的应用状况数据显示，在各类网络安全技术使用中，“防火墙”的使用率最高（占76.5%），其次为“防病毒软件”的应用（占53.1%）。2005年较2004年相比加大了其他网络安全技术的投入，“物理隔离”、“路由器ACL”等技术已经得到了应用。防火墙的使用比例较高主要是因为它具有价格比较便宜、易安装，并可在线升级等特点。值得注意的是，2005年企事业单位对“使用用户名和密码登录系统”、“业务网和互联网进行物理隔离”等措施非常重视。其他防范措施的使用也比2004年都提高了一定的比例，对网络安全和信息的保护意识也越来越高。生物识别技术、虚拟专用网络及数字签名证书的使用率较低，有相当一部分人不清楚这些技术，还需要一些时间才能得到市场的认可。

根据调查显示，我国在网络安全建设投入的资金还不到网络建设资金总额的1%，大幅低于欧美和日韩等国。我国目前以中小型企业占多数，而中小型企业由于资金预算有限，基本上只注重有直接利益回报的投资项目，对于网络安全这种看不到实在回馈的资金投入方式普遍表现出不积极态度。另外，企业经营者对于安全问题经常会抱有侥幸的心理，加上缺少专门的技术人员和专业指导，致使国内企业目前的网络安全建设情况参差不齐，普遍处于不容乐观的状况。

根据公安部网络安全保卫局公布的2009年全国信息网络安全状况调查结果显示，在被调查的3万多家重要信息系统联网和使用单位、互联网服务单位以及计算机用户中，发生网络安全事件的比例为43%，感染计算机病毒的比例为70.5%（计算机病毒木马对信息网络安全的威胁越来越突出）。从以上数据中，我们可以看出当前整个网络信息系统安全性问题相当严峻。

1. 目前物流信息系统的安全隐患主要有哪些？
2. 结合材料分析如何保证物流信息系统的安全。

第一节　物流信息系统的运行管理

物流信息系统的运行管理就是对物流信息系统的运行进行监测和控制，记录其运行状态，对信息系统进行必要的完善、修改和补充，以使信息系统充分地发挥其功能。

物流信息系统运行管理的目标就是对信息系统的运行进行实时控制，记录其运行状态，进行必要的修改与扩充，以便使信息系统真正符合管理决策的需要，为管理决策者服务。

一、信息系统运行管理的组织与人员

（一）信息系统运行的组织机构

有效地组织好信息系统运行对提高管理信息系统的运行效率是十分重要的。系统运行组织的建立是与信息系统在企业中的地位分不开的。目前国内企业组织中负责系统运行的大多是信息中心、计算中心、信息处等信息管理职能部门。随着人们认识的提高，信息系统在企业中的地位也逐步提高。目前企业常见的信息系统运行组织机构主要有4种形式，如图7-1所示。

图7-1（a）是一种较低级的方式，信息系统为部门独立所有，不能成为企业的共享资源。

图7-1（b）是一种将信息系统的管理机构与企业内部的其他部门平行看待，享有同等的权力。

图7-1（c）是一种由最高层直接领导，系统作为企业的信息中心和参谋中心而

存在。

图 7-1（d）是第三种方式的改进。

由于信息系统在企业中的作用越来越大，越来越多的企业设立了信息主管（Chief Information Officer，CIO）一职。CIO 往往是由组织的高层决策人士来担任，其地位如同公司的副总经理，或甚至更高。CIO 并不是传统的信息中心主任，这只是 CIO 职责的一部分。

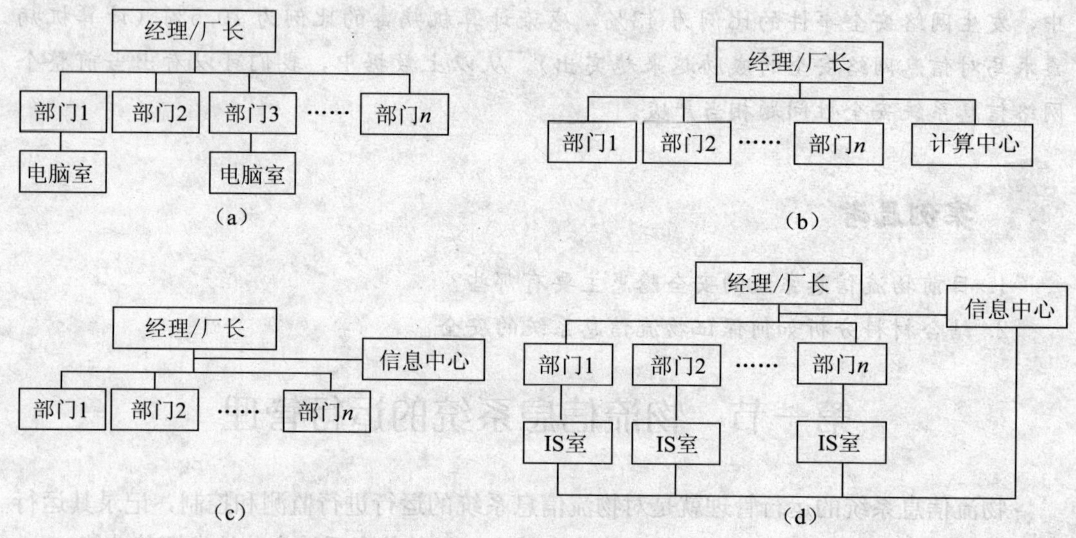

图 7-1　系统管理的组织形式

（二）人员配置

人员配置与管理好坏是信息系统发挥作用的关键，如果没有好的人员管理，分工协作不能有效管理，这种人—机系统的整体优化将是一句空话。人员配置如图 7-2 所示。

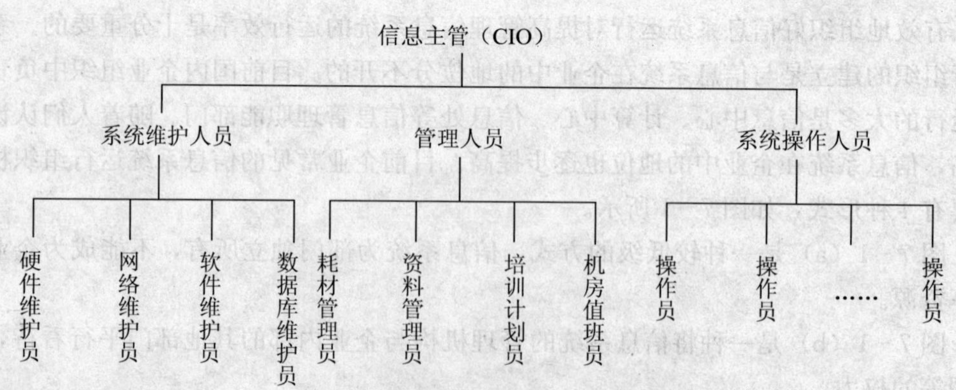

图 7-2　运行期间信息系统管理部门人员组成

1. 信息主管

由于信息系统在企业中的作用越来越大，越来越多的企业设立了信息主管（或称首席信息官）一职。在国外，CIO是一个职位，在我国不仅仅代表一个职位，而代表一种思维，体现的是对信息资源、信息技术的重视。

（1）CIO的主要职责。CIO的职责主要涉及四个层面：

①战略层面。CIO的职责是挖掘企业的信息资源、制定企业信息化战略、为企业信息化合理布局、评估信息化对企业的价值等。

②执行层面。负责信息流、物流、资金流的整合，完成信息系统的选型实施，收集研究企业内外部的信息为决策提供依据。

③变革层面。协助企业完成业务流程重组，运用信息管理技术重建企业的决策体系和执行体系，同时要对信息编码和商务流程统一标准。

④沟通层面。安排企业信息化方面的培训，发现信息运用的瓶颈，观察研究企业运作中的信息流及其作用。

（2）对CIO的基本素质要求。CIO在企业管理中的地位和职能决定了他应该具备比信息经理要高得多的素质要求。一个合格的CIO必须是管理与技术两方面的全能型人物。而且总的来说，CIO的组织管理水平比他的信息技术才能更重要。这似乎有悖于传统信息管理人员的素质要求。究其原因，主要在于二者职责的不同。传统信息管理人员的工作重点是对信息进行采集、加工和传播，信息经理的主要任务是控制企业内部的信息流动，与之相应的是要求他们具备相当扎实的信息技术知识和信息系统开发能力；CIO的工作重点在于通过充分开发和有效利用企业内外的信息资源来强化企业的竞争优势，改进高层管理的战略决策活动，因此，经营管理与决策能力对于CIO来说显得更为重要一些。综上所述，CIO应具备的基本素质要求如下。

①管理经验。作为一个高层管理者，CIO必须对本行业的发展背景有全面的了解，对企业管理的目标有明确的认识，对经营决策和竞争环境的基本情况有充分的掌握，并且有丰富的管理实践经验。实践证明，一个成功的CIO，至少需要5～8年的管理经验积累。

②技术才能。通晓信息技术是CIO安身立命的根本。CIO应具备为企业经营管理与竞争战略发展的需要推荐与开发新技术的能力，对信息技术的发展动向及其对企业的影响有敏锐的洞察力，富有远见和技术创新精神。

③经营头脑。CIO的工作必须以提高企业的效益和竞争力为目标。因此，CIO要有精明的商业经营头脑，应了解信息技术何时、何地、何种情况下在哪些方面能为达成这一目标起到关键作用，能够把信息技术投资及时转变成对企业的回报，方可为自己在企业中树立起公认的有重大贡献的角色形象。

④信息素养。CIO应具有强烈的信息意识和较高的信息分析能力，能够为企业高层的战略决策发挥信息支持作用。特别是对来自外界环境的大量模糊、零碎而杂乱的信息，应有高度的判别能力和挖掘信息价值的艺术，才能使自己的决策能力达到战略

决策的水平。

⑤应变能力。面对日新月异的信息技术和急剧变化的竞争环境，CIO要有较强的应变能力，能够抓住一瞬即逝的机遇，对各种变化作出迅捷及时的反应。CIO还应有良好的心理素质，能承担得起来自技术和环境变化的压力，具有敢于迎接各种困难和挑战的勇气。

⑥表达能力。CIO必须具备良好的口头和文字表达能力，能够把看起来莫测高深的信息技术向高层管理决策者和基层业务人员都解释清楚，消除企业中的“高技术恐惧症”。特别是对于非技术型用户，要尽量避免采用技术性术语。

⑦协调能力。作为企业信息流的规划者，CIO要善于协调企业内部各层次、各部门、各环节的关系以及企业与其协作伙伴的关系。要有良好的人际关系和广泛的亲和能力，善于对话和沟通，能够适应企业的文化和传统，使信息技术与管理体制相得益彰。

⑧领导能力。CIO要有领导威信和支配企业信息资源的权力，能建立一个有效的信息资源管理班子，既能指挥信息部门的工作，也能对企业的信息政策和策略起领导作用。

2. 系统维护人员

在信息系统运行过程中，系统维护人员一般包括硬件维护员、软件维护员、网络维护员和数据库维护员等。主要负责信息系统日常的运行维护工作。

3. 管理人员

管理人员一般包括耗材管理员、资料管理员、培训计划员和机房值班员等。培训计划员负责安排三类人员特别是系统维护人员和操作人员的培训工作。对于系统维护人员的培训主要依靠请专家进来和派骨干出去的办法，而操作人员的培训则主要依靠系统维护人员。

4. 系统操作人员

系统操作人员往往数量最大，除少数在物理意义上的信息中心工作外，大多数在各具体业务部门工作。

一般而言，在中小型企业中物流信息系统部门中的人员较少，常常是一人身兼数职，而在大型企业中的物流信息系统管理部门的构成比较复杂，人员较多，分工也较细，其人员究竟多少为好，主要还要根据管理需求和物流信息系统的规模而定。

人员的管理主要包括三个方面：

(1) 明确地规定各类人员的任务及职权范围。尽可能确切地规定各类人员在各项业务活动中应负的责任、应做的事情、办事的方式以及工作的次序。简单地说，要有明确的授权。

(2) 定期的检查、评价每个岗位的工作。具体做法是：对每种工作建立相应的评价指标，这些指标应该尽可能有定量的尺度，以便检查与比较。这些指标应该有一定的客观的衡量办法，并且要真正按这些标准去衡量各类工作人员的工作，即必须有检查和评价。

(3) 对工作人员进行培训。以便使他们的工作能力不断提高，工作质量不断改善，从而提高整个系统的效率。

二、物流信息系统运行管理的内容

物流信息系统的运行管理工作是系统开发工作的继续，是系统能否达到预期目标的根本，主要包括日常运行的管理、运行情况的记录以及对系统的运行情况进行检查与评价。

（一）日常运行管理

信息系统投入使用后，日常运行的管理工作量巨大，通过信息系统必须完成数据的收集、例行的信息处理及服务工作、计算机本身的运行与维护、系统的安全管理四项任务，如表 7－1 所示。

表 7－1　　物流信息系统日常运行管理的内容

管理内容	主要任务
数据的收集工作	一般包括数据收集、数据校验及数据录入等
信息处理及服务工作	包括例行的数据更新、统计分析、报表生成、数据的复制及保存、与外界的定期数据交流等
计算机本身的运行与维护	包括设备的使用管理、定期检修、备品配件的准备及使用、各种消耗性材料的使用及管理、电源及工作环境的管理等
系统的安全管理	信息系统的安全性体现在保密性、可控制性、可审查性、抗攻击性四个方面

1. 数据的收集工作

一般包括数据收集、数据校验及数据录入 3 项主要任务。

如果系统数据收集工作不做好，整个系统的工作就成了“空中楼阁”。系统主管人员应该努力通过各种方法，提高数据收集人员的技术水平和工作责任感，对他们的工作进行评价、指导和帮助，以便提高所收集数据的质量，为系统有效地工作打下坚实的基础。

数据校验工作，也就是对数据进行把关。在较小的系统中，往往是由系统主管人员自己来完成。在较大的系统中，一般需要设立专职数据控制人员来完成这一任务。

数据录入工作的要求是迅速与准确。录入人员的责任在于把收到并经过校验的数据及时准确地录入计算机系统，录入人员并不对数据在逻辑上、具体业务中的含义进行考虑与承担责任，这一责任是由校验人员承担的，只需要保证送入计算机的数据与纸面上的数据严格一致，决不能由录入人员代替校验人员。

2. 完成例行的信息处理及服务工作

常见的工作包括：例行的数据更新、统计分析、报表生成、数据的复制及保存、与外界的定期数据交流等。这些工作，一般来说都是按照一定的规程，定期或不定期地运行某些事先编制好的程序，这是由软件操作人员来完成的。这些工作的规程，应该是在系统研制中已经详细规定好了的，操作人员也应经过严格的培训，清楚地了解各项操作规则，了解各种情况的处理方法。组织软件操作人员，完成这些例行的信息处理及信息服务工作，是系统主管人员又一项经常性任务。

3. 计算机本身的运行与维护

这里所说的运行和维护工作包括设备的使用管理、定期检修、备品配件的准备及使用、各种消耗性材料（如软盘、打印纸等）的使用及管理、电源及工作环境的管理等。

对于大型计算机，这一工作需要有较多的专职人员来完成，对于微型计算机，则不要求太多的人员及专门设备，但至少也要指定能够切实负责的人员来兼管这些事情，无人负责是不行的。

4. 系统的安全管理

系统的安全管理是为了防止系统外部对系统资源不合法的使用和访问，保证系统的硬件、软件和数据，不因偶然或人为的因素而遭受破坏、泄露、修改或复制，维护正当的信息活动，保证信息系统安全运行所采取的手段。信息系统的安全性体现在保密性、可控制性、可审查性、抗攻击性四个方面，它是日常工作的重要部分之一。

（二）运行情况记录

系统的运行情况记录资料对系统管理、评价十分重要。而多数企业或单位却缺乏系统运行情况的基本数据，无法对系统运行情况进行科学的分析和合理的判断，难以进一步提高信息系统的工作水平。信息系统的主管人员应该从系统运行的最初，就注意积累系统运行情况的详细材料。

在信息系统的运行过程中，需要收集和积累的主要资料如表 7－2 所示。

表 7－2　　信息系统运行中需要收集和积累的主要资料

主要资料	解释说明
系统的工作数量信息	反映系统的工作负担、所提供的信息服务的规模以及计算机应用系统功能的最基本的数据
系统工作的效率	系统为了完成所规定的工作，占用了多少人力、物力及时间
系统提供的信息服务的质量	系统所提供的信息应准确、及时、满足相应需求的情况
系统的维护修改情况	对维护工作的内容、情况、时间、执行人员进行记录
系统的故障情况	对故障的发生时间、故障的现象、故障发生时的工作环境、处理的方法、处理的结果、处理人员等进行记录

1. 系统的工作数量信息

如开机的时间、每天（周、月）提供的报表的数量、每天（周、月）录入数据的数量、系统中积累的数据量、修改程序的数量、数据使用的频率、满足用户临时要求的数量等反映系统的工作负担、所提供的信息服务的规模以及计算机应用系统功能的最基本的数据。

2. 系统工作的效率

即系统为了完成所规定的工作，占用了多少人力、物力及时间。如完成一次年度报表的编制，用了多长时间、多少人力；使用者提出一个临时的查询要求，系统花费了多长时间才给出所要的数据。此外，系统在日常运行中，例行的操作所花费的人力是多少，消耗性材料的使用情况如何等。

3. 系统提供的信息服务的质量

信息服务和其他服务一样，应保质保量。如果一个信息系统生成的报表，并不是管理工作所需要的，管理人员使用起来并不方便，那么这样的报表生成得再多再快也毫无意义。同样，使用者对于提供的方式是否满意，所提供信息的精确程度是否符合要求，信息提供得是否及时，临时提出的信息需求能否得到满足等，也都是信息服务的质量范围。

4. 系统的维护修改情况

系统中的数据、软件和硬件都有一定的更新、维护和检修的工作规程。这些工作都要有详细的、及时的记载，包括维护工作的内容、情况、时间、执行人员等。这不仅是为了保证系统的安全和正常运行，而且有利于系统的评价及进一步扩充。

5. 系统的故障情况

系统的故障不只是指计算机本身的故障，而是对整个信息系统来说的。例如，由于数据收集不及时，使年度报表的生成未能按期完成，这是整个信息系统的故障，但并不是计算机的故障。无论大小故障都应该及时地记录以下这些情况：故障的发生时间、故障的现象、故障发生时的工作环境、处理的方法、处理的结果、处理人员、善后措施、原因分析。

（三）运行情况检查与评价

信息系统在其运行过程中除了不断进行大量的管理和维护工作外，还要在高层领导的直接领导，由系统分析员或专门的审计人员会同各类开发人员和业务部门经理共同参与，定期对系统的运行状况进行审核和评价，为系统的改进和扩展提供依据。

1. 运行情况检查

对物流信息系统定期进行各方面的检查，实际上是看系统是否仍处于有效适用状态。

检查结果及处理方法如下：

（1）系统完全满足需要，继续使用。

（2）系统基本适用，但需要做一些改进，则要做好系统的维护工作。

（3）系统已经不能够满足各项管理需求和决策需求，不能适应企业或组织未来的发展，则说明该信息系统已经走完了它的生命周期，必须提出新的开发需求，开始另外一个新系统的生命周期，整个开发过程又回到系统开发的最初阶段。

2. 运行情况评价

对物流信息系统的评价一般从以下 3 个方面考虑：

(1) 系统是否达到预定目标，目标是否需要进行修改。

(2) 系统的适应性、安全性评价。

(3) 系统的社会经济效益评价。

三、物流信息系统运行管理制度的建立与实施

企业启用新物流信息系统后，便进入长期的使用、运行和维护期。为保证系统运行期正常工作，就必须明确规定各类人员的职权范围和责任，建立和健全信息系统管理体制，保证系统的工作环境和系统的安全，为此要有效地利用运行日志等对运行的系统施行监督和控制，这也是系统正常运行的重要保证。主要包括：

1. 机房管理制度

一个较大的系统往往是一个网络系统，除中心机（服务机房）房外，工作站大多安装在业务人员的办公室，没有专门的机房。

专用机房要有一套严格的管理制度，正式行文并张贴在墙上。该制度一般包括以下内容：

(1) 操作人员的操作行为。例如，开机、关机、登记运行日记、异常情况处理等。

(2) 出入机房人员的规定。

(3) 机房的电力供应。

(4) 机房的温度、湿度、清洁度。

(5) 机房安全防火等。

(6) 严格禁止上网玩游戏和与外来盘互相拷贝，防止计算机病毒感染和传染。

(7) 不得在带电状态下拔、插机器部件和各电线、电缆。

(8) 专用机房由专人管理。

2. 运行管理制度

系统的运行是长期的，而不是暂时的，要使每一个操作计算机的人养成遵守管理制度的习惯。对运行中的异常情况要做好记录、及时报告，以便得到及时处理，否则可能酿成大问题，甚至出现灾难性故障。

系统中的数据是企业极其宝贵的资源，禁止以非正常方式修改系统中的任何数据。

数据备份是保证系统安全的一个重要措施，它能够保证在系统发生故障后能恢复到最近的时间界面上。重要的数据必须每天备份，以便保证系统数据的绝对安全。

3. 运行日记制度

运行日记的内容应当包括：

①时间；②操作人；③运行情况；④异常情况：包括异常情况的发生时间、现象、处理人、处理过程、处理记录文件名、在场人员等；⑤值班人签字；⑥负责人签字等。

系统运行日记主要为系统的运行情况提供历史资料，也可为查找系统故障提供线

索。因此运行日记应当认真填写、妥善保存。

综上所述，物流信息系统运行管理制度的主要内容如表 7－3 所示。

表 7－3　　物流信息系统运行管理制度的主要内容

主要制度	机房管理制度	运行管理制度	运行日记制度
具体内容	（1）操作人员的操作行为	操作规范	时间
	（2）出入机房人员的规定	数据管理	操作人
	（3）机房的电力供应	备份管理	运行情况
	（4）机房的温度、湿度、清洁度	人员管理	异常情况
	（5）机房安全防火等	组织管理	值班人签字
	（6）严格禁止上网玩游戏和与外来盘互相拷贝		负责人签字
	（7）不得带电拔、插机器部件		
	（8）专用机房由专人管理		

四、物流信息系统运行的档案管理

物流信息系统文档是系统的重要组成部分，要做好分类、归档工作，进行妥善、长期保存。档案的借阅也必须建立严格的管理制度和必要的控制手段。

1. 信息系统文档的类型

信息系统文档按照不同的分类标准，可分为不同的类型，如表 7－4 所示。

表 7－4　　信息系统文档的主要类型

分类标准	具体类型	解释说明
按照产生的频率划分	一次性文档	是指在系统开发过程中只产生一次的文档。如系统分析说明书、系统设计说明书等
	非一次性文档	是指在系统开发过程中产生多次的文档。如需求变更申请书、维护修改建议书、信息系统运行日志等
按照信息系统的生命周期划分	系统规划阶段文档	如系统可行性分析报告、项目开发计划书等
	系统分析阶段文档	系统分析说明书等
	系统设计阶段文档	系统设计说明书、需求变更申请书等
	系统实施阶段文档	程序设计报告、系统测试报告、开发总结报告等
	系统运行与维护阶段文档	用户手册、操作手册、维护修改建议书等

续 表

分类标准	具体类型	解释说明
按照文档服务目的划分	用户文档	主要是为用户服务的，如用户手册、操作手册等
	开发文档	主要是为开发人员服务的，如系统分析说明书、系统设计说明书等
	管理文档	主要是为项目管理人员服务的，如项目可行性研究报告、项目开发计划等

2. 物流信息系统文档的管理

为了最终得到高质量的信息系统文档，在信息系统的建设过程中必须加强对文档的管理。文档管理应从以下几个方面着手进行。

(1) 文档管理的制度化、标准化。必须形成一整套的文档管理制度，其内容包括：①明确必须提供文档的种类、格式规范；②明确文档管理人员；③明确文档的制定、修改和审核的权限；④制定文档资料管理制度。

(2) 文档管理的人员保证。项目小组应设文档组或至少一位文档保管人员，负责集中保管本项目已有文档的两套主文本。两套主文本内容应完全一致。其中的一套可按一定手续办理借阅。

(3) 维护文档的一致性。信息系统开发建设过程是一个不断变化的动态过程，一旦需要对某一文档进行修改时，要及时、准确地修改与之相关的文档，否则将会引起系统开发工作的混乱。而这一过程又必须有相应的制度来保证。

(4) 维护文档的可追踪性。由于信息系统开发的动态性，系统的某种修改是否最终有效，要经过一段时间的检验，因此文档要分版本来实现。而版本的出现时机及要求也要有相应的制度。

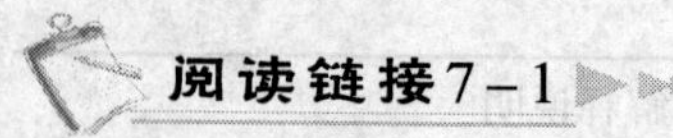

中国IT物流行业发展分析

国家《物流业调整和振兴规划》的制订，其中一个重要目的就是培育一批具有国际竞争力的大型综合物流企业集团，现在做得如何？我国电子信息行业经济运行总体保持平稳发展态势，产业结构调整更加深入。国内IT制造的发展得益于国际厂商迫于成本压力而推动的产能转移。而在技术创新上中国IT制造未能有很好的突破，而是紧跟国际领先厂商，享受产品进入成长期甚至成熟期后的利润，而这种利润仍基于劳动力成本优势，无法获得超额利润。在没有革命性技术出现的情况下，行业将步入成熟期，高增长高赢利的辉煌或将不再。

2008年，电子信息行业物流在提升服务水平方面有了新的尝试和突破，但是自然灾害和经济危机也加速暴露了行业运营中的许多缺陷。以有效客户反应（ECR）、采购成本控制、供应质量保障等为主的供应链管理，在制造业中越来越受重视。对更看重成本和时效性的电子生产企业来说更是如此。而如何有效提升供应链管理能力，不仅困扰着众多电子制造企业，也对为其提供物流服务的物流企业提出了考验。

某科技电子信息发展有限公司（以下简称“某科技公司”）在解决此类问题上具有优势。某科技公司依托××电子科技集团公司与××电子技术研究所雄厚的资源，从一诞生就在为制造企业提供供应链管理方面有着独特的优势。该公司的领导通过分析市场需求后意识到，在电子行业，元器件生产者、集成商和分销商三者的关系密不可分，共同进行合作才可实现共赢，因此，做供应链的集成商是最佳选择。正是这个定位，让该科技公司有足够的实力来解决电子制造企业老总所担心的时效性问题。该科技公司依托××电子技术研究所的强大后盾，在物资供应方面有着独特的优势，其所拥有的9000个物资品种基本涵盖了电子系统工程所需要的元器件主要类别。此外，4500多家供应商更可充分满足客户所需。无论是用技术与物流形成市场优势，还是以增值服务不断拓展空间，该科技公司都表现出了大力推行整体物流服务的决心。

随着信息化意识的渗入和网络应用的普及，传统电子信息行业中小企业对B2B电子商务环境的理解和使用意识正日渐成熟。随着信息化浪潮的袭来，越来越多的企业意识到行业网站是其进行商务活动、获得订单的有效途径。2010年，传统电子信息行业中小企业对行业网站的应用以40%的递增速度高速发展。

随着个性化产品的增多以及商务交易越加活跃，行业网站的发展对支付系统及物流系统提出了更高要求，物流、信息流、资金流、商务流完美结合的电子商务是连接企业信息化应用的桥梁。

最近几年，我国遭遇了几场严重的自然灾害，分别是南方雪灾、四川地震、青海地震、旱灾、洪灾等，接二连三的灾害都给国家和百姓带来了巨大的损失。同时，电子信息产业中的物流企业暴露出了很大的缺陷，在灾难降临的时候，信息系统的瘫痪直接导致物流运输的中断，不仅影响正常的业务经营，也使得无法积极展开救灾物资运输等赈灾活动。

2011年，我国电子信息产业面临的挑战十分严峻，机遇同样巨大。全球市场形势不容乐观，出口增速可能不再继续下滑；国内政策环境不断改善，内需拉动效应将逐步显现；电信企业重组完成后积极推进3G投资，将带来产业链和市场格局的调整变化。面对复杂形势，需要加强运行监测和宏观指导，落实国家扩大内需政策和行业调整振兴规划，推进关键领域的结构调整和企业整合，才能加快转变产业发展方式，确保经济运行平稳发展。

经济危机使电子信息行业企业经营面临困难，降低物流成本可以在一定程度上有效缓解这种大环境所造成的压力。造成电子信息物流企业订单减少、价格竞争更加激烈。但同时，激烈的价格战将促进新技术的应用。在发展速度放缓的背景下，电子信息行业物流市场的价格竞争将大大加剧。对于希望在“寒潮”中生存下来的企业而言，降低成本、提高为客户带来的效益才是根本之道。在价值高、时间敏感的高端物流市场，RFID技术可望得到广泛的应用，并进一步引发高端物流行业内物流运作模式乃至运作规则的改变。在配送物流企业内，地理信息系统将得到进一步的应用。地理信息系统能够显著地提高物流企业管理水平，降低运营成本。电子信息产业出口增长的下滑，将使电子信息产业物流的重点由货运代理、保税区物流等对外贸易物流逐步向面向内需的国内物流业务转移。

值得关注的一些商机：

(1) 农村及农业信息化建设；

(2) 医疗电子信息产品；

(3) 绿色IT、其他与环境保护和污染防治相关的产业；

(4) 中西部地区教育和文化IT基础设施；

(5) 灾区重建。从地域角度来看，未来几年内地震灾区、中西部地区、以及落后地区农村及城镇将有巨大发展空间。

在市场竞争格局方面，在全球经济趋冷，特别是美国及欧盟经济严重下滑的背景下，新兴市场相对快速的经济增长和巨大发展空间必将吸引跨国公司和投资机构更多的目光，将有更多的国际电子信息物流企业进入中国市场，中国电子信息物流市场的竞争将更加激烈。我们唯有武装自己，主动出击，方可占据一席之地。

第二节 物流信息系统的安全管理

物流正在向信息化、自动化、网络化和智能化的方向发展，企业必须通过物流信息网络来加强企业内部、企业与供应商、企业与消费者、企业与政府部门的相互协调和相互合作。当物流信息系统成为企业日常运作、决策的平台，系统的安全就更为决策者担忧。《2008年第一季度中国物流管理信息化调研报告》显示，大型企业在投资物流信息系统重点关注的十大因素中，对系统的安全和稳定性提出了更高的要求。随着物流行业的发展，如何提高物流信息网络的安全性日益被从业者和物流管理信息系统提供商所重视。

一、信息系统安全的含义

信息系统安全是指保障计算机及其相关的和配套的设备、设施（含网络）的安全及运行环境的安全，保障信息的安全，保障计算机功能的正常发挥，以维护计算机信息系统的安全运行。

信息系统的安全实际上包括了以下4个方面。

1. 信息安全

信息安全是指保护信息资源，使其免遭偶然的和有意的泄露、删改、破坏和处理能力的丧失。

2. 计算机安全

计算机安全是指确保计算机处于稳定的状态，使计算机的数据和程序文件不致被非法访问、获取和修改。

3. 网络安全

网络安全是指采取一系列措施确保网络的正常运行。信息网络的安全内容如表7-5所示。

表7-5　信息网络安全的具体内容

内　容	说　明
保密性	保护个人信息，确保不被他人窃取和利用
认证性	确认通信双方的合法身份
完整性	保证所传输的信息不被篡改
可访问性	保证系统、数据和服务能由合法的人访问而不被拒绝
防御性	防止不合法用户和信息的访问
不可抵赖性	防止通信和交易双方对自己行为的否认

4. 通信安全

通信安全是指确保信息在网络传输中的完整性和保密性。

二、物流信息系统面临的安全威胁

（一）影响物流信息系统安全的主要因素

对于物流信息系统而言，它涉及的对象包括企业内部员工、合作伙伴、客户、政府部门等；能提供多种物流服务，如仓储、配送、流通加工、货代以及物流策略和第四方物流等增值服务；同时物流服务地域跨度较大，涉及同城、省内、省际、国际，此外操作人员多，管理层次复杂等多种因素导致物流信息系统中存在大量的安全威胁，包括：

1. 恶意破坏

由于 Internet 具有开放性和匿名性，物流信息在网络传输过程中容易受到黑客的拦截、窃取、篡改、盗用、监听等，或者有权限员工的盗取、删除、修改数据等恶意破坏行为。

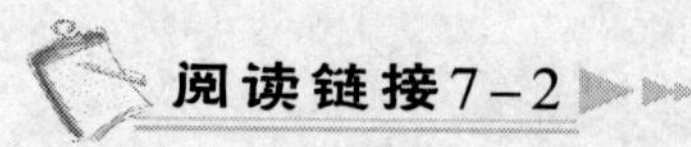

阅读链接7-2

百度被黑

2010年1月12日上午7点钟开始，全球最大中文搜索引擎“百度”遭到黑客攻击，长达5个小时无法正常访问。主要表现为登录时跳转到雅虎出错页面、伊朗网军图片，出现乱码等，范围涉及四川、福建、江苏、吉林、浙江、北京、广东等国内绝大部分省市。

另据了解，百度被黑已非首次，2006年9月12日，有网友称从当天17时30分开始，百度无法正常使用。直到半个小时后，百度网站才恢复正常。此后，百度声明，其遭受了有史以来最大的不明身份黑客攻击。不过当时半个小时无法正常访问已经引起网友的热议。而2010年1月12日的事件，则是自百度建立以来，所遭遇的持续时间最长、影响最严重的黑客攻击，在国内外互联网界造成了重大影响。

实际中，信息系统被攻击的例子屡见不鲜，像2004年的“震荡波”病毒（Sasser）短时间内在全球造成了5～10美元的损失，2006年的“熊猫烧香”病毒所造成的损失据估计有上亿美元，这些病毒的攻击、黑客的破坏等都给信息系统的安全带来隐患，企业也急需建立一套安全管理体系来保障信息系统的安全运行。

2. 软硬件的“漏洞”

2010年7月，卡巴斯基实验室发表了恶意软件统计报告。该报告中包含两个排名，其中一个排名是在用户计算机上检测到的以及拦截的排名前二十位的恶意程序；另一个排名则是互联网上最常遇到的恶意程序。卡巴斯基实验室的分析师注意到，针对一些系统和软件如Windows操作系统、Adobe产品和Java平台漏洞的漏洞利用程序的传播非常广泛。黑客和病毒编写者会充分利用这些漏洞，尽管一些软件供应商已经针对相关漏洞发布了补丁程序，但还有一些漏洞迄今为止仍然没有补丁程序。漏洞利用程序在互联网上尤为猖獗。本月排名前二十位的互联网恶意软件排行榜中有一半均为漏洞利用程序。其余上榜的恶意软件则属于中介类恶意程序，其目的是传播其他恶意程序，并且经常同漏洞利用程序一同协作进行传播。

3. 人为的操作失误

如操作员安全配置不当造成的安全漏洞；不合理地设定资源访问控制；用户安全意识不强，用户口令选择不慎，用户将自己的账号随意转借他人或与别人共享等都会对网络安全带来威胁。

4. 计算机商业间谍

信息化浪潮使得越来越多的公司、银行、企业等经济实体加入了上网的行列，他们把越来越多的秘密信息保存在计算机上，其中包括经营战略计划、销售数据甚至秘密的信件、备忘录，等等。这些信息对竞争对手来说是非常珍贵的。计算机商业间谍可以通过各种手段直接进入商家的电脑获得这些信息。

5. 管理的欠缺

管理的欠缺主要在于缺乏安全管理的观念，没有从管理制度、人员和技术上建立相应的安全防范机制。

6. 自然因素

地震、火灾等突发的事故导致网络中断或者数据丢失。信息安全问题处理不当将给企业带来难以估算的损失，关键信息的泄露将削弱企业的核心竞争力，网络一旦中断，物流信息系统就可能陷入瘫痪。因此，必须根据企业业务量大小和业务重要程度对信息安全性级别的要求，采用多种不同的网络安全技术和管理手段，以确保物流信息系统的安全。

它们的具体表现如表 7－6 所示。

表 7－6　　影响信息系统安全的主要因素

影响因素	具体表现
“黑客”	一些非法的网络用户利用所掌握的信息技术进入未经授权的信息系统
病毒	各种病毒程序越来越严重地威胁着信息系统
源程序	容易被修改和窃取，并且本身可能存在漏洞
应用软件	若软件的程序被修改或破坏，就会损坏系统的功能，进而导致系统的瘫痪
操作系统	操作系统如遭到攻击和破坏，将造成系统运行的崩溃
数据库	数据库中存有大量数据资源，若遭到破坏，其损失难以估计
硬件	硬件本身可能被破坏或盗窃，组成计算机的电子设备和元件可能偶然发生故障
通信	信息和数据在通信过程中可能被窃听
数据输入	输入虚假数据或篡改数据，当然有时是误输入
数据输出	数据在输出过程中有泄露和被盗看的可能
软件的非法复制	会造成软件的失密
企业内部人员的因素	低水平的安全管理、偶然的操作失误或故意的犯罪行为等，都会影响系统安全
商业间谍	出于商业目的窃取竞争对手的机密数据

（二）物流信息系统面临的攻击类型

物流信息系统面临的攻击类型主要有 4 种：

1. 对信息系统硬件的攻击

这类威胁和攻击主要表现在对计算机的硬件系统、计算机的外围设备、信息网络的线路等的攻击。如各种自然灾害、人为破坏、操作失误、设备故障、电磁干扰、被盗以及各种不同类型的不安全因素所导致的物质财产损失、数据资料损失等。

2. 对信息（数据）的攻击

这类威胁和攻击涉及到企业和个人的机密，重要及敏感性信息。主要表现在信息泄露和信息破坏上。信息泄露是指偶然地或故意地截取目标信息系统的信息。信息破坏是指由于偶然事故或人为破坏而使信息系统中的信息被修改、删除、添加、伪造及非法复制。

3. 计算机病毒

计算机病毒是通过运行来干扰或破坏信息系统正常工作的一段程序。病毒破坏经常导致企业物流信息系统不能正常运行甚至瘫痪，直接影响了正常的物流运作和正常的结算往来，危害极深，令人谈毒色变。

4. 计算机犯罪

计算机犯罪是指针对和利用物流信息系统，通过非法操作或以其他手段进行破坏、窃取，危害国家、社会和他人利益的不法行为。

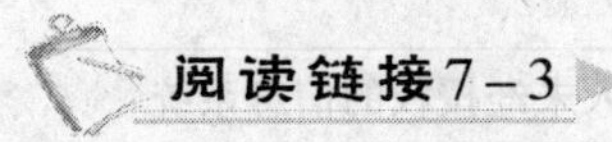

信息系统安全问题日益突出

对企业而言，信息系统的安全至关重要。但当前整个网络信息系统安全性问题相当严峻，根据公安部网络安全保卫局公布的2009年全国信息网络安全状况调查结果显示，在被调查的3万多家重要信息系统联网和使用单位、互联网服务单位以及计算机用户中，发生网络安全事件的比例为43%，感染计算机病毒的比例为70.5%（计算机病毒木马对信息网络安全的威胁越来越突出）。

据统计，很多企业的信息系统都遭受过病毒、黑客攻击或人为破坏，有的甚至损失惨重。现实中企业往往热衷于管理信息的系统开发或购买，却忽视了贯穿在整个信息系统生命周期中的系统维护和系统安全管理工作，开发或购买调试工作完成后，开发队伍即解散或撤走，信息系统开始运行后没有配置适当的系统维护人员，致使信息系统发生问题或环境发生变化时，企业无力应对，有的企业甚至最后被迫放弃历尽千辛万苦所建立的管理信息系统。一般来讲，信息系统维护的费用占整个信息系统生命周期总费用的60%以上，业内常用浮在海面的冰山来比喻信息系统开发（或购买）与维护的关系，信息系统开发工作（或购买）如同冰山露出水面的部分，容易被看到而得到重视，而信息系统维护工作如同冰山浸在水下的部分，体积远比露出水面的部分大得多，但由于不易看到而遭到忽视；另外，由于信息系统维护工作重复性较大，很多技术人员觉得缺乏挑战和创新，因此更重视开发而轻视维护。但系统维护是信息系统可靠运行的重要技术保障，必须予以重视，企业在信息系统维护方面也应注意系统维护人员的稳定性。

三、物流信息系统的安全体系

（一）安全体系制定的原则

在进行物流信息系统安全方案设计规划时，应遵循以下原则：

1. 系统性

应该避免安全设施、设备各自独立配置和管理的工作模式，以确保安全策略配置、实施的完整性、一致性和相容性。

2. 结构性

物流信息安全的设计应该依据相关应用的安全需求，在各个层面上采用相关安全机制来实现所需的安全服务，从而达到网络信息安全的目的。

3. 整体性

物流信息安全的规划应从完备性、先进性和易扩展性方面进行技术方案设计，并且根据相应的技术管理、业务管理等方面的要求进行设计安全管理方案，进而形成信息安全工程设计的整体解决方案。

4. 动态性

物流信息系统的建设和发展是逐步进行的，安全技术和产品也在不断地更新和完善，信息安全设计应该体现最新、最成熟的安全技术和产品来满足信息安全系统的安全目标。

（二）物流信息系统的安全体系设计

为了保证物流信息系统的安全，应该从技术、管理、法律等诸多方面入手，建立相应的安全体系，具体包括：

1. 实体安全

这里所讲的实体不仅包括计算机系统实体和通信线路，还包括物流信息采集设备和一些物流设备所装的传感器。为保证实体安全，需分别从以下几个角度采取措施。

（1）计算机系统的安全。为了保证计算机系统安全可靠地运行，保证计算机硬件及辅助设备不致受到人为或自然因素等危害，首先应搞好机房设施的防火、防尘、防静电、防水，加强抗灾害能力；其次应该建立严格的上机操作规程，制订应急计划，一旦硬件故障影响了操作，应通过增加外围设备、快速维修等方式对计算机系统进行快速恢复，以保证系统正常运行。

（2）实体信息设备的安全。对于网络链路和其他在物流作业现场的实体信息设备，因为其所处环境的复杂性，它们的安全性和可靠性更应引起注意。具体措施是：应对所用设备的适用期登记在案，应坚决撤换掉老化的超期设备，并制订检测计划，每隔一段时间都要对设备进行全面的测试，以确保设备的可靠性。

（3）关键的实体设备的安全。对于关键的实体设备，还应准备备用件，当有突发事件时，可以确保系统的正常运行和数据的安全。

2. 物流信息系统访问控制的安全性

访问控制是物流信息系统安全机制的核心，它包含3个方面的内容：

(1) 保护被访问的客体；

(2) 对用户存取访问权限的确定、授予、实施；

(3) 在保证系统安全的前提下，最大限度地共享资源。

访问控制的本质是通过物流信息系统软件对用户进行系统功能授权，即系统每一功能，只有被授权的用户才能使用，未被授权的用户无法使用。

3. 操作系统平台的安全

作为物流信息软件的支撑部分，操作系统安全的内容包括保密性、可靠性和抗干扰性等几方面内容。

鉴于操作系统的重要作用，要求开发人员在对操作系统进行选择时，既要考虑操作系统的实用性与可靠性，又要考虑到操作系统的安全性。一般情况下，相应的操作系统安全应该包括对存储器的存取和对象（如文件、目录等）两方面提供有效的保护服务。

(1) 对存储器的安全保护。包括栅栏保护、再定位保护、基本界限保护、标志位保护、分段保护等方面的服务。

(2) 对文件、目录的安全保护。为了杜绝伪造存取权现象的发生，不允许任何一般用户写文件和目录，应由操作系统统一保护所有的文件和目录。

另外，操作系统还应该安装防火墙及病毒查杀程序，以提高整个信息系统的可靠性与安全性。

4. 数据安全

物流信息系统的数据安全性，除了一般由存和取的控制来保证外，还要加强对数据库的管理和对数据采取必要的加密等手段，以防止信息泄露。

(1) 对输出数据的安全控制。对输出数据的形式、内容、周期和备份进行检查和记录，防止事故的发生和事故后对其进行评估和弥补。

(2) 对输入数据的安全控制。对输入数据执行输入控制，验证输入数据的真伪性、完整性，对重要数据实行格式和逻辑检查，以使犯错误的概率降到最低。

(3) 对数据库管理系统的安全防护。增强数据库管理系统的安全防护功能，防止软件非法对数据库管理系统进行修改和破坏，对数据库情况进行监督，对访问数据库者进行跟踪，对删除操作进行记录，并制订和实行数据库备份计划，严格建立数据字典，统一术语，以避免数据误差、误解和冗余。

(4) 对数据进行加密。对数据库加密手段有库内加密、整个数据库加密、硬件加密等；对网络的数据加密主要有三种方式：链路加密、节点对节点加密、端对端加密。

5. 管理制度的安全保护

管理制度的安全保护是指在开发人员和使用人员中建立完善的安全制度，并使其充分认识计算机系统安全的重要性，自觉执行安全制度，从而形成对物流信息系统的一个管理保护层。主要可从以下几方面入手：

(1) 在开发过程中，参加系统开发的人员应分工明确，各司其职，责任到人，充分认识到物流信息系统安全的重要性。

(2) 根据物流活动的具体工作流程，应建立适合物流信息系统的组织机构和安全体系，也应明确各级人员的管理职责和权限，形成梯级控制。保证物流信息系统的技术专家对系统控制具有相当的权限。同时，他们也应当受到组织领导层的管理和制约，保证物流信息系统权限分配的合理性。

(3) 要保证安全管理制度的建立与实施，这是实现管理信息系统安全的重要保证。它应包括安全管理人员的教育培训、制度的落实、职责的检查等方面内容。

(4) 建立相应的监督机制

安全管理的制度是以国家有关信息安全方面的法律、法规和其他有关规定作为依据，并综合物流信息系统涉及的业务需要进行制定。为确保安全管理制度的有效实施，还要相应建立起配套的监督机制，层层监督，相互制约，以实现系统安全。

综上所述，要建立完善的安全的物流信息系统，一个完整的解决方案就是必须从多层面着手，利用检测软件定期对信息系统进行扫描分析，找出安全隐患，安装防火墙，加强授权管理和认证，对于网络上传输的敏感信息要进行加密，加强网络的整体防病毒措施，建立完备的安全审计日志，加强数据库的备份和故障恢复措施等。进行各种安全措施之间的相互协作，构成主动的信息网络安全防御体系。

第三节 物流信息系统的应用与发展

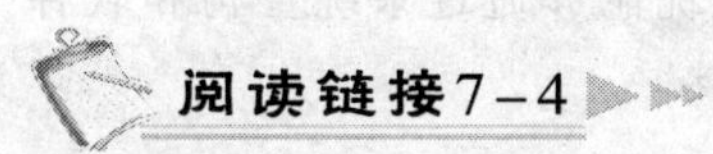

现代物流信息系统：视“需求”而行事

从现代物流发展的趋势而言，呈现出三个显著特征：顾客需求的时间窗口越来越狭窄，多品种、少批量、多频次的敏捷化响应，充分依靠供应链进行资源外部管理。企业物流信息化建设必须充分理解，并及时地响应这种变化的趋势。应对这种变化的重要策略就是，在供应链一体化的基础上，设计和建设能够充分考虑到供应链企业对物流的敏捷化需求。

(1) 在供应链一体化基础上建立起来的物流信息系统中，最关键的是在企业动态联盟构建过程中形成的供应链，如何随着企业动态联盟的组成和解散，而快速地完成系统的重构，从而保证物流在供应链的基础上实现敏捷响应，这不可避免地要求对各相关企业的信息系统也进行重构。如何采用有效的方法和技术，实现对现有企业信息系统的集成和重构，是物流信息化建设要重点解决的问题。

(2) 另一项核心内容是，在跨企业的生产计划调度和资源控制方面，供应链上各企业的信息系统往往是异构的。如何有效地利用这些资源，支持它们之间的协同工作，是物流信息管理系统必须解决的关键问题。为此，物流信息化建设除了充分考虑硬件设备技术的因素外，还应当重点建设好物流信息本身，这是物流信息化能否成功的决定因素。物流信息系统必须满足以下要求：开放性、分布性和异构性，可重构、可重用和可扩充。

(3) 在物流活动中，整个生产经营活动是由多个企业以及企业内部的各个职能部门的分工协作共同完成的。不仅是企业与企业之间，企业内部的各个部门之间的职能和角色都是相对独立的。但是物流的目标却是共同的，即满足顾客的需要、降低成本和提高效率。为了使具有相对独立的企业和部门，都能够通过协同化运作来满足顾客的需要，信息系统必须能够耦合各种差异。

(4) 由于企业本身所具有的物理上的分布性，以及需要支持企业间的协作，要求信息系统必须是一个分布的系统；此外，对于各个企业部门所采用的软硬件平台不同，要求新建立的系统能够为各种平台、各种编程语言编写的系统提供可集成的方案。在此基础上，才能使具有各自特色和特殊管理流程的供应链企业，能在公共的网络平台上实现信息的共享，使分散的信息连接起来。

(5) 为了支持面向需求的物流活动的企业动态结盟，敏捷化信息系统必须能根据内部业务流程、组织机构的变化，以及动态结盟的变化，实现系统的快速重构。敏捷信息系统的重构还是一种支持分布异构环境下的重构。开放性、标准化及软件重用性是系统能够实现重构的必需条件。物流信息系统的规模，可以随着企业和企业动态联盟的规模的变化而变化。规模可扩展性保证了一个信息系统能够通过系统重构和软件重用，来实现系统的规模变化，以适应应用规模的变化。

一、供应链物流信息系统

供应链物流信息系统的应用是提高供应链竞争力与客户服务水平的关键因素。物流信息系统在供应链中的作用主要体现在三个方面：①减少牛鞭效应产生的需求不确定性；②为供应链成员企业提供决策支持，同时极大地增加了决策的正确性；③降低了供应链成本，提高了运作效率。

(一) 供应链管理环境下物流信息的特点

供应链是围绕核心企业，通过对信息流、物流、资金流的控制，从采购原材料开始，制成中间产品以及最终产品，最后由销售网络把产品送到消费者手中的将供应商、制造商、分销商、零售商、直到最终用户连成一个整体的功能网链结构模式。供应链管理是对生产和流通过程中的商品、信息和资金在供应链中流动的跨行业的管理，涉及各种企业及企业管理的方方面面，并且企业之间作为贸易伙伴，为追求共同经济利益的最大化而共同努力。供应链管理最关键的是采用了集成的思想和方法，并应用先进的信息技术支撑实现其管理目标。

物流是供应链的重要组成部分，它贯穿于整个供应链。在传统的物流系统中，物流活动被分散在不同的经济部门，或者是一个企业内部不同的职能部门来进行的，物流信息本身也被分散在不同的环节和不同的职能部门之中，有关物流运作的信息主要是在供应链相邻的上下游环节之间进行交流，在整个供应链上是逐级分开传递的。物流与信息之间的交流与共享，是非常缓慢的，而且滞后于许多管理活动。而在供应链管理环境中，除了供应链相邻环节的信息交换，在整个供应链各环节上都有共享信息，信息的传递不再是呈逐级的链状结构，而是呈纵横交错的网状结构。这就使得物流信息不再局限于某一个物流环节上，整个供应链上任何节点都能够很透明地看到这些信息，及时掌握市场需求和供应链运作情况，同时根据这些进行必要的管理、协调和组织工作，使供应链上的物流保持同步，更为精确和迅速。

与传统的物流系统相比，供应链管理环境下的物流信息主要具有信息来源广、动态性特别强和信息量大、种类多的特点，供应链管理环境中的物流信息管理更为复杂，为支撑供应链管理而进行物流信息化建设的任务更为艰巨。

（二）供应链与物流信息系统的关系

信息共享是实现供应链管理的基础。供应链的协调运行建立在各个成员企业高质量的信息传递与共享的基础之上，因此，有效的供应链管理离不开信息技术系统提供可靠的支持。IT的应用有效地推动了供应链管理的发展，它可以节省时间和提高企业信息交换的准确性，减少了在复杂、重复工作中的人为错误，因而减少了由于失误而导致的时间浪费和经济损失，提高了供应链管理的运行效率。

供应链作为一种“扩展”的企业，其信息流动和获取方式不同于单个企业下的情况。在一个由网络信息系统组成的信息社会里，各种各样的企业在发展的过程中相互依赖，形成了一个“生物化企业环境”。

企业通过网络从内外两个信息源中收集和传播信息，捕捉最能创造价值的经营方式、技术和方法，创建网络化的企业运作模式。在这种企业运作模式下的信息系统和传统的企业信息系统是不同的，需要供应链物流信息系统的支持。

（三）供应链分布式物流信息系统

1. 分布式技术

随着网络技术和面向对象技术的发展，全球的服务器和数千万的用户正在互相连接起来，这就要求当前的计算机体系发生变革以适应这一变化，从而满足一个几乎完全无序的超大规模的网络环境。分布式对象技术就是在这样的环境中产生的。

分布式技术是一门基于网络应用的开发技术，它提供了一种与以往截然不同的网络应用开发模式，实现了高效率、大规模组件化的分布式程序开发过程。在分布式系统中，各个构件通常在各自平台的运行环境中运行，平台可以是异构的平台间通过网络连接。分布式系统中的服务器分散地布置于网络中，每个服务器实现单独的功能。

供应链环境下的物流管理系统是一个典型的分布式处理环境。在经济全球化的背景下，企业的合作伙伴在地理上分布广泛，集中式的处理方式由于计算能力、网络传输的在经济上的限制而变得不可行；供应链中的企业是“竞争—合作—协调”的关系，信息系统中包含了太多的企业业务逻辑，基于经营安全性的考虑，集中的信息处理方式不适合作为供应链环境下的物流管理系统的平台选择。

同时，由于供应链上各个企业的物流管理系统及其子系统的运行平台不尽相同，如企业内部的信息系统可能运行在 Windows 平台下的，合作伙伴的系统可能是基于某种 UNIX 的平台，而智能运输系统的某些应用可能是基于 Palm 的嵌入式系统。由于运行平台的多样性，要求物流管理系统运行在分布式的环境下，以解决跨平台通信的问题，以便于各个信息系统的集成，进行信息共享，协调供应链中的物流业务。

2. 运用 Agent 技术提高系统的敏捷性

敏捷性和快速响应是现代企业成功的重要因素。具有敏捷性的信息系统称为敏捷信息系统，从系统设计者或软件开发者的角度出发，敏捷信息系统是快速响应用户的新需求或需求变动的柔性系统，具有信息集成、自我规划、时效性等特点。实现敏捷信息系统的关键技术是 Agent 技术。Agent 技术是人工智能的一个重要分支和热门话题。Agent 是一个独立自主的计算实体，具有推理和智能计算功能，它能感知周围的环境，根据对用户需求的分析，适应环境的变化，主动为用户提供服务，并不断积累经验，以提高自身处理问题的能力。它所具有的自主性、主动性和智能性非常适合供应链系统的分布信息处理。利用软件 Agent 可以使系统具有更高的开放性、分布性和可重用性，从而满足供应链系统敏捷性的要求。Agent 通常由消息处理模块、通信模块、信息协调模块、决策模块以及数据库和任务表组成。消息处理模块和通信模块负责与系统环境和其他 Agent 进行交互，任务表为 Agent 所要完成的功能和任务。信息协调模块负责对感知和接收到的信息进行初步加工、处理和存储，决策模块是赋予 Agent 智能的关键部件，它运用数据库的知识对信息协调处理所得到的外部环境信息和其他 Agent 的通信信息进行进一步分析、推理，为进一步通信或从任务表中选择适当的任务供执行模块执行作出合理的决策。

（四）供应链物流信息系统集成策略

1. 对供应链中的物流过程重新设计

供应链管理是一种将企业核心竞争力集成的全新管理模式，在这种模式下，企业资源的概念得以扩展，更倾向于对外部资源的合理利用，并且对外部也增强了主动性和响应性。因此基于供应链管理的物流信息系统集成不能仅仅是将孤立分散开发的用计算机模仿传统手工业务流程的应用系统通过大量的接口简单连接，只有先分析供应链上各企业各环节的物流过程，并按供应链管理理念对之进行一体化的重新设计，才能使信息系统集成建立在先进管理模式上；另外，供应链管理物流一体化过程是建立在信息化基础上的，企业物流过程的重组又靠集成的物流信息系统应用才得以最终实现，因此物流信息系统的集成也是物流过程重组的过程。

2. 集成化信息系统开发方法论的应用

集成化信息系统开发方法论是关于集成化信息系统建设的模型、语言、方法、工具等技术要素，开发队伍与技术人员素质、业务环境与最终用户素质、投资力度与分布情况、开发领导与组织管理等社会要素，以及由它们相互关联而组成的认知体系，它既带哲理性又有实践性。方法论的研究把主要精力放在开发通用的公共方法和程序上，有了统一的方法，再去设计用途各异的具体系统，便于实现综合集成与互操作。供应链管理环境下的集成化的信息系统开发方法论包括两大部分——高层部分与低层部分：高层部分面向全供应链，解决总体规划与高层设计问题；低层部分面向各业务领域，解决应用系统的分析、设计和建造问题。两个层次的工作不能混淆，但要紧密衔接。

3. 建立公共信息平台

通用的公共信息平台是行业信息共享通常采用的一种信息共享方式，对于供应链上的物流信息共享，也可以采用公共信息平台。供应链中的公共信息平台应该以互联网技术为基础，建立公共的网站来给大家提供信息服务，但又不是唯一的、垄断的，它的功能主要体现在标准化和信息共享上，这些标准实现异构产品或信息的统一形式化描述，甚至还可将供应链中的术语规范、组织加入供应链的条件、享受的权利、承担的风险和义务、业务操作流程、资金结算、纠纷仲裁和责任追究等问题以标准化的信息资源固化于网络中。

4. 建立适应信息集成的管理模式

如前所述，集成化物流信息系统建设是一项复杂的社会系统工程，特别是在整个供应链上，公共信息平台由谁建、总体规划由谁做、整个物流一体化由谁设计、集成信息系统建设由谁管理等，必须有一些从宏观上进行有效管理的机制。对供应链上物流信息系统的集成，从管理机制上讲，主要有三种模式可供选择：第一种是由供应链上的核心企业按照企业内部物流一体化的方法，将这种管理延伸到整个供应链物流管理全程，包括对物流信息化建设和物流信息系统集成的管理；第二种是企业将支持整个供应链物流一体化的信息集成外包，利用第三方甚至第四方物流来承担；第三种是建立物流联盟，由供应链上具有共同发展的战略、共同利益、不同的互为补充的核心竞争力的不同企业共同参与管理物流一体化和集成化信息系统的建设。从可操作性来讲，前两种要强一些，最后一种从组织和实施上都要复杂一些。此外，还需在供应链伙伴中建立信息共享的信任机制、激励机制、协调机制等，并在集成化信息系统建设上引入项目管理机制和监理制度，使信息系统的集成管理制度逐步健全，管理更为有效。

二、移动电子商务系统

（一）移动电子商务的概念与内涵

移动电子商务就是利用手机、掌上电脑等无线终端进行的 B2B、B2C 或 C2C 的电子商务。它严格遵循“随时随地”、“线上线下”的标准，秉承“方便”、“快捷”的理念，将信息通信技术与信息处理技术相结合，突破传统电子商务形式对硬件设备的需求，将无时间限制、无地域壁垒实现商贸交易以及各种商务活动的理论可能性转化为现实操作。

移动商务是传统互联网电子商务在移动领域的延伸和发展。虽然移动商务和电子商务在很多特征上非常相似，但是简单地把移动商务看做电子商务的延伸是片面的，因为两者的服务对象和服务方式和技术特征都有很大的不同，其中最主要的是业务特点的差异。与传统电子商务相比，移动电子商务在商务活动中以应用移动通信技术、使用移动终端为特性，其业务具有移动的服务对象、私人化的服务终端和方便的服务方式，是电子商务发展的新阶段和新方向。

（二）移动电子商务的发展历程

随着移动通信技术和计算机的发展，移动电子商务的发展已经经历了三代。

第一代移动商务系统是以短信为基础的访问技术，这种技术存在着许多严重的缺陷，其中最严重的问题是实时性较差，查询请求不会立即得到回答，由于短信信息长度的限制也使得一些查询无法得到一个完整的答案。

第二代移动商务系统采用基于 WAP 技术的方式，手机主要通过浏览器的方式来访问 WAP 网页，以实现信息的查询，部分地解决了第一代移动访问技术的问题。第二代的移动访问技术的缺陷主要表现在 WAP 网页访问的交互能力极差，因此极大地限制了移动电子商务系统的灵活性和方便性，WAP 网页访问的安全问题对于安全性要求极为严格的政务系统来说也是一个严重的问题。

第三代移动商务系统采用了基于 SOA 架构的 Webservice、智能移动终端和移动 VPN 技术相结合的第三代移动访问和处理技术，同时融合了 3G 移动技术、智能移动终端、VPN、数据库同步、身份认证及 Webservice 等多种移动通信、信息处理和计算机网络的最新前沿技术，以专网和无线通信技术为依托，使得系统的安全性和交互能力有了极大的提高，为电子商务人员提供了一种安全、快速的现代化移动商务办公机制，逐渐成为移动电子商务的主流发展方向。

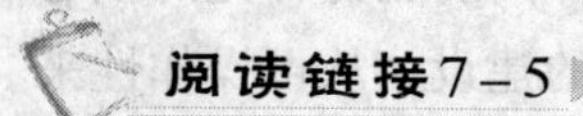

阿里巴巴的移动电子商务计划

阿里巴巴集团旗下两大子公司——淘宝网、支付宝联合宣布，进入无线互联网市场，发布移动电子商务战略。淘宝网大规模公开测试手机版淘宝网，进军无线零售领域，支付宝亦推出手机支付业务。

据淘宝相关人士介绍，用户可持开通上网服务的手机，登录淘宝网，查询信息、比价、使用支付宝手机支付服务购买产品。其手机操作界面与网页操作界面相同，淘宝及支付宝用户均可使用其原有账户，无需重复注册，每天手机短信支付的限额为2000元人民币。手机版淘宝网目前暂时只支持“一口价”商品，无线版阿里旺旺目前暂时尚未嵌入，有望在近期推出。

淘宝网总裁陆兆禧表示，“淘宝网进入移动终端，推出手机版淘宝网，主要是为了满足广大用户日益强烈的网购需求，给广大用户的网络购物提供更多、更便捷的新途径。”支付宝总裁邵晓锋则称，移动支付是支付宝公司战略培植的业务。

据了解，早在2004年，阿里巴巴集团已经初次试水移动电子商务，当时阿里巴巴宣布和英特尔合作共同建设中国首个手机电子商务平台。2006年4月29日，阿里巴巴集团已将旗下两大子公司淘宝、支付宝分别注册了无线网址。此次淘宝与支付宝携手进入移动电子商务市场，被认为是阿里巴巴集团在无线互联网领域的战略布局。

业内专家分析后指出，淘宝与支付宝进入移动电子商务市场具备先天优势。一方面，作为国内电子商务的领跑者，淘宝与支付宝拥有最宝贵的用户资源，截至2007年，淘宝网注册会员超过5300万人，截至2008年1月14日，支付宝注册会员超过6300万人，这是未来决胜移动电子商务的关键。另一方面，淘宝模式与支付宝模式具备较高的可移植性，能迅速应用于手机电子商务，淘宝网网络零售市场份额近80%，支付宝在线支付市场份额超过60%，品牌深入人心，在产品和技术上都拥有较大的优势。

淘宝与支付宝表示，3G即将迎来规模化应用，移动电子商务市场前景广阔，随着手机网民数量的进一步增加，手机将成为未来电子商务应用最为广泛的终端之一。两大公司将致力于推进国内移动电子商务以及无线互联网的发展。

CNNIC发布的第21次中国互联网报告显示，截至2007年12月31日，我国手机网民数达到5040万人，而国内手机用户数已经突破6亿。英国Data—monitor公司提供的调研数据显示，2008年，全球移动商务用户数量将达到16.7亿，年收入将达到5540亿美元。移动电子商务将占全球在线交易市场15%的份额。

据市场咨询机构易观国际研究，中国移动电子商务市场潜力远未被打开。2007年第3季度中国第三方电子支付市场交易总规模达198.47亿元，其中手机支付规模市场为3.64亿元，仅占整体市场规模的1.83%。

（三）移动电子商务与物流的关系

以前，人们对移动商务概念的理解，往往仅停留在移动商务就是“移动的无纸贸易”的认识水平上，认为只要具备迅捷通畅的信息、丰富发达的商业资源和充足的资金实力，就能够实现移动商务的运作过程。直到现在，有很多在线经销商仍认为只要把在线目录与购物车中的包裹建立了连接，并收到了顾客的订单，移动商务就算完成了。事实上，收到订单仅仅是移动商务工作的开始，大量的工作是在支付处理、订单执行、产品交付以及产品售后服务上。那些费用高、运行管理复杂、不引人注目的物流才是移动商务的核心工作。

物流作为商务活动的一个部分，是完成商务必不可少的“四流”（物流、信息流、资金流、商流）之一。因此，当商务活动的形式发生革命性的变化、出现移动电子商务的时候，必然对物流产生了极大的影响。而且，这个影响是全方位的，从物流业的地位到物流组织模式，再到物流各个作业、功能环节都在移动电子商务的影响下发生着巨大的变化。同时，移动商务灵活、便捷的特点决定了移动电子商务下的企业必须以可行和高效的物流运输作为保障。现代企业要在竞争中取胜，其核心在于强调时效性，即服务、产品、信息和决策反馈的及时性，这些都必须以强有力的物流能力作为保障。

（四）移动电子商务在现代物流中的应用范围

移动电子商务应用于现代物流中，不仅为物流企业和物流管理者降低成本、提高管理效率提供了机会，而且为客户提供个性化、快捷、周到的服务，主要体现在：

1. 在物流信息的采集和传递方面

移动电子商务系统能够收集到大量的市场信息，通过对这些信息的加工和处理，很容易得到富有价值的商业资讯和情报，这些资料对企业制定营运管理政策、商品开发和销售具有重要的价值。

建立基于无线终端的物流信息交互服务，将物流呼叫中心建设成可以为客户提供物流信息查询的综合平台，为广大用户提供随时随地都可以通过无线终端来实现物流的超炫服务，可以为用户提供 WAP 浏览和查询服务，这些网站通常都具有物流信息的汇集、传播、检索和导航功能。

2. 订单操作方面

客户通过无形终端登录企业无线物流平台，从挑选、订购→企业将订单信息传送给无线终端支付平台→无线终端支付向客户下行短信，展示订单信息→用户回复短信确认支付→无线终端支付平台通知企业客户支付成功→企业给客户发货，同时将信息发送到客户无线终端上，告知客户商品已发货注意查收。通过电子商务 WAP 网站的打造，可以通过无线终端轻松实现订购、交易、付款等操作。

3. 在运输方面

利用移动电子商务与 GPS/GIS 车辆信息系统相连，使得整个运输车队的运行受到中央调度系统的控制。中央调度系统可以对车辆的位置、状况等进行实时监控。另外，通过将车辆载货情况以及到达目的地的时间预先通知下游单位配送中心或仓库等，有利于下游单位合理地配置资源、安排作业，从而提高运营效率、节约物流成本。

4. 物流预订服务

因特网预订将发展成为移动商务的一项主要业务，从因特网上进行预订和确认。移动电子商务使用户能在价格优惠或取消时立即得到通知，也可预付费用或临时更改。

5. 安全救援服务

安全问题是物流业生存和发展的前提，也是物流运输从业者最为关注的问题之一。移动电子商务提供的安全救援服务，可以通过对用户位置的确定，给用户提供在紧急状态下的救援活动。例如，在郊外无人区汽车抛锚、迷失方向、发生紧急事件需要医疗急救而事主并不清楚自己所在的位置等情况下，安全救援部门能够通过移动网络对持有手机的用户进行准确的定位，然后予以援助。

6. 移动办公

移动办公又称为无线办公，即无论何时何地，用户可以利用手机、掌上电脑、笔记本电脑等移动终端设备通过多种方式与企业的办公系统进行连接，从而将公司内部局域网扩大成为一个安全的广域网，实现移动办公。

简单来说，移动办公的主要优点在于：①拓展了办公空间，处理公务不再受到时间和地点的限制，即使在机场候机也不例外；②提高了办公的效率，重要的公文不再因为负责人出差而迟迟得不到处理；③减少了办公成本，不用花费长途奔波的成本，工作照常进行。

7. 移动银行

移动银行简单地说是以手机、掌上电脑等移动终端作为银行业务平台中的客户终端，通过小额支付、二维码等技术，来完成某些银行业务。具有功能便利、使用区域广泛、安全性好、收费低廉、可以进行二次交易等优点。

（五）物流企业的移动商务管理

移动商务改变了商务活动的模式，带动着传统物流发生了根本性的转变。从物流的各个作业、功能环节，到整个组织模式都产生了巨大变化（见图 7-3），订购、仓储、运输作为物流的主要环节在移动商务环境下的影响尤为显著。

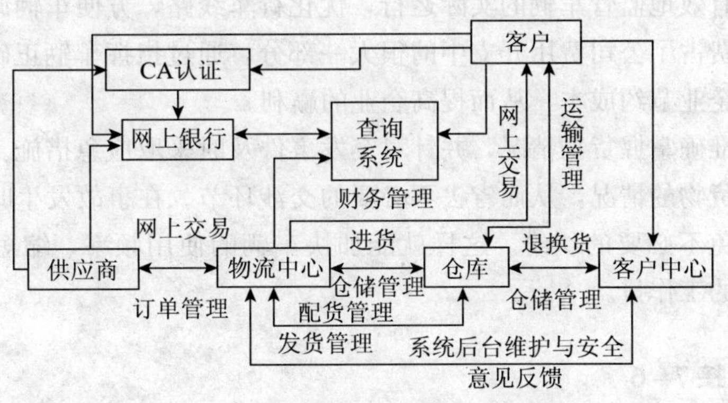

图 7-3　物流企业移动商务的操作流程

1. 订购环节

第 3 代移动通信应用开发所衍生的移动电子商务真正实现了消费者随时随地在线

购物的移动性。利用电脑、手机、掌上电脑等移动通信终端、增值服务平台和客户端软件，如接近三代通信技术的基于宽带技术的CDMA、GPRS通信网络以及最新运用的支持高速数据传输的3G通信技术，方便客户实现产品或服务的快速、灵活定制与在线信息查询，满足市场多样化需求。同时也为企业生产和管理提供相关信息的采集、生产管理信息的下达和查询等功能。

2. 仓储环节

库存管理是物流活动重要的环节和要素，用尽量少的人力、物力、财力把库存量控制到最佳数量，是库存管理的任务。移动电子商务的出现，保证了信息畅通，同时在物流条码技术、射频技术的有力支持下，使库存管理更迅速、准确。通过即时的订单和生产信息的获取可以安排生产和产品出厂运输的速度，能够有效减少库存堆积，达到减少库存成本、加快资金周转的目的。物流企业与供应商、客户能随时了解存储在数据库中的货物状态信息，大大增加了交流频率，这就使得“零库存”成为可能。

在物流配送过程中，运送的货物有时需要暂存，借助公共物流信息平台和自动跟踪系统能及时获取地区库存信息，实现货物就近存储，这样实现了跨区域的仓库合理调配，避免仓库的闲置，提高仓库的利用率，减少物流成本。

3. 运输环节

过去，货运过程一般是暗箱操作，一旦货物发出，在途发生什么情况、其结果如何，只有等货物到达目的地才能知道。移动商务下的物流管理可以通过集成的GPS、GIS和移动LBS接收器，对运行车辆进行定位跟踪。运输公司、发货方和收货方通过互联网实现信息的即时共享，有利于三方协调好商务关系，从而获得最佳的物流流程方案，取得最大的经济效益。

运输公司通过GPS物流系统可以加强对运输流程的管理。通过使用GPS物流监控系统，可以有效地监管车辆的实际运行，优化行车线路，方便车辆调度。物流企业每年的汽车油费占了公司费用开支中的很大一部分，通过指挥车辆正确行驶，降低车辆的油耗，为企业节约成本，从而提高企业的赢利。

客户可以准确掌握货物情况，并针对突发事件及时采取应急措施。发、收货双方都能及时了解货物的情况，从而省去不必要的交涉环节。在事故发生时可以及时明确事故责任，避免不必要的纠纷。这样就能加快车辆的使用频率，缩短运输配货的时间，减少相应的工作量。

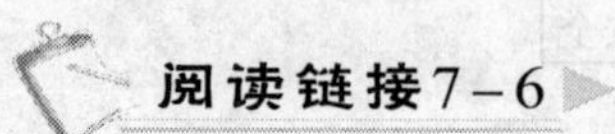
阅读链接7-6

物流企业移动商务管理的实施

顺丰速运（集团）有限公司是一家民营区域性快递企业，一直致力于企业信息化建设，在2004年12月就已经与深圳移动合作在全省范围内启动了“巴枪”物流管理应用。

所谓“巴枪”，是低成本、可移动的信息化解决方案，以手机或掌上电脑等终端为平台，结合条码和扫描枪而形成的条码数据采集系统。顺丰速运自从使用了“巴枪”产品，大大优化了企业物流管理的流程，规范了货物的进出库操作，减少了外勤人员开展物流信息传递的通信成本，提高了货物配送的时效性。目前顺丰物流在揽派送环节的处理时间减少了20%左右，人均业务量从每人每天30单提高到了每人每天40单，而且实现了客户随时随地都能获取货物的在途信息，规避了因信息流中断造成客户满意度下降的情况。公司通过移动“巴枪”在各货运站点的扫描操作，提高了物流全程的透明度，提升了客户服务的水平。

物流移动商务管理需要资金的大量投入，这也是国内物流企业信息化所面临的主要问题。事实上，有效货源信息的获取并成交所赚取的利润以及减少资源浪费所带来的效益要远远高于移动商务管理的花费。

物流企业通过实施移动通信技术能实现成本的降低，还能从经济效益、社会效益和提升管理水平等多个方面，享受到实实在在的效果，形成“全面开花”的多赢局面。目前，仅深圳就有多达700家物流企业选择深圳移动作为其物流信息化的合作伙伴。移动通信技术在物流行业的应用，正在成为一种不可阻挡的趋势，对于传统的物流企业，这是一场名副其实的革命。

三、智能决策支持系统

（一）智能决策支持系统的概念

1. 决策支持系统的概念

决策支持系统（Decision Support System，DSS）是辅助决策者通过数据、模型和知识，以人机交互方式进行半结构化或非结构化决策的计算机应用系统。它是管理信息系统（MIS）向更高一级发展而产生的先进信息管理系统。它为决策者提供分析问题、建立模型、模拟决策过程和方案的环境，调用各种信息资源和分析工具，帮助决策者提高决策水平和质量。

2. 智能决策支持系统的概念

智能决策支持系统（Intelligence Decision Supporting System，IDSS）是人工智能（Artificial Intelligence，AI）和DSS相结合，应用专家系统（Expert System，ES）技术，使DSS能够更充分地应用人类的知识，如关于决策问题的描述性知识，决策过程中的过程性知识，求解问题的推理性知识，通过逻辑推理来帮助解决复杂的决策问题的辅助决策系统。

IDSS的概念最早由美国学者波恩切克（Bonczek）等人于20世纪80年代提出，它既能处理定量问题，又能处理定性问题。IDSS的核心思想是将AI与其他相关科学成果相结合，使DSS具有人工智能。

（二）智能决策支持系统的结构

智能决策支持系统应用于企业信息门户的目的是为了提高企业各级决策能力的需要。集成智能决策支持系统的企业信息门户提供使企业迅速分析数据的技术和方法，包括收集、管理和分析数据，将这些数据转化为有用的信息，然后分发到企业中需要该信息的地方。企业信息门户与智能决策支持系统相结合使之跃升为智能企业门户，它不单纯是一种产品或服务，而应当被看做是在企业数据仓库的基础上，利用数据挖掘和信息挖掘工具获取商业信息，以辅助和支持商业决策的全过程。

IDSS 由数据库、模型库、知识库等组成，各个部件之间的相互通信、相互协调是系统高效运行的保障，如图 7-4 所示。如何使系统各部件统一，也是 IDSS 的研究内容之一，如用逻辑的观点表示 IDSS、用面向对象的观点来统一 IDSS 和用关系化的思想来表示 IDSS。

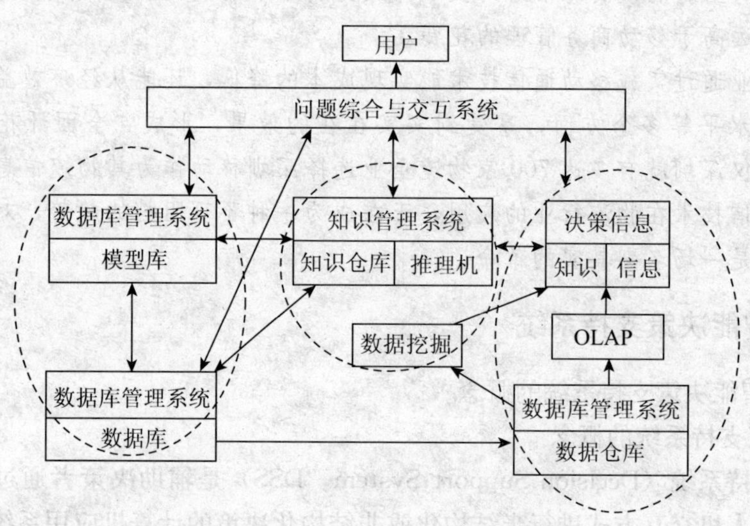

图 7-4　智能决策支持系统结构

1. 用逻辑的观点表示 IDSS

用逻辑的观点来统一 IDSS，是用一阶逻辑语言表示 IDSS 的各部分，把数据库中的关系、方法库中的方法、模型库中的模型和智能部件中的知识都用逻辑公式来表示。用这种方法来表示知识部件，其效率较高，但数据库和模型库运行效率低。

2. 用面向对象的思想来统一 IDSS

面向对象技术以对象和类为基本构成元素，对象由一组数据和对该数据所实施的操作组成，类是对象的一种抽象表示，将一组具有相同数据结构和操作的对象抽象为一个类，将模型、知识、数据库系统均抽象成各种不同类的对象来表示，对系统的各种操作则通过类之间的消息传递加以控制，这样 IDSS 各部件之间的接口容易实现，系统的基本模块为类，各个类彼此相对独立，每个对象类都是数据和方法的封装，类和类之间通过消息传递而相互作用，可以很好地实现模型和方法的重用。

3. 用关系化的思想来表示 IDSS

用关系化的思想表示 IDSS，就是利用关系型数据库的思想来表示系统中的数据、模型和知识等信息，使其得到统一模型。知识的关系化表示就是事实的关系化和规则的关系化，产生式系统中的事实可以直接移用关系中的元组来表示，事实相当于具有属性的实体，规则相当于实体之间的联系，最终也可用元组对 IDSS 的统一表示，用系统工程的思想指导整个系统开发，主要注重系统的整体性，使系统的各部件之间相互协调工作，这样的系统具有很好的整体性能，但在强调整体性的同时忽略了 IDSS 的核心部分——模型部件和知识部件的有效构建，在一定程度上影响了 IDSS 作为决策的地位。

（三）决策支持系统在现代物流管理中应用的可能性

物流管理的核心是“决策”。现代物流虽然以较快的速度发展，但仍存在许多不足：管理理念落后，缺少发展现代物流的内在需求和动力；企业资源分散，服务内容不完善，导致竞争力差；缺乏科学的企业发展规划，投资决策存有很大的盲目性；信息化、标准化水平低，技术落后；缺乏物流人才，管理与作业水平不高；国家基础信息建设有待改善。诸多的问题有待解决，远瞻国际先进的管理技术，其研发基于决策支持的现代物流管理系统尤为重要。决策支持系统有以下的特点：一是决策支持系统面向各层次用户；二是决策支持系统有人—机对话的能力；三是决策支持系统应变能力强。

决策支持系统作为一种新兴的信息技术，能够为企业提供各种决策信息以及许多商业问题的解决方案，从而减轻了管理者从事低层次信息处理和分析的负担，使得他们专注于最需要决策智慧和经验的工作，因此提高了决策的质量和效率。通过决策支持系统可以建立企业的物流管理系统，可以实现企业物流的可视化、实时动态管理，从而为系统用户进行预测、监测、规划管理和决策提供科学依据。物流系统的目的在于以速度、安全、可靠和低费的原则，即以最少的费用提供最好的物流服务。

这方面国内外学者都给予了高度的重视，除了在理论上进行探讨外，还研发了许多相应软件，大大提高了管理决策的效率和科学程度，节省了时间，提高了资源利用率。实际上，随着电子商务、现代物流、地理信息系统技术的发展，决策支持系统将成为全程物流管理不可缺少的组成部分。

（四）物流决策支持系统的设计

物流决策支持系统中包括用户服务级、业务服务级和数据服务级。用户服务级提供用户和系统进行交互的能力，完成用户与系统的各种交互操作，并创建问题决策任务；业务服务级是系统设计和实现的核心工作，它由各个构件库组成，作为系统的中间件，当业务服务级接收到用户级的任务后，对这个任务进行划分，创建各个构件的进程，通过这些构件对象利用数据服务级提供的数据支持完成分布式计算。数据服务级完成对决策支持数据的存储管理，为系统提供数据支持。

1. 系统的功能及组成

系统的主要功能包括：对配送范围内的主要建筑、运输车辆、客户等进行查询，查询资料可以文字、语言及图像的形式显示，并在电子地图上显示其位置。可利用长期客户、车辆、订单和地理数据等建立模型来进行物流网络的布局模拟，并以此来建立决策支持系统，以提供更直观有效的决策依据。提供运输路线规划和导航，规划出运输线路，使显示器能够在电子地图上显示设计线路，并同时显示汽车运行路径和运行方法。货物跟踪，利用 GPS 和电子地图可以实时显示出车辆或货物的实际位置，并能查询出车辆和货物的状态，以便进行合理调度和管理。

系统组成为：

(1) 数据仓库管理系统，将模型计算与数据仓库、联机分析处理相结合并提供数据挖掘模型，根据知识处理对问题的定性分析，完成辅助决策支持。

(2) 方法库管理系统，提供对方法增加、删除、修改、查询的操作，并为模型运行求解提供服务。

(3) 模型库管理系统，完成模型的静态和动态管理，具有数据挖掘模型，并提供与方法库管理系统、数据仓库管理系统以及知识库管理系统之间的接口操作。

(4) 知识库管理系统，实现对知识库管理系统中知识的增加、修改、删除、查询以及推理控制的管理。

(5) 地理信息系统，其子系统负责各类专题地图和有关属性数据库的管理，以图形方式形象生动地表达方案计算结果，同时它还是用户和 DSS 对话的主渠道。属性数据库操作，如纪录增加、修改、删除、查询、统计和检索等，都是基于专题地图进行的。它利用人们对图形信息的喜爱，使用户和 DSS 之间的通信通过专题地图进行，方便用户参与。

用户首先完成对决策问题的描述，然后系统对问题进行分析/识别，建立模型；用户通过交互手段进行模型选择/优化后实施模型的简化运行来对模型进行评价，最后完成模型的求解输出结果，整个决策过程结束。

2. 系统开发的关键技术

系统开发的关键技术主要有：

模型库系统的设计和实现，包括模型库的组织结构、模型库管理系统的功能、模型库语言等方面的设计和实现。

部件接口，各部件之间的联系是通过接口完成的，部件接口包括：对数据部件的数据存取；对模型部件的模型调用和运行；对知识部件的知识推理。

系统综合集成，根据实际决策问题的要求，通过集成语言完成对各部件的有机综合，形成一个完整的系统。

基于决策支持系统技术的现代物流，能够为物流业提供准确及时的信息，帮助企业合理调配和使用资源。在降低流通成本的同时，提高了物流效率和服务质量，增加了客户满意度和企业的信誉度，为企业带来了巨大的经济效益，决策支持系统促进了现代物流的健康快速发展，具有广泛的应用前景。

四、商业智能平台

商业智能的概念最早是在 1996 年提出的。当时将商业智能定义为一类由数据仓库（或数据集市）、查询报表、数据分析、数据挖掘、数据备份和恢复等部分组成的、以帮助企业决策为目的技术及其应用。这里所谈的数据包括来自企业业务系统的订单、库存、交易账目、客户和供应商资料及来自企业所处行业和竞争对手的数据，以及来自企业所处的其他外部环境中的各种数据。从技术层面上讲，商业智能不是什么新技术，它只是 ETL 数据提取、转换和加载、数据仓库、联机分析处理、数据挖掘、数据展现等技术的综合运用，因此，把商业智能看成是一种解决方案应该比较恰当。

数据仓库是商业智能的基础，是面向主题的、集成的、与时间相关的、不可修改的数据集合，能够实现对决策主题数据的存储和综合管理，为多维分析和数据挖掘提供完整统一的数据。联机分析处理则侧重于数据仓库中的数据分析，能实现多维数据分析，并将其转换成辅助决策信息。数据挖掘是基于 AI、机器学习、统计学等技术，从数据仓库中提取信息和知识的过程。通过数据挖掘可以做出归纳性的推理，挖掘出潜在的模式，预测客户的行为。以数据仓库、联机分析处理以及数据挖掘技术相结合建立的经营分析系统能相互补充，发挥各自优势，实现更有效的辅助决策。

目前，很多初具规模的物流企业已建立了物流相关业务处理和各个生产作业环节的各种计算机应用系统，有的物流企业已初步具备成熟的数据库系统，这为物流企业商业智能平台的建立提供了必要的数据采集条件。应用商业智能领域的数据仓库、联机分析处理以及数据挖掘技术，采用业界主流开发平台、分析工具以及先进的前端展现技术，构建物流企业经营分析系统。该系统以业务数据和相关资料为基础，通过构建物流数据仓库，将分散在各生产系统中以产品为主线的数据整合成以客户为核心的数据，进行智能化加工、处理，并对数据资源进行挖掘、分析，从中提炼出面向市场营销、业务发展、客户服务、网络资源优化等各方面的管理主题信息，提供统计数据和分析报告，为决策管理和市场营销提供强有力的依据。

本章小结

本章首先对物流信息系统的整体运行过程进行介绍，在此基础上，讨论了物流信息系统安全的含义、安全威胁及安全体系的建设等问题，最后从供应链物流信息系统、移动电子商务系统、智能决策支持系统和商业智能等方面对我国物流信息系统的应用与发展进行了简要分析。随着市场竞争的日趋激烈，物流信息管理未来面临的问题会更加复杂，企业需要不断发展、创新，才能更好地满足客户的需求。

美国物流业信息化发展及启示

1. 企业物流信息化

由于物流管理的基础是物流信息，是用信息流来控制实物流，因而企业纷纷将物流信息化作为物流合理化的一个重要途径，主要做法有：

（1）普遍采用条码技术（Bar-Coding）和射频识别技术（RFID），提高信息采集效率和准确性；采用基于互联网的电子数据交换技术（WebEDI）进行企业内外信息的传输，实现订单录入、处理、跟踪、结算等业务处理的无纸化。

（2）广泛应用仓库管理系统（WMS）和运输管理系统（TMS）来提高运输与仓储效率。

（3）通过与供应商和客户的信息共享，实现供应链的透明化，运用 JIT、CPFR、VMI、SMI 等供应链管理技术，实现供应链伙伴之间的协同商务，以便"用信息替代库存"，降低供应链的物流总成本，提高供应链的竞争力。

（4）通过网上采购辅助材料、网上销售多余库存以及通过电子物流服务商进行仓储与运输交易等电子商务手段来降低物流成本。

2. 物流企业信息化

由于在仓储、运输管理和基于互联网的通信方面的技术与实施能力，已成为进入第三方物流行业的门槛，物流企业高度重视信息化建设，并呈现以下特点：

（1）物流信息服务包括预先发货通知、送达签收反馈、订单跟踪查询，库存状态查询、货物在途跟踪、运行绩效（KPI）监测、管理报告等，已成为第三方物流服务的基本内容。

（2）物流企业在客户的财务、库存、技术和数据管理方面承担越来越大的责任，从而在客户供应链管理中发挥战略性作用。物流外包影响供应链管理的最大因素是数据管理，因为用企业及其供应链伙伴广泛接受的格式维护与提取数据以实现供应链的可视化是一个巨大的挑战，物流企业不仅需要在技术方面进行较大投入，而且还需要具备持续改进、例外管理和流程再造能力。所以对技术、人才和信息基础设施的投入已成为物流企业区别竞争对手的重要手段。

（3）随着客户一体化物流服务需求的提高和物流企业信息服务能力的增强，出现了基于物流信息平台通过整合和管理自身的以及其他服务提供商补充的资源、能力和技术，提供全面的供应链解决方案的第四方物流服务（4PL）。

（4）物流企业大都采用面向客户自主开发物流信息系统的方式来实现物流信息化。

3. 物流信息服务业

物流信息化需要物流信息技术的支撑，同时，物流信息化的发展也带动了物流信息服务业的发展。目前，美国物流信息服务业大致可分为以下几种。

(1) 供应链软件提供商：美国的供应链软件提供商大致可分为三类，一是提供WMS、TMS等物流功能管理的软件商，如EXE、Provia；二是提供供应链管理计划与执行系统（SCP、SCE）的软件商；三是在提供ERP的基础上向上下游扩展到企业资源管理（ERM）的软件商，如SAP、Oracle、PeopleSoft。这些软件商将行业标准、优化的流程和商业智能融入在软件系统，客户既可以选择成套的行业解决方案，又可以根据实际需要先上一部分模块。

(2) 信息中间商（Informediary）：主要是提高专门的信息基础设施。物流服务商要和客户之间实现供应链一体化，又没有办法自已来做这么大的信息平台，因此通过信息中间商来进行这样的服务。如Capstan公司，通过建立一个公共信息平台，把采购商、供应商、物流服务商、承运人、海关、金融服务等机构都放到上面。通过这个平台，大家来交换数据，完成国际物流服务。数据交换的方式很多，可以用传统的EDI方式，也可以用在网上作FTP文件传输，或者是采用现在比较流行的XML连接。这种服务商通过会员制来提供服务。由于全球供应链最难的或者说信息最容易脱节的地方，就是跨越国境，因而这一服务有一定的市场需求。

(3) 网上市场（E-Marketplace）：随着电子商务的兴起，网上交易不断涌现，其中物流特别是运输网上交易日益活跃。运输网上交易形式多样，包括合并第三方提供商，也包括行业中立交易商，提供运输能力与需求的自动匹配与优化，管理现场交易等各种运输交易形式，以便为参与者提供交易的灵活性，创造专门的和定向的交易市场，为客户提供一个客户化运输管理系统（TMS）软件包的所有益处，而不需要购买、安装并尽量利用现有员工。

4. 美国推进物流信息化的启示

(1) 服务是物流信息化的核心

物流信息化已成为美国工商企业降低物流成本、提高客户服务水平、增强企业竞争力的基本手段，更成为物流企业提供第三方物流服务的前提条件，因此，美国企业特别是物流企业都是以满足客户服务需求为物流信息系统建设的出发点，通过采用先进的信息技术实现供应链伙伴之间的信息沟通与共享，更是将为客户提供的信息服务内容作为信息系统建设的重要依据。而我国企业往往是以满足企业内部管理需求为出发点建设物流信息系统，忽视了对客户物流信息服务的建设，这种差距影响了物流信息系统的投入力度和实施效果。因此，必须将服务作为物流信息化的核心，围绕提高客户服务水平来改进物流管理模式与运作流程，并以此为业务需求来建设合格的物流信息系统。

(2) 标准是物流信息化的基础

物流活动包括运输、仓储、包装、配送、流通加工等多个环节，在运输方面涉及铁路、公路、航空、海运和国际运输等多种模式，在服务方面涉及电子、汽车、药品、日用消费品等众多行业，因此需要物流信息系统像纽带一样把供应链上的各个环节连成一个整体，这就要求在编码、文件格式、数据接口、EDI、GPS等相关代码方面实现标准化，以消除不同企业之间的信息沟通障碍。美国行业协会在物流标准的制定方面发挥了重要作用，在条码、信息交换接口等方面建立了一套比较实用的标准，使物流企业与客户、分包方、供应商更便于沟通和服务，物流软件也融入了格式、流程等方面的行业标准，为企业物流信息系统的建设创造了良好的环境。而我国由于缺乏信息的基础标准，不同信息系统的接口标准不一成为制约信息化发展的瓶颈。因此，加快我国物流标准化特别是物流信息标准化的步伐，是推进我国物流信息化的基础。

(3) 应用是物流信息化的关键

美国物流信息化的最大特点是将先进的信息技术有效地应用于实际的物流业务中。首先，广泛应用互联网搭建物流信息平台，互联网的发展和规范管理，特别是安全软件和技术设备的发展为物流信息系统的建设提供了良好环境。其次，将优化的物流运作流程融入软件，形成了比较成熟的标准化、模块化的物流与供应链软件产品，为物流信息系统的建设提供了技术保障。再次，公共物流信息平台的发展为企业间的信息沟通和采用应用服务（ASP）模式降低信息化成本创造了条件。我国目前的物流信息系统建设仍以专线为主，不便于信息网络间的连接。由于缺少实用可靠的成熟物流软件，使企业在建设物流信息系统时不敢投入，而自主开发又存在起点低、周期长的问题。此外，公共物流信息平台的缺乏使企业物流信息系统成为一个个信息孤岛，中小企业的物流信息化建设举步维艰。因此，为物流信息化创造良好的应用环境，提高物流信息化的应用水平，是推进我国物流信息化的关键所在。

请结合案例分析：

1. 物流信息化建设中常用的技术主要有哪些？
2. 美国物流信息化的特点是什么？
3. 物流信息化的发展趋势是什么？

练习题

一、不定项选择题

1. 数据的收集工作的主要任务包括（　　）。

A. 数据收集　B. 数据传输　C. 数据校验　D. 数据录入

2. 运行期间的信息系统管理部门内部人员一般可分为（　　）。

A. 系统设计人员　B. 系统维护人员　C. 系统管理人员　D. 系统操作人员

3. 按照文档服务目的的划分，信息系统文档可以分为（　　）。

A. 一次性文档　B. 用户文档　C. 非一次性文档　D. 开发文档

E. 管理文档

4.（ ）是商业智能的基础。

A. 数据仓库 B. 数据库 C. 数据编码 D. 数据传输

5. 协助企业完成业务流程重组，运用信息管理技术重建企业的决策体系和执行体系，同时要对信息编码和商务流程统一标准属于首席信息官（CIO）哪个层面的职责？（ ）。

A. 战略层面 B. 执行层面 C. 变革层面 D. 沟通层面

6. 在进行物流信息系统安全方案设计规划时，应遵循哪些原则？（ ）

A. 智能性 B. 系统性 C. 结构性 D. 整体性

E. 动态性

7. 对网络的数据加密主要有哪些方式？（ ）

A. 链路加密 B. 库内加密 C. 节点对节点加密 D. 端对端加密

8.（ ）是为诊断和改正系统中潜藏的错误而进行的活动。

A. 适应性维护 B. 正确性维护 C. 完善性维护 D. 预防性维护

9. 信息系统的安全性体现在哪些方面？（ ）

A. 保密性 B. 可控制性 C. 可审查性 D. 只读性

E. 抗攻击性

10. IDSS的中文含义为（ ）。

A. 决策支持系统 B. 人工智能

C. 智能决策支持系统 D. 电子商务

二、简述题

1. 简述物流信息系统运行管理的主要内容。

2. 为什么要进行物流信息系统的维护？物流信息系统的维护步骤主要有哪些？

3. 物流信息系统攻击的类型主要有哪些？

4. 影响物流信息系统安全的主要因素有哪些？

5. 如何建立物流信息系统的安全体系？

三、案例讨论题

2007年6月，美国五角大楼证实遭遇了一次网络攻击，当时关闭了部分为美国国防部长罗伯特•盖茨办公室服务的计算机系统。

2008年2月初，韩国最大的拍卖网站Auction遭到黑客攻击，1081万会员的个人资料泄露。

2008年，8名“黑客”入侵苏格兰皇家银行（RBS）一家美国子公司，短短数小时内从全球280个城市的自动取款机窃取了900万美元。

2009年7月7日晚，韩国总统府、国防部、外交通商部等政府部门和主要银行、媒体网站同时遭黑客攻击，瘫痪时间长达4小时。

2010年1月，菲律宾卫生部、劳工和就业部、社会福利和发展部、国家救灾协调委员会以及技术教育和技能发展局等5个政府部门的网站先后遭黑客攻击。

2010年4月16日，阿里巴巴小额外贸平台全球速卖通 aliexpress.com 服务器遭受不明身份黑客的恶意攻击。

目前，全球每天都在发生着Internet计算机入侵事件，在Internet上的网络防火墙，超过1/3被突破。据不完全统计，每年因利用计算机系统进行犯罪所造成的经济损失高达上千亿美元。由此可见，信息系统对安全的要求越来越高，安全成为管理信息系统生存的关键和核心。

讨论题：

1. 信息系统的安全问题对企业或组织有何影响？

2. 结合上述材料分析影响物流信息系统安全的主要因素有哪些。

3. 如何保障企业物流信息系统的安全？请你提出具体的解决方案。

技能训练项目

一、项目名称

我国企业物流信息系统安全问题调查。

二、实训目的

通过实地调研，让学生了解物流信息系统运行的全过程、物流信息系统的维护工作及如何保障物流信息系统的安全等问题。锻炼学生的表达能力与交际能力，通过实训让学生对我国目前物流信息系统的运行与安全状况有一定的了解，对本章所涉及的知识点有更深的理解和把握。

三、实训内容

通过走访，形成相关物流信息资料，并以PPT的方式进行展示。

1. 正确选择对象

选择某一地区相关企业（可以是各类制造企业、批发企业、零售连锁超市、第三方物流企业等）。

2. 确定合理的调研内容

根据所选择的对象，了解分析企业的物流信息系统运作模式、CIO的主要职责，根据各企业物流运作不同的侧重点，围绕物流信息系统安全问题确定调研的目标、主题、方式等具体内容。

3. 完成物流信息管理调查问卷

针对事先拟定好的调查问卷的内容，对该企业相关人员进行访谈，并将调研内容认真记录下来。

4. 分析评价并做出PPT

小组内部分析本次调研的收获，根据企业不同的特色，针对企业物流信息系统运行的背景、环境、过程，对物流信息系统安全问题及对策等做出详细的调研报告，并根据该报告做出PPT，由各小组抽派人员进行讲解，讲解时间为10～20分钟。

5. 总结评估

根据调研报告，得出本次调研的总结心得。

四、实训组织

1. 对学生进行分组，每个小组选一位组长，实行组长责任制，由组长定期向指导教师汇报情况，同时，指导教师不定期抽查；

2. 设计调查问卷，拟定实训提纲，强调重点内容，规定本次调研的完成时间；

3. 灵活运用各种调查方法，通过实地调查收集相关资料；

4. 分组进行展示，评出优劣。

五、实训场所

1. 利用投影室向学生介绍目前我国物流信息系统运行与安全方面的相关知识及实例，布置实训内容，提出实训要求；

2. 学生利用课余与周末选择对象进行调研；

3. 分小组设计调研报告方案；

4. 以小组为单位阐述方案。

六、考核要点

1. 资料有无价值，真实与否；

2. 内容翔实与否；

3. 讲解表达流畅与否，条理明细与否。

教师可参考以上指标，根据实际确定权重，对方案进行评分。

参考文献

[1] 蔡淑琴，夏火松，梁静．物流信息系统［M］．3版．北京：中国物资出版社，2010.

[2] 杜彦华，吴秀丽．物流管理信息系统［M］．北京：北京大学出版社，2010.

[3] 刘文博．物流管理信息系统［M］．北京：中国人民大学出版社，2010.

[4] 傅莉萍．物流管理信息系统［M］．北京：机械工业出版社，2010.

[5] 佟勇臣．现代物流信息管理［M］．北京：中国水利水电出版社，2010.

[6] 邵举平，董绍华．物流管理信息系统［M］．2版．北京：清华大学出版社，2009.

[7] 尹涛．物流信息管理［M］．大连：东北财经大学出版社，2009.

[8] 金真，王小丽．物流信息管理［M］．北京：电子工业出版社，2008.

[9] 陈福集．物流信息管理［M］．北京：北京大学出版社，2007.

[10] 林自葵，刘建生．物流信息管理［M］．北京：机械工业出版社，2006.

[11] 王汉新．物流信息管理［M］．北京：北京大学出版社，2010.

[12] 种美香．我国物流信息化发展现状与对策［J］．天津职业院校联合学报，2010（1）：150－152.

[13] 杨林，盛业华，王靖．物流企业管理信息系统的设计与实现——以南京某快运公司物流企业为例［J］．地球信息科学学报，2009（5）：652－656.

[14] 张江水，梅全亭．信息系统体系结构模式的比较与选择［J］．电脑开发与应用，2009（6）：50－52.

[15] 谢红燕．基于B/S结构的第三方物流战略联盟信息系统设计［J］．物流技术，2010（7）：123－125.

[16] 曹静琪．移动电子商务及其应用［J］．科协论坛，2010（7）：122－123.

[17] 王呈喆．秦车务段铁路运输管理信息系统建设分析［J］．集体经济，2010（5）：33－35.

[18] 陈敏．H公司基于TA系统的订单处理流程再造分析［J］．才智，2010（12）：221－23.

[19] 孙军，黄雪梅，王军，等．商品化钢筋生产配送信息管理系统的研究与规划［J］．机电产品开发与创新，2009（6）：55－57.

[20] 王世珍．公共物流信息平台体系架构分析［J］．经营管理者，2009（13）：34－36.

[21] 王太钧．江西物流公共信息平台建设与运营问题探讨［J］．理论导报，2009（12）：34－36.

[22] 胡晋，李代明，郭强．移动电子商务环境下的物流管理［J］．包装工程，2009（11）：104－106.

[23] 潘果．移动电子商务在现代物流中的应用分析［J］．硅谷，2009（17）：48－50.

[24] 李昌明，卢砚青，李丽杰．支持电子商务的公共物流信息平台构建研究［J］．中国经贸导刊，2009（19）：70－77.

[25] 单虹．城市物流信息平台建设的探讨［J］．中国集体经济，2009（1）：32－35.

[26] 王文举，宋琳，房洪杰．基于GIS/GPS的车辆监控系统在现代物流中的应用［J］．中国高新技术企业，2009（13）：28－29.

[27] 邓子云，黄友森．物流公共信息平台的层次结构与功能定位分析［J］．物流工程与管理，2009（10）：13－14.

[28] 郭建宏，欧阳钟辉．GIS技术在物流管理中的应用及研究进展［J］．武汉理工大学学报：信息与管理工程版，2008（6）：982－986.

[29] 牛鱼龙．北京世佳公司：现代化的物流管理信息系统［J］．市场周刊，2008（4）：30－31.

[30] 王晓英．从家乐福看物流信息技术在零售业的应用［J］．网络财富，2008（6）：28－30.

[31] 宁钟，姜凯耀．整合资源、集成信息、创新运营——亿通国际与上海口岸物流信息平台案例研究［J］．管理案例研究与评论，2008（6）：50－52.

[32] 徐剑，孙莹．基于供应链的物流信息系统的构建［J］．经济师，2008（4）：276－277.

[33] 冯运仿，余志毅，赵青．商业智能在物流企业中的应用［J］．商场现代化，2008（15）：124－125.

[34] 刘仙远．远成仓储插上信息化翅膀——远成信息化项目WMS（仓库管理系统）成功上线［J］．铁路采购与物流，2008（10）：49.

[35] 刘晔，晋玉星，吴德志．我国企业网络安全现状及解决途径研究［J］．商场现代化，2007（03Z）：23.

[36] 王勇，邓旭东．浅析企业物流信息系统的评价［J］．中国水运，2006（12）：30－32.

[37] 作者不详．物流信息化的2050年［EB/OL］．http：//www.chinabyte.com/e/352/2037852_1.shtml，2005－7－19.

[38] 崔冬．“动成长”中的信息化［J］．中国物流与采购，2006（19）：60－61.

[39] 孟翔峰，朱杰．物流信息系统安全体系分析［J］．物流技术，2005（3）：

75-77.

[40] 王知强．基于商业系统物流信息安全解决方案的研究 [J]．物流科技，2005 (6)：38-40.

[41] 马金强，毕妍．网络信息系统的安全防护 [J]．大众科技，2005 (09)：51-52.

[42] 郑琴．海尔条码全程追踪 [J]．中国物流，2005 (10)：23-25.

[43] 邓宏，薛惠锋．试论信息概念的分类定义 [J]．西安电子科技大学学报：社会科学版，2002 (1)：84-88.

[44] 作者不详．浅谈二维条码技术在烟草行业的应用 [EB/OL]．http：//www.spforum.net/xinwen/？220642.html，2010-4-26.

[45] 作者不详．新版火车票10日开售新增二维防伪码 [EB/OL]．http：//fj.sina.com.cn/news/m/2009-12-10/08553503.html，2009-12-10.

[46] 王冬梅，宋绍成，孙艳．智能企业门户的关键技术研究 [J]．情报科学，2008 (7)：1085-1090.

[47] 陈书勤．企业管理信息系统的运行管理精要 [EB/OL]．http：//articles.e-works.net.cn/view/Article5119.htm，2002-10-24.

[48] 冀要星．TCDS（客车运行安全监控系统）设计理念及在生产实际中应用分析 [EB/OL]．http：//www.docin.com/p-41697667.html，日期不详．

[49] 包起帆．基于电子标签的集装箱高效物流系统 [EB/OL]．http：//www.56u88.com/news/ShowSNews_Id_6586.html，2008-11-21.